5년 최다 **전체 수석** 합격자 배출

브랜드만족 **1위** 박문각

근거자료 후면표기

2025

1차 문제집

임병주 **행정법**

박문각 행정사연구소 편_임병주

동영상 강의 www.pmg.co.kr

박문각

박문각 행정사

머리말

행정사 1차 시험 합격을 위해 객관식 문제풀이는 필수 코스입니다. 기본이론에서 세운 행정법 체계를 객관식 문제풀이에 적용하여 지문을 통한 암기력을 극대화시켜야 합니다. 객관식인 1차 행정법 과목의 합격을 위해서는 많은 문제를 풀어보는 것보다 행정사 시험의 출제경향에 맞는 문제를 반복적으로 풀어보는 것이 보다 효과적입니다.

이러한 목표를 설정한 후 본 문제집을 최소 3회독 이상 한다면 시험장에서 당황하지 않고 정답을 찾아낼 수 있습니다.

본 문제집은 이러한 목표를 설정한 후 객관식 1차 행정법에서 60점보다는 좀 더 고득점을 하기 위한 문제들로 구성되었습니다. 기출문제는 배제되어 있음을 미리 알려드립니다. 기출문제 학습이 기본이지만 좀 더 고득점을 하기 위해서는 본 교재가 매우 효율적인 무기가 될 것입니다.

문제집의 구성

1. 단원별로 기본서의 진도에 맞춰 문제를 편성
   기본서를 읽고 문제집을 풀면 더욱 효과적일 것입니다. 문제풀이 수업을 병행하면 암기한 것들이 더욱더 오래 가게 됩니다.

2. 기본문제, 법령조문, 난이도 높은 판례까지 구성
   단원별 문제는 기본문제부터 난이도 높은 상급문제까지 구성되어 있습니다. 법령조문이 많이 출제되는 행정사 시험의 특성상 단원별 확인해야 할 법령의 조문도 문제로 구성하였습니다.

3. 기출문제는 가능한 한 배제하고 부록으로 전범위 모의고사 3회분을 수록
   기출문제는 이미 출간된 1차 단원별 기출문제집을 풀어보시면 충분합니다. 본 문제집은 그보다 더 난이도 높은 수준으로 구성되어 있습니다. 단원별 문제풀이가 끝나면 전범위 모의고사를 통해 본인의 실력을 확인해 볼 수 있도록 하였습니다.

효과적인 학습방법 3가지

1. 문제를 풀어보고 틀린 부분은 기본이론서를 찾아 볼 것!
   지문의 내용을 모른 것인지 착오로 정답을 못 찾은 것인지 스스로 고민해 보고, 내용을 몰랐다면 반드시 기본서에서 그 부분을 확인하고 정확하게 이해해야 합니다. 한 번 틀린 문제는 다시 출제되었을 때 또 틀릴 확률이 높습니다. 틀린 문제는 완전히 자기화해야 합니다.

2. 반복적으로 문제를 풀어 볼 것!
   문제집을 한 번 푸는 것보다는 반복적으로 풀었을 때 그 내용이 자신의 것이 됩니다. 문제가 자신의 것이 되지 않은 경우 시험장에서 당황하게 되고 시간과의 싸움에서 패하게 됩니다.

3. 암기할 부분과 이해할 부분을 구별해서 정리할 것!
   문제집에 이해만으로 충분한 부분과 암기할 부분을 표시해 두어야 합니다. 특히 시험 마무리를 문제집으로 해야 하는 객관식 시험의 특성상 암기할 부분을 잘 표시해 두고 시험 직전까지 다시 한번 검토해 봐야 할 것입니다.

행정사 시험은 기본이론과 행정사 기출문제집만으로 부족한 부분을 본 문제집으로 대비해야 합니다. 아직 출제되지 않은 중요한 부분이 남아 있기 때문입니다. 본 문제집이 행정사 객관식 시험 합격의 초석이 되기를 바라면서, 준비하는 분들의 합격을 기원합니다.

문제집 출판에 물심양면 도움을 주신 박문각 출판부 관계자분들께 감사를 드립니다.

저자 임병주 올림

행정사 시험 정보

1. **자격 분류:** 국가 전문 자격증
2. **시험 기관 소관부처:** 행정안전부
3. **실시 기관:** 한국산업인력공단
4. **시험 일정:** 매년 1차, 2차 실시

구분	원서 접수	시험 일정	합격자 발표
1차	2025년 4월 14일~4월 18일	2025년 5월 31일	2025년 7월 2일
2차	2025년 7월 28일~8월 1일	2025년 9월 27일	2025년 12월 10일

〈2025년 제13회 행정사 시험 기준〉

5. **응시자격:** 제한 없음. 다만, 행정사법 제5·6조의 결격사유가 있는 자와 행정사법 시행령 제19조에 따라 부정행위자로 처리되어, 그 처분이 있은 날부터 5년이 지나지 않은 자는 시험에 응시할 수 없다.

6. **시험 면제대상**
   - 1차 시험에 합격한 사람에 대하여는 다음 회의 시험에서만 1차 시험을 면제한다(단, 경력서류 제출로 1차 시험이 면제된 자는 행정사법이 개정되지 않는 한 계속 면제).
   - 행정사 자격이 있는 사람으로서 다른 종류의 행정사 자격시험에 응시하는 사람은 1차 시험을 면제한다.
   - 행정사법 제9조 및 동법 부칙 제3조에 따라, 공무원으로 재직하였거나 외국어 전공 학위를 받고 외국어 번역 업무에 종사한 경력이 있는 사람 등은 행정사 자격시험의 전부 또는 일부가 면제된다(1차 시험 면제, 1차 시험 전부와 2차 시험 일부 면제, 1·2차 시험 전부 면제).

7. **시험 과목 및 시간**
   - **1차 시험(공통)**

교시	입실 시간	시험 시간	시험 과목	문항 수	시험 방법
1교시	09:00	09:30~10:45 (75분)	① 민법(총칙) ② 행정법 ③ 행정학개론(지방자치행정 포함)	과목당 25문항	5지택일

● 2차 시험

<table>
<tr><th>교시</th><th>입실시간</th><th>시험 시간</th><th>시험 과목</th><th>문항 수</th><th>시험 방법</th></tr>
<tr><td>1교시</td><td>09:00</td><td>09:30~11:10
(100분)</td><td>[공통]
① 민법(계약)
② 행정절차론(행정절차법 포함)</td><td rowspan="2">과목당
4문항
(논술 1문제,
약술 3문제)</td><td rowspan="2">논술형 및
약술형 혼합</td></tr>
<tr><td>2교시</td><td>11:30</td><td>• 일반·해사행정사
11:40~13:20
(100분)
• 외국어번역행정사
11:40~12:30
(50분)</td><td>[공통]
③ 사무관리론
(민원 처리에 관한 법률 및 행정업무의 운영 및 혁신에 관한 규정 포함)
[일반행정사]
④ 행정사실무법
(행정심판사례, 비송사건절차법)
[해사행정사]
④ 해사실무법
(선박안전법, 해운법, 해사안전기본법, 해사교통안전법, 해양사고의 조사 및 심판에 관한 법률)
[외국어번역행정사]
④ 해당 외국어(외국어능력검정시험으로 대체하며 영어, 중국어, 일본어, 프랑스어, 독일어, 스페인어, 러시아어의 7개 언어에 한함)</td></tr>
</table>

8. 합격 기준

- 과목당 100점을 만점으로 하여 모든 과목의 점수가 40점 이상이고, 전 과목의 평균 점수가 60점 이상인 사람(2차 시험의 해당 외국어시험 제외)
- 단, 제2차 시험 합격자가 최소선발인원보다 적은 경우, 최소선발인원이 될 때까지 전 과목의 점수가 40점 이상인 사람 중에서 전 과목 평균 점수가 높은 순으로 합격자를 추가로 결정한다. 동점자로 인해 최소선발인원을 초과하는 경우 동점자 모두를 합격자로 한다.

9. 외국어능력검정시험 성적표 제출(외국어번역행정사)

외국어번역행정사 2차 시험의 '해당 외국어' 과목은 원서접수 마감일부터 거꾸로 계산하여 5년이 되는 날이 속하는 해의 1월 1일 이후에 실시된 외국어능력검정시험에서 취득한 성적으로 대체(행정사법 시행령 제9조 제3항, 별표 2)

● **외국어 과목을 대체하는 외국어능력검정시험 종류 및 기준점수**

<table>
<tr><th>시험명</th><th>기준점수</th><th>시험명</th><th>기준점수</th></tr>
<tr><td>TOEFL</td><td>쓰기 시험 부문 25점 이상</td><td>IELTS</td><td>쓰기 시험 부문 6.5점 이상</td></tr>
<tr><td rowspan="2">TOEIC</td><td rowspan="2">쓰기 시험 부문 150점 이상</td><td>신HSK</td><td>6급 또는 5급 쓰기 영역 60점 이상</td></tr>
<tr><td>DELE</td><td>C1 또는 B2 작문 영역 15점 이상</td></tr>
<tr><td>TEPS</td><td>쓰기 시험 부문 71점 이상
※ 청각장애인: 쓰기 시험 부문 64점 이상</td><td>DELF/
DALF</td><td>• C2 독해와 작문 영역 25점 이상
• C1 또는 B2 작문 영역 12.5점 이상</td></tr>
<tr><td>G-TELP</td><td>GWT 작문 시험 3등급 이상</td><td>괴테어학</td><td>• C2 또는 B2 쓰기 모듈 60점 이상
• C1 쓰기 영역 15점 이상</td></tr>
<tr><td>FLEX</td><td>쓰기 시험 부문 200점 이상</td><td>TORFL</td><td>4단계 또는 3단계 또는 2단계 또는 1단계 쓰기 영역 66% 이상</td></tr>
</table>

행정법 1차 시험 총평

1. 전체적 총평

2024년 행정사 1차 행정법의 출제를 한마디로 '행정사 시험다운 좋은 출제'로 정의하고 싶습니다. 기출문제와 개별법령 및 판례를 적절히 배합한 바람직한 출제로 보입니다.

2. 출제영역

행정법총론에서 18문제, 행정법각론에서 7문제가 출제되어 출제 비율은 전년도인 2023년과 비슷하게 출제되었습니다. 행정법총론의 경우 판례에 의하여 답을 찾도록 하는 문제가 비중이 높아졌습니다. 개별법령의 경우 행정기본법, 행정절차법, 정보공개법, 질서위반행위규제법이 출제되었습니다. 또 행정법각론의 경우 개별법률의 세부적인 내용보다 범위별로 의의를 정확히 알고 있는지를 문제로 출제하였습니다. 행정법각론의 범위이지만 총론과 연결하여 출제된 것이 4문제 정도라고 보입니다.

3. 문제출제의 경향

(1) 문제의 내용적 유형

법령	8문제
판례	13문제
이론(의의)	4문제

(2) 문제의 형식적 유형

5지 선다형	19문제
박스형(조합형)	2문제
사례형(괄호넣기 포함)	4문제

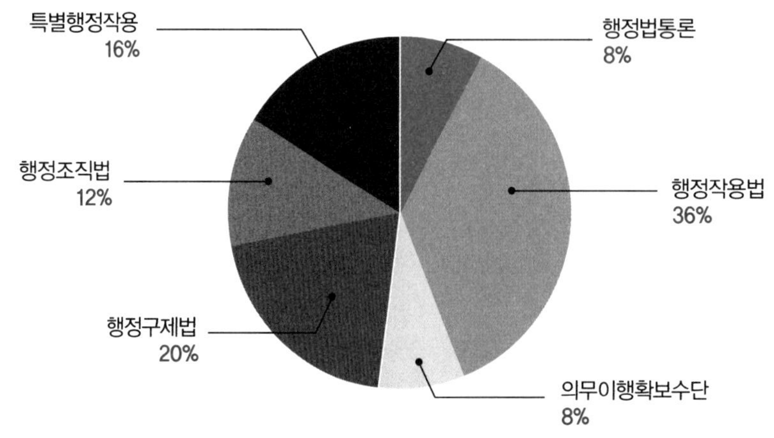

행정법 출제 경향 분석

2013~2024 행정법 출제 경향 분석

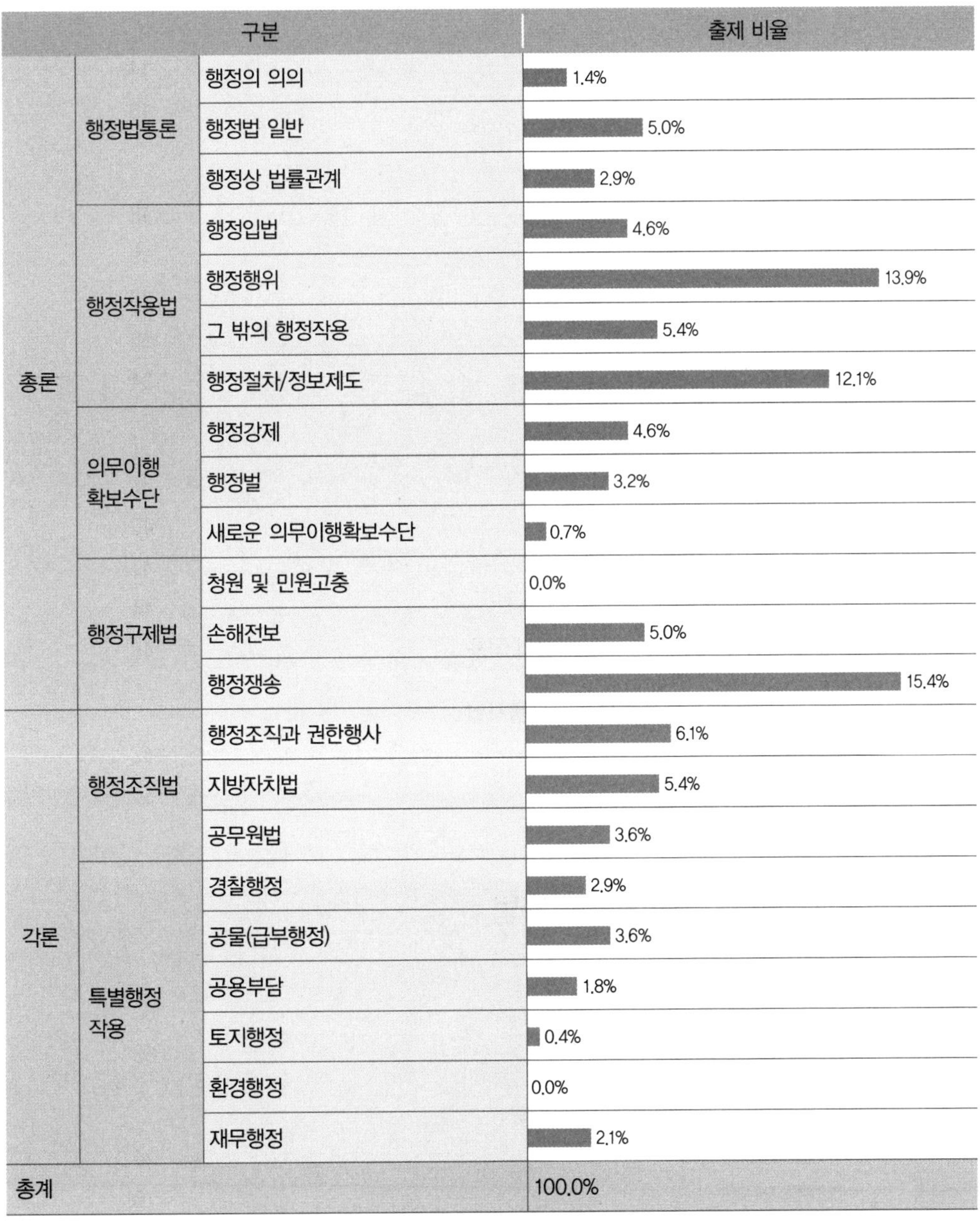

구분			출제 비율
총론	행정법통론	행정의 의의	1.4%
		행정법 일반	5.0%
		행정상 법률관계	2.9%
	행정작용법	행정입법	4.6%
		행정행위	13.9%
		그 밖의 행정작용	5.4%
		행정절차/정보제도	12.1%
	의무이행 확보수단	행정강제	4.6%
		행정벌	3.2%
		새로운 의무이행확보수단	0.7%
	행정구제법	청원 및 민원고충	0.0%
		손해전보	5.0%
		행정쟁송	15.4%
각론	행정조직법	행정조직과 권한행사	6.1%
		지방자치법	5.4%
		공무원법	3.6%
	특별행정작용	경찰행정	2.9%
		공물(급부행정)	3.6%
		공용부담	1.8%
		토지행정	0.4%
		환경행정	0.0%
		재무행정	2.1%
총계			100.0%

차 례

행정법총론

CONTENTS

차 례

PART 05 행정쟁송제도

행정법각론

PART 01 행정조직법

PART 02 특별행정작용법

부록 전범위 모의고사

행정법
총론

행정사
임병주 행정법

행정사
임병주 행정법

PART

01

행정법 서설

Chapter 01 행정

Chapter 02 행정법의 기본원리

Chapter 03 행정법관계

Chapter 04 행정상 법률요건과 법률사실

Chapter

01 행정

제1절 행정의 의의

01 행정의 관념에 관한 설명으로 틀린 것은?

① 행정은 적극적 미래지향적 형성작용이라는 점에서 과거지향적이며 소극적인 사법과 구별된다.
② 국가행정과 자치행정은 행정주체를 기준으로 행정을 구분한 것이다.
③ 행정법의 대상이 되는 행정은 실질적 행정에 한한다.
④ 행정은 그 법 형식을 기준으로 하여 공법형식의 행정과 사법형식의 행정으로 구분할 수 있다.
⑤ 입법은 일반적·추상적 법정립작용이라는 점에서 구체적 사실에 대한 법집행작용인 행정과 구별된다.

02 다음 중 형식적 의미에서나 실질적 의미에서 모두 행정에 속하는 것은?

① 부령의 제정
② 건물의 강제철거를 위한 대집행
③ 대법원장의 일반법관 임명
④ 행정심판재결
⑤ 대통령의 긴급재정·경제명령 제정

01 ③ 실질적 의미의 행정뿐만 아니라 형식적 의미의 행정도 행정법의 대상이 된다는 점에서 틀린 지문이다.
① 행정은 공익상 필요한 경우 당사자의 신청이 없어도 발동된다는 점에서 적극적 미래지향적 형성작용에 해당한다. 이런 점에서 발생된 사건에 대해 당사자의 쟁송제기를 전제로 하는 사법과 구별된다.
② 행정을 행정주체를 기준으로 분류하면 국가행정, 자치행정, 위임행정으로 구분된다.
④ 행정을 규율하는 법 형식을 기준으로 하여 공법형식의 행정과 사법형식의 행정으로 구분할 수 있다.
⑤ 입법작용은 일반적·추상적 법정립작용에 해당하고, 행정은 구체적 사안에 대한 법집행작용에 해당한다.

02 ② 형식과 실질적 의미에서 모두 행정이다.
① 형식적 의미의 행정, 실질적 의미의 입법
③ 형식적 의미의 사법, 실질적 의미의 행정
④ 형식적 의미의 행정, 실질적 의미의 사법
⑤ 형식적 의미의 행정, 실질적 의미의 입법

Answer 01. ③ 02. ②

제2절 통치행위

01 통치행위에 대한 설명으로 가장 옳지 않은 것은?

① 고도의 정치성을 가지는 국가기관의 행위로서 사법심사의 대상에서 제외되는 국가작용을 뜻한다.

② 통치행위는 정부에 의해 이루어지는 것이 일반적이며, 국회에 의해 이루어질 수도 있다.

③ 일반사병의 이라크 파견 결정은 성격상 국방 및 외교에 관련된 고도의 정치적 결단을 요하는 문제이다.

④ 판례는 대통령의 금융실명거래 및 비밀보장에 관한 긴급재정경제명령의 발령을 통치행위로 보았다.

⑤ 통치행위를 포함하여 모든 국가작용은 국민의 기본권적 가치를 실현하기 위한 수단이라는 한계를 반드시 지켜야 하는 것은 아니다.

02 통치행위에 해당하지 않는 것은? (다툼이 있으면 판례에 따름)

① 대통령의 서훈취소
② 사면
③ 이라크 파병결정
④ 남북정상회담의 개최
⑤ 대통령의 비상계엄선포

03 통치행위에 관한 판례의 내용으로 옳은 것은?

① 대법원은 통치행위 인정을 지극히 신중하게 하여야 하지만 그 판단은 오로지 사법부만에 의하여 이루어져야 하는 것은 아니라고 보았다.

② 헌법재판소는 대통령의 긴급재정경제명령은 국가긴급권의 일종으로 통치행위에 해당하며 그것이 국민의 기본권 침해와 직접 관련되는 경우에도 헌법재판소의 사법심사의 대상이 되지 않는다고 보았다.

③ 헌법재판소는 대통령의 이라크 파병결정은 그 성격상 고도의 정치적 결단을 요하는 문제로서 헌법재판소가 사법적 기준만으로 이를 심판하는 것은 자제되어야 한다고 보았다.

④ 헌법재판소는 신행정수도건설이나 수도이전의 문제는 그 자체로 고도의 정치적 결단을 요하므로 사법심사의 대상에서 제외되고, 고도의 정치적 결단에 의하여 행해지는 국가작용의 경우 그것이 국민의 기본권 침해와 직접 관련되는 경우에도 헌법재판소의 심판대상이 될 수 없다고 보았다.

⑤ 헌법재판소는 대통령이 한미연합 군사훈련의 일종인 2007년 전시증원연습을 하기로 한 결정은 국방에 관련되는 고도의 정치적 결단에 해당하여 사법심사를 자제하여야 하는 통치행위에 해당한다고 보았다.

01 ⑤ 통치행위를 포함하여 모든 국가작용은 국민의 기본권적 가치를 실현하기 위한 수단이라는 한계를 반드시 지켜야 하는 것이고, 비록 고도의 정치적 결단에 의하여 행해지는 국가작용이라고 할지라도 그것이 국민의 기본권 침해와 직접 관련되는 경우에는 당연히 헌법재판소의 심판대상이 된다(헌재 1996. 2. 29. 93헌마186).

02 ① 판례는 대통령의 서훈취소는 통치행위에 해당하지 않는다고 보았다.
서훈취소는 서훈수여의 경우와는 달리 이미 발생된 서훈대상자 등의 권리 등에 영향을 미치는 행위로서 관련 당사자에게 미치는 불이익의 내용과 정도 등을 고려하면 사법심사의 필요성이 크다. 따라서 기본권의 보장 및 법치주의의 이념에 비추어 보면, 비록 서훈취소가 대통령이 국가원수로서 행하는 행위라고 하더라도 법원이 사법심사를 자제하여야 할 고도의 정치성을 띤 행위라고 볼 수는 없다(대판 2015. 4. 23. 2012두26920).

03 ③ 외국으로의 군대파견결정은 그 성격상 국방 및 외교에 관련된 고도의 정치적 결단을 요하는 문제로서, 헌법과 법률이 정한 절차를 지켜 이루어진 것임이 명백하므로 대통령과 국회의 판단은 존중되어야 하고 우리 재판소가 사법적 기준만으로 이를 심판하는 것은 자제되어야 한다는 것이 헌법재판소의 입장이다.
① 통치행위의 개념을 인정한다고 하더라도 과도한 사법심사의 자제가 기본권을 보장하고 법치주의 이념을 구현하여야 할 법원의 책무를 태만히 하거나 포기하는 것이 되지 않도록 그 인정을 지극히 신중하게 하여야 하며, 그 판단은 오로지 사법부만에 의하여 이루어져야 한다(대판 2004. 3. 26. 2003도7878).
② 대통령의 긴급재정경제명령은 고도의 정치적 결단에 의한 통치행위에 속하지만 그것이 국민의 기본권침해와 직접 관련되는 경우에는 헌법재판소의 심판대상이 된다는 것이 헌법재판소의 입장이다(헌재 1996. 2. 29. 93헌바186).
④ 신행정수도건설이나 수도이전의 문제가 정치적 성격을 가지고 있는 것은 인정할 수 있지만, 그 자체로 고도의 정치적 결단을 요하여 사법심사의 대상으로 하기에는 부적절한 문제라고까지는 할 수 없다. … 고도의 정치성을 띠는 행위일지라도 국민의 기본권 침해와 직접 관련되는 경우에는 헌법재판소의 심판대상이 될 수 있다(헌재 2004. 10. 21. 2004헌마554).
⑤ 대통령이 한미연합 군사훈련의 일종인 2007년 전시증원연습을 하기로 한 결정이 국방에 관련되는 고도의 정치적 결단에 해당하여 사법심사를 자제하여야 하는 통치행위에 해당된다고 보기 어렵다(헌재 2009. 5. 28. 2007헌마369).

Answer 01. ⑤ 02. ① 03. ③

Chapter

02 행정법의 기본원리

제1절 행정법의 의의와 특성

01 **행정법의 특성에 관한 다음 설명 중 틀린 것은?**

① 통일된 법전이 아닌 행정에 관한 수많은 법들의 다양한 법 형태
② 획일적이고 강행적 규율의 중시
③ 예측가능성과 법적 안정성을 위한 성문형식
④ 형식주의 · 외관주의 지배
⑤ 행정주체의 고유한 본연의 성질에서 나오는 행정주체의 우월성

02 **행정법의 특성을 설명한 것으로 타당하지 않은 것은?**

① 행정법은 사법과 달리 기본적으로 공익의 보호를 목적으로 한다.
② 행정법은 공익만을 보호대상으로 하고 사익보호를 목적으로 하는 법령은 존재하지 않는다.
③ 법체계를 공법과 사법으로 구별하는 경우 행정법은 공법에 해당한다.
④ 행정은 공법만에 의해 규율되지 않고 사법에 의해 규율되는 경우도 있다.
⑤ 행정사법은 원칙적 사법에 의해 규율되지만 최소한의 공공성 확보를 위해 예외적으로 공법의 구속을 받는다.

01 ⑤ 오늘날 법치행정하에서 행정주체인 국가가 개인보다 우월적 지위에서 명령 · 강제할 수 있는 것은 공익목적 달성을 위해 법률에 의해 인정되는 것이며, 행정주체의 고유한 본연의 성질에서 나오는 것이 아니다.
① 행정법은 통일된 단일법전이 없고 행정에 관한 수많은 개별법률들로 구성되어 있다.
② 행정법은 사법과 비교하여 획일적이고 강행적 규율을 중시한다.
③ 행정법은 행정에 대한 예측가능성과 법적 안정성을 위한 성문형식을 원칙으로 한다.
④ 행정법은 행정에 대한 예측가능성과 법적 안정성을 위해 형식주의 · 외관주의를 지향한다.

02 ② 행정법은 공익을 보호대상으로 하지만 부수적으로 사익보호를 목적으로 하는 법령이 있다.
① 행정법은 공익보호를 목적으로 한다는 점에서 사익보호를 목적으로 하는 사법과 구별된다.
③ 행정법은 공익보호를 목적으로 한다는 점에서 공법에 해당한다.
④ 국고작용과 같은 경우 행정영역이라도 사법에 의해 규율되는 경우도 많다.
⑤ 사법형식에 의한 행정사법의 경우 원칙적 사법에 의해 규율되지만 예외적으로 공법원리의 구속을 받는다.

Answer 01. ⑤ 02. ②

제2절 법치행정

01 법치행정원리의 내용에 관한 설명으로 옳지 않은 것은?

① 법치행정의 목적은 행정작용의 명확성과 예견 가능성 및 법적 안정성을 보장하는 데 있다.

② 법률의 법규창조력, 법률유보의 원칙, 법률우위의 원칙을 그 내용으로 한다.

③ 법률유보의 원칙은 행정권의 발동에 있어서 작용법의 근거가 필요하다는 것을 의미한다.

④ 법률유보의 대상되는 행정은 모든 행정을 대상으로 하지만, 법률우위의 대상되는 행정은 그 적용범위에 대해 견해대립이 있다.

⑤ 기본권 제한에 관한 법률유보원칙은 '법률에 근거한 규율'을 요청하는 것이므로, 그 형식이 반드시 법률일 필요는 없다 하더라도 법률상의 근거는 있어야 한다는 것이 헌법재판소의 입장이다.

01 ④ 법률유보의 원칙의 대상되는 행정은 모든 행정을 대상으로 하지 않는다. 판례는 국민의 권리의무에 관한 본질적 사항에 대해 법률의 근거가 있어야 한다는 본질사항유보설을 취한다. 반면 법률우위의 대상되는 행정은 모든 행정이 그 적용대상이 된다.

Answer 01. ④

02 법률유보의 원칙에 대한 설명으로 옳지 않은 것은? (다툼이 있는 경우 판례에 의함)

① 격이나 신분 등을 취득 또는 부여할 수 없거나 인가, 허가, 지정, 승인, 영업등록, 신고수리 등을 필요로 하는 영업 또는 사업 등을 할 수 없는 사유는 법률로 정하여야 한다.

② 법률유보의 원칙은 국민의 기본권실현과 관련된 영역에 있어서는 입법자가 그 본질적 사항에 대해서 스스로 결정하여야 한다는 요구까지 내포하고 있다.

③ 국회가 형식적 법률로 직접 규율하여야 하는 필요성은 규율 대상이 기본권 및 기본적 의무와 관련된 중요성을 가질수록, 그에 관한 공개적 토론의 필요성 또는 상충하는 이익 사이의 조정 필요성이 클수록 더 증대된다.

④ 텔레비전방송수신료의 금액은 납부의무자의 범위 등과 함께 수신료에 관한 본질적인 중요한 사항이므로 국회가 스스로 결정·관여하여야 한다.

⑤ 텔레비전방송수신료의 징수업무를 한국방송공사가 직접 수행할 것인지, 제3자에게 위탁할 것인지, 위탁한다면 누구에게 위탁하도록 할 것인지, 위탁받은 자가 자신의 고유업무와 결합하여 징수업무를 할 수 있는지는 국민의 기본권제한에 관한 본질적인 사항이다.

03 법률유보에 대한 헌법재판소나 대법원 판례의 설명 중 틀린 것은?

① 법규에 명문의 근거가 없음에도 환경보전이라는 중대한 공익상의 이유로 산림훼손허가를 거부하는 것은 법률유보의 원칙에 비추어 허용되지 않는다.

② 납세의무자에게 조세의 납부의무뿐만 아니라 스스로 과세표준과 세액을 계산하여 신고하여야 하는 의무까지 부과하는 경우에 신고의무불이행에 따른 납세의무자가 입게 될 불이익은 법률로 정하여야 한다.

③ 대법원은 지방의회의원에 대하여 유급보좌인력을 두는 것은 개별 지방의회의 조례로써 규정할 사항이 아니라 국회의 법률로써 규정하여야 할 입법사항이라고 한다.

④ 법률이 주민의 권리·의무에 관한 사항에 관하여 조례로 정하도록 위임하는 경우 포괄위임금지의 원칙은 적용되지 않는다.

⑤ 헌법재판소는 법률에 근거를 두면서 「헌법」 제75조가 요구하는 위임의 구체성과 명확성을 구비하는 경우에는 위임입법에 의하여도 기본권을 제한할 수 있다고 한다.

04 행정청이 법률의 근거 규정 없이도 할 수 있는 조치로 옳은 것만을 모두 고른 것은? (다툼이 있는 경우 판례에 의함)

> ㉠ 하자 있는 처분을 직권으로 취소하는 것
> ㉡ 재량권이 인정되는 영역에서 재량권 행사의 기준이 되는 지침을 제정하는 것
> ㉢ 중대한 공익상의 필요가 발생하여 처분을 철회하는 것
> ㉣ 사정변경으로 인하여 처분에 부가되어 있는 부담의 목적을 달성할 수 없게 되어 부담의 내용을 변경하는 것

① ㉠, ㉡
② ㉢, ㉣
③ ㉡, ㉢
④ ㉠, ㉢, ㉣
⑤ ㉠, ㉡, ㉢, ㉣

02 ⑤ 수신료 징수업무를 한국방송공사가 직접 수행할 것인지 제3자에게 위탁할 것인지, 위탁한다면 누구에게 위탁하도록 할 것인지, 위탁받은 자가 자신의 고유업무와 결합하여 징수업무를 할 수 있는지는 징수업무 처리의 효율성 등을 감안하여 결정할 수 있는 사항으로서 국민의 기본권제한에 관한 본질적인 사항이 아니라 할 것이다. 따라서 「방송법」 제64조 및 제67조 제2항은 법률유보의 원칙에 위반되지 아니한다(헌재 2008. 2. 28. 2006헌바70).

03 ① 법령이 규정하는 산림훼손 금지 또는 제한지역에 해당하는 경우는 물론 금지 또는 제한지역에 해당하지 않더라도 허가관청은 산림훼손허가신청 대상토지의 현상과 위치 및 주위의 상황 등을 고려하여 국토 및 자연의 유지와 상수원의 수질과 같은 환경의 보전 등 중대한 공익상 필요가 있다고 인정될 때에는 허가를 거부할 수 있고, 그 경우 법규에 명문의 근거가 없더라도 거부처분을 할 수 있다(대판 1993. 5. 27. 93누4854).
④ 지방자치단체에 자치적 사항을 위임하는 경우에는 포괄위임도 허용된다.

04 ㉠ 하자 있는 처분에 별도의 법적 근거가 없더라도 처분행정청은 직권취소가 가능하다.
㉡ 재량권 행사의 기준이 되는 지침은 행정규칙으로 별도의 법률의 수권이 없더라도 정할 수 있다.
㉢ 행정처분의 철회는 처분행정청이 별도의 법적 근거가 없더라도 할 수 있다.
㉣ 사후부담의 변경은 원칙적으로 허용되지 않지만 사정변경으로 인하여 처분에 부가되어 있는 부담의 목적을 달성할 수 없게 되어 부담의 내용을 변경하는 경우에는 별도의 법적 근거가 없더라도 예외적으로 허용된다.

Answer 02. ⑤ 03. ① 04. ⑤

05 **법률유보원칙에 대한 설명으로 옳지 않은 것은? (다툼이 있는 경우 판례에 의함)**

① 「행정기본법」에 명문의 근거가 있다.

② 헌법재판소는 예산도 일종의 법 규범이고, 법률과 마찬가지로 국회의 의결을 거쳐 제정되며, 국가기관뿐만 아니라 일반 국민도 구속한다는 점에서 법률유보의 법률에는 예산도 포함된다.

③ 헌법재판소는 구 「토지초과이득세법」상의 기준시가의 해당 내용을 법률에 규정하지 않고 하위법령에 위임한 것은 「헌법」에 반한다고 판단한 바 있다.

④ 행정작용은 법률에 위반되어서는 아니 되며, 국민의 권리를 제한하거나 의무를 부과하는 경우와 그 밖에 국민생활에 중요한 영향을 미치는 경우에는 법률에 근거하여야 한다.

⑤ 행정청이 행정처분의 단계에서 당해 처분의 근거가 되는 법률이 위헌이라 판단하여 그 적용을 거부하는 것은 권력분립의 원칙상 허용될 수 없다.

05 ② 예산은 법률과 달리 국가기관만을 구속할 뿐 일반 국민을 구속하지 않으므로 법률유보의 원칙에서 말하는 법률에 포함되지 않는다(헌재 2006. 4. 25. 2006헌마409).
⑤ 행정청이 행정처분의 단계에서 당해 처분의 근거가 되는 법률이 위헌이라 판단하여 그 적용을 거부하는 것은 권력분립의 원칙상 허용될 수 없지만, 처분의 근거법률의 위헌 여부에 대한 심사제청은 할 수 있다(헌재 2008. 4. 24. 2004헌바44).

Answer 05. ②

제3절 행정법의 법원

01 행정법의 법원(法源)에 관한 설명으로 가장 옳은 것은?

① 우리나라의 성문법주의를 취하고 있기 때문에 행정법의 일반원칙은 행정법의 법원이 되지 못한다.

② 사회의 거듭된 관행으로 생성된 사회생활규범이 관습법으로 승인되었다고 하더라도 사회 구성원들이 그러한 관행의 법적 구속력에 대하여 확신을 갖지 않게 되었다면 그러한 관습법은 법적 규범으로서의 효력이 부정된다.

③ 행정규칙은 상위법령의 위임에 근거하여 행정권에 의해 정립되는 법형식이다.

④ 행정선례법이란 행정사무처리상의 관행이 관습화된 것을 의미하므로, 실정법에서는 행정선례법을 명문으로 인정하고 있지 않다.

⑤ 헌법재판소의 위헌법률 결정은 법원으로서의 성격을 갖지 않는다.

01 ① 성문법주의를 취하고 있으나 보충적으로 행정법의 일반원칙도 행정법의 법원으로 인정된다.
③ 행정규칙은 상위법령의 위임(수권)을 요하지 않는다.
④ 행정선례법을 명문으로 인정하고 있는 실정법도 있다(예 「국세기본법」, 「행정절차법」).
⑤ 헌법재판소의 위헌법률 결정은 모든 국가기관과 지방자치단체를 기속하므로(「헌법재판소법」 제47조) 행정법의 법원이다.

Answer 01. ②

02 행정법의 법원에 대한 설명 중 옳은 것은?

① 국제법은 원칙적으로 행정법의 법원이 되지 않으나 「헌법」에 의해 체결·공포된 조약과 일반적으로 승인된 국제법규는 행정법의 법원이 된다.

② 원칙적으로 행정조직 내부에서만 구속력을 가지는 행정규칙도 행정법의 법원성을 인정하여 재판의 근거규범이 된다는 것이 판례이다.

③ 우리나라의 경우 성문법주의를 취하기 때문에 불문법인 관습법에 의해서는 행정작용을 통제할 수 없다는 것이 판례이다.

④ 지방자치단체의 자치입법 중 지방의회가 제정한 조례는 행정법의 법원이 되지만 지방자치단체장이 제정하는 규칙은 법원이 될 수 없다.

⑤ 「헌법」은 추상적 규정으로 이루어져 있으므로 행정법의 법원이 되지 못한다.

03 행정법의 법원(法源)에 관한 다음 서술 중 타당하지 않은 것은?

① 「행정기본법」상 법률의 위임을 받아 중앙행정기관의 장이 정한 훈령·예규 및 고시 등 행정규칙은 법령에 해당한다.

② 성문법뿐만 아니라 불문법에 위반되는 행정작용도 위법으로 된다.

③ 지방자치단체가 제정한 조례가 「헌법」에 의하여 체결·공포된 조약에 위반되는 경우 그 조례는 효력이 없다.

④ 회원국 정부의 반덤핑부과처분이 WTO협정 위반이라는 이유만으로 사인이 직접 국내 법원에 회원국 정부를 상대로 그 처분의 취소를 구하는 소를 제기할 수 있다.

⑤ 법령 상호 간의 모순·저촉 충돌은 상위법 우선의 원칙, 특별법 우선의 원칙, 신법 우선의 원칙에 의해 해결된다.

04 행정법의 법원에 대한 설명으로 옳지 않은 것은?

① 헌법재판소의 법률에 대한 위헌결정은 법원성이 인정된다.

② 대법원의 판례는 해당 사건뿐만 아니라 유사한 사건에 대해서도 하급심을 기속한다.

③ 대한민국의 수도가 서울이라는 것은 관습헌법으로 하위 법률에 의해 이를 이전하고자 하는 것은 위헌이라는 것이 헌법재판소의 견해이다.

④ 행정청은 행정청의 관행이 일반적으로 국민들에게 받아들여진 때에는 새로운 관행에 의하여 소급하여 불리하게 처리하여서는 아니 된다.

⑤ 서울특별시 조례는 보건복지부령을 위반할 수 없다.

02 ①「헌법」 제6조 제1항은 '헌법에 의하여 체결·공포된 조약과 일반적으로 승인된 국제법규는 국내법과 같은 효력을 갖는다.'라고 규정하고 있다. 이러한 조약이 국내행정에 관한 사항을 포함하고 있을 때에는 그 범위에서 행정법의 법원이 된다.
② 원칙적으로 행정조직 내부에서만 구속력을 가지는 행정규칙의 법원성을 인정할 것인가에 대해서는 견해의 대립이 있다. 판례는 원칙적으로 법원성을 부정한다.
③ 우리나라의 경우 성문법주의를 취하지만 성문법의 흠결이 있는 경우에는 예외적으로 불문법이 행정법 관계에 적용될 수 있다. 관습법에 의해서도 행정작용을 통제할 수 있다.
④ 자치법규는 지방의회를 거쳐 제정하는 조례와 자치단체장이 제정하는 규칙이 있고 해당 지방자치단체의 구역 안에서 효력을 가진다.
⑤ 행정은「헌법」을 위반할 수 없고 행정에 관한 법률의 해석에「헌법」이 해석지침이 되므로「헌법」도 행정법의 법원성이 인정된다.

03 ④ WTO협정은 국가와 국가 간의 구속력이 있을 뿐 사인에 대해서는 직접적 효력이 없으므로 사인이 WTO협정 위반을 이유로 국내법원에 취소소송을 제기할 수 없다는 것이 판례이다.

04 ② 대법원의 판례는 해당 사건에 한해 하급심을 직접 기속하고 유사사건에 대한 기속력은 인정되지 않는다.
④「행정절차법」 제4조 제2항

Answer 02. ① 03. ④ 04. ②

제4절 행정법의 일반원칙

01 「행정기본법」상 행정의 법원칙에 대한 설명으로 옳지 않은 것은?

① 행정청은 합리적 이유 없이 국민을 차별하여서는 아니 된다.

② 행정작용으로 인한 국민의 이익 침해가 그 행정작용이 의도하는 공익보다 크지 아니하여야 한다.

③ 행정청은 공익 또는 제3자의 이익을 현저히 해칠 우려가 있는 경우를 제외하고는 행정에 대한 국민의 정당하고 합리적인 신뢰를 보호하여야 한다.

④ 행정청은 행정작용을 할 때 상대방에게 해당 행정작용과 실질적인 관련이 없는 의무를 부과해서는 아니 된다.

⑤ 행정청은 권한 행사의 기회가 있음에도 불구하고 장기간 권한을 행사하지 아니하여 국민이 그 권한이 행사되지 아니할 것으로 믿을 만한 정당한 사유가 있는 경우에는 그 권한을 행사하여야 한다.

02 과잉금지의 원칙 또는 비례의 원칙에 대한 설명으로 옳지 않은 것은?

① 행정작용은 행정목적을 달성하는 데 유효하고 적절하여야 한다.

② 행정작용은 행정목적을 달성하는 데 필요한 최소한도에 그쳐야 한다.

③ 행정작용으로 인한 국민의 이익 침해가 그 행정작용이 의도하는 공익보다 크지 아니하여야 한다.

④ 음식점 영업 허가의 신청이 있는 경우에 부관으로서의 부담을 붙이게 되면 공익목적을 달성할 수 있는 경우임에도 불구하고 그 허가를 거부하는 것은 필요성의 원칙에 위배된다.

⑤ 「행정기본법」에는 행정작용의 비례원칙에 대한 일반적 근거규정을 두고 있지 않다.

03 **다음은 행정규칙이 법규성을 가질 수 있는 경우에 관한 헌법재판소 결정 내용이다. 괄호 안에 들어갈 용어로 옳지 않은 것은?**

행정규칙이 그 정한 바에 따라 되풀이 시행되어 (㉠)이/가 정착되면, 평등의 원칙이나 (㉡)에 따라 행정기관은 그 (㉢)에 대한 관계에서 그 규칙에 따라야 할 (㉣)을/를 당하게 되고, 그러한 경우에는 (㉤)을/를 가지게 된다 할 것이다.

① ㉠ – 행정관행
② ㉡ – 신뢰보호의 원칙
③ ㉢ – 상대방
④ ㉣ – 법률에 의한 구속
⑤ ㉤ – 대외적인 구속력

01 ⑤ 행정청은 권한 행사의 기회가 있음에도 불구하고 장기간 권한을 행사하지 아니하여 국민이 그 권한이 행사되지 아니할 것으로 믿을 만한 정당한 사유가 있는 경우에는 그 권한을 행사해서는 아니 된다. 다만, 공익 또는 제3자의 이익을 현저히 해칠 우려가 있는 경우는 예외로 한다(「행정기본법」 제12조 제2항).

02 ⑤ 「행정기본법」 제10조에는 행정작용에 대한 비례원칙의 일반적 근거규정을 두고 있다.
①·②·③ 비례원칙에 대한 「행정기본법」 제10조에 규정된 내용이다.

03 ④ 법률에 의한 구속이 아니라 자기구속이다. 자기구속을 당하게 되는 경우 헌법재판소는 행정규칙의 대외적 구속력을 인정한다. 재량권 행사의 준칙인 규칙이 그 정한 바에 따라 되풀이 시행되어 행정관행이 이룩되게 되면, 평등의 원칙이나 신뢰보호의 원칙에 따라 행정기관은 그 상대방에 대한 관계에서 그 규칙에 따라야 할 자기구속을 당하게 되고, 그러한 경우에는 대외적인 구속력을 가지게 된다 할 것이다(헌재 1990. 9. 3. 90헌마13).

Answer 01. ⑤ 02. ⑤ 03. ④

04 행정의 '자기구속의 원칙'의 성립요건으로 옳지 않은 것은?

① 법률상 행정청에게 재량권이 부여된 경우 문제된다.
② 판례는 평등의 원칙과 신뢰보호의 원칙을 인정근거로 삼는다.
③ 불법에 있어서 평등대우를 주장하는 근거가 된다.
④ 재량준칙인 행정규칙이 대외적 구속력을 가질 수 있는 근거가 될 수 있다.
⑤ 재량준칙의 공표만으로는 성립되지 않고 반복적으로 적용한 선례가 있어야 한다.

05 신뢰보호의 원칙에 관한 설명으로 옳은 것은?

① 신뢰의 대상인 행정청의 선행조치에는 적극적·소극적 언동이 모두 포함되지만, 적어도 적법한 선행조치일 것이 요구되므로 위법한 선행조치에 대한 신뢰보호는 허용되지 않는다.
② 행정조직상 권한을 가진 처분청 자신의 공적 견해가 아니라 보조기관에 불과한 담당 공무원의 공적 견해표명이라도 신뢰보호의 대상이 될 수 있다.
③ 행정청의 선행조치에 대하여 상대방인 사인의 아무런 처리행위가 없었던 경우라도 정신적 신뢰를 이유로 신뢰보호를 요구할 수 있다.
④ 행정의 합법률성 원칙과 신뢰보호의 원칙이 충돌하는 경우에는 전자가 우위에 있다는 것이 판례이다.
⑤ 행정청이 공적인 의사표명을 하였다면 이후 사실적·법률적 상태의 변경이 있더라도 행정청이 이를 취소하지 않는 한 여전히 공적인 의사표명은 유효하다.

06 신뢰보호의 원칙에 관한 설명으로 옳지 않은 것은?

① 공적 견해표명을 신뢰한 자가 사실은폐 등 적극적 부정행위를 하지 않는 한 귀책사유가 인정되지 않는다.

② 개인이 행정청의 공적 견해표명을 신뢰하고 이에 기초하여 어떠한 행위를 하였어야 한다.

③ 공적 견해표명의 존재 여부를 판단함에 있어 법적 구속력 있는 형식으로 표명되었는가 여부는 절대적인 기준이 되지 않는다.

④ 신뢰의 보호로 인하여 공익 또는 제3자의 정당한 이익을 현저히 해할 우려가 있는 경우 그 신뢰는 보호될 수 없다.

⑤ 입법예고를 통해 법령안의 내용을 국민에게 예고한 적이 있다고 하더라도 그것이 법령으로 확정되지 아니한 이상 국가가 이해관계자들에게 그 법령안에 관련된 사항을 약속하였다고 볼 수 없다.

04 ③ 불법의 영역에서는 평등의 원칙이 적용되지 않는다. 자기구속의 원칙도 적법한 재량준칙에 대해서 인정되고, 재량준칙이 위법한 경우에는 자기구속의 원칙이 인정되지 않는다.

05 ② 공적 견해표명은 원칙적으로 일정한 책임 있는 지위에 있는 자에 의해 이루어져야 하나 반드시 행정조직상의 형식적인 권한분장에 구애될 것은 아니고 실질적으로 판단한다.
① 선행조치가 행정행위인 경우 적법행위인가 위법행위인가를 구별하지 않고 공적 견해표명에 해당한다. 그러나 무효인 행정행위는 신뢰의 대상이 없다는 점에서 이에 포함되지 않는다. 위법한 선행조치에 대해서는 위법한 선행조치의 변경에 대한 이익형량에 의하여 이를 해결한다.
③ 행정청의 선행조치에 대하여 상대방인 사인의 아무런 처리행위가 없었던 경우에는 신뢰보호의 원칙이 적용되지 않는다. 신뢰보호는 그 자체가 목적이 아니라 당사자가 행정작용을 신뢰하여 행한 어떤 처리(사인의 행위)를 보호하는 것이 목적이기 때문이다.
④ 행정의 합법률성 원칙과 신뢰보호원칙이 충돌하는 경우에는 적법상태의 실현에 의하여 달성되는 공익과 행정작용의 존속에 대한 개인의 신뢰보호라는 사익을 비교형량하여야 한다는 법률적합성과 신뢰보호원칙의 동위설이 다수설과 판례이다.
⑤ 공적인 의사표명이 있은 후 사실적·법률적 상태의 변경이 있는 경우 공적 의사표명은 행정청의 별다른 의사표시를 기다리지 않고 실효된다(대판 1996. 8. 20. 95누10877).

06 ① 보호가치 있는 신뢰가 인정되기 위해서는 사인의 부정행위가 없을 뿐 아니라 선행행위가 변경될 것이라는 것에 대해 사인의 예측가능성이 없어야 한다. 선행행위가 후행행위로 변경될 것이라는 것에 대해서 사인이 이를 알았거나 중대한 과실로 알지 못한 경우에는 신뢰보호의 원칙이 적용되지 않는다.
⑤ 법령안이 확정되지 않았다면 입법예고 된 것만으로 신뢰보호의 원칙이 적용되지 않는다(대판 2018. 6. 15. 2017다249769).

Answer 04. ③ 05. ② 06. ①

07 **행정법의 법원으로서 신뢰보호원칙에 관한 설명으로 옳은 것은? (다툼이 있으면 판례에 따름)**

① 헌법재판소의 위헌결정은 행정청이 개인에 대하여 신뢰의 대상이 되는 공적인 견해를 표명한 것이라고 할 수 없으므로 그 결정에 관련된 개인의 행위에 대하여는 신뢰보호의 원칙이 적용되지 아니한다.

② '공익을 해할 우려가 있는 경우가 아니어야 함'은 신뢰보호원칙의 성립요건이지만, '제3자의 정당한 이익을 해할 우려가 있는 경우가 아니어야 함'은 신뢰보호원칙의 성립요건이 아니다.

③ 신뢰보호원칙의 성립요건인 공적인 견해의 표명은 행정조직법상 권한을 가진 행정청에 의해 행해져야 하며, 처분청이 아닌 다른 기관에 의해 행해진 경우에는 신뢰보호의 대상이 될 수 없다.

④ 신뢰의 대상인 행정청의 선행조치는 문서에 의한 형식적 행위이어야 한다.

⑤ 신뢰보호의 대상인 행정청의 선행조치에는 법적행위만이 포함되며, 행정지도 등의 사실행위는 포함되지 아니한다.

08 **판례상 행정청의 공적 견해표명에 대한 옳은 것(○)과 틀린 것(×)의 올바른 조합은?**

㉠ 행정청이 상대방에게 장차 어떤 처분을 하겠다고 공적인 의사표명을 하면서 상대방에게 언제까지 처분의 발령을 신청하도록 유효기간을 둔 경우, 그 기간 내에 상대방의 신청이 없었다면 그 공적인 의사표명은 행정청의 별다른 의사표시를 기다리지 않고 실효된다.

㉡ 면허세의 근거법령이 제정되어 폐지될 때까지의 4년 동안 과세관청이 면허세를 부과할 수 있음을 알면서도 수출확대라는 공익상 필요에서 한 건도 부과한 일이 없었다면 비과세의 관행이 이루어졌다고 보아도 무방하다.

㉢ 폐기물처리업 사업계획에 대하여 적정통보를 하였다면 그 사업부지에 대하여 국토이용계획 변경신청을 승인하여 주겠다는 취지의 공적인 견해표명을 한 것으로 볼 수 있다.

㉣ 폐기물처리업 사업계획에 대한 적정통보는 당해 토지에 대한 형질변경신청을 허가하는 취지의 공적 견해표명이 있다고 볼 수 있다.

㉤ 과세관청이 납세의무자에게 부가가치세 면세사업자용 사업자등록증을 교부한 것은 그가 영위하는 사업에 관하여 부가가치세를 과세하지 않겠다는 공적 견해를 표명한 것으로 봐야 한다.

	㉠	㉡	㉢	㉣	㉤
①	○	○	○	×	×
②	○	○	×	×	×
③	×	○	○	×	×
④	×	○	×	○	×
⑤	×	×	○	○	×

07 ② 판례에 의하면 '제3자의 정당한 이익을 해할 우려가 있는 경우가 아니어야 함'도 신뢰보호원칙의 성립요건이다.
③ 처분청이 아닌 다른 기관에 의해 행해진 경우에도 실질적인 여러 사정을 고려할 때 신뢰보호의 대상이 될 수 있다.
④ 선행조치가 문서에 의하지 않고 구두에 의한 경우에도 신뢰가능성이 있는 경우 신뢰보호의 대상이 될 수 있다.
⑤ 신뢰보호의 대상인 행정청의 선행조치에는 법적행위만이 아니라 행정지도 등의 사실행위도 포함된다.

08 ㉠ [○] 신청에 대한 유효기간이 경과하도록 신청을 하지 않은 경우 신청권은 소멸하고 처분에 대한 공적 견해표명은 실효된다는 것이 판례이다(대판 1996. 8. 20. 95누10877).
㉡ [○] 비과세의 관행이 성립된 것으로 본 판례(대판 1980. 6. 10. 80누6)
㉢ [×] 폐기물처리업과 국토이용계획 변경은 서로 제도적 취지와 각각 고려할 사항이 다르므로 공적 견해표명으로 볼 수 없다는 사안(대판 2005. 4. 28. 2004두8828)
㉣ [×] 폐기물처리업과 토지형질변경은 서로 제도적 취지와 각각 고려할 사항이 다르므로 공적 견해표명으로 볼 수 없다는 사안(대판 1998. 9. 25. 98두6494)
㉤ [×] 사업자등록증교부는 사업개시 신고에 대한 신고사실을 증명하는 증서의 교부행위에 불과하므로 부가가치세를 비과세하겠다는 공적 견해표명으로 볼 수 없다(대판 2008. 6. 12. 2007두23255).

Answer 07. ① 08. ②

09 **신뢰보호의 원칙과 실권의 법리에 대한 설명으로 옳지 않은 것은? (다툼이 있는 경우 판례에 의함)**

① 재건축조합에서 일단 내부규범이 정립되면 조합원들은 특별한 사정이 없는 한 그것이 존속하리라는 신뢰를 가지게 되므로, 내부규범을 변경할 경우 내부규범 변경을 통해 달성하려는 이익이 종전 내부규범의 존속을 신뢰한 조합원들의 이익보다 우월해야 한다.

② 신뢰보호의 원칙은 행정청이 공적인 견해를 표명할 당시의 사정이 그대로 유지됨을 전제로 적용되는 것이 원칙이므로, 사후에 그와 같은 사정이 변경된 경우에는 특별한 사정이 없는 한 행정청이 그 견해표명에 반하는 처분을 하더라도 신뢰보호의 원칙에 위반된다고 볼 수 없다.

③ 신뢰보호의 보호가치는 건축허가를 받은 상대방뿐만 아니라 그로부터 신청행위를 위임받은 수임인 등 관계자 모두를 기준으로 판단할 때 귀책사유가 없어야 한다.

④ 병무청 담당부서의 담당공무원에게 공적 견해의 표명을 구하지 아니한 채 민원봉사 담당공무원이 상담에 응하여 안내한 것을 신뢰한 경우에도 신뢰보호의 원칙이 적용된다.

⑤ 법령 개정에 대한 신뢰와 관련하여, 법령에 따른 개인의 행위가 국가에 의하여 일정한 방향으로 유인된 경우에 특별히 보호가치가 있는 신뢰이익이 인정될 수 있다.

10 **부당결부금지의 원칙에 대한 설명으로 틀린 것은? (다툼이 있는 경우 판례에 의함)**

① 주택사업계획승인 시 그 주택사업과 아무런 관련이 없는 토지를 기부채납하도록 한 것은 부당결부금지의 원칙에 반하여 위법하다.

② 주택사업계획승인을 하면서 입주민의 편의를 위해 도로를 확장하여 기부채납하도록 한 것은 부당결부금지의 원칙에 반하여 위법하다.

③ 부당결부금지의 원칙은 공법상 계약에 있어서도 그 적용이 있다.

④ 혈중알코올농도 0.182%의 만취상태에서 운전한 자에 대한 1종 대형면허와 1종 보통운전면허에 대한 취소가 부당결부금지의 원칙에 반해 위법한 것은 아니다.

⑤ 제2종 소형면허를 가진 사람만이 운전할 수 있는 오토바이를 음주운전한 경우 이와 실질적 관련이 없는 제1종 대형면허나 제1종 보통면허를 취소하는 것은 위법하다.

09 ④ 서울지방병무청 총무과 민원팀장이 이와 같은 법령의 내용을 숙지하지 못한 상태에서 원고측의 상담에 응하여 민원봉사차원에서 위와 같이 안내하였다고 하여 그것이 피고의 공적인 견해표명이라고 하기 어렵고, 원고측이 더 나아가 담당부서의 담당공무원에게 공적 견해의 표명을 구하는 정식의 서면질의 등을 하지 아니한 채 민원팀장의 안내만을 신뢰한 것에는 원고측에 귀책사유도 있어 신뢰보호의 원칙이 적용되지 아니한다(대판 2003. 12. 26. 2003두1875).
⑤ 법률의 개정에 대한 신뢰이익의 보호가치는 법률에 따른 개인의 행위가 국가에 의하여 일정방향으로 유인된 신뢰의 행사인 경우 보호가치가 인정된다.

10 ② 입주민의 편의를 위해 도로를 확장하여 기부채납하도록 한 것이므로 실질적 관련성이 있는 부관으로 부당결부금지의 원칙에 반하지 않는다.
④ 제1종 대형면허와 제1종 보통면허는 서로 관련된 면허로 음주운전한 경우 모두를 취소해도 부당결부금지의 원칙에 위반되지 않는다.
⑤ 음주운전이라도 면허 간에 관련이 없는 경우 전부취소를 할 수 없다. 제2종 소형면허를 가진 사람만이 운전할 수 있는 오토바이를 음주운전한 경우 이와 실질적 관련이 없는 제1종 대형면허나 제2종 보통면허를 취소할 수 없다.

Answer 09. ④ 10. ②

제5절 행정법의 효력

01 법령의 효력발생에 관한 설명으로 옳지 않은 것은?

① 대통령령·총리령 및 부령은 특별한 규정이 없는 한 공포한 날로부터 20일이 경과함으로써 효력을 발생한다.
② 대통령령·총리령 및 부령의 공포일은 그 법령 등을 게재한 관보 또는 신문이 발행된 날로 한다.
③ 법령의 공포시점은 관보 또는 공보가 판매소에 도달하여 누구든지 이를 구독할 수 있는 상태가 된 최초의 시점으로 보는 것이 판례의 입장이다.
④ 새 법령이 시행되기 전에 종결된 사실에 대하여는 해당 법령을 적용하지 않는 것을 원칙으로 한다.
⑤ 관보는 전자관보를 우선으로 하되 종이관보를 보완적으로 운영할 수 있다.

02 행정법령의 적용에 관한 설명으로 옳은 것은? (다툼이 있는 경우 판례에 의함)

① 행정법규 위반자에 대한 제재처분을 하기 전에 처분의 기준이 행위 시보다 불리하게 개정된 경우 원칙적으로 행위 시의 법령을 적용하여야 한다.
② 과거에 완성된 사실에 대하여 당사자에게 불리하게 제정 또는 개정된 신법을 적용하는 것은 어떠한 경우에도 허용될 수 없다.
③ 계속된 사실이나 새 법령 시행 후에 발생한 조세부과요건 사실에 대하여 새 법령을 적용하는 것은 소급입법금지의 원칙에 저촉되어 허용되지 않는다.
④ 처분의 근거가 행정규칙에 규정되어 있다면 그 처분은 항고소송의 대상이 되는 행정처분이 아니다.
⑤ 허가신청 후 허가기준이 변경되었다 하더라도 그 허가관청이 허가신청을 수리하고도 정당한 이유 없이 그 처리를 늦추어 그사이에 허가기준이 변경된 것이 아닌 이상 변경되기 이전의 허가 기준에 따라서 처분을 하여야 한다.

03 **현행 「행정기본법」에 대한 설명으로 옳지 않은 것은?**

① 새로운 법령 등은 법령 등에 특별한 규정이 있는 경우를 제외하고는 그 법령 등의 효력 발생 전에 완성되거나 종결된 사실관계 또는 법률관계에 대해서는 적용되지 아니한다.

② 당사자의 신청에 따른 처분은 법령 등에 특별한 규정이 있거나 처분 당시의 법령 등을 적용하기 곤란한 특별한 사정이 있는 경우를 제외하고는 처분 당시의 법령 등에 따른다.

③ 법령 등을 위반한 행위의 성립과 이에 대한 제재처분은 법령 등에 특별한 규정이 있는 경우를 제외하고는 법령 등을 위반한 행위 당시의 법령 등에 따른다.

④ 법령 등을 위반한 행위 후 법령 등의 변경에 의하여 그 행위가 법령 등을 위반한 행위에 해당하지 아니하거나 제재처분 기준이 가벼워진 경우로서 해당 법령 등에 특별한 규정이 없는 경우에는 변경 전 법령 등을 적용한다.

⑤ 행정에 관한 나이는 다른 법령 등에 특별한 규정이 있는 경우를 제외하고는 출생일을 산입하여 만(滿) 나이로 계산하고, 연수(年數)로 표시한다. 다만, 1세에 이르지 아니한 경우에는 월수(月數)로 표시할 수 있다.

01 ⑤ 관보는 종이로 발행되는 관보와 전자적인 형태로 발행되는 관보로 운영한다. 관보의 내용 해석 및 적용 시기 등에 대하여 종이관보와 전자관보는 동일한 효력을 가진다(「법령 등 공포에 관한 법률」 제11조 제3항·제4항).

02 ① 제재처분은 위반행위를 기준으로 법령을 적용하는 것을 원칙으로 한다.
② 법령의 진정소급은 원칙적으로 불허, 예외적으로 허용이다. '과거에 완성된 사실에 대하여 당사자에게 불리하게 제정 또는 개정된 신법을 적용하는 것'은 법령의 진정소급에 해당한다. 따라서 지문의 '어떠한 경우에도 허용될 수 없다'는 타당하지 않다.
③ 법령의 부진정소급은 원칙적으로 허용, 예외적으로 불허이다. '과세기간(1년)의 전체 소득에 대하여 (개정법에 따라) 인상된 세율을 적용하는 것'은 법령의 부진정소급에 해당한다. 따라서 개정된 법에 따라 인상된 세율을 적용하는 것은 원칙적으로 위법하지 않다.
④ 처분의 근거가 행정규칙에 규정되어 있다고 하더라도, 그 처분이 상대방에게 권리 설정 또는 의무 부담을 명하거나 기타 법적인 효과를 발생하게 하는 등으로 상대방의 권리의무에 직접 영향을 미치는 행위인 경우에는 항고소송의 대상이 되는 행정처분에 해당한다.
⑤ 신청에 따른 처분은 특별한 사정이 없으면 처분 시의 법령을 따라야 하므로 허가처분 시의 법령인 변경된 법령을 따라야 한다.

03 ④ 법령 등을 위반한 행위의 성립과 이에 대한 제재처분은 법령 등에 특별한 규정이 있는 경우를 제외하고는 법령 등을 위반한 행위 당시의 법령 등에 따른다. 다만, 법령 등을 위반한 행위 후 법령 등의 변경에 의하여 그 행위가 법령 등을 위반한 행위에 해당하지 아니하거나 제재처분 기준이 가벼워진 경우로서 해당 법령 등에 특별한 규정이 없는 경우에는 변경된 법령 등을 적용한다(「행정기본법」 제14조 제3항).

Answer 01. ⑤ 02. ① 03. ④

04 법령 등 시행일의 기간 계산에 관한 설명으로 옳은 것을 모두 고른 것은?

> ㉠ 법령 등을 공포한 날부터 시행하는 경우에는 공포한 날을 시행일로 한다.
> ㉡ 법령 등을 공포한 날부터 일정 기간이 경과한 날부터 시행하는 경우 법령 등을 공포한 날을 첫날에 산입하지 아니한다.
> ㉢ 법령 등을 공포한 날부터 일정 기간이 경과한 날부터 시행하는 경우 그 기간의 말일이 토요일 또는 공휴일인 때에는 그 말일로 기간이 만료한다.
> ㉣ 대통령령은 특별한 규정이 없으면 공포한 날부터 10일이 경과함으로써 효력을 발생한다.

① ㉠, ㉡
② ㉠, ㉣
③ ㉢, ㉣
④ ㉠, ㉡, ㉢
⑤ ㉡, ㉢, ㉣

04 ㉠·㉡·㉢ [○]
「행정기본법」 제7조(법령 등 시행일의 기간 계산) 법령 등(훈령·예규·고시·지침 등을 포함한다. 이하 이 조에서 같다)의 시행일을 정하거나 계산할 때에는 다음 각 호의 기준에 따른다.
1. 법령 등을 공포한 날부터 시행하는 경우에는 공포한 날을 시행일로 한다.
2. 법령 등을 공포한 날부터 일정 기간이 경과한 날부터 시행하는 경우 법령 등을 공포한 날을 첫날에 산입하지 아니한다.
3. 법령 등을 공포한 날부터 일정 기간이 경과한 날부터 시행하는 경우 그 기간의 말일이 토요일 또는 공휴일인 때에는 그 말일로 기간이 만료한다.

㉣ [×] 법령(대통령령 포함)은 특별한 규정이 없으면 공포한 날부터 20일이 경과함으로써 효력을 발생한다.

Answer 04. ④

Chapter

03 행정법관계

제1절 행정상 법률관계

01 **다음 중 행정법관계가 아닌 것은?**

① 농지개량조합과 조합원의 관계
② 국가의 한국토지주택공사에 대한 감독관계
③ 사유공물의 지정관계
④ 특허기업자의 토지수용관계
⑤ 시영버스사업자와 그 이용자와의 관계

02 **공법관계와 사법관계에 대한 다음 서술 중 타당하지 않은 것은? (다툼이 있는 경우 판례에 의함)**

① 조세부과처분이 당연무효임을 전제로 하여 이미 납부한 세금의 반환을 청구하는 것은 민사상의 부당이득반환청구로서 민사소송절차에 따라야 한다.
② 국가에 대한 납세의무자의 부가가치세 환급세액 지급청구는 공법상 당사자소송절차에 따라야 한다.
③ 국유재산의 매각 · 임대 · 대부료의 납입고지는 모두 사법상의 행위이다.
④ 행정재산의 사용 · 수익허가 후 행정재산의 사용료 부과는 사법상의 행위이다.
⑤ 국유재산의 관리청이 무단점유자에 대하여 하는 변상금부과처분은 행정소송의 대상이 되는 행정처분이다.

01 ⑤ 시영버스사업자와 그 이용자의 관계는 사경제작용의 일환으로 사법관계라는 것이 판례이다.

02 ④ 행정재산의 사용 · 수익허가 후 행정재산의 사용료 부과는 공법상의 행위로서 행정행위(하명처분)이다.

Answer 01. ⑤ 02. ④

03 판례에 의할 때 공법관계에 해당되지 않는 것은?

① 구 「예산회계법」상 입찰보증금의 국고귀속조치
② 국립의료원 부설주차장에 관한 위탁관리용역운영계약
③ 공무원연금관리공단의 퇴직공무원에 대한 급여결정
④ 국가인권위원회의 성희롱 결정 및 시정조치의 권고
⑤ 지방자치단체에 근무하는 청원경찰의 근무관계

04 공법관계와 사법관계에 대한 설명으로 옳은 것만을 〈보기〉에서 모두 고른 것은? (다툼이 있는 경우 판례에 의함)

㉠ 조달청이 국가종합전자조달시스템인 나라장터 종합쇼핑몰에 거래정지조치를 하는 것은 처분으로서 공법관계에 속한다.
㉡ 「초・중등교육법」상 사립중학교에 대한 중학교 의무교육의 위탁관계는 사법관계에 속한다.
㉢ 공용수용의 목적물이 불필요하게 된 경우 피수용자가 다시 수용된 토지의 소유권을 회복할 수 있도록 하는 환매권은 일종의 공권이다.
㉣ 사립학교교원에 대한 징계는 사법관계이나 그에 대해 교원소청심사가 제기되어 그에 대한 결정이 있으면 그 결정은 공법의 문제가 된다.

① ㉠, ㉡
② ㉠, ㉢
③ ㉠, ㉣
④ ㉡, ㉣
⑤ ㉡, ㉢, ㉣

05 행정상의 법률관계와 소송형태 등에 관한 설명으로 옳지 않은 것은? (다툼이 있는 경우 판례에 의함)

① 「도시 및 주거환경정비법」상의 주택재건축정비사업조합을 상대로 관리처분계획안에 대한 조합 총회결의의 무효확인을 구하는 소는 공법관계이므로 당사자소송을 제기하여야 한다.
② 「국가를 당사자로 하는 계약에 관한 법률」에 따라 국가가 당사자로 되는 입찰방식에 의한 사인과 체결하는 이른바 공공계약은 국가가 사경제의 주체로서 상대방과 대등한 위치에서 체결하는 사법상의 계약이다.

③ 구「한국공항공단법」에 의하여 한국공항공단이 정부로부터 무상사용허가를 받은 행정재산을 전대하는 행위는 행정소송의 대상이 되는 행정처분이다.

④ 구「하도급거래 공정화에 관한 법률」 제26조 제2항에 따른 공정거래위원회의 입찰참가자격제한 등 요청 결정은 항고소송의 대상되는 처분에 해당한다.

⑤ 한국마사회가 조교사 및 기수의 면허를 부여하거나 취소하는 것은 일반사법상의 법률관계에서 이루어지는 단체 내부에서의 징계 내지 제재처분이다.

03 ①「예산회계법」에 따라 체결되는 계약은 사법상의 계약이라고 할 것이고 동법상의 입찰보증금은 낙찰자의 계약체결의무이행의 확보를 목적으로 하여 그 불이행 시에 이를 국고에 귀속시켜 국가의 손해를 전보하는 사법상의 손해배상예정으로서의 성질을 갖는 것이라고 할 것이므로 입찰보증금의 국고귀속조치는 국가가 사법상의 재산권의 주체로서 행위하는 것이지 공권력을 행사하는 것이거나 공권력작용과 일체성을 가진 것이 아니라 할 것이므로 이에 관한 분쟁은 행정소송이 아닌 민사소송의 대상이 될 수밖에 없다(대판 1983. 12. 27. 81누366).

② 국립의료원 부설주차장은 행정재산이며, 이의 위탁관리용역운영계약은 행정재산의 사용·수익 허가로서 강학상의 특허에 해당하는 조치로 이에 관한 법률관계는 공법관계이다. 따라서 이와 관련한 가산금지급채무 부존재를 소송상 다투는 경우 소송형태는 민사소송이 아닌 행정소송으로 하여야 한다는 것이 판례이다.

04 ㉠ [○] 조달청이 국가종합전자조달시스템인 나라장터 종합쇼핑몰에 거래정지조치를 하는 것은 항고소송의 대상되는 처분이다(대판 2018. 11. 29. 2015두52395).

㉣ [○] 사립학교법인 등의 사립학교 교원에 대한 징계는 사법적 법률행위이지만, 이에 대한 교원소청심사위원회의 소청결정은 행정처분으로 항고소송의 대상되는 처분이고 공법관계에 해당한다.

㉡ [×] 중학교 의무교육의 위탁관계는「초·중등교육법」 제12조 제3항, 제4항 등 관련 법령에 의하여 정해지는 공법적 관계로서, 대등한 당사자 사이의 자유로운 의사를 전제로 사익 상호간의 조정을 목적으로 하는「민법」 제688조의 수임인의 비용상환청구권에 관한 규정이 그대로 준용된다고 보기도 어렵다(대판 2015. 1. 29. 2012두7387).

㉢ [×]「징발재산정리에 관한 특별조치법」 제20조 소정의 환매권은 일종의 형성권으로서 그 존속기간은 제척기간으로 보아야 할 것이며, 위 환매권은 재판상이든 재판외이든 그 기간 내에 행사하면 이로써 매매의 효력이 생기고, 위 매매는 같은 조 제1항에 적힌 환매권자와 국가 간의 사법상의 매매라 할 것이다(대판 1992. 4. 24. 92다4673).

05 ③ 행정재산을 전대하는 행위는 사인간의 전대차에 해당하므로 사법관계에 속하고 처분으로 볼 수 없다는 것이 판례이다(대판 2003. 10. 24. 2001다82514).

④ 공정거래위원회로부터 요청받은 관계 행정기관의 장은 특별한 사정이 없는 한 그 사업자에 대하여 입찰참가자격제한 등의 처분을 해야 하므로, 사업자로서는 입찰참가자격제한 등 요청 결정이 있으면 장차 후속 처분으로 입찰참가자격이 제한되고 영업이 정지될 수 있는 등의 법률상 불이익이 존재한다. 이때 입찰참가자격제한 등 요청 결정이 있음을 알고 있는 사업자로 하여금 입찰참가자격제한처분 등에 대하여만 다툴 수 있도록 하는 것보다는 그에 앞서 직접 입찰참가자격제한 등 요청 결정의 적법성을 다툴 수 있도록 함으로써 분쟁을 조기에 근본적으로 해결하도록 하는 것이 법치행정의 원리에도 부합하므로, 공정거래위원회의 입찰참가자격제한 등 요청 결정은 항고소송의 대상이 되는 처분에 해당한다(대판 2023. 4. 27. 2020두47892).

Answer 03. ① 04. ③ 05. ③

제2절 행정법관계의 당사자

01 다음 보기 중 행정주체에 해당하는 것으로서 그에 대한 법적 성격으로 옳지 않게 묶인 것은? (다툼이 있으면 판례에 의함)

> ㉠ 재개발조합 – 공공조합
> ㉡ 한국연구재단 – 공법상 재단법인
> ㉢ 대한변호사협회 – 공법상의 사단법인
> ㉣ 국립의료원 – 공법상의 사단법인
> ㉤ 한국방송공사 – 영조물법인

① ㉠ ② ㉡
③ ㉢ ④ ㉣
⑤ ㉤

02 행정주체에 대한 설명들이다. 잘못된 것은?

① 지방자치단체도 자치사무를 수행하는 경우에는 양벌규정에 따라 처벌대상이 되는 법인에 해당한다.
② 「민영교도소 등의 설치 운영에 관한 법률」상의 민영교도소는 행정보조인(행정보조자)에 해당한다.
③ 소득세의 원천징수 행위는 법령에 규정된 징수 및 납부의무를 이행하기 위한 것에 불과한 것이지 공권력의 행사로서의 행정처분을 한 경우에 해당되지 아니한다.
④ 공공단체도 국가가 행정주체로 되는 경우에는 행정객체가 될 수 있다.
⑤ 영조물은 법인이 되기 전에는 행정주체가 되지 못한다.

03 **공무수탁사인에 관한 설명으로 옳지 않은 것은?**

① 공무수탁사인은 행정임무를 자기 책임하에 수행함이 없이 단순한 기술적 집행만을 행하는 사인인 행정보조인과는 구별된다.

② 「행정기본법」에서는 행정청의 개념에 공무수탁사인을 포함시키고 있다.

③ 사고현장에서 경찰의 부탁에 의해 경찰을 돕는 자는 공무수탁사인으로 볼 수 없다.

④ 법령에 의하여 공무를 위탁받은 공무수탁사인이 행한 처분에 대하여 항고소송을 제기하는 경우 피고는 위임행정청이 된다.

⑤ 공무수탁사인의 직무상 불행행위에 대해서는 원칙적으로 국가나 지방자치단체가 책임을 진다.

01 ㉣·㉤ 영조물법인은 일정한 행정목적에 제공된 인적·물적 종합시설로서 법인격이 부여된 것을 말한다. 국립의료원과 한국방송공사는 영조물법인에 해당한다.
㉠·㉢ 공공조합이란 특정한 행정목적을 수행하기 위하여 일정한 자격을 가진 조합원들로 구성된 공법상의 사단법인을 말한다. 재개발조합과 대한변호사협회는 공공조합에 해당한다.
㉡ 공법상 재단법인은 국가나 지방자치단체가 공공목적을 위하여 출연한 재산을 관리하기 위하여 설립된 공법상 법인을 말한다. 한국연구재단은 공법상 재단법인에 해당한다.

02 ② 민영교도소는 교정업무를 위탁받은 공무수탁사인에 해당하고 행정보조인에 불과하다고 볼 수 없다.

03 ④ 항고소송의 피고는 처분을 행한 행정청이 되며 처분행정청은 처분을 누구 명의로 했는가를 기준으로 판단한다. 법령에 의하여 공무를 위탁받은 공무수탁사인이 행한 처분에 대하여 항고소송을 제기하는 경우 피고는 위임행정청이 아닌 공무수탁사인이 된다.
② 「행정기본법」 제2조 제2호 나목
⑤ 공무수탁사인의 직무상 불행행위에 대해서는 「국가배상법」 제2조 제1항에 의해 국가 또는 지방자치단체가 배상하게 된다. 공무수탁사인은 「국가배상법」상 공무원의 지위를 갖는다.

Answer 01. ④ 02. ② 03. ④

제3절 개인적 공권

01 개인적 공권의 특수성에 대한 설명으로 틀린 것은? (다툼이 있는 경우 판례에 의함)

① 소극적 방어권인 「헌법」상의 자유권적 기본권은 법률의 규정이 없다고 하더라도 직접 구체적 공권성이 인정될 수 있다.

② 개인적 공권은 사권과 비교하여 그 성질상 공공성에 의하여 타인에게 이전되는 것이 제한되는 경우가 많다.

③ 국가적 공권은 포기할 수 없으나, 개인적 공권은 사전포기가 자유롭다는 것이 다수설이다.

④ 대물적 허가의 영업양도의 경우 양도인의 위반사유도 양수인에게 승계되므로 양도인에 대한 제재사유로 양수인에게 제재를 가할 수 있다.

⑤ 무단으로 산림을 형질변경한 자가 사망한 경우, 해당 토지의 소유권을 승계한 상속인은 그 복구의무를 부담하므로, 행정청은 그 상속인에 대하여 복구명령을 할 수 있다.

02 개인적 공권 내지 법률상 이익에 관한 판례의 입장으로 옳지 않은 것은?

① 허가 등 수익적 행정처분의 근거가 되는 법률이 해당 업자들 사이의 과당경쟁으로 인한 경영의 불합리를 방지하는 것을 목적으로 하는 경우, 기존의 업자는 타인에 대한 허가의 취소를 구할 법률상 이익이 있다.

② 서로 경원관계에서 허가가 어느 한 사람에게 발급된 경우, 허가를 받지 못한 자는 타인에 대한 허가의 취소를 구할 법률상 이익이 있다.

③ 상수원보호구역 내의 지역주민들은 환경권과 주거에 따른 행위제한을 받으므로 상수원보호구역 변경처분의 취소를 구할 법률상 이익이 있다.

④ 환경영향평가 대상지역 밖의 주민이라도 공유수면매립면허처분으로 처분 전과 비교하여 수인한도를 넘는 환경피해를 받을 우려 등을 입증한 경우에는 공유수면매립면허처분의 무효확인을 구할 수 있다.

⑤ 주거지역 등에의 공설화장장 설치를 금지함에 의하여 보호되는 주거지역 내 주민들의 이익은 도시계획결정처분의 근거 법률에 의하여 보호되는 법률상 이익이라 할 것이다.

03 다음 중 법률상 보호되는 이익의 침해로서 행정소송의 원고적격을 인정한 경우가 아닌 것은?

① 납골당 설치신고 수리처분에 대한 납골당 설치장소에서 500m 내에 20호 이상의 인가가 밀접한 지역에 거주하는 주민들
② 공장설립승인처분으로 환경상 이익에 대한 침해 또는 침해 우려가 있는 것으로 사실상 추정되는 주민
③ 주택재개발정비사업조합 설립추진위원회 설립 승인처분에 대하여 그 구성에 동의하지 아니한 정비구역 내의 토지 등 소유자
④ 약제의 상한금액 인하 고시에 대하여 약제를 제조·공급하는 제약회사
⑤ 신규 담배 구내소매인 지정 처분에 대하여 담배 일반소매인인 기존업자

01 ③ 국가적 공권뿐만 아니라 개인적 공권도 그 공공성에 의하여 포기가 인정되지 않는 경우가 많다. 개인적 공권이 사전포기가 자유롭다는 표현은 잘못된 것이다.
① 「헌법」상의 자유권은 법률의 규정이 없다고 하더라도 직접 구체적 공권성이 인정되지만 사회적 기본권은 법률의 구체적 형성이 있어야 구체적 권리성이 인정된다.
② 개인적 공권은 그 성질상 공공성에 의하여 타인에게 이전되는 것이 제한되는 일신전속적 권리인 경우가 많다.
④ 대물적 허가의 영업양도의 경우 양도인의 위반사유도 양수인에게 승계되므로 명문의 규정이 없더라도 양수인의 선의·악의를 불문하고 양도인에 대한 제재사유로 양수인에게 제재를 가할 수 있다는 것이 판례이다.
⑤ 산림복구의무는 일신전속적 의무가 아니므로 상속인에게 승계되고, 행정청은 그 상속인에 대하여 복구명령을 할 수 있다.

02 ③ 상수원보호구역 설정의 근거가 되는 「수도법」이 보호하고자 하는 것은 상수원의 확보와 수질보전일 뿐이고, 그 상수원에서 급수를 받고 있는 지역주민들이 가지는 상수원의 오염을 막아 양질의 급수를 받을 이익은 직접적이고 구체적으로는 보호하고 있지 않음이 명백하여 위 지역주민들이 가지는 이익은 상수원의 확보와 수질보호라는 공공의 이익이 달성됨에 따라 반사적으로 얻게 되는 이익에 불과하므로 지역주민들에 불과한 원고들에게는 위 상수원보호구역 변경처분의 취소를 구할 법률상의 이익이 없다(대판 1995. 9. 26. 94누14544).
① 허가 등 수익적 행정처분의 근거가 되는 법률이 해당 업자들 사이의 과당경쟁으로 인한 경영의 불합리를 방지하는 것을 목적으로 하는 경우, 기존의 허가업자의 이익은 법률상 이익으로 타인의 신규허가에 대해 취소소송으로 다툴 수 있다.
② 서로 경원관계에 있는 자는 타인의 허가를 취소소송으로 다툴 수도 있고, 자신에 대한 불허가를 취소소송으로 다툴 수도 있다.

03 ⑤ 일반소매인의 입장에서 구내소매인과의 과당경쟁으로 인한 경영의 불합리를 방지하는 것을 그 목적으로 할 수 있다고 보기 어려우므로, 일반소매인으로 지정되어 영업을 하고 있는 기존업자의 신규 구내소매인에 대한 이익은 법률상 보호되는 이익이 아니라 단순한 사실상의 반사적 이익이라고 해석함이 상당하므로, 기존 일반소매인은 신규 구내소매인 지정처분의 취소를 구할 원고적격이 없다(대판 2008. 4. 10. 2008두402).

Answer 01. ③ 02. ③ 03. ⑤

제4절 특별권력관계

01 특별권력관계에 대한 설명으로 틀린 것은? (다툼이 있는 경우 판례에 의함)

① 특별권력관계의 예로는 군인의 복무관계, 공무원의 근무관계, 교도소 재소관계, 국공립학교 재학관계 등을 들 수 있다.

② 전통적 특별권력관계론은 특별권력관계는 법률에 의해 규율되는 것이 아니라 자율적인 내부규칙에 의해 규율되는 영역으로 보아 법률의 근거가 없더라도 기본권이 제한될 수 있다고 보았다.

③ 일반행정법관계인 행정주체와 국민과의 관계는 자동적으로 형성되나 특별행정법관계는 특별한 법률원인에 의해 성립된다.

④ 서울특별시 지하철공사의 임직원의 근무관계는 특별권력관계에 해당한다.

⑤ 오늘날은 특별권력관계에서의 행위도 항고소송의 대상이 되는 공권력행사로 볼 수 있다는 것이 다수설이다.

02 특별권력관계에 대한 설명으로 가장 적절하지 않은 것은? (다툼이 있는 경우 판례에 의함)

① 군인이 상관의 지시 및 그 근거 법령에 대해, 법원이나 헌법재판소에 법적 판단을 청구하는 행위 자체만으로도 군인의 복종의무를 위반하였다고 보아야 한다.

② 군인이 국가의 존립과 안전을 보장함을 직접적인 존재의 목적으로 하는 군조직의 구성원인 특수한 신분관계에 있으므로, 그 존립 목적을 달성하기 위하여 필요한 한도 내에서 일반 국민보다 상대적으로 기본권이 더 제한될 수 있다.

③ 신병교육훈련기간 동안 전화사용을 하지 못하도록 정하고 있는 규율은 신병교육훈련생들의 통신의 자유 등 기본권을 과도하게 제한하는 것이라고 보기 어렵다.

④ 교정시설의 수용자가 밖으로 보내려는 모든 서신에 대해 무봉함 상태의 제출을 강제하는 것은 수용자의 통신비밀의 자유를 침해하는 것이다.

⑤ 특별행정법관계(특별권력관계)의 종류에는 공법상의 근무관계, 공법상의 영조물이용관계, 공법상의 특별감독관계, 공법상의 사단관계가 있다.

01 ④ 서울특별시 지하철공사의 임원과 직원의 근무관계의 성질은 「지방공기업법」의 모든 규정을 살펴보아도 공법상의 특별권력관계라고는 볼 수 없고 사법관계에 속할 뿐만 아니라, 위 지하철공사의 사장이 그 이사회의 결의를 거쳐 제정된 인사규정에 의거하여 소속직원에 대한 징계처분을 한 경우 위 사장은 「행정소송법」 제13조 제1항 본문과 제2조 제2항 소정의 행정청에 해당되지 않으므로 공권력 발동주체로서 위 징계처분을 행한 것으로 볼 수 없고, 따라서 이에 대한 불복절차는 민사소송에 의할 것이지 행정소송에 의할 수는 없다(대판 1989. 9. 12. 89누2103).

02 ① 군인이 상관의 지시나 명령에 대하여 재판청구권을 행사하는 것은 다른 불순한 의도가 없다면 군인의 복종의무를 위반하였다고 볼 수 없다는 것이 판례이다.
② 군인은 특수한 신분관계상 일반 국민보다 상대적으로 기본권이 더 제한될 수 있다.
③ 신병교육훈련기간 동안 전화사용을 하지 못하도록 정하고 있는 규율은 합리적 이유가 있는 것으로 과도한 기본권의 제한이라고 볼 수 없다.
④ 수용자가 밖으로 보내는 모든 서신에 대해 무봉함의 상태의 제출을 강제하는 것은 다른 덜 침해되는 방법 등으로 얼마든지 목적달성이 가능하므로 기본권 제한의 최소침해성을 위반하였다는 것이 헌법재판소의 입장이다.
⑤ 특별권력관계는 공법상 근무관계, 공법상 영조물 이용관계, 공법상 특별감독관계, 공법상 사단관계로 구별된다.

Answer 01. ④ 02. ①

제5절 공법관계에 대한 사법규정의 적용

01 다음의 사법(私法)의 규정 내지 원칙 중 공법관계에 적용되기 어려운 것은?

① 권리남용금지의 원칙
② 기간계산에 관한 규정
③ 부당이득에 관한 규정
④ 사적자치의 원칙
⑤ 사무관리에 관한 규정

02 행정법관계에 대한 사법규정의 적용에 관한 설명으로 가장 옳은 것은?

① 행정법의 일반원리와 사법의 일반원리는 전혀 별개이다.
② 권력관계에는 사법규정의 적용이 전혀 있을 수 없다.
③ 관리관계는 본질적으로 사법관계와 성질이 다르다.
④ 「행정소송법」에 특별한 규정이 없으면 「민사소송법」의 규정이 준용된다.
⑤ 행정법의 흠결이 있는 경우에는 사법규정을 먼저 고려하고 유사 공법은 후차적으로 적용된다.

01 ④ 사적자치의 원칙은 사법관계에서만 적용될 수 있다. 행정법관계는 법치행정 원칙의 지배를 받는다.

02 ④ 「행정소송법」 제8조 제2항에 따라 맞는 지문이다.
① 일반원리는 공법분야이건 사법분야이건 어디에나 적용되는 것으로 공통의 원리이다.
② 권력관계에도 사법의 개념조항이나 일반원칙은 적용된다.
③ 관리관계는 대등관계(비권력적 관계)인 점에서 본질적으로 사법관계와 성질이 같다. 그래서 관리관계에는 원칙적으로 사법(私法)이 적용되고 그에 관한 분쟁은 민사소송으로 해결한다. 다만, 공익목적 달성을 위해 필요한 범위에서만 공법(公法)이 적용되고 분쟁해결은 행정소송(당사자소송)에 의해야 하는 경우가 있다고 봄이 일반적 견해이다.
⑤ 행정법의 흠결이 있는 경우에는 유사 공법을 먼저 유추적용하고 그 다음에 「민법」의 준용 여부가 문제된다.

Answer 01. ④ 02. ④

Chapter

04 행정상 법률요건과 법률사실

제1절 사건

01 현행 「행정기본법」상 행정에 관한 기간의 계산과 법령 등 시행일의 기간 계산에 대한 설명으로 옳지 않은 것은? (다툼이 있는 경우 판례에 의함)

① 행정에 관한 기간의 계산에 관하여는 「행정기본법」 또는 다른 법령 등에 특별한 규정이 있는 경우를 제외하고는 「민법」을 준용한다.

② 처분에서 의무를 부과하는 경우, 의무가 지속되는 기간의 계산은 기간을 일, 주, 월 또는 연으로 정한 경우에는 기간의 첫날을 산입하는 것이 원칙이나 국민에게 불리한 경우에는 이를 적용하지 아니한다.

③ 법령 등에서 국민의 권익을 제한하는 경우, 권익이 제한되는 기간의 계산에 있어 기간의 말일이 토요일 또는 공휴일인 경우에는 기간은 그 익일로 만료한다.

④ 법령 등을 공포한 날부터 시행하는 경우에는 공포한 날을 시행일로 한다.

⑤ 법령 등을 공포한 날부터 일정 기간이 경과한 날부터 시행하는 경우 법령 등을 공포한 날을 첫날에 산입하지 아니한다.

01 「행정기본법」 제6조(행정에 관한 기간의 계산) ① 행정에 관한 기간의 계산에 관하여는 이 법 또는 다른 법령등에 특별한 규정이 있는 경우를 제외하고는 「민법」을 준용한다.
② 법령 등 또는 처분에서 국민의 권익을 제한하거나 의무를 부과하는 경우 권익이 제한되거나 의무가 지속되는 기간의 계산은 다음 각 호의 기준에 따른다. 다만, 다음 각 호의 기준에 따르는 것이 국민에게 불리한 경우에는 그러하지 아니하다.
1. 기간을 일, 주, 월 또는 연으로 정한 경우에는 기간의 첫날을 산입한다.
2. 기간의 말일이 토요일 또는 공휴일인 경우에도 기간은 그 날로 만료한다.

Answer 01. ③

02 **행정법상 시효제도에 대한 설명으로 옳은 것은? (다툼이 있는 경우 판례에 의함)**

① 「국유재산법」상 일반재산은 취득시효의 대상이 될 수 없지만 행정재산은 공용폐지의 의사표명이 있는 경우 사인의 취득시효의 대상이 된다.

② 「국가재정법」상 5년의 소멸시효가 적용되는 '금전의 급부를 목적으로 하는 국가의 권리'에는 국가의 사법(私法)상 행위에서 발생한 국가에 대한 금전채무도 포함된다.

③ 조세에 관한 소멸시효가 완성된 후에 부과된 조세부과처분은 위법한 처분이지만 당연무효라고 볼 수는 없다.

④ 납입고지에 의한 소멸시효의 중단은 그 납입고지에 의한 부과처분이 추후 취소되면 그 효력이 상실된다.

⑤ 「국유재산법」상 변상금부과처분에 대한 취소소송이 진행되는 동안에도 그 부과권의 소멸시효는 진행한다.

03 **공법상 부당이득에 관한 설명으로 옳지 않은 것은? (다툼이 있는 경우 판례에 의함)**

① 대법원은 공법상 부당이득반환청구권을 공법상 권리로 파악하면서도 민사소송으로 다루어진다는 입장이다.

② 취소할 수 있는 행정처분이라도 취소되지 않는 한 부당이득이 성립되지 아니한다는 견해가 유력하다.

③ 연금수령자격이 없는 자가 수령한 연금은 공법상 부당이득에 해당된다.

④ 무효인 법령에 근거한 조세부과처분에 따라 납부한 세금은 공법상 부당이득이다.

⑤ 개인의 공법상 부당이득도 성립될 수 있다.

04 공법상 부당이득에 대한 설명으로 옳지 않은 것은? (다툼이 있는 경우 판례에 의함)

① 공법상 부당이득에 관한 일반법은 없으므로 특별한 규정이 없는 경우, 「민법」상 부당이득반환의 법리가 준용된다.

② 부가가치세법령에 따른 환급세액 지급의무 등의 규정과 그 입법취지에 비추어 볼 때 부가가치세 환급세액 반환은 공법상 부당이득반환으로서 당사자소송의 대상이다.

③ 잘못 지급된 보상금에 해당하는 금액의 징수처분을 해야 할 공익상 필요가 당사자가 입게 될 불이익을 정당화할 만큼 강한 경우, 보상금을 받은 당사자로부터 오지급금액의 환수처분이 가능하다.

④ 공법상 부당이득반환에 대한 청구권의 행사는 개별적인 사안에 따라 행정주체도 주장할 수 있다.

⑤ 제3자가 「국세징수법」에 따라 체납자의 명의로 체납액을 완납한 경우 국가에 대하여 부당이득반환을 청구할 수 있다.

02 ② 구 「예산회계법」 제71조의 금전이 급부를 목적으로 하는 국가의 권리라 함은 금전의 급부를 목적으로 하는 권리인 이상 금전급부의 발생원인에 관하여는 아무런 제한이 없으므로 국가의 공권력의 발동으로 하는 행위는 물론 국가의 사법상의 행위에서 발생한 국가에 대한 금전채무도 포함한다(대판 1967. 7. 4. 67다751).
① 「국유재산법」상 행정재산은 사인의 취득시효가 금지되지만 공용폐지의 의사표명이 있는 경우 가능하고, 일반재산은 사인의 취득시효가 인정된다.
③ 조세에 관한 소멸시효가 완성되면 국가의 조세부과권과 납세의무자의 납세의무는 당연히 소멸한다 할 것이므로 소멸시효완성후에 부과된 부과처분은 납세의무 없는 자에 대하여 부과처분을 한 것으로서 그와 같은 하자는 중대하고 명백하여 그 처분의 효력은 당연무효이다(대판 1985. 5. 14. 83누655).
④ 구 「예산회계법」 제98조에서 법령의 규정에 의한 납입고지를 시효중단 사유로 규정하고 있는 바, 이러한 납입고지에 의한 시효중단의 효력은 그 납입고지에 의한 부과처분이 취소되더라도 상실되지 않는다(대판 2000. 9. 8. 98두19933).
⑤ 변상금 부과처분에 대한 취소소송이 진행중이라도 그 부과권자로서는 위법한 처분을 스스로 취소하고 그 하자를 보완하여 다시 적법한 부과처분을 할 수도 있는 것이어서 그 권리행사에 법률상의 장애사유가 있는 경우에 해당한다고 할 수 없으므로, 그 처분에 대한 취소소송이 진행되는 동안에도 그 부과권의 소멸시효가 진행된다(대판 2006. 2. 10. 2003두5686).

03 ① 대법원은 공법상 부당이득반환청구권을 사권으로 파악하여 민사소송으로 해결하고 있다.
② 취소할 수 있는 행정처분이라도 취소되지 않는 한 처분의 효력은 유효하므로 부당이득이 성립되지 않는다.
③·⑤ 연금수령자격 없는 자가 수령한 연금도 부당이득이 되듯이 개인의 공법상 부당이득도 성립될 수 있다.

04 ⑤ 제3자가 체납자가 납부하여야 할 체납액을 체납자의 명의로 납부한 경우에는 원칙적으로 체납자의 조세채무에 대한 유효한 이행이 되고, 이로 인하여 국가의 조세채권은 만족을 얻어 소멸하므로, 국가가 체납액을 납부받은 것에 법률상 원인이 없는 것이 아니므로 국가에 대하여 부당이득반환을 청구할 수 없다(대판 2015. 11. 12. 2013다215263).
② 납세의무자에 대한 국가의 부가가치세 환급세액 지급의무는 정의와 공평의 관념에서 수익자와 손실자 사이의 재산상태 조정을 위해 인정되는 부당이득 반환의무가 아니라 부가가치세법령에 의하여 그 존부나 범위가 구체적으로 확정되고 조세 정책적 관점에서 특별히 인정되는 공법상 의무이다(대판 2013. 3. 21. 2011다95564).

Answer 02. ② 03. ① 04. ⑤

제2절 사인의 공법행위

01 사인의 공법행위에 대한 설명으로 옳은 것은? (다툼이 있는 경우 판례에 의함)

① 의사무능력자의 행위는 사법행위에서는 무효이나 사인의 공법행위에서는 취소사유가 원칙이다.

② 공법행위라도 사인의 공법행위에는 「민법」 제107조의 비진의 의사표시의 법리가 적용된다.

③ 건축주명의변경신고 수리거부행위는 취소소송의 대상이 되는 처분으로 볼 수 있다.

④ 수리를 요하는 신고의 경우 적법한 신고가 있다고 하여 원칙적으로 행정청이 의무적으로 수리하여야 하는 것은 아니다.

⑤ 사인의 공법행위에도 행정행위의 특질로서 공정력 · 확정력 · 자력집행력이 인정된다.

02 사인의 공법행위에 대한 설명으로 옳지 않은 것은? (다툼이 있는 경우 판례에 의함)

① 사인의 공법행위는 행정법관계에서 사인의 행위로서 공법적 효과를 발생시키는 일체의 행위를 말한다.

② 사인의 공법행위는 명문으로 금지되거나 성질상 불가능한 경우가 아닌 한 그에 따른 행정행위가 행하여질 때까지 자유로이 철회하거나 보정할 수 있다.

③ 사인의 공법행위는 행정행위가 갖고 있는 구속력 · 공정력 · 존속력 · 집행력을 갖고 있지 않다.

④ 사인의 공법행위에는 부관을 붙일 수 없음이 원칙이다.

⑤ 전입신고자가 거주목적 이외에 다른 이해관계에 관한 의도를 가지고 있는지 여부도 주민등록 전입신고 수리 여부에 대한 심사 시 고려되어야 한다.

03 **사인의 공법행위에 관한 설명으로 가장 옳지 않은 것은? (다툼이 있는 경우 판례에 의함)**

① 사인의 공법행위도 기본적으로는 의사능력과 행위능력이 필요하다.

② 판례는 여군 하사관의 전역 지원의 의사 없는 전역지원서 제출에 대한 수리는 비진의 의사표시로 무효라는 입장이다.

③ 사인의 공법행위의 효력발생시기에 관하여 개별 법률에 다른 규정이 없는 경우에는 도달주의의 원칙에 따라야 한다.

④ 사인의 공법행위에 있어서는 법규정에 의하여 또는 행위의 성질상 대리가 허용되지 않는 경우가 많다.

⑤ 사인의 행위가 인가신청인 경우 법률의 명시적 근거가 없으면 행정청은 신청내용을 수정하여 인가할 수 없다.

01 ③ 건축주명의변경신고는 수리를 요하는 신고로, 수리거부는 항고소송의 대상이 되는 처분성이 인정된다.
① 의사무능력자의 행위는 사법행위에서나 공법행위에서나 원칙적으로 무효이다.
② 사인의 공법행위에는 「민법」 제107조의 비진의 의사표시의 법리가 적용되지 않는다는 것이 다수설과 판례이다.
④ 수리를 요하는 신고의 경우 적법한 신고가 있다면 행정청은 원칙적으로 이를 수리할 의무를 부담한다.
⑤ 사인의 공법행위는 행정행위가 아니므로 행정행위의 특질로서 공정력 · 확정력 · 자력집행력은 인정되지 않는다.

02 ⑤ 주민등록 전입신고는 「주민등록법」상의 거주목적만 심사대상이고 전입신고자가 거주목적 이외에 다른 이해관계에 관한 의도를 가지고 있는지 여부는 고려사항이 아니라는 것이 판례이다.

03 ② 판례는 사인의 공법행위에는 비진의 의사표시에 관한 「민법」의 규정이 적용되지 않으므로 진의 아닌 전역지원서 제출이라도 수리된 이상 무효라 할 수 없다는 입장이다.

Answer 01. ③ 02. ⑤ 03. ②

04 **사인의 공법행위로서 신청에 관한 설명으로 가장 옳지 않은 것은? (다툼이 있는 경우 판례에 의함)**

① 처분에 대한 신청권의 의미는 신청된 대로의 처분을 구하는 권리가 아니고 행정청의 응답을 구하는 권리이다.

② 행정청은 사인의 신청에 구비서류의 미비와 같은 흠이 있는 경우 신청인에게 보완을 요구하여야 하는바, 이때 보완의 대상이 되는 흠은 원칙상 형식적 · 절차적 요건뿐만 아니라 실체적 발급요건상의 흠을 포함하는 것이 원칙이다.

③ 보완의 대상되는 흠은 보완이 가능한 경우이어야 한다.

④ 신청에 대한 처리기간이 정해진 경우 당해 기간규정은 특별한 사정이 없는 한 훈시규정으로 보는 것이 일반적 견해이다.

⑤ 처분에 대한 적법한 신청이 있는 경우 처분이 기속행위이건 재량행위이건 행정청은 응답의무를 부담한다.

05 **사인의 공법행위로서 신청에 관한 기술 중 옳지 않은 것은? (다툼이 있는 경우 판례에 의함)**

① 행정청은 신청에 구비서류의 미비 등 흠이 있는 경우에는 보완에 필요한 상당한 기간을 정하여 지체 없이 신청인에게 보완을 요구하여야 한다.

② 행정청은 신청인이 보완기간 내에 보완을 하지 아니하였을 때에는 그 이유를 구체적으로 밝혀 접수된 신청을 되돌려 보낼 수 있다.

③ 흠결된 서류의 보완이 주요서류의 대부분을 새로 작성함이 불가피하게 되어 사실상 새로운 신청으로 보아야 할 경우, 접수를 거부하거나 반려할 수 있다.

④ 보완 또는 보정의 대상이 되는 흠결은 보완 또는 보정할 수 있는 경우이어야 함은 물론이고, 그 내용 또한 형식적, 절차적인 요건에 한하고 실질적인 요건에 대하여까지 보완 또는 보정요구를 하여야 한다고 볼 수 없다.

⑤ 신청인은 신청서가 일단 접수되면, 신청한 내용을 보완하거나 변경 또는 취하할 수 없다.

06 **신고의 법적 성질에 대한 판례의 태도로 옳지 않은 것은?**

① 다른 법령에 의한 인허가가 의제되지 않는 일반적인 건축신고는 자기완결적 신고이므로 이에 대한 수리 거부행위는 항고소송의 대상이 되는 처분이 아니다.

② 「의료법」상 의원·치과의원 개설 신고의 경우 그 신고필증의 교부행위는 신고 사실의 확인행위에 해당한다.

③ 「식품위생법」에 따른 일반음식점영업의 영업신고의 요건을 갖춘 자라고 하더라도, 그 영업신고를 한 당해 건축물이 「건축법」 소정의 허가를 받지 아니한 무허가 건물이라면 적법한 신고라 할 수 없다.

④ 「건축법」 제14조 제2항에 의한 인·허가의제 효과를 수반하는 건축신고는 행정청이 그 실체적 요건에 관한 심사를 한 후 수리하여야 하는 이른바 수리를 요하는 신고이다.

⑤ 건축법령상 건축주 명의변경신고는 자기완결적 신고가 아닌 수리를 요하는 신고이다.

04 ② 「행정절차법」 제17조가 '구비서류의 미비 등 흠의 보완'과 '신청 내용의 보완'을 분명하게 구분하고 있는 점에 비추어 보면, 「행정절차법」 제17조 제5항은 신청인이 신청할 때 관계 법령에서 필수적으로 첨부하여 제출하도록 규정한 서류를 첨부하지 않은 경우와 같이 쉽게 보완이 가능한 사항을 누락하는 등의 흠이 있을 때 행정청이 곧바로 거부처분을 하는 것보다는 신청인에게 보완할 기회를 주도록 함으로써 행정의 공정성·투명성 및 신뢰성을 확보하고 국민의 권익을 보호하려는 「행정절차법」의 입법 목적을 달성하고자 함이지, 행정청으로 하여금 신청에 대하여 거부처분을 하기 전에 반드시 신청인에게 신청의 내용이나 처분의 실체적 발급요건에 관한 사항까지 보완할 기회를 부여하여야 할 의무를 정한 것은 아니라고 보아야 한다(대판 2020. 7. 23. 2020두36007).

05 ⑤ 신청인은 처분이 있기 전에는 그 신청의 내용을 보완·변경하거나 취하(取下)할 수 있다. 다만, 다른 법령 등에 특별한 규정이 있거나 그 신청의 성질상 보완·변경하거나 취하할 수 없는 경우에는 그러하지 아니하다(「행정절차법」 제17조 제8항).

06 ① 판례는 (일반적인) 건축신고를 수리를 요하지 않는 신고(자체완성적 신고)로 보면서도 건축신고의 반려행위를 항고소송의 대상이 되는 처분에 해당한다고 보고 있다.
③ 「식품위생법」과 「건축법」은 그 목적과 취지, 요건 등이 다르므로 「식품위생법」에 따른 영업신고의 요건을 갖춘 자라고 하더라도, 그 영업신고를 한 당해 건축물이 무허가 건물이라면 「건축법」 위반으로 적법한 신고라 할 수 없다.

Answer 04. ② 05. ⑤ 06. ①

07 **사인의 공법행위로서의 신고에 대한 설명으로 타당하지 않은 것은? (다툼이 있는 경우 판례에 의함)**

① 「행정절차법」은 행정청에 대하여 일정한 사항을 통지함으로써 의무가 끝나는 신고를 규정하고 있고 신고의 효력발생에 대해 도달주의를 채택하고 있다.

② 담당 공무원이 관계법령에 규정되지 아니한 서류를 요구하여 신고서를 제출하지 못하였다면 신고가 있었던 것으로 간주된다.

③ 허가대상 건축물의 양수인이 「건축법」상 요건을 갖추어 행정관청에 적법하게 건축주의 명의변경을 신고한 경우, 행정관청은 실체적인 이유를 내세워 신고의 수리를 거부할 수는 없다.

④ 「부가가치세법」상 사업자등록은 단순한 사업사실의 신고에 해당하므로, 과세관청이 직권으로 등록을 말소한 행위는 항고소송의 대상인 행정처분에 해당하지 않는다.

⑤ 판례에 의할 때 수리를 요하지 않는 신고의 경우이든, 수리를 요하는 신고의 경우이든 신고필증의 교부 여부와 신고의 효력발생 여부는 직접적 관련이 없다.

08 **사인의 공법행위에 관한 설명으로 옳지 않은 것은? (다툼이 있는 경우 판례에 따름)**

① 「국토의 계획 및 이용에 관한 법률」상의 개발행위허가로 의제되는 건축신고가 개발행위 허가의 기준을 갖추지 못한 경우 행정청은 수리를 거부할 수 있다.

② 「건축법」에 의한 인·허가의제 효과를 수반하는 건축신고는 행정청이 그 실체적 요건에 관한 심사를 한 후 수리하여야 하는 이른바 '수리를 요하는 신고'에 해당한다.

③ 「체육시설의 설치·이용에 관한 법률」상 당구장업은 적법한 요건을 갖춘 신고가 접수되면 행정청의 수리행위가 없더라도 신고로서의 효력이 발생한다.

④ 장기요양기관의 폐업신고와 노인의료복지시설의 폐지신고는 행정청이 그 신고를 수리한 경우, 신고서 위조 등의 사유가 있더라도 그대로 유효하다.

⑤ 구 「체육시설의 설치·이용에 관한 법률」의 규정에 따라 체육시설의 회원을 모집하고자 하는 자의 '회원모집계획서제출'은 수리를 요하는 신고이며, 이에 대하여 회원모집계획을 승인하는 시·도지사 등의 검토결과 통보는 수리행위로서 행정처분에 해당한다.

09 **행정청은 「장사 등에 관한 법률」에 따른 납골당설치 신고를 한 甲에게 관계법령에 따른 준수사항을 이행하여야 한다는 것 등을 내용으로 하는 납골당설치 신고사항 이행통지를 하였다. 판례에 따를 때 옳지 않은 것을 모두 고른 것은?**

> ㉠ 甲에 대한 신고필증 교부는 신고의 필수요건이다.
> ㉡ 위 이행통지는 수리처분과 다른 행정처분으로 볼 수 없다.
> ㉢ 신고가 위 법령의 모든 요건을 충족한다면 甲은 수리 전에 납골당을 설치할 수 있다.
> ㉣ 위 신고가 무효라면 신고수리행위도 무효이다.

① ㉠, ㉡
② ㉠, ㉢
③ ㉡, ㉣
④ ㉢, ㉣
⑤ ㉠, ㉡, ㉢

07 ② 신고서 자체를 제출하지 않았으므로 신고가 있었다고 볼 여지가 없다.
수산제조업을 하고자 하는 사람이 형식적 요건을 모두 갖춘 수산제조업신고서를 제출한 경우에는 담당 공무원이 관계법령에 규정되지 아니한 사유를 들어 그 신고를 수리하지 아니하고 반려하였다고 하더라도 그 신고서가 제출된 때에 신고가 있었다고 볼 것이나, 담당 공무원이 관계법령에 규정되지 아니한 서류를 요구하여 신고서를 제출하지 못하였다는 사정만으로는 신고가 있었던 것으로 볼 수 없다(대판 2002. 3. 12. 2000다73612).

08 ④ 장기요양기관의 폐업신고와 노인의료복지시설의 폐지신고는, 행정청이 관계 법령이 규정한 요건에 맞는지를 심사한 후 수리하는 이른바 '수리를 필요로 하는 신고'에 해당한다. 그러나 행정청이 그 신고를 수리하였다고 하더라도, 신고서 위조 등의 사유가 있어 신고행위 자체가 효력이 없다면, 그 수리행위는 유효한 대상이 없는 것으로서, 수리행위 자체에 중대·명백한 하자가 있는지를 따질 것도 없이 당연히 무효이다(대판 2018. 6. 12. 2018두33593).

09 ㉠ [×] 판례에 의할 때 수리를 요하는 신고이든 요하지 않는 신고이든 신고필증 교부가 반드시 필요한 것은 아니다. 납골당설치 신고는 '수리를 요하는 신고'지만 그 수리행위에 신고필증 교부 등 행위가 꼭 필요한 것은 아니다(대판 2011. 9. 8. 2009두6766).
㉢ [×] 납골당설치 신고는 이른바 '수리를 요하는 신고'라 할 것이므로, 납골당설치 신고가 구 「장사법」 관련 규정의 모든 요건에 맞는 신고라 하더라도 신고인은 곧바로 납골당을 설치할 수는 없고, 이에 대한 행정청의 수리처분이 있어야만 신고한 대로 납골당을 설치할 수 있다(대판 2011. 9. 8. 2009두6766).

Answer 07. ② 08. ④ 09. ②

10 **대물적 허가를 받아 영업을 하는 甲은 자신의 영업을 乙에게 양도하고자 乙과 영업의 양도·양수계약을 체결하고 관련법에 따라 관할 A행정청에 지위승계신고를 하였다. 이에 관한 설명으로 옳은 것을 모두 고른 것은? (다툼이 있으면 판례에 따름)**

> ㉠ 적법한 지위승계신고를 하였다면 A행정청이 수리를 거부하더라도 乙에게 영업양수의 효과가 발생한다.
> ㉡ 지위승계신고가 있기 전에 A행정청이 위 영업허가를 취소하려는 경우 허가취소의 상대방은 甲이 된다.
> ㉢ 甲과 乙 사이의 영업양도·양수계약이 무효라면 지위승계신고가 수리되더라도 乙에게 영업양수의 효과가 발생하지 않는다.
> ㉣ 영업양도·양수가 유효하더라도 명문의 규정이 없는 한 양도 전 甲의 위반행위를 이유로 乙에 대하여 재제처분을 할 수는 없다.

① ㉠, ㉡
② ㉠, ㉣
③ ㉡, ㉢
④ ㉠, ㉢, ㉣
⑤ ㉡, ㉢, ㉣

10 ㉡ [○] 사실상 영업이 양도·양수되었지만 아직 승계신고 및 수리처분이 있기 이전의 경우, 행정제재처분사유 유무의 판단기준이 되는 대상자 및 위반행위에 대한 행정책임이 귀속되는 자는 여전히 종전의 영업자인 양도인이다(대판 2005. 12. 23. 2005두3554).
㉢ [○] 사업양도·양수에 따른 허가관청의 지위승계신고의 수리는 적법한 사업의 양도·양수가 있었음을 전제로 하는 것이므로 그 수리대상인 사업양도·양수가 존재하지 아니하거나 무효인 때에는 수리를 하였다 하더라도 그 수리는 유효한 대상이 없는 것으로서 당연히 무효라 할 것이다(대판 2005. 12. 23. 2005두3554).
㉠ [×] 영업자 지위승계신고는 '수리를 요하는 신고'이다. 따라서 행정청의 수리가 있어야 乙에게 영업양수의 효과가 발생한다.
㉣ [×] 일관되게 판례는 법령의 규정이 없다 하더라도 행정청은 양도인의 위반행위를 이유로 양수인에게 제재조치를 취할 수 있다고 본다.
석유판매업(주유소)허가는 소위 대물적 허가의 성질을 갖는 것이어서 그 사업의 양도도 가능하고 … 만약 양도인에게 그 허가를 취소할 위법사유가 있다면 허가관청은 이를 이유로 양수인에게 응분의 제재조치를 취할 수 있다 할 것이고, 양수인이 그 양수 후 허가관청으로부터 석유판매업허가를 다시 받았다 하더라도 이는 석유판매업의 양수도를 전제로 한 것이어서 이로써 양도인의 지위승계가 부정되는 것은 아니므로 양도인의 귀책사유는 양수인에게 그 효력이 미친다(대판 1986. 7. 22. 86누203).

Answer 10. ③

ME
MO

행정사
임병주 행정법

PART

02

일반행정작용법

Chapter

01 행정입법

제1절 법규명령

01 법규명령에 관한 설명 중 옳지 않은 것은?

① 법규명령은 대외적으로 일반적 구속력을 가지는 법규로서의 성질을 가지는 행정입법을 말한다.

② 현대국가에서는 입법의 내용이 복잡하고 전문적·기술적 사항이 많아지므로 법률에서는 대강을 정하고 보다 상세한 내용을 법규명령에 위임하는 현상이 늘어난다.

③ 위임명령이란 법률 또는 상위명령의 개별적·구체적 위임에 의하여 일정한 새로운 법규사항을 규정할 수 있는 법규명령이다.

④ 집행명령은 국민의 권리·의무에 관한 새로운 사항을 정할 수 없다는 점에서 위임명령과 다르다.

⑤ 중앙행정기관의 장이 정한 훈령·예규 및 고시 등 행정규칙은 법령의 위임을 받더라도 법령으로 볼 수 없다.

02 법규명령에 관한 설명으로 옳지 않은 것은?

① 법률대위명령으로서 긴급명령과 긴급재정경제명령이 있다.

② 다수 견해는 집행명령은 상위법령의 시행에 필요한 세부적인 절차와 형식만 제정이 가능하므로 법규성을 부정하고 있다.

③ 법규명령은 일반적이고 추상적인 규범인 점에서 개별적이고 구체적인 행정행위와는 구별된다.

④ 법규명령은 관보에 게재하여 공고하며, 이때의 공고일은 관보가 발행된 날을 기준으로 산정한다.

⑤ 대통령령은 법제처의 심사 외에 국무회의의 심의를 요구하나, 총리령과 부령은 법제처의 심사를 거치면 된다.

03 법규명령에 대한 설명 중 옳지 않은 것은? (다툼이 있는 경우 판례에 의함)

① 행정권에 대한 입법권의 일반적 · 포괄적 위임은 인정될 수 없다.

② 「헌법」에서 법률로 정하는 것으로 규정된 사항이라도 본질사항이 아니라면 법규명령에 위임할 수 있다는 것이 일반적인 견해이다.

③ 법률에 의하여 위임된 사항을 전부를 하위명령에 재위임하는 것은 금지된다.

④ 위임명령에 대한 벌칙의 개별적 위임은 일정한 조건하에서 가능하다.

⑤ 조례에 대한 법률의 위임은 법규명령에 대한 법률의 위임과 같이 구체적으로 범위를 정하여 할 필요가 있으며 포괄적인 것으로는 부족하다.

01 ⑤ 중앙행정기관의 장이 정한 훈령 · 예규 및 고시 등 행정규칙은 법령의 위임을 받은 경우 법령에 해당한다(「행정기본법」 제2조 제1호).

02 ② 집행명령은 상위법령의 시행에 필요한 세부적인 절차와 형식만 제정이 가능하므로 상위법의 수권을 요하지는 않지만 법규명령의 한 예로서 법규성이 부정되는 것은 아니다.
① 대통령령의 형식인 긴급명령과 긴급재정경제명령은 법률적 효력의 법률대위명령에 해당한다.

03 ⑤ 조례의 제정권자인 지방의회는 선거를 통해서 그 지역적인 민주적 정당성을 지니고 있는 주민의 대표기관이고, 또한 「헌법」에서 지방자치단체의 포괄적인 자치권을 보장하고 있다는 점에서 조례에 대한 위임은 포괄위임도 허용된다고 본다.

Answer 01. ⑤ 02. ② 03. ⑤

04 **위임입법에 관한 설명 중 옳지 않은 것은? (다툼이 있는 경우 판례에 의함)**

① 법률조항의 위임에 따라 대통령령으로 규정한 내용이 「헌법」에 위반되는 경우에는 그로 인하여 모법인 해당 수권(授權) 법률조항도 위헌으로 된다.

② 입법자에게 상세한 규율이 불가능한 것으로 보이는 영역이라면 행정부에 필요한 보충을 할 책임이 인정되고 극히 전문적인 식견에 좌우되는 영역에서는 행정규칙에 대한 위임입법이 제한적으로 인정될 수 있다.

③ 위임조항에서 위임의 구체적 범위를 명확히 규정하고 있지 않다고 하더라도 당해 법률의 전반적 체계와 관련규정에 비추어 위임조항의 내재적인 위임의 범위나 한계를 객관적으로 분명히 확정할 수 있다면 이는 포괄위임으로 볼 수 없다.

④ 법률에서 위임받은 사항을 전혀 규정하지 아니하고 그대로 재위임하는 것은 허용되지 않으며, 위임받은 사항에 관하여 대강을 정하고 그중의 특정사항을 범위를 정하여 하위법령에 다시 위임하는 경우에만 재위임이 허용된다.

⑤ 「헌법」에 의하면 대통령은 법률에서 구체적으로 범위를 정하여 위임받은 사항과 법률을 집행하기 위하여 필요한 사항에 관하여 대통령령을 발할 수 있다.

05 **다음 중 행정입법에 관한 판례의 설명으로 옳지 않은 것은?**

① 판례는 구법의 위임에 의한 유효한 법규명령이 법 개정에 따라 위임의 근거가 없어지게 되면 소급하여 법규명령이 무효가 된다고 한다.

② 일반적으로 법률의 위임에 의하여 효력을 갖는 법규명령의 경우, 구법에 위임의 근거가 없어 무효였더라도 사후에 법 개정으로 위임의 근거가 부여되면 그때부터는 유효한 법규명령이 된다.

③ 어느 시행령의 규정이 모법에 저촉되는지의 여부가 명백하지 아니한 경우에는 모법과 시행령의 다른 규정들과 그 입법취지·연혁 등을 종합적으로 살펴 모법에 합치된다는 해석도 가능한 경우라면 그 규정을 모법 위반으로 무효라고 선언하여서는 안 된다.

④ 상위법령의 시행에 필요한 세부적 사항을 정하기 위하여 행정관청이 일반적으로 직권에 의하여 제정하는 이른바 집행명령은 근거법령인 상위법령이 폐지되면 특별한 규정이 없는 한 실효된다.

⑤ 「헌법」상 규정된 법규명령의 형식은 예시에 불과하다고 보아야 하므로 불가피한 예외적 사정이 있는 경우 고시 등 행정규칙에 위임하는 것도 가능하다.

06 행정입법에 대한 설명으로 옳지 않은 것은? (다툼이 있는 경우 판례에 의함)

① 중앙행정기관의 장은 법률에서 위임한 사항이나 법률을 집행하기 위하여 필요한 사항을 규정한 대통령령 · 총리령 · 부령 · 훈령 · 예규 · 고시 등이 제정 · 개정 또는 폐지된 때에는 10일 이내에 이를 국회 소관상임위원회에 제출하여야 한다.

② 대통령령의 경우에는 입법예고를 할 때에도 그 입법예고안을 10일 이내에 국회 소관상임위원회에 제출하여야 한다.

③ 대통령은 긴급명령, 긴급재정 · 경제명령을 한 때에는 지체 없이 국회에 보고하여 그 승인을 얻어야 한다.

④ 명령 · 규칙 또는 처분이 「헌법」이나 법률에 위반되는 여부가 재판의 전제가 된 경우에는 대법원은 이를 최종적으로 심사할 권한을 가진다.

⑤ 법규명령의 위헌성 여부에 대한 헌법재판소의 심판권은 인정되지 않는다.

04 ① 법률조항의 위임에 따라 대통령령으로 규정한 내용이 「헌법」에 위반될 경우라도 그 대통령령의 규정이 위헌으로 되는 것은 별론으로 하고, 그로 인하여 정당하고 적법하게 입법권을 위임한 수권법률인 법률조항까지도 위헌으로 되는 것은 아니다(대판 2006. 2. 23. 2004헌바79).

05 ① · ② 일반적으로 법률의 위임에 의하여 효력을 갖는 법규명령의 경우, 구법에 위임의 근거가 없어 무효였더라도 사후에 법 개정으로 위임의 근거가 부여되면 그때부터는 유효한 법규명령이 되나, 반대로 구법의 위임에 의한 유효한 법규명령이 법 개정으로 위임의 근거가 없어지게 되면 그때부터 무효인 법규명령이 된다. 소급하여 무효가 되는 것은 아니다.

06 ⑤ 다수설과 헌법재판소는 법규명령이 집행행위의 매개 없이 직접 기본권을 침해하는 경우에는 법규명령도 헌법소원의 대상이 된다고 본다. 즉, 법규명령도 헌법재판소의 통제대상이 된다고 본다.

Answer 04. ① 05. ① 06. ⑤

07 행정입법의 범위에 관한 현행법령 및 판례의 태도와 합치되지 않는 것은?

① 위임명령은 법률이나 상위명령에서 구체적으로 범위를 정한 개별적인 위임이 있어야 제정할 수 있다.

② 영유아 보육시설 종사자의 정년을 조례로 규정하고자 하는 경우에는 법률의 위임이 필요 없다.

③ 위임명령에 규정될 내용 및 범위의 기본사항은 구체적으로 규정되어 있어서 누구라도 해당 법령으로부터 위임명령에 규정될 내용의 대강을 예측할 수 있어야 한다.

④ 법률의 시행령이나 시행규칙의 내용이 모법 조항의 취지에 근거하여 이를 구체화하기 위한 것인 때에는 모법에 이에 관하여 직접 위임하는 규정을 두지 않았다고 하여도 이를 무효라고 볼 수 없다.

⑤ 상위법령은 개정되었으나 그 시행을 위한 집행명령이 아직 제정되지 않았을 때는 구법령의 집행명령이 여전히 효력을 유지할 수 있다.

08 법규명령에 대한 사법적 통제에 대한 설명으로 옳은 것은?

① 법규명령의 위헌 · 위법 여부가 재판의 전제가 된 경우 각급 법원은 심사권이 없고 대법원이 심사한다.

② 법규명령 자체는 원칙적으로 항고소송의 대상이 된다.

③ 법규명령에 대한 입법부작위위법확인소송도 가능하다는 것이 대법원의 입장이다.

④ 법규명령에 대한 위헌심사권이 헌법재판소에는 없다는 것이 헌법재판소의 입장이다.

⑤ 행정입법부작위에 대한 위헌소원이 가능하다는 것이 헌법재판소의 입장이다.

09 행정입법의 통제방법에 대한 설명으로 옳지 않은 것은?

① 법규명령에 대한 법원의 위헌 · 위법결정은 원칙적으로 해당 사건에 한하여 그 적용이 거부된다.

② 국회는 「국회법」상 제출제도를 통하여 행정입법에 대한 통제를 할 수 있다.

③ 헌법재판소는 구 「법무사법 시행규칙」 제3조 제1항에 대한 헌법소원심판사건에서 명령 · 규칙에 대한 헌법재판소의 심사권을 인정하였다.

④ 대법원 판결에 의하여 법규명령이 「헌법」 또는 법률에 위반된다는 것이 확정된 경우에 대법원은 그 사유를 법무부장관에게 통보하여야 한다.

⑤ 명령 · 규칙의 위헌 · 위법심사는 그 위헌 또는 위법 여부가 재판의 전제가 된 경우에 가능하다.

10 **행정입법부작위에 대한 설명으로 가장 적절하지 않은 것은? (다툼이 있는 경우 판례에 의함)**

① 법률의 위임에 대해 이를 이행하지 않는 것은 법치행정의 원칙에 위배된다.

② 하위 행정입법의 제정 없이 상위 법령의 규정만으로도 집행이 이루어질 수 있는 경우라면 하위 행정입법을 하여야 할 헌법적 작위의무는 인정되지 않는다.

③ 행정입법의 자체가 위법으로 되어 그에 대한 법적 통제가 가능하기 위하여는, 우선 행정청에게 시행명령을 제정(개정)할 법적 의무가 있어야 하고, 상당한 기간이 지났음에도 불구하고, 명령제정(개정)권이 행사되지 않아야 한다.

④ 입법부가 법률로써 행정부에게 특정한 사항을 위임했음에도 불구하고, 행정부가 정당한 이유 없이 법률에서 위임한 시행령을 제정하지 않은 것은 그 법률에서 인정된 권리를 침해하는 불법행위가 될 수 있다.

⑤ 행정입법의 부작위는 그 자체로서 국민의 구체적인 권리의무에 직접적인 변동을 초래하는 것이어서 행정소송의 대상이 된다.

07 ② 「영유아보육법」이 보육시설 종사자의 정년에 관한 규정을 두거나 이를 지방자치단체의 조례에 위임한다는 규정을 두고 있지 않음에도 보육시설 종사자의 정년을 규정한 '서울특별시 중구 영유아 보육조례 일부개정조례안' 제17조 제3항은, 법률의 위임 없이 「헌법」이 보장하는 직업을 선택하여 수행할 권리의 제한에 관한 사항을 정한 것이어서 그 효력을 인정할 수 없으므로, 위 조례안에 대한 재의결은 무효이다(대판 2009. 5. 28. 2007추134).

08 ⑤ 행정입법부작위에 대한 위헌소원은 헌법소원의 보충성에 해당하여 헌법소원이 가능하다는 것이 헌법재판소의 입장이다.
① 법규명령의 위헌·위법 여부가 재판의 전제가 된 경우 각급 법원도 심사권을 가지는데, 다만 최종적 심사권이 대법원에 있다.
② 법규명령 자체는 원칙적으로 항고소송의 대상이 되는 처분성이 부정된다.
③ 부작위위법확인소송의 대상이 되는 부작위는 행정청의 구체적 사실에 대한 법집행으로서 공권력 행사의 부작위를 뜻하므로 일반적·추상적 효력의 행정입법을 대상으로 입법부작위위법확인소송은 부정된다는 것이 대법원의 입장이다.
④ 법규명령도 헌법소원의 대상이 된다는 것이 헌법재판소의 입장이므로 법규명령에 대한 위헌심사권이 인정된다.

09 ④ 대법원 판결에 의하여 명령·규칙이 「헌법」 또는 법률에 위반된다는 것이 확정된 경우에는 대법원은 지체 없이 그 사유를 법무부장관이 아닌 행정안전부장관에게 통보하여야 한다.
② 「국회법」 제98조의2는 중앙행정기관의 장에게 법규명령 등이 제정·개정·폐지된 때에는 10일 이내에 국회 소관상임위원회에 그 사유를 제출하도록 하는 국회제출제도를 도입하고 있다.

10 ⑤ 부작위위법확인소송의 대상이 될 수 있는 것은 구체적 권리의무에 관한 분쟁이어야 하고 추상적인 법령에 관하여 제정의 여부 등은 그 자체로서 국민의 구체적인 권리의무에 직접적 변동을 초래하는 것이 아니어서 행정소송의 대상이 될 수 없다(대판 1992. 5. 8. 91누11261).

Answer 07. ② 08. ⑤ 09. ④ 10. ⑤

11 행정입법에 대한 사법적 통제에 관한 다음 설명 중 가장 적절한 것은? (다툼이 있는 경우 판례에 의함)

① 추상적 법령 제정의 여부 등은 그 자체로서 국민의 구체적인 권리·의무에 직접적인 변동을 초래하는 것이 아니어서 부작위위법확인소송이라는 행정소송의 대상이 될 수 없다.

② 행정입법에 대해서 헌법재판소는 헌법소원을 통하여 통제할 수 있으나 시행명령을 제정할 의무가 있음에도 명령제정을 거부하거나 입법부작위가 있는 경우에는 헌법소원의 대상이 되지 않는다.

③ 「헌법」이나 법률에 반하는 시행령 규정이 대법원에 의해 위헌 또는 위법하여 무효라고 선언하는 판결이 나오기 전이라도 하자의 중대성으로 인하여 그 시행령에 근거한 행정처분의 하자는 무효사유에 해당하는 것으로 취급된다.

④ 고시가 다른 집행행위의 매개 없이 그 자체로서 직접 국민의 구체적인 권리·의무나 법률관계를 규율하는 성격을 가질 때에도 항고소송의 대상이 되는 행정처분에 해당되지 않는다.

⑤ 현행법상 법규명령에 대하여는 특정 법규명령의 위헌·위법 여부가 구체적 사건에 대한 재판의 전제가 된 경우에 법원이 이를 심리·판단하는 선결문제심리 방식에 의한 간접적 통제는 인정되지 않는다.

12 행정입법에 대한 설명으로 옳지 않은 것은? (다툼이 있는 경우 판례에 의함)

① 법규명령의 위임근거가 되는 법률에 대하여 위헌결정이 선고되면 그 위임규정에 근거하여 제정된 법규명령도 원칙적으로 효력을 상실한다.

② 조례가 집행행위의 개입 없이도 그 자체로서 직접 국민의 구체적인 권리의무나 법적 이익에 영향을 미치는 경우 그 조례는 항고소송의 대상이 되는 행정처분에 해당한다.

③ 시행령이나 시행규칙의 규정이 모법 조항의 취지에 근거하여 이를 구체화하기 위한 것인 때에는 모법에 이에 관하여 직접 위임하는 규정을 두지 않았더라도 무효라고 볼 수 없다.

④ 「헌법」이 인정하고 있는 위임입법의 형식은 예시적으로 보아야 한다.

⑤ 상위법령에서 세부사항 등을 부령으로 정하도록 위임하였음에도 불구하고 이를 고시로 정한 경우, 해당 고시는 위임에 토대하고 있으므로 대외적 구속력이 있는 법규명령으로서의 효력이 인정된다.

13 **행정입법에 관한 설명으로 옳지 않은 것은? (다툼이 있으면 판례에 따름)**

① 재량준칙은 일반적으로 행정조직 내부에서만 효력을 가질 뿐 대외적인 구속력을 갖는 것은 아니다.

② 재량권 행사의 준칙인 행정규칙이 정한 바에 따라 되풀이 시행되어 행정관행이 형성되어 행정기관이 그 상대방에 대한 관계에서 그 규칙에 따라야 할 자기구속을 당하게 되는 경우에는 헌법소원의 대상이 될 수 있다.

③ 법원이 구체적 규범통제를 통해 위헌 · 위법으로 선언할 심판대상은 원칙적으로 해당 규정 전체이고, 재판의 전제성이 인정되는 조항에 한정되지 않는다.

④ 「헌법」이 인정하고 있는 위임입법의 형식은 예시적인 것으로 보아야 한다.

⑤ 보건복지부 고시인 약제급여 · 비급여목록 및 급여상한금액표에 대해서는 항고소송으로 다툴 수 있다.

11 ① 우리 대법원은 입법부작위위법확인소송을 부정하고 있다. 항고소송으로서 부작위위법확인소송은 처분에 대한 부작위를 대상으로 하고 있기 때문이다.
② 제정된 법규명령에 대해서 적극적 헌법소원이 가능하고, 행정입법부작위에 대해서는 공권력 불행사로서 소극적 헌법소원이 가능하다는 것이 헌법재판소의 입장이다.
③ 처분 후에 그 근거가 되는 법령이 위헌으로 결정된 경우 처분 당시에는 위헌 여부가 명백하지 않으므로 처분은 취소사유라는 것이 판례이다.
④ 고시가 다른 집행행위의 매개 없이 그 자체로서 직접 국민의 구체적인 권리 · 의무나 법률관계를 규율하는 성격을 가질 때에는 항고소송의 대상이 되는 행정처분에 해당한다.
⑤ 구체적 규범통제를 취하는 현행법상 법규명령의 위헌 · 위법 여부가 구체적 사건에 대한 재판의 전제가 된 경우에 법원이 이를 심리 · 판단하는 선결문제심리 방식에 의한다.

12 ⑤ 상위법령에서 세부사항 등을 부령으로 정하도록 위임하였음에도 불구하고 이를 고시로 정한 경우, 해당 고시는 위임이 없으므로 대외적 구속력이 있는 법규명령으로서의 효력이 인정되지 않는다.

13 ③ 법원이 구체적 규범통제를 통해 위헌 · 위법으로 선언할 심판대상은, 해당 규정의 전부가 불가분적으로 결합되어 있어 일부를 무효로 하는 경우 나머지 부분이 유지될 수 없는 결과를 가져오는 특별한 사정이 없는 한, 원칙적으로 해당 규정 중 재판의 전제성이 인정되는 조항에 한정된다(대판 2019. 6. 13. 2017두33985).

Answer 11. ① 12. ⑤ 13. ③

제2절 행정규칙

01 법규명령과 행정규칙의 이동(異同)에 관한 다음의 설명 중 잘못된 것은?

① 법규명령은 법령의 수권을 요하는 반면, 행정규칙은 수권 없이도 발할 수 있다.
② 법규명령은 공포를 요하나, 행정규칙은 공포를 요하지 않는다.
③ 법규명령은 양면적 구속력을, 행정규칙은 일면적 구속력을 갖는다.
④ 법규명령에 위반한 행위는 무효사유가 되나, 행정규칙에 위반한 행위는 취소사유가 된다.
⑤ 법규명령을 위반한 공무원이나 행정규칙을 위반한 공무원이나 원칙적으로 공무원의 책임을 면할 수 없다는 점에서는 같다.

02 행정규칙에 관한 설명 중 가장 옳지 않은 것은?

① 행정규칙에 따른 행정처분은 적법성이 추정되지 아니한다.
② 행정규칙은 하급기관의 권한행사를 지휘하는 것이므로 상급기관이 갖는 포괄적인 감독권에 근거하여 발할 수 있다.
③ 행정규칙은 발령기관의 권한이 미치는 범위 내에서 일면적인 구속력을 갖는다.
④ 행정규칙은 법규가 아니므로 그 위반은 위법이 아니다.
⑤ 행정규칙은 법규성이 없으므로 공무원은 행정규칙의 적용을 일반적으로 거부할 수 있다.

03 행정입법에 관한 설명으로 옳은 것은?

① 행정주체가 정하는 구체적 · 개별적 규범으로 처분성이 인정된다.
② 법규명령은 실질적 의미의 입법행위이나 법적 구속력은 부인되고 있다.
③ 현행법은 국회의 행정규칙에 관한 심사라는 직접적 통제수단을 갖고 있지 않다.
④ 해석준칙(규범해석행정규칙)은 계쟁처분의 판단에 있어 법원을 구속한다.
⑤ 지방자치단체에 의한 자치입법은 행정입법에 해당하지 않는다.

04 행정입법에 관한 대법원 판례의 입장이 아닌 것은?

① 훈령은 원칙적으로 대외적으로는 아무런 구속력을 가지지 않는다.
② 대통령령의 형식으로 정한 제재적 행정처분의 기준은 행정규칙에 해당한다.
③ 위임명령은 법률이나 상위명령에서 구체적으로 범위를 정한 개별적인 위임이 있을 때에 가능하다.
④ 행정규칙 중 재량준칙은 행정청에 의하여 반복 시행되어 행정관행이 이루어진 경우에는 행정법상 일반원칙에 따른 대외적인 구속력을 갖게 된다.
⑤ 법령이 일정한 행정기관에게 법령의 내용을 구체적으로 보충 규정할 권한을 위임하고 이에 따라 행정기관이 행정규칙의 형식으로 그 법령의 내용이 될 사항을 구체적으로 정하고 있다면 그와 같은 행정규칙은 그 법령의 내용과 결합하여 법규로서의 효력을 가진다.

01 ④ 법규명령에 위반한 행위는 위법한 행위로 중대·명백설에 따라 무효 또는 취소사유가 되나, 행정규칙에 위반한 행위는 행정규칙을 근거로 위법성 판단을 하지 않으므로 위법하다고 볼 수 없고 취소사유가 되지는 않는다.

02 ⑤ 행정규칙은 법규성(대외적 효력)이 없으나 조직 내부적 효력은 있으므로 조직구성원인 공무원은 원칙적으로 행정규칙에 따라야 하는 복종의무가 있고 이에 위반할 경우 징계사유가 된다. 다만, 명백히 위법인 경우에는 복종을 거부할 수 있고 또 거부하여야 한다(통설 및 판례).

03 ③ 현행법상 행정규칙에 대해서는 국회의 국정조사나 행정기관에 대한 감사 등을 통한 간접적 통제가 인정되고, 국회의 행정규칙에 대한 효력을 직접적 부인하는 직접적 통제수단은 인정되지 않고 있다.
① 원칙적으로 행정입법은 일반적·추상적 규율로서 항고소송의 대상이 되는 처분성이 인정되지 않는다.
② 법규명령은 일반 국민이나 법원을 구속하는 법적 구속력이 인정된다.
④ 법령에 대한 최종적 해석권한은 법원에 있으므로 해석준칙(규범해석행정규칙)은 계쟁처분의 판단에 있어 법원을 구속하지 않는다.
⑤ 지방자치단체에 의한 자치입법도 행정입법에 해당한다.

04 ② 대법원은 대통령령의 형식(시행령)으로 정한 제재적 행정처분의 기준은 법규명령으로, 부령의 형식(시행규칙)으로 정한 제재적 행정처분의 기준은 행정규칙으로 본다(예외 – 「여객자동차 운수사업법 시행규칙」).

Answer 01. ④ 02. ⑤ 03. ③ 04. ②

05 **대외적 구속력을 인정할 수 없는 경우만을 모두 고르면? (다툼이 있는 경우 판례에 의함)**

> ㉠ 운전면허에 관한 제재적 행정처분의 기준이 「도로교통법 시행규칙」 [별표]에 규정되어 있는 경우
> ㉡ 행정 각부의 장이 정하는 특정 고시가 비록 법령에 근거를 둔 것이더라도 규정 내용이 법령의 위임 범위를 벗어난 것일 경우
> ㉢ 상위법령에서 세부사항 등을 시행규칙으로 정하도록 위임하였음에도 이를 고시 등 행정규칙으로 정한 경우
> ㉣ 상위법령의 위임이 없음에도 상위법령에 규정된 처분 요건에 해당하는 사항을 하위 부령에서 변경하여 규정한 경우

① ㉠, ㉡
② ㉡, ㉢
③ ㉠, ㉡, ㉢
④ ㉡, ㉢, ㉣
⑤ ㉠, ㉡, ㉢, ㉣

06 **다음 중 행정규칙에 관해 옳지 않은 것은? (다툼이 있는 경우 판례에 의함)**

① 행정규칙의 종류로는 훈령, 예규, 지시, 일일명령 등이 있다.
② 헌법재판소는 재량준칙인 행정규칙이 정한 바에 따라 되풀이 시행되어 행정관행이 성립되면 행정의 자기구속 법리에 의거하여 대외적인 구속력을 가지게 된다고 본다.
③ 판례는 구 「소득세법 시행령」 제170조 제4항 제2호에 의해 투기거래를 규정한 국세청장의 훈령인 「재산제세조사 사무처리규정」의 법규적 효력을 인정하였다.
④ 서울특별시가 정한 개인택시운송사업면허 지침은 재량권 행사의 기준으로 설정된 행정청의 내부사항 처리준칙으로서 외부에 공포하여야 효력을 발생한다.
⑤ 위법한 법령해석적 행정규칙에 대한 국민의 일반적인 신뢰는 경우에 따라서는 신뢰보호원칙에 의해 보호될 수 있다.

07 **행정규칙 형식의 법규명령에 관한 설명으로 옳지 않은 것은? (다툼이 있는 경우 판례에 의함)**

① 재산제세 사무처리규정, 석유판매업허가기준 고시, 식품영업허가기준 고시 등이 그 예이다.

② 행정규칙 형식의 법규명령은 통상적인 법규명령과는 달리 포괄적 위임금지의 원칙에 구속받지 아니한다.

③ 법령의 규정이 지방자치단체장에게 그 법령 내용의 구체적 사항을 정할 수 있는 권한을 부여하면서 그 권한행사의 절차나 방법을 정하지 아니하고 있는 경우, 그 법령의 내용이 될 사항을 구체적으로 규정한 지방자치단체장의 고시는 해당 법령의 위임 한계를 벗어나지 않는 한 법규명령으로서의 효력이 있다.

④ 「공익사업을 위한 토지 등의 취득 및 보상에 관한 법률」 제68조 제3항은 협의취득의 보상액산정에 관한 구체적 기준을 시행규칙에 위임하고 있고, 동법 시행규칙 제22조는 토지에 건축물 등이 있는 경우에는 건축물 등이 없는 상태를 상정하여 토지를 평가하도록 규정하고 있는데, 이는 대외적 구속력이 인정된다.

⑤ 행정규칙 형식의 법규명령은 대외적으로 공포까지 할 필요는 없다는 것이 판례이다.

05 ㉠ 「도로교통법 시행규칙」 제53조 제1항이 정한 [별표 16]의 운전면허행정처분기준은 부령의 형식으로 되어 있으나, 그 규정의 성질과 내용이 운전면허의 취소처분 등에 관한 사무처리기준과 처분절차 등 행정청 내부의 사무처리준칙을 규정한 것에 지나지 아니하므로 대외적으로 국민이나 법원을 기속하는 효력이 없다(대판 1997. 5. 30. 96누5773).
㉡ 고시가 비록 법령에 근거를 둔 것이더라도 규정 내용이 법령의 위임 범위를 벗어난 것일 경우에는 대외적 구속력을 인정할 수 없다는 것이 판례이다.
㉢ 상위법령에서 세부사항 등을 시행규칙으로 정하도록 위임하였음에도 이를 고시 등 행정규칙으로 정하였다면 그 역시 대외적 구속력을 가지는 법규명령으로서 효력이 인정될 수 없다(대판 2012. 7. 5. 2010다72076).
㉣ 법령의 위임이 없음에도 법령에 규정된 처분 요건에 해당하는 사항을 부령에서 변경하여 규정한 경우에는 그 부령의 규정은 행정청 내부의 사무처리 기준 등을 정한 것으로서 행정조직 내에서 적용되는 행정명령의 성격을 지닐 뿐 국민에 대한 대외적 구속력은 없다고 보아야 한다(대판 2013. 9. 12. 2011두10584).

06 ④ 서울특별시가 정한 개인택시운송사업면허 지침은 내부적으로 개인택시운송사업면허 사무처리기준을 정한 것에 불과하므로 행정규칙에 해당하고, 국민에 대해 이를 공포하지 않더라도 그 효력이 발생한다.

07 ② 법률이 국민의 권리의무와 관련된 사항을 고시와 같은 행정규칙에 위임하는 경우에도 구체적 · 개별적으로 한정된 사항만 가능하며, 포괄위임은 금지된다.

Answer 05. ⑤ 06. ④ 07. ②

08 다음 중 판례가 법규명령의 성질을 인정한 것은?

① 구 「여객자동차 운수사업법」 제11조 제4항의 위임에 따라 시외버스운송사업의 사업계획변경에 관한 절차, 인가기준 등을 구체적으로 규정한 「여객자동차 운수사업법 시행규칙」
② 「식품위생법」 제58조에 따른 행정처분의 기준을 정한 「식품위생법 시행규칙」 제53조에서 [별표 15]
③ 「자동차운수사업법」 제31조 제2항의 규정에 따라 자동차운수사업면허의 취소처분 등에 관한 사무처리기준과 처분절차 등을 정한 「자동차운수사업법 제31조 등의 규정에 의한 사업면허의 취소 등의 처분에 관한 규칙」
④ 구 「약사법」 제69조 제1항 제3호, 제3항에 근거하여 약사의 의약품 개봉판매행위에 대한 「약사법 시행규칙」 제89조 [별표 6]의 '행정처분의 기준'
⑤ 「도로교통법 시행규칙」 제53조 제1항이 정한 [별표 16]의 운전면허행정처분기준

09 행정입법에 관한 판례의 내용으로 옳지 않은 것은? (다툼이 있으면 판례에 의함)

① 구 「주택건설촉진법 시행령」 제10조의3 제1항 [별표 1]의 영업정지처분기준은 대통령령 형식으로 규정되어 있으나 그 성질은 행정기관 내부의 사무처리 준칙을 규정한 것이므로 행정명령의 성질을 가지는 것으로 본다.
② 「재산제세조사 사무처리규정」이 국세청장의 훈령형식으로 되어 있다 하더라도 이에 의한 거래지정은 「소득세법 시행령」의 위임에 따라 그 규정의 내용을 보충하는 기능을 가지면서 그와 결합하여 대외적 효력을 발생하게 된다.
③ 구 「청소년보호법 시행령」 제40조 [별표 6]의 위반행위의 종별에 따른 과징금 처분기준의 법적 성격은 법규명령이다.
④ 비상장주식의 양도가 현저히 유리한 조건의 거래로서 부당지원행위에 해당하는지 여부에 관하여 판단함에 있어서 공정거래위원회의 부당한 지원행위의 심사지침은 공정거래위원회 내부의 사무처리준칙에 불과하다.
⑤ 지방자치단체장이 제정한 '액화석유가스 판매사업 허가기준고시'는 해당 법률 및 그 시행령의 위임한계를 벗어나지 아니하는 한 그 법령의 규정과 결합하여 법규명령으로서의 효력을 갖는다.

10 행정규칙에 대한 설명으로 옳지 않은 것은? (다툼이 있는 경우 판례에 의함)

① 법령의 위임이 없음에도 법령에 규정된 처분 요건에 해당하는 사항을 부령에서 변경하여 규정한 경우에는 그 부령의 규정은 행정명령의 성격을 지닐 뿐 국민에 대한 대외적 구속력은 없다.

② 행정관청 내부의 사무처리규정에 불과한 전결규정에 위반하여 원래의 전결권자 아닌 보조기관 등이 처분권자인 행정관청의 이름으로 행정처분을 한 경우, 그 처분은 권한 없는 자에 의하여 행하여진 것으로 무효이다.

③ 법령의 규정이 특정 행정기관에게 법령 내용의 구체적 사항을 정할 수 있는 권한을 부여하면서 권한행사의 절차나 방법을 특정하지 아니한 경우에는 수임 행정기관은 행정규칙으로 법령 내용이 될 사항을 구체적으로 정할 수 있다.

④ 재량권행사의 준칙인 행정규칙이 그 정한 바에 따라 되풀이 시행돼 행정관행이 형성되어 행정기관이 그 상대방에 대한 관계에서 그 행정규칙에 따라야 할 자기구속을 당하게 되는 경우, 그 행정규칙은 헌법소원의 심판대상이 될 수도 있다.

⑤ 고시는 그 법적 성격이 일반·추상적 성격을 가질 때는 법규명령 또는 행정규칙에 해당하지만, 고시가 구체적인 규율의 성격을 갖는다면 행정처분에 해당한다.

08 ① 「여객자동차 운수사업법 시행규칙」이 「여객자동차 운수사업법」의 위임에 따라 시외버스운송사업의 사업계획 변경에 관한 절차, 인가기준 등을 구체적으로 규정한 것은 대외적 구속력이 있는 법규명령이라는 것이 판례이다.
②·③·④·⑤ 부령 형식의 행정처분기준에 대해서는 행정규칙적 성질이라는 판례에 의하면 「식품위생법 시행규칙」 [별표 15]의 행정처분의 기준(대판 1995. 3. 28. 94누6925), 「자동차운수사업법」상 처분에 관한 규칙의 사무처리기준(대판 1995. 10. 17. 94누14148), 「약사법 시행규칙」 [별표 6]의 행정처분기준(대판 2007. 9. 20. 2007두6946), 「도로교통법 시행규칙」 [별표 16]의 운전면허행정처분기준(대판 1997. 5. 30. 96누5773) 등은 법규성이 부정된다.

09 ① 구 「주택건설촉진법 시행령」 제10조의3 제1항 [별표 1]의 영업정지처분기준은 대통령령 형식으로 규정되어 있으므로 법규명령에 해당한다는 것이 판례이다.
③ 구 「청소년보호법 시행령」 제40조 [별표 6]의 위반행위의 종별에 따른 과징금 처분기준의 법적 성격은 대통령령에 규정되어 있으므로 법규명령에 해당한다는 것이 판례이다. 다만 그 수액은 정액이 아니라 최고한도액이라고 본다(대판 2001. 3. 9. 99두5207).

10 ② 전결과 같은 행정권한의 내부위임은 법령상 처분권자인 행정관청이 내부적인 사무처리의 편의를 도모하기 위하여 그의 보조기관 또는 하급 행정관청으로 하여금 그의 권한을 사실상 행사하게 하는 것으로서 법률이 위임을 허용하지 않는 경우에도 인정되는 것이므로, 설사 행정관청 내부의 사무처리규정에 불과한 전결규정에 위반하여 원래의 전결권자 아닌 보조기관 등이 처분권자인 행정관청의 이름으로 행정처분을 하였다고 하더라도 그 처분이 권한 없는 자에 의하여 행하여진 무효의 처분이라고는 할 수 없다(대판 2004. 5. 27. 2003추68).

Answer 08. ① 09. ① 10. ②

Chapter

02 행정행위의 의의와 종류

제1절 행정행위의 의의와 분류

01 행정행위에 관한 기술로 타당하지 않은 것은? (다툼이 있는 경우 판례에 의함)

① 행정행위는 구체적인 법집행행위이어야 하므로, 집행행위 전 단계인 내부적 결정행위는 행정행위가 아니다.

② 행정행위는 권력적 행위이어야 하므로, 행정지도와 같은 비권력적 행위는 행정행위가 아니다.

③ 기부채납 받은 공유재산을 기부자에게 무상으로 사용을 허용하는 행위는 행정행위가 아니다.

④ 강학상의 행정행위와 행정쟁송법상의 처분을 구분하는 견해에 따르면 강학상 행정행위가 쟁송법상 처분보다 그 범위가 더 넓다고 본다.

⑤ 도로의 공용개시 또는 일정 장소 통행금지 등은 일반처분의 예이다.

02 「행정기본법」상 처분에 대한 설명으로 옳은 것은?

① 행정청은 적법한 처분의 경우 당사자의 신청이 있는 경우에만 철회가 가능하다.

② 행정청은 처분에 재량이 있는 경우 법령이나 행정규칙이 정하는 바에 따라 완전히 자동화된 시스템으로 처분할 수 있다.

③ 당사자의 신청에 따른 처분은 다른 법령에 특별한 규정이 있는 경우를 제외하고는 신청 당시의 법령 등에 따른다.

④ 새로운 법령 등은 법령 등에 특별한 규정이 있는 경우를 제외하고는 그 법령 등의 효력 발생 전에 완성되거나 종결된 사실관계 또는 법률관계에 대해서는 적용되지 아니한다.

⑤ 행정청은 법령 등의 위반행위가 종료된 날부터 3년이 지나면 해당 위반행위에 대하여 제재처분을 할 수 없다.

03 **행정행위의 개념에 관한 설명으로 옳지 않은 것은?**

① 도로상의 교통표지판과 같이 직접 물건의 특성을 규율하는 행위는 행정행위에 해당한다.

② 특정 장소에서의 통행 금지와 같이 불특정 다수인에 대한 규율행위는 행정행위에 해당한다.

③ 장래 일정한 행정처분을 하겠다고 약속하는 확약은 항고소송의 대상되는 처분에 해당한다는 것이 대법원 판례의 입장이다.

④ 상급자가 특정 공무원에 대하여 발하는 직무명령은 행정행위에 해당하지 않는다.

⑤ 기계적으로 부과되는 납세고지서와 같은 자동화된 행정결정도 행정행위에 해당한다.

01 ④ 강학상의 행정행위와 행정쟁송법상의 처분을 구분하는 견해(이원설)에 따르면 처분이 행정행위보다 그 범위가 더 넓다고 본다.
③ 판례는 기부채납 받은 공유재산을 기부자에게 무상으로 사용을 허용하는 행위는 사법상 행위로, 공권력행사로서 행정행위에 해당하지 않는다.

02 ④ 새로운 법령 등은 법령 등에 특별한 규정이 있는 경우를 제외하고는 그 법령 등의 효력 발생 전에 완성되거나 종결된 사실관계 또는 법률관계에 대해서는 적용되지 아니한다(「행정기본법」 제14조 제1항).
① 행정청은 적법한 처분의 경우 당사자의 신청이 없더라도 일정한 사유가 있는 경우 그 처분의 전부 또는 일부를 장래를 향하여 철회할 수 있다(「행정기본법」 제19조 제1항).
② 행정청은 법률로 정하는 바에 따라 완전히 자동화된 시스템(인공지능 기술을 적용한 시스템을 포함한다)으로 처분을 할 수 있다. 다만, 처분에 재량이 있는 경우는 그러하지 아니하다(「행정기본법」 제20조).
③ 당사자의 신청에 따른 처분은 다른 법령에 특별한 규정이 있는 경우를 제외하고는 처분 당시의 법령 등에 따른다(「행정기본법」 제14조 제2항).
⑤ 행정청은 법령 등의 위반행위가 종료된 날부터 5년이 지나면 해당 위반행위에 대하여 제재처분을 할 수 없다(「행정기본법」 제23조 제1항).

03 ③ 행정상의 확약에 대하여 다수설은 행정행위(처분)로 보나, 판례는 행정행위에 해당하지 않는다고 보고 있다.

01. ④ 02. ④ 03. ③

04 다음 중 행정행위에 관한 설명으로 옳지 않은 것은? (다툼이 있는 경우 판례에 의함)

① 공정거래위원회가 부당한 공동행위를 한 사업자에게 과징금 부과처분을 한 뒤 다시 자진신고 등을 이유로 과징금감면처분을 한 경우, 선행처분은 후행처분에 흡수되어 소멸하므로 선행처분의 취소를 구하는 소는 부적법하다.

② 다른 행정청의 동의를 얻어야 하는 행정행위에서 다른 행정청의 동의가 행정행위의 성립에 중요한 요소인 경우에는 그 자체도 행정행위로 보아야 한다.

③ 행정행위는 법적인 규율행위이나 사실행위라도 수인의무를 갖는 경우에는 그러한 한도에서 행정행위로 볼 수 있다.

④ 행정행위는 행정청이 우월적인 지위에서 행하는 것이지만, 상대방의 동의나 신청 등의 협력이 필요한 경우에도 역시 행정행위에 포함될 수 있다.

⑤ 구 「원자력법」상 원자로 및 관계 시설의 부지사전승인처분 후 건설허가처분까지 내려진 경우, 선행처분은 후행처분에 흡수되어 건설허가처분만이 행정쟁송의 대상이 된다.

05 다음 중 제3자효적 행정행위에 대해서 가장 잘못 설명하고 있는 것은?

① 복효적 행정행위라 함은 해당 처분의 직접 상대방에게 이익 혹은 불이익이 되는 처분이 제3자에게는 반대로 불이익 또는 이익이 되는 처분을 말한다.

② 복효적 행정행위의 상대방에 대한 집행정지 결정은 제3자에 대해서도 그 효력이 미친다.

③ 복효적 행정행위의 제3자에 대해서도 재심청구가 인정된다.

④ 복효적 행정행위가 소송상 문제가 되는 영역은 주로 경업자소송이나 지역주민 간의 소송 등이다.

⑤ 복효적 행정행위인 인가·허가의 사업을 철회하는 경우에 수급상 균형이 깨져서 이해관계 있는 제3자가 이용상 혼란을 가져올 우려가 있는 경우라도 철회권은 제한되지 아니한다.

06 복효적 행정행위와 관련한 설명 중 타당한 것은?

① 복효적 행정행위는 개인적 공권의 확대화 경향과 관련이 없다.
② 행정의 적극적인 조정기능이 증대되면서 복효적 행정행위는 점차 줄어들고 있다.
③ 행정심판위원회는 필요하다고 인정할 때에는 그 심판 결과에 대하여 이해관계가 있는 제3자에게 그 사건에 참가할 것을 요구할 수 있으며, 이 요구를 받은 제3자는 그 사건에 참가하여야 한다.
④ 현행 「행정절차법」에서는 제3자에 대한 통지가 행정청의 의무는 아니다.
⑤ 「행정소송법」은 제3자에 의한 재심청구에 대해 명문으로 규정하고 있지 않다.

04 ② 행정행위는 국민을 대상으로 행하는 행위이므로 행정청 간의 동의는 기관 간의 행위가 되어 행정행위가 되지 못한다.
① 공정거래위원회가 부당한 공동행위를 행한 사업자로서 구 「독점규제 및 공정거래에 관한 법률」 제22조의2에서 정한 자진 신고자나 조사 협조자에 대하여 과징금 부과처분(이하 '선행처분'이라 한다)을 한 뒤, 「독점규제 및 공정거래에 관한 법률 시행령」 제35조 제3항에 따라 다시 자진 신고자 등에 대한 사건을 분리하여 자진 신고 등을 이유로 한 과징금 감면처분(이하 '후행처분'이라 한다)을 하였다면, 후행처분은 자진 신고 감면까지 포함하여 처분 상대방이 실제로 납부하여야 할 최종적인 과징금액을 결정하는 종국적 처분이고, 선행처분은 이러한 종국적 처분을 예정하고 있는 일종의 잠정적 처분으로서 후행처분이 있을 경우 선행처분은 후행처분에 흡수되어 소멸한다. 따라서 위와 같은 경우에 선행처분의 취소를 구하는 소는 이미 효력을 잃은 처분의 취소를 구하는 것으로 부적법하다(대판 2015. 2. 12. 2013두987).

05 ⑤ 복효적 행정행위로서 제3자에게도 효력이 발생하는 행정행위는 제3자의 정당한 이익도 고려해야 한다. 인·허가 사업을 철회하는 경우 제3자가 이용상 혼란을 가져올 우려가 있다면 이러한 사정을 고려하여 철회권이 제한될 수 있다.

06 ① 복효적(제3자효적) 행정행위는 제3자의 원고적격 인정과 관련하여 성립된 개념으로, 제3자의 법률상 이익(공권) 확대 경향과 직접 관련이 있다.
② 사회가 복잡해지고 이해관계의 대립이 심화됨에 따라 복효적 행정행위가 점점 증대하고 있으며, 이에 따라 행정의 적극적인 조정기능이 매우 중요해지고 있다.
③ 참가요구를 받은 제3자는 참가 여부를 통지하여야 할 의무는 있으나, 반드시 참가하여야 하는 것은 아니다.
⑤ 명문으로 규정하고 있다.

Answer 04. ② 05. ⑤ 06. ④

제2절 재량행위

01 다음 중 판례에 의할 때 기속행위에 해당하는 것은?

① 운전면허
② 어업면허
③ 광업허가
④ 귀화허가
⑤ 공유수면매립면허

02 판례상 재량행위에 해당하는 것만을 모두 고르면?

> ㉠ 「여객자동차 운수사업법」상 개인택시운송사업면허
> ㉡ 구 「수도권대기환경특별법」상 대기오염물질 총량관리사업장 설치허가
> ㉢ 「국가공무원법」상 휴직 사유 소멸을 이유로 한 신청에 대한 복직명령
> ㉣ 「출입국관리법」상 체류자격 변경허가

① ㉠, ㉣
② ㉡, ㉢
③ ㉠, ㉡, ㉣
④ ㉡, ㉢, ㉣
⑤ ㉠, ㉡, ㉢, ㉣

03 기속행위와 재량행위를 설명한 것이다. 다음 중 가장 적절하지 않은 것은? (다툼이 있으면 판례에 의함)

① 경찰공무원이 교통법규 위반 운전자에게 만 원권 지폐 한 장을 두 번 접어서 면허증과 함께 달라고 한 경우에 내려진 해임처분은 재량의 일탈·남용이 아니다.
② 막역한 친구 사이인 교장으로부터 거마비조로 1만 원을 수수한 것을 사유로 행해진 장학사에 대한 파면처분은 비례원칙 위반으로 위법하다.
③ 어느 행정행위가 기속행위인지 재량행위인지는 당해 처분의 근거가 된 규정의 형식이나 체제 또는 문언에 따라 개별적으로 판단하여야 한다.
④ 행정청의 재량에 속하는 처분이라도 재량권의 한계를 넘거나 그 남용이 있는 때에는 법원은 이를 취소할 수 있다.
⑤ 「여객자동차 운수사업법」에 의한 개인택시운송사업면허는 재량행위이지만, 그 면허를 위하여 필요한 기준을 정하는 것은 행정청의 재량이 아니다.

04 재량행위와 사법심사에 관한 설명으로 옳은 것은?

① 재량행위에 대한 사법심사는 법원이 사실인정과 관련법규의 해석 · 적용을 통하여 일정한 결론을 도출한 후 그 결론에 비추어 행정청이 한 판단의 적법 여부를 독자적인 입장에서 판정하는 방식에 의한다.

② 사실의 존부에 대한 판단에도 재량권이 인정될 수 있으므로, 사실을 오인하여 재량권을 행사한 경우라도 처분이 위법한 것은 아니다.

③ 「의료법」상 신의료기술의 안전성 · 유효성 평가나 신의료기술의 시술로 국민보건에 중대한 위해가 발생하거나 발생할 우려가 있는지 여부에 대한 판단에 관해서는 행정청에 재량권이 부여되어 있지 않다는 것이 판례이다.

④ 학생에 대한 징계권의 발동이나 징계의 양정(量定)이 징계권자의 교육적 재량에 맡겨져 있다 할지라도 법원이 심리한 결과 그 징계처분에 위법한 사유가 있다고 판단되는 경우에는 이를 취소할 수 있다.

⑤ 재량권의 일탈 · 남용에 대한 사법적 통제의 가능성은 「행정소송법」에 명문의 규정이 없다.

01 ① 운전면허는 강학상 허가로서 기속행위에 해당한다.
②·③·④·⑤ 강학상 특허로서 원칙적으로 재량행위에 해당한다.

02 ㉠·㉡·㉣은 재량행위이다.
㉢ 휴직 기간 중 그 사유가 없어지면 30일 이내에 임용권자 또는 임용제청권자에게 신고하여야 하며, 임용권자는 지체 없이 복직을 명하여야 한다(「국가공무원법」 제73조 제2항).

03 어떤 행정처분이 재량처분이라면 그 행정처분의 기준을 정하는 것 역시 원칙적으로 행정청의 재량이 인정된다. ⑤의 경우 개인택시운송사업면허가 재량처분이므로, 개인택시운송사업면허를 위한 필요한 기준을 정하는 것 역시 행정청의 재량이 인정된다.

04 ① 재량행위는 행정청의 재량을 고려하여 법원이 일정한 결론을 도출함이 없이 행정청의 결론을 가지고 일탈 · 남용의 한계를 벗어났는가의 여부를 심사하는 방식에 의한다.
② 사실의 존부에 대한 판단에도 재량권이 인정될 수 없으므로, 행정청이 사실을 오인하여 재량권을 행사한 처분은 위법한 처분이 된다.
③ 전문적 판단영역으로 판단에 재량권이 부여되어 있다는 것이 판례이다(대판 2016. 1. 28. 2013두21120).
⑤ 행정청의 재량에 속하는 처분이라도 재량권의 한계를 넘거나 그 남용이 있는 때에는 법원은 이를 취소할 수 있다(「행정소송법」 제27조).

Answer 01. ① 02. ③ 03. ⑤ 04. ④

05 **다음 중 행정청의 재랑권 행사에 대한 설명으로 옳지 않은 것은? (다툼이 있는 경우 판례에 의함)**

① 제재처분에 대한 임의적 감경규정이 있는 경우, 감경 여부는 행정청의 재량에 속한다.

② 따라서 위 ①의 경우 존재하는 감경사유를 고려하지 않았거나 일부를 누락시켰다 하더라도 이를 위법하다고 할 수 없다.

③ 「여객자동차 운수사업법」에 의한 개인택시운송사업면허는 특정인에게 권리나 이익을 부여하는 행정행위로서 법령에 특별한 규정이 없는 한 재량행위이다.

④ 「행정절차법」에 따라 공표된 처분기준이 명확하지 않은 경우 당사자 등은 해당 행정청에 그 해석 또는 설명을 요청할 수 있다.

⑤ 음주측정거부를 이유로 운전면허를 취소하는 경우 재량권의 일탈·남용의 문제는 생길 여지가 없다.

06 **기속행위와 재량행위에 관한 설명으로 옳지 않은 것은? (다툼이 있는 경우 판례에 의함)**

① 산림형질변경 허가 시 법령상의 금지 또는 제한지역에 해당하지 않더라도 국토 및 자연의 유지와 상수원 수질과 같은 환경의 보전 등을 위한 중대한 공익상의 필요가 있을 경우 그 허가를 거부할 수 있다.

② 판례는 공무원임용을 위한 면접전형에서 임용신청자의 능력이나 적격성 등에 관한 판단이 면접위원의 자유재량에 속한다고 보고 있다.

③ 법률에서 정한 귀화 요건을 갖춘 귀화신청인에 대한 법무부장관의 귀화허가는 기속행위로 본다.

④ 행정청의 재량에 속하는 처분이라도 재량권의 한계를 넘거나 그 남용이 있는 때에는 법원은 이를 취소할 수 있다.

⑤ 행정행위의 요건에 불확정개념이 있는 경우 요건재량설은 재량이 허용된다는 입장이나 판단여지설은 원칙적 기속행위로서 법적 판단을 요한다는 입장이다.

07 **기속행위와 재량행위에 관한 설명으로 옳지 않은 것은? (다툼이 있으면 판례에 의함)**

① 대법원은 '일반적으로 기속행위나 기속적 재량행위에는 법률의 근거 없이 부관을 붙일 수 없고, 부관을 붙였다 하더라도 이는 취소사유인 것이다.'라고 판시하였다.

② 「행정소송법」 제27조는 '행정청의 재량에 속하는 처분이라도 재량권의 한계를 넘거나 그 남용이 있는 때에는 법원은 이를 취소할 수 있다.'라고 규정하고 있다.

③ 의제되는 인·허가가 재량행위인 경우에는 주된 인·허가가 기속행위인 경우에도 인·허가가 의제되는 한도 내에서 재량행위로 보아야 한다.

④ 「총포·도검·화약류 등 단속법」상의 총포 등 소지 허가는 행정청의 재량행위에 해당한다.

⑤ 주택재건축사업시행의 인가는 상대방에게 권리나 이익을 부여하는 효과를 가진 이른바 수익적 행정처분으로서 법령에 행정처분의 요건에 관하여 일의적으로 규정되어 있지 아니한 이상 행정청의 재량행위에 속한다.

05 ② 제재처분에 대한 임의적 감경규정이 있는 경우, 감경 여부는 행정청의 재량에 속하지만 존재하는 감경사유를 전혀 고려하지 않았거나 감경사유 일부를 누락시켰다면 이것은 위법하다.

06 ③ 귀화허가는 국민의 권리의무의 포괄적 설정이라는 강학상 특허로서 재량행위에 속한다.
① 재량행위는 중대한 공익상의 필요가 있는 경우 별도의 법적 근거가 없더라도 이를 거부할 수 있다.

07 ① 대법원은 기속행위나 기속적 재량행위는 법률에 근거 없이 부관을 붙일 수 없고 부관을 붙였다고 하더라도 무효라는 입장이다.
③ 기속행위에 재량행위의 요건이 추가되는 경우 전체적으로 재량행위가 되므로 인·허가가 의제되는 한도 내에서 재량행위로 보아야 한다.

Answer 05. ② 06. ③ 07. ①

08 다음 중 재량권의 한계에 관한 설명으로 가장 타당하지 않은 것은?

① 어떤 처분에 대한 취소소송이 제기되면, 해당 처분이 재량처분인 경우는 요건심리 후 각하하여야 하고, 본안심리에서 일탈 및 남용 여부를 심사할 필요가 없다.

② 재량권의 영으로의 수축이란 행정청에 대하여 재량권이 인정된 경우에 구체적 상황에서 오로지 하나의 선택가능성만이 합법적인 것으로 남아있는 경우를 말한다.

③ 대법원은 제반규정에 의하여 박사학위논문 심사과정을 통과한 자에게 정당한 이유 없이 학위수여를 부결한 행정처분은 재량권의 한계를 벗어난 위법이 있다고 판시하였다.

④ 행정기관이 재량행위를 기속행위로 오해하여 복수행위 간의 형량을 전혀 하지 않고 기속행위로 발령한 경우에 있어서 재량의 흠결은 재량행사에 있어서 내부적인 고려를 전혀 행하지 않은 경우이므로 재량권 남용의 한 형태로 볼 수 있다.

⑤ 재량권의 일탈・남용 여부에 대한 심사는 사실오인, 비례・평등원칙 위배, 당해 행위의 목적 위반이나 동기의 부정 유무 등을 그 판단대상으로 한다.

09 재량행위와 기속행위에 관한 설명으로 옳은 것은? (다툼이 있으면 판례에 따름)

① 「공유수면 관리 및 매립에 관한 법률」상 공유수면 점용허가는 기속행위이다.

② 재외동포에 대한 사증발급과 관련한 재량권 불행사는 그 자체로 재량권 일탈・남용에 해당하지 않으므로 해당 처분을 취소하여야 할 위법사유가 되지 않는다.

③ 「국토의 계획 및 이용에 관한 법률」에 의하여 지정된 도시지역 안에서 토지의 형질변경행위를 수반하는 건축허가의 법적 성질은 기속행위이다.

④ 법령상 감경사유가 있는 경우 이를 전혀 고려하지 않은 과징금 부과처분은 위법하다.

⑤ 과징금 납부명령에 법정 한도액을 초과하는 재량권의 일탈이 인정되는 경우 법원은 적정하다고 인정하는 부분을 초과한 부분만 취소할 수 있다.

10 **행정청의 판단여지와 관계없는 것은?**

① 비대체적 결정
② 구속적 · 가치평가적 결정
③ 미래예측적 결정
④ 형성적 결정
⑤ 법으로부터의 자유로운 행정결정

08 ① 항고소송의 대상이 되는 처분은 기속행위인지 재량행위인지를 불문하고 대상행위가 되므로 재량행위에 대해 취소소송이 제기된 경우 재량행위라 하여 소송요건 흠결로 각하하여서는 안 되고, 본안에서 일탈 · 남용 여부를 판단하여야 한다.

09 ① 공유수면 점용허가는 재량행위이다.
② 재량권 불행사는 그 자체로 재량권 일탈 · 남용에 해당하고 따라서 처분을 취소하여야 할 위법사유가 된다.
③ 도시지역 안에서 토지의 형질변경행위를 수반하는 건축허가는 재량행위이다.
⑤ 법원은 재량권의 일탈 여부만 판단할 수 있고 재량권의 범위 내에서 어느 정도가 적정한 것인지에 관하여는 판단할 수 없어 그 전부를 취소할 수밖에 없다(대판 2009. 6. 23. 2007두18062).

10 ⑤ 판단여지가 인정되는 영역은 ㉠ 비대체적 결정, ㉡ 구속적 가치평가, ㉢ 예측결정, ㉣ 형성결정의 영역이다. 판단여지가 인정되는 경우 사법심사가 제한될 수는 있지만 그렇다고 법으로부터 자유로운 영역은 아니다. 판단여지도 논리칙상 · 경험칙상 명백히 판단을 잘못한 경우나 절차위법이 있는 경우 사법부에 의한 위법성 판단이 가능하다.

Answer 08. ① 09. ④ 10. ⑤

제3절 법률행위적 행정행위

01 다음 중 명령적 행정행위인 것은?

① 과세처분 ② 납세의 독촉
③ 공무원의 임명 ④ 공기업의 특허
⑤ 법인설립의 인가

02 하명에 관한 설명으로 틀린 것은?

① 명령적 행정행위이다.
② 하명은 언제나 구체적 처분의 형식으로만 행하여지고 법규형식의 하명은 인정되지 않는다.
③ 하명을 위반한 개인의 행위는 위법한 행위로 행정강제나 제재의 대상이 된다.
④ 하명은 원칙적으로 법규에 기하여 행하여지는 기속행위이다.
⑤ 하명의 대상은 사실행위인 경우가 일반적이나 법률행위를 대상으로 하는 경우도 있다.

03 허가에 대한 설명 중 가장 올바른 것은?

① 허가는 형성적 행위라고 보는 것이 종래의 통설이다.
② 절대적 금지도 허가의 대상이 된다.
③ 대물적 허가의 효과는 타인에게 이전될 수 있다.
④ 허가는 직접 법령에 의하여 행해지는 경우도 있다.
⑤ 허가의 대상은 사실행위에 한정된다.

04 **강학상 허가와 예외적 승인(허가)을 구분한 내용으로 옳지 않은 것은?**

① 판례는 기부금품모집 허가는 예외적 허가로 허가권자의 재량행위에 속한다고 보았다.
② 일반적으로 허가는 기속행위의 성질을 가지는 데 반하여, 예외적 승인은 재량행위의 성질을 가진다.
③ 허가는 공익 침해의 우려가 있어 잠정적으로 금지된 행위를 적법하게 수행하도록 하는 행위인 데 반하여, 예외적 승인은 그 자체가 사회적으로 유해하여 법령에 의해 일반적으로 금지된 행위를 예외적으로 적법하게 수행할 수 있도록 하는 것이다.
④ 허가는 예방적 금지의 해제, 예외적 승인은 억제적 금지의 해제에 관한 것이다.
⑤ 기속행위인 건축허가라도 개발제한구역 내에서의 건축허가의 경우에는 예외적 허가로 재량행위로 보아야 한다.

01 ① 명령적 행정행위는 행정행위 상대방의 의무와 관련된 행정행위이다. 조세 부과는 의무를 부과하는 하명으로 명령적 행정행위이나 그 외 ③·④·⑤는 권리관련적 행정행위로 형성적 행정행위에 속한다.
② 납세독촉은 준법률행위적 행정행위이다.

02 ② 하명은 행정처분의 형식으로도 가능하고 법규에 의한 일반적 하명도 가능하다. 예를 들어 법률규정에 의해 공공시설이 흡연금지구역으로 설정되는 경우를 들 수 있다.

03 ③ 대인적 허가는 양도가능성이 없으나 대물적 허가는 물건이 양도됨에 따라 허가도 이전이 가능하다.
① 허가는 금지의 해제라는 의무관련적 행위로 명령적 행정행위라는 것이 종래의 통설이다.
② 절대적 금지는 원칙적으로 허가의 대상이 되지 않는다.
④ 허가는 항상 처분의 형식으로만 가능하며 법규허가는 부정된다.
⑤ 허가의 대상은 주로 사실행위이나 때로는 법률행위도 대상으로 한다. 예를 들어 건축행위를 허가하는 것은 사실행위를 대상으로 하는 것이나, 영업행위를 허가하는 것은 법률행위를 대상으로 한다.

04 ① 강학상 허가는 예방적 금지를 해제하는 것이나 예외적 허가는 억제적 금지를 해제하는 것이다. 강학상 허가는 특별한 규정이 없으면 기속행위이지만 예외적 허가는 재량행위에 속한다. 판례상 예외적 허가로 문제가 된 사안은 개발제한구역 내 건축허가, 학교위생정화구역 내 영업허가, 기부금품모집행위 등이 있었는데, 기부금품모집행위에 대해서는 강학상 허가로 기속행위로 보았다.

Answer 01. ① 02. ② 03. ③ 04. ①

05 강학상 허가에 관한 설명으로 옳지 않은 것은? (다툼이 있는 경우 판례에 의함)

① 허가의 요건은 법령으로 규정되어야 하며, 법령의 근거 없이 행정청이 독자적으로 허가요건을 추가하는 것은 허용되지 아니한다.

② 허가의 신청 후 행정처분 전에 법령의 개정으로 허가기준에 변경이 있는 경우에는 원칙적으로 변경된 허가기준에 따라서 처분을 하여야 한다.

③ 산림형질 변경허가와 같이 재량행위성이 인정되는 허가의 경우 중대한 공익상 필요가 있다고 인정되는 때에는 그 허가를 거부할 수 있으며, 다만 그 경우 별도로 명문의 근거가 있어야 한다.

④ 허가는 그 근거법령상의 금지를 해제할 뿐 타법에 의한 금지까지 해제하는 것은 아니다.

⑤ 허가는 반드시 상대방의 신청을 전제로 하는 것이 아니므로 때로는 불특정 다수인을 대상으로 하는 허가도 허용된다.

06 인 · 허가의제에 대한 설명으로 옳지 않은 것은? (다툼이 있는 경우 판례에 의함)

① 인 · 허가의제는 행정청의 소관사항과 관련하여 권한행사의 변경을 가져오므로 법령의 근거를 필요로 한다.

② 「국토의 계획 및 이용에 관한 법률」상의 개발행위허가가 의제되는 건축허가신청이 동 법령이 정한 개발행위허가기준에 부합하지 아니하면, 행정청은 건축허가를 거부할 수 있다.

③ 주된 인 · 허가에 관한 사항을 규정하고 있는 법률에서 주된 인 · 허가가 있으면 다른 법률에 의한 인 · 허가를 받은 것으로 의제한다는 규정을 둔 경우, 주된 인 · 허가가 있으면 다른 법률에 의하여 인 · 허가를 받았음을 전제로 하는 그 다른 법률의 모든 규정들까지 적용되는 것은 아니다.

④ A허가에 대해 B허가가 의제되는 것으로 규정된 경우, A불허가처분을 하면서 B불허가사유를 들고 있으면 A불허가처분과 별개로 B불허가처분이 존재하는 것이 아니다.

⑤ 주택건설사업계획 승인처분에 따라 의제된 인 · 허가가 위법함을 다투고자 하는 이해관계인은, 주택건설사업계획 승인처분의 취소를 구해야지 의제된 인 · 허가의 취소를 구해서는 아니 되며, 의제된 인 · 허가는 주택건설사업계획 승인처분과 별도로 항고소송의 대상이 되는 처분에 해당하지 않는다.

07 **「행정기본법」상 인허가의제에 관한 설명으로 옳지 않은 것은?**

① 주된 인허가 행정청은 주된 인허가를 하기 전에 관련 인허가에 관하여 미리 관련 인허가 행정청과 협의하여야 한다.

② 관련 인허가 행정청은 제3항에 따른 협의를 요청받으면 그 요청을 받은 날부터 20일 이내에 의견을 제출하여야 한다.

③ 관련 인허가에 필요한 심의, 의견 청취 등 절차에 관하여는 법률에 인허가의제 시에도 해당 절차를 거친다는 명시적인 규정이 있는 경우에만 이를 거친다.

④ 인허가의제의 효과는 주된 인허가의 해당 법률에 규정된 관련 인허가에 한정되지 않는다.

⑤ 인허가의제의 경우 관련 인허가 행정청은 관련 인허가를 직접 한 것으로 보아 관계 법령에 따른 관리·감독 등 필요한 조치를 하여야 한다.

05 ③ 재량행위에 대한 중대한 공익상 필요에 따른 허가거부는 별도의 명문의 규정이 없는 경우에도 가능하다는 것이 판례와 다수설이다.
① 허가는 원칙적으로 기속행위이므로 법적 근거 없이 행정청이 독자적으로 허가요건을 추가할 수 없다.
② 허가 신청 후 허가 전에 법령이 변경된 경우 허가 시의 법에 따라 허가요건을 판단하는 것이 원칙이다.
④ 인·허가 의제가 되지 않는 경우라면 원칙적으로 1개법상의 허가를 받았다고 하여 타법상의 허가까지 있다고 볼 수 없다.

06 ⑤ 의제된 인·허가는 통상적인 인·허가와 동일한 효력을 가지므로, 적어도 '부분 인·허가 의제'가 허용되는 경우에는 그 효력을 제거하기 위한 법적 수단으로 의제된 인·허가의 취소나 철회가 허용될 수 있고, 이러한 직권취소·철회가 가능한 이상 그 의제된 인·허가에 대한 쟁송취소 역시 허용된다. 따라서 주택건설사업계획 승인처분에 따라 의제된 인·허가가 위법함을 다투고자 하는 이해관계인은, 주택건설사업계획 승인처분의 취소를 구할 것이 아니라 의제된 인·허가의 취소를 구하여야 하며, 의제된 인·허가는 주택건설사업계획 승인처분과 별도로 항고소송의 대상이 되는 처분에 해당한다(대판 2018. 11. 29. 2016두38792).

07 ④ 인허가의제의 효과는 주된 인허가의 해당 법률에 규정된 관련 인허가에 한정된다(「행정기본법」 제25조 제2항).

Answer 05. ③ 06. ⑤ 07. ④

08 허가의 갱신에 관한 설명 중 옳지 않은 것은? (다툼이 있는 경우 판례에 따름)

① 종전 허가의 유효기간이 지난 후에 한 기간연장 신청은 신규허가를 구하는 것이다.

② 허가처분에 정해진 기간이 부당히 짧은 경우 그 기간은 허가조건의 존속기간이고 따라서 종기가 도래하기 전에 반드시 연장신청이 있어야 하는 것은 아니다.

③ 허가의 갱신으로 인하여 갱신 전의 위법사유가 치유되는 것은 아니다.

④ 건설업면허의 갱신이 있으면 기존 면허의 효력은 동일성을 유지하면서 장래에 향하여 지속한다.

⑤ 건설업면허의 갱신이 있으면 갱신 전의 면허는 실효되고 새로운 면허가 부여된 것이라고 볼 수는 없다.

09 다음 사례에 관한 설명으로 옳은 것은? (다툼이 있는 경우 판례에 의함)

> A는 허가청으로부터 B간판에 관하여 설치허가를 받았다. 설치기간은 2022년 3월 1일부터 2024년 2월 28일까지로 하였다. A는 2024년 4월 1일에 허가기간의 연장을 신청하였다. 그러나 허가청은 B간판이 2024년 4월 1일 현재의 관련 법령이 정하는 규격을 초과한다는 이유로 허가연장신청을 거부하였다.

① 허가의 갱신신청은 달리 정함이 없으면 원칙적으로 기한이 도래하기 전에 할 수도 있고 도래한 후에 할 수도 있다.

② 2024년 2월 28일이 지나면 종전 허가의 효력은 원칙적으로 소멸한다.

③ 종전의 허가기간 경과 후에 이루어진 신청에 따른 허가는 일반적으로 갱신허가에 해당한다.

④ 허가청이 허가연장신청을 거부한 것은 위법하다.

⑤ 허가의 연장신청을 받지 못한 B의 간판은 그 소유권이 부정된다.

10 **甲은 「식품위생법」에 의거하여 영업허가를 신청하였다. 이에 대한 설명으로 옳은 것은?**

① 甲이 공무원인 경우 허가를 받으면 이는 「식품위생법」상의 금지를 해제할 뿐만 아니라 「국가공무원법」상의 영리업무금지까지 해제하여 주는 효과가 있다.

② 甲이 허가를 신청한 이후 관계법령이 개정되어 허가요건을 충족하지 못하게 된 경우, 행정청이 허가신청을 수리하고도 정당한 이유 없이 그 처리를 늦추어 그 사이에 허가기준이 변경된 것이 아닌 이상 甲에게는 불허가처분을 하여야 한다.

③ 甲에게 허가가 부여된 이후 乙에게 또 다른 신규허가가 행해진 경우, 甲에게는 특별한 규정이 없더라도 乙에 대한 신규허가를 다툴 수 있는 원고적격이 인정되는 것이 원칙이다.

④ 甲에 대해 허가가 거부되었음에도 불구하고 甲이 영업을 한 경우, 당해 영업행위는 사법(私法)상 효력이 없는 것이 원칙이다.

⑤ 만약 甲이 영업을 乙에게 양도하고 지위승계신고의 수리가 있었다면 甲이 「식품위생법」을 위반한 행위에 대해 乙에게 제재를 가할 수 없는 것이 원칙이다.

08 ② 일반적으로 행정처분에 효력기간이 정하여져 있는 경우에는 그 기간의 경과로 그 행정처분의 효력은 상실되고, 다만 허가에 붙은 기한이 그 허가된 사업의 성질상 부당하게 짧은 경우에는 이를 그 허가 자체의 존속기간이 아니라 그 허가조건의 존속기간으로 보아 그 기한이 도래함으로써 그 조건의 개정을 고려한다는 뜻으로 해석할 수는 있지만, 그와 같은 경우라 하더라도 그 허가기간이 연장되기 위하여는 그 종기가 도래하기 전에 그 허가기간의 연장에 관한 신청이 있어야 하며, 만일 그러한 연장신청이 없는 상태에서 허가기간이 만료하였다면 그 허가의 효력은 상실된다(대판 2007. 10. 11. 2005두12404).

09 ②·①·③ 허가의 갱신의 경우에도 갱신기간 내에 갱신신청이 있어야 한다. 갱신기간이 경과한 후의 갱신신청은 새로운 허가신청이 될 뿐이다. 사안에서 2024년 2월 28일까지가 기한이므로 이를 지난 2024년 4월 1일에 한 연장신청은 허가의 효력이 소멸한 뒤의 새로운 허가신청이 될 뿐이다.

10 ② 허가신청 후 처분(인·허가)이 있기 전에 관계법령이 개정된 경우에는 특별한 규정이 없는 이상 허가신청 당시의 법령에 의하여 허가 여부를 판단하는 것은 아니고 처분 시 법령과 허가기준에 의해야 하며, 행정청이 정당한 이유 없이 그 처리를 늦추어 그 사이에 허가기준이 변경된 경우에는 신청 시의 법령에 따라야 한다.
① 강학상 허가는 원칙적으로 허가받은 행위의 금지만을 해제할 뿐 타법상의 금지까지 해제하는 것이 아니므로 甲이 공무원인 경우 허가를 받더라도 이는 「식품위생법」상의 금지를 해제할 뿐만 아니라 「국가공무원법」상의 영리업무금지까지 해제하여 주는 것은 아니다.
③ 강학상 허가는 경찰금지의 해제로서 자연적 자유를 회복하는 데 그치고 어떤 권리를 설정하는 것은 아니므로 기존 허가자는 신규허가를 다툴 법률상 이익이 원칙적으로 인정되지 않는다.
④ 무허가 영업행위는 위법한 행위로서 제재의 대상이 되지만 그 사법상 효력까지 무효화시키는 것은 아니다.
⑤ 원칙적 양도인의 위반행위를 이유로 양수인에게 제재를 가할 수 있다는 것이 판례이다.

Answer 08. ② 09. ② 10. ②

11 허가와 특허에 대한 설명 중 옳지 않은 것은?

① 모두 공법적 효과만을 발생시킨다.

② 특허는 출원을 반드시 필요로 하나, 허가는 반드시 필요한 것은 아니다.

③ 허가로 인해서 누리는 이익은 반사적 이익이나, 특허로 인해 누리는 이익은 권리의 성질을 갖는다.

④ 원칙적으로 허가는 기속행위이나, 특허는 재량행위에 속한다.

⑤ 허가는 불특정 다수인에 대해서도 행해질 수 있지만, 특허는 특정인에 대해서만 행해질 수 있다.

12 다음 중 학문상의 특허에 해당하는 것은?

① 의사면허
② 발명권의 특허
③ 통행금지
④ 공무원의 임명
⑤ 당선인의 결정

13 다음 중 특허에 해당하는 것은? (다툼이 있는 경우 판례에 따름)

㉠ 버스운송사업면허	㉡ 공중목욕탕영업허가
㉢ 보세구역의 설치·운영에 관한 특허	㉣ 산림형질변경허가
㉤ 공유수면매립허가	㉥ 공공조합의 정관변경허가
㉦ 특허기업의 사업양도허가	

① ㉠, ㉢, ㉤
② ㉠, ㉢, ㉦
③ ㉡, ㉣, ㉥
④ ㉡, ㉤, ㉦
⑤ ㉣, ㉤, ㉥

14 강학상 특허에 대한 설명으로 옳지 않은 것은?

① 허가는 자연적 자유를 회복시키는 금지해제행위이지만, 특허는 상대방에게 새로이 법률상 힘을 설정해 주는 행위이다.

② 전통적 입장의 강학상 허가와 강학상 특허의 구별은 최근에는 상대적 개념에 불과하고 허가로 인한 이익도 법률상 이익으로 인정되고 있다.

③ 특허는 항상 처분형식에 의하여야 하고 법규형식의 특허는 인정되지 않는다.

④ 양립할 수 없는 특허의 경우 후행 특허는 무효가 된다.

⑤ 특허로 인한 효력은 공권이 될 수도 있고 사권이 될 수도 있다.

11 ① 강학상 허가는 공법상 금지의 해제라는 공법적 효과가 발생하고 그로 인한 이익은 반사적 이익에 불과하다고 봐서 전통적 견해는 공법적 효과만이 발생한다고 봄이 일반적이다. 반면 특허로 인해 취득하는 권리는 공권이나 사권이 될 수 있으므로 공법적 효과 또는 사법적 효과가 발생할 수 있다.

12 ④ 공무원의 임명은 공무원으로서의 포괄적 신분관계를 설정하는 것으로 강학상 특허에 해당한다.
① 강학상 허가에 해당한다.
② 준법률행위적 행정행위로 확인에 해당한다.
③ 강학상 하명에 해당한다.
⑤ 준법률행위적 행정행위로 확인에 해당한다.

13 ㉠·㉢·㉤ ⇨ 특허, ㉡·㉣ ⇨ 허가, ㉥·㉦ ⇨ 인가

14 ③ 특허는 원칙적으로 행정처분의 형식에 의하나 예외적으로 법규에 의한 법규특허도 가능하다. 그 예로 「한국도로공사법」에 의한 한국도로공사의 설립과 같은 경우를 들 수 있다.

Answer 11. ① 12. ④ 13. ① 14. ③

15 **甲은 「공유수면 관리 및 매립에 관한 법률」에 의거하여 관할 행정청으로부터 공유수면매립면허를 받으려고 한다. 공유수면매립면허와 관련된 설명으로 옳은 것은?**

① 공유수면매립면허는 필수적으로 신청을 요하는 행정행위로 보는 것이 일반적 견해이다.
② 甲이 「공유수면 관리 및 매립에 관한 법률」에서 정한 소정의 요건을 갖춘 경우에 관할 행정청은 반드시 매립면허를 하여야 한다.
③ 甲의 공유수면매립면허 신청에 대한 면허거부처분이 재량권 일탈·남용에 해당하는 경우에도 법원은 이를 취소할 수 없다.
④ 관할 행정청은 甲에게 공유수면매립면허를 함에 있어서 부관을 붙일 수 없다.
⑤ 관할 행정청은 甲이 신청한 내용을 수정하여 공유수면매립면허가 가능하다.

16 **甲과 乙은 각기 A군에 대하여 하천점용허가를 신청하였으나, 乙만이 하천점용허가를 받았다. 甲은 A군의 조치에 대해 불복하고자 한다. 이 사안과 관련하여 고려될 수 있는 법리와 거리가 먼 것은?**

① 하천점용허가는 특허행위이다.
② 하천점용허가는 법규상의 요건이 충족되면 행해져야 할 상대적 금지행위의 해제처분이다.
③ 甲의 불복은 경쟁자소송에 속한다.
④ 하천점용행위는 공물의 일반사용에 속하지 않는다.
⑤ 하천점용허가는 재량행위에 해당되고, 사법심사의 대상이 된다.

17 **기본행위와 인가의 관계에 대한 설명으로 틀린 것은?**

① 기본행위가 불성립 또는 무효인 경우 설혹 인가를 받더라도 기본행위가 유효로 될 수 없다.
② 기본행위에 하자가 있고 인가에 하자가 없는 경우 기본행위의 하자를 이유로 인가를 다툴 수 있다.
③ 기본행위가 적법·유효하고 보충행위인 승인처분 자체에만 하자가 있다면 그 승인처분의 무효확인이나 그 취소를 주장할 수 있다.
④ 기본행위는 적법하나 인가행위가 무효인 경우에는 기본행위의 효력도 발생하지 않는다.
⑤ 인가 당시에는 유효하게 성립된 인가라 하더라도 뒤에 기본행위가 취소되거나 실효되면 별도의 무효선언이나 취소처분이 없더라도 인가는 실효된다.

18 **인가에 관한 설명 중 옳지 않은 것은?**

① 인가는 처분의 형식으로만 가능하다.
② 인가는 사실행위를 대상으로 할 수 있다.
③ 인가는 법률행위의 효력요건이므로 무인가행위는 원칙적으로 무효이다.
④ 인가는 언제나 신청을 요하는 쌍방적 행위이다.
⑤ 인가의 예로서는 사업양도의 인가, 비영리법인설립의 인가, 공공조합설립의 인가 등이 있다.

15 ①·② 공유수면매립면허는 설권행위로서 강학상 특허에 해당한다. 특허는 법률에 특별한 규정이 없는 한 재량행위로 보기 때문에 반드시 매립면허를 하여야 하는 것은 아니다. 특허는 상대방의 신청을 필수적 전제로 하므로 협력을 요하는 행정행위로 보아야 한다.
③ 재량행위가 일탈·남용에 해당하는 경우에는 법원은 이를 취소할 수 있다.
④ 재량행위에 대해서는 법률에 특별한 규정이 없다고 하더라도 부관을 붙일 수 있다는 것이 다수설과 판례이다.
⑤ 특허는 신청대로 인정되어야 하고 수정특허는 불허된다.

16 ②·③·⑤ 하천점용허가는 상대방에게 수익적 효과를 주고 법률상 사용·수익권을 부여하는 행위로 강학상 특허로서 재량행위에 속한다.

17 ② 인가는 보충적 행위로서 그 자체만으로는 아무런 효력이 없으므로 인가만의 무효확인이나 취소를 구하는 것은 소의 이익이 없고 기본행위에 하자가 있다면 기본행위를 다투어야지 적법한 인가를 다툴 수 없다.

18 ② 인가는 기본행위의 효력을 보충적으로 완성하는 행위이므로 인가의 대상이 되는 기본행위는 항상 법률행위만을 대상으로 한다.
① 인가는 처분의 형식으로만 가능하며 법규인가는 부정된다.
③ 무인가의 법률행위는 효력이 완성되지 않은 것이므로 무인가행위는 무효이다.
④ 신청 없는 인가는 무효이며 인가는 항상 기본행위의 효력을 완성하고자 하는 자의 신청이 있어야 한다.

Answer 15. ① 16. ② 17. ② 18. ②

19 **다음은 주택재개발정비사업조합의 법령상 지위와 권한에 대해 설명한 것이다. 이와 관련한 설명으로 옳은 것은? (다툼이 있는 경우에는 판례에 의함)**

① 재개발조합설립인가처분은 법률관계 당사자의 법률행위의 효과를 완성시켜주는 보충행위에 해당한다.

② 재개발조합설립인가처분에 하자가 없다면 기본행위인 조합설립 동의에 하자가 있다고 하더라도 따로 그 기본행위의 하자를 다투는 것은 별론으로 하고 기본행위의 무효를 내세워 바로 그에 대한 행정청의 인가처분의 취소 또는 무효확인을 구할 법률상의 이익은 없다.

③ 재개발조합설립인가신청에 대하여 행정청의 재개발조합설립인가처분이 있은 이후에는 재개발조합설립 동의에 하자가 있음을 이유로 재재발조합설립의 효력을 부정하려면 항고소송으로 재개발조합설립인가처분의 효력을 다투어야 한다.

④ 관리처분계획에 대한 인가를 받고 난 이후에 관리처분계획을 다투기 위해서는 인가처분 자체를 취소소송으로 다투어야 한다.

⑤ 관리처분계획은 민사상의 행위로서 처분성을 갖지 못한다.

20 **다음은 「도시 및 주거환경정비법」상의 재건축사업 등에 관한 서술이다. 타당하지 않은 것은? (다툼이 있으면 판례에 의함)**

① 조합설립인가와 관리처분계획에 대한 인가는 강학상 특허에 해당한다.

② 「도시 및 주거환경정비법」상 주택재개발사업조합의 조합설립인가처분이 판결로 취소된 경우 그 조합설립인가처분은 소급하여 효력을 상실한다.

③ 조합원의 자격 인정 여부에 관하여 다툼이 있는 경우에는 공법상의 당사자소송에 의하여 그 조합원 자격의 확인을 구할 수 있다.

④ 주택재개발정비사업조합과 조합장 또는 조합임원의 지위를 다투는 소송은 민사소송에 의하여야 한다.

⑤ 토지 등 소유자가 사업시행자인 경우 사업시행계획에 대한 인가는 강학상의 특허에 해당한다.

21 다음은 「도시 및 주거환경정비법」상의 조합설립인가 등에 관한 설명이다. 타당하지 않은 것은? (다툼이 있으면 판례에 의함)

① 주택재개발조합설립추진위원회의 구성을 승인하는 처분은 보충행위로서 강학상 인가이다.

② 관리처분계획에 대한 관할 행정청의 인가・고시가 있기 전에는 관리처분계획에 대한 조합총회 결의의 하자를 당사자소송으로 다툰다.

③ 관리처분계획에 대한 관할 행정청의 인가・고시 이후 관리처분계획에 대한 조합총회 결의의 하자를 다투고자 하는 경우에는 관리처분계획을 항고소송으로 다투어야 한다.

④ 이전 고시가 효력을 발생한 후에는 조합원 등이 관리처분계획의 취소 또는 무효확인을 구할 법률상 이익이 없다.

⑤ 「도시 및 주거환경정비법」상 당초 관리처분계획의 주요부분을 실질적으로 변경하는 내용으로 새로운 관리처분계획을 수립하여 관할 행정청의 인가를 받은 경우, 당초 관리처분계획이 원칙적 항고소송의 대상이 된다.

PART 02

19 ③・②・① 재개발조합설립인가처분의 성격을 판례는 설권적 처분으로서 특허에 해당하는 것으로 본다(대판 2010. 1. 28. 2009두4845). 특허로 보는 경우 조합설립동의에 하자가 있다면 조합설립인가도 하자가 있는 것으로 보고 재재발조합설립의 효력을 부정하려면 항고소송으로 재개발조합설립인가처분의 효력을 다투어야 한다는 것이 판례이다.
④・⑤ 관리처분계획에 대해 행정청의 인가가 있는 경우 관리처분계획은 행정주체에 의한 처분이 되고 관리처분계획을 취소소송으로 다투어야 한다.

20 ① 「도시 및 주거환경정비법」상의 재건축조합설립인가는 특허(강학상의 특허)에 해당하지만 관리처분계획에 대한 인가는 인가(강학상 인가)에 해당한다.

21 ⑤ 당초 관리처분계획의 주요부분을 실질적으로 변경하는 내용으로 새로운 관리처분계획을 수립하여 관할 행정청의 인가를 받은 경우 당초 관리처분계획은 실효되었다고 봄이 상당하므로 당초 관리처분계획에 대한 소는 존재하지 않는 행정처분을 대상으로 한 것으로서 소의 이익이 없게 되어 부적법하게 된다(대판 2013. 6. 13. 2011두19994).

Answer 19. ③ 20. ① 21. ⑤

22 인가에 대한 설명으로 옳지 않은 것은? (다툼이 있는 경우 판례에 의함)

① 공유수면매립면허의 공동명의자 사이의 면허로 인한 권리의무양도약정은 면허관청의 인가를 받지 않은 이상 법률상 아무런 효력도 발생할 수 없다.

② 재단법인의 임원취임을 인가 또는 거부할 것인지 여부는 주무관청의 권한에 속하는 사항이라고 할 것이고, 재단법인의 임원취임승인 신청에 대하여 주무관청이 이에 기속되어 이를 당연히 승인(인가)하여야 하는 것은 아니다.

③ 인가처분에 하자가 없다면 기본행위에 하자가 있다 하더라도 따로 그 기본행위의 하자를 다투는 것은 별론으로 하고 기본행위의 무효를 내세워 바로 그에 대한 행정청의 인가처분의 취소 또는 무효확인을 소구할 법률상의 이익이 없다.

④ 공익법인의 기본재산 처분에 대한 허가의 법률적 성질이 형성적 행정행위로서의 인가에 해당하므로, 그 허가에 조건으로서의 부관의 부과가 허용되지 아니한다.

⑤ 재단법인의 정관변경 시 정관변경 결의의 하자가 있는 경우에 주무부장관의 인가가 있다고 하여도 정관변경 결의가 유효한 것으로 될 수 없다.

23 행정행위의 내용과 구체적 사례를 바르게 연결한 것은? (다툼이 있는 경우 판례에 의함)

㉠ 특정인에 대하여 새로운 권리·능력 또는 포괄적 법률관계를 설정하는 행위 ㉡ 행정청이 타자의 법률행위를 동의로써 보충하여 그 행위의 효력을 완성시켜 주는 행위

A. 「도시 및 주거환경정비법」상 주택재건축정비사업조합의 설립인가 B. 「자동차관리법」상 사업자단체조합의 설립인가 C. 「도시 및 주거환경정비법」상 도시환경정비사업조합이 수립한 사업시행계획인가 D. 「도시 및 주거환경정비법」상 토지 등 소유자들이 조합을 따로 설립하지 않고 직접 시행하는 도시환경정비사업시행인가 E. 「출입국관리법」상 체류자격 변경허가

① ㉠ − A, D, E
② ㉡ − B, C, D
③ ㉠ − A, C, D
④ ㉡ − B, D, E
⑤ ㉠ − A, B, D

24 **다음 〈보기〉에서 '(가) 특정인에 대하여 새로운 권리 · 능력 또는 포괄적 법률관계를 설정하는 행위'와 '(나) 제3자의 법률적 행위를 보충하여 그 법률상의 효과를 완성시키는 행정행위'에 해당하는 것을 바르게 짝지은 것은? (다툼이 있는 경우 판례에 의함)**

> ㉠ 「출입국관리법」상 체류자격 변경허가
> ㉡ 사립학교법인 임원에 대한 취임 승인
> ㉢ 「국적법」에 따른 귀화허가
> ㉣ 개발촉진지구 안에서 시행되는 지역개발사업에 관한 지정권자의 실시계획승인처분
> ㉤ 재단법인 정관변경허가

	㉠	㉡	㉢	㉣	㉤
①	(가)	(가)	(나)	(나)	(가)
②	(가)	(나)	(가)	(가)	(나)
③	(가)	(나)	(가)	(나)	(나)
④	(나)	(가)	(나)	(가)	(가)
⑤	(나)	(나)	(가)	(가)	(나)

22 ④ 공익법인의 기본재산의 처분에 관한 「공익법인의 설립 · 운영에 관한 법률」 제11조 제3항의 규정은 강행규정으로서 이에 위반하여 주무관청의 허가를 받지 않고 기본재산을 처분하는 것은 무효라 할 것인데, 위 처분허가에 부관을 붙인 경우 그 처분허가의 법률적 성질이 형성적 행정행위로서의 인가에 해당한다고 하여 조건으로서의 부관의 부과가 허용되지 아니한다고 볼 수는 없고, 다만 구체적인 경우에 그것이 조건, 기한, 부담, 철회권의 유보 중 어느 종류의 부관에 해당하는지는 당해 부관의 내용, 경위 기타 제반 사정을 종합하여 판단하여야 할 것이다(대판 2005. 9. 28. 2004다50044).

23 ㉠ 강학상 특허에 관한 설명이다. A, D, E를 판례는 설권적 처분으로서 강학상 특허로 보았다.
㉡ 강학상 인가에 관한 설명이다. B, C를 판례는 행정청의 보충행위로서 강학상 인가로 보았다.

24 ㉠ 강학상 특허, ㉡ 강학상 인가, ㉢ 강학상 특허, ㉣ 강학상 특허, ㉤ 강학상 인가

Answer 22. ④ 23. ① 24. ②

25 **다른 법률행위를 보충하여 그 법적 효력을 완성시키는 행위에 해당하지 않는 것만을 모두 고르면? (다툼이 있는 경우 판례에 의함)**

> ㉠ 사설법인묘지의 설치에 대한 행정청의 허가
> ㉡ 토지거래허가구역 내의 토지거래계약에 대한 행정청의 허가
> ㉢ 재단법인의 정관변경에 대한 행정청의 허가
> ㉣ 재건축조합이 수립하는 관리처분계획에 대한 행정청의 인가

① ㉠
② ㉠, ㉣
③ ㉡, ㉣
④ ㉠, ㉢
⑤ ㉠, ㉡, ㉢

25 ㉡·㉢·㉣은 강학상 인가에 해당하지만, ㉠ 사설법인묘지의 설치에 대한 행정청의 허가는 예외적 허가에 해당하고 인가로 볼 수 없다. 사설법인묘지의 설치는 묘지설치 전에 행정청의 허가를 받도록 되어 있지 기본행위를 한 뒤 완성하는 개념이 아니다.

Answer 25. ①

제4절 준법률행위적 행정행위

01 준법률행위적 행정행위가 아닌 것은?

① 행정심판의 재결
② 대집행의 계고
③ 증명서 발급
④ 어업면허
⑤ 당선인 결정

02 행정작용과 그 성격에 관하여 연결한 것으로 옳은 것들의 조합은?

> ㉠ 양곡가공업허가 – 특허
> ㉡ 토지수용에 있어 사업인정의 고시 – 통지
> ㉢ 운전면허증의 교부 – 공증
> ㉣ 의료유사업자격증 갱신발급행위 – 공증
> ㉤ 한의사면허 – 특허

① ㉠, ㉡, ㉤
② ㉡, ㉢
③ ㉡, ㉢, ㉣
④ ㉢, ㉣, ㉤
⑤ ㉡, ㉢, ㉣, ㉤

01 준법률행위적 행정행위는 행정청의 의사표시가 아닌 법률에 따른 효과가 발생하는 행정행위이다. 확인, 공증, 통지, 수리가 있다.
④ 특허로서 법률행위적 행정행위에 해당한다.
①・⑤ 확인에 해당한다.
② 통지에 해당한다.
③ 공증에 해당한다.

02 ㉡ 토지수용에 있어서 사업인정의 고시는 이를 알리는 것으로, 이로 인해 수용목적물의 범위가 확정되는 등의 공법상 효과가 발생하므로 통지에 해당한다.
㉢・㉣ 운전면허증 교부와 의료유사업자격증 갱신발급은 증서교부로 공증에 해당한다.
㉠ 양곡가공업허가는 금지를 해제하는 허가에 해당한다(대판 1990. 11. 13. 89누756).
㉤ 의사면허나 한의사면허는 금지를 해제하는 명령적 행위로 허가에 해당한다.

Answer 01. ④ 02. ③

03 다음 준법률적 행정행위 중 통지행위에 해당하는 것만을 모두 고른 것은? (다툼이 있는 경우 판례에 의함)

㉠ 특허출원의 공고	㉡ 부동산등기부에의 등기
㉢ 귀화의 고시	㉣ 선거에 있어 당선인 결정
㉤ 대집행의 계고	

① ㉠, ㉡, ㉢
② ㉢, ㉣, ㉤
③ ㉡, ㉣, ㉤
④ ㉡, ㉢, ㉣
⑤ ㉠, ㉢, ㉤

04 준법률행위적 행정행위에 대한 설명으로 옳은 것은?

① 확인은 법률사실 또는 법률관계에 관하여 의문이나 다툼이 있는 경우 행정청이 이를 공적으로 판단 및 확정하는 행정행위이다.
② 공증은 특정한 사실 또는 법률관계의 존재를 공적으로 증명하는 행정행위로서 반증이 있더라도 행정청이 이를 승인하여야 증명력이 소멸된다.
③ 통지로서 공무원에 대한 당연퇴직의 인사발령은 처분성이 긍정된다.
④ 수리는 사인의 행위를 유효하다고 수령하는 행위로서 행정청이 수리 여부를 결정하는 것은 재량행위이다.
⑤ 공증은 의문이나 다툼이 있는 사항을 대상으로 행한다.

05 **준법률행위적 행정행위에 대한 판례의 입장으로 옳지 않은 것은?**

① 무허가건물을 무허가건물관리대장에서 삭제하는 행위는 항고소송의 대상이 되는 행정처분이 아니다.
② 건축물대장소관청의 작성신청반려행위는 항고소송의 대상이 되는 행정처분에 해당한다.
③ 임용기간이 만료된 국·공립대학의 조교수에 대한 재임용거부취지의 임용기간 만료통지는 항고소송의 대상이 되는 처분에 해당하지 않는다.
④ 지목변경신청반려행위는 항고소송의 대상이 되는 처분에 해당한다.
⑤ 대집행 계고는 항고소송의 대상이 되는 처분에 해당한다.

03 ㉠·㉢·㉤ ⇨ 통지, ㉡ ⇨ 공증, ㉣ ⇨ 확인

04 ①·⑤ 확인은 의문이나 다툼이 있는 사항을 대상으로 행정청의 판단의 표시라는 점에서 의문이나 다툼이 없는 사항을 대상으로 행정청의 인식의 표시를 행하는 공증과 구별된다.
② 공증의 일반적 효력은 공적 증거력이 발생한다는 점에서 반증에 의해 효력이 자동으로 번복되고 행정청의 별도의 승인을 요하는 것은 아니다.
③ 당연퇴직의 인사발령통보는 인사발령통보에 의해 퇴직의 효과가 발생하는 것이 아니라는 점에서 처분성이 부정된다.
④ 행정청의 수리 여부는 기속행위라는 것이 다수설이다.

05 ③ 임용기간이 만료된 국·공립대학의 조교수는 특별한 사정이 없는 한 재임용되리라는 기대를 가지고 공정한 심사를 요구할 법규상 또는 조리상의 신청권을 가진다는 점에서 처분성 긍정(대판 2004. 4. 22. 200두7735)
① 무허가건물을 무허가건물관리대장에서 삭제한다고 해서 당해 무허가 건물에 대한 실체상의 권리관계에 변동을 가져오지 않는다는 점에서 처분성 부정(대판 2009. 3. 12. 2008두11525)
② 건축물대장의 작성은 건축물의 소유권을 제대로 행하기 위한 전제요건으로 건축물소유자의 실체적 권리관계에 밀접하게 관련되어 있다는 점에서 처분성 긍정(대판 2009. 2. 12. 2007두17359)
④ 지목은 토지소유자의 실체적 권리관계에 밀접하게 관련되어 있으므로 처분성 긍정(대판 2004. 4. 22. 2003두9015)
⑤ 계고로 인해 대집행이 실행되는 것이므로 계고단계에서 다툴 법률상 이익 인정(대판 1966. 10. 31. 66누25)

Answer 03. ⑤ 04. ① 05. ③

제5절 행정행위의 부관

01 다음 중 부관의 설명이 바르게 연결된 것은?

① 시설완성을 조건으로 하는 학교법인설립인가 – 해제조건
② 2025년 2월 25일까지의 도로사용허가 – 시기
③ 도로점용허가에 부가된 점용료의 부가 – 부담
④ 일정한 기간 내에 공사에 착수할 것을 조건으로 하는 공유수면매립면허 – 철회권 유보
⑤ 2개월 내에 공사의 착수가 없으면 효력이 소멸한다는 개발제한구역 내 건축허가 – 정지조건

02 「행정기본법」상 부관에 관한 설명으로 옳지 않은 것은?

① 행정청은 처분에 재량이 있는 경우에는 법률에 근거가 있는 경우에 부관을 붙일 수 있다.
② 행정청은 처분에 재량이 없는 경우에는 법률에 근거가 있는 경우에 부관을 붙일 수 있다.
③ 사정이 변경되어 부관을 새로 붙이거나 종전의 부관을 변경하지 아니하면 해당 처분의 목적을 달성할 수 없다고 인정되는 경우에 행정청은 처분을 한 후에도 종전의 부관을 변경할 수 있다.
④ 부관은 해당 처분과 실질적인 관련이 있을 것을 요건으로 한다.
⑤ 부관이 해당 처분의 목적에 위배되지 않을 것을 요건으로 한다.

03 현행 「행정기본법」상 부관에 대한 설명으로 옳지 않은 것은?

① 행정청은 처분에 재량이 있는 경우에는 부관(조건, 기한, 부담, 철회권의 유보 등을 말한다. 이하 이 조에서 같다)을 붙일 수 있다.
② 행정청은 처분에 재량이 없는 경우에는 법률에 근거가 있는 경우에 부관을 붙일 수 있다.
③ 행정청은 부관을 붙일 수 있는 경우 법률에 근거가 없는 경우 당사자의 동의가 있더라도 처분을 한 후에 부관을 새로 붙이거나 종전의 부관을 변경할 수 없다.
④ 행정청은 부관을 붙일 수 있는 경우 사정이 변경되어 부관을 새로 붙이거나 종전의 부관을 변경하지 아니하면 해당 처분의 목적을 달성할 수 없다고 인정되는 경우 부관의 사후변경이 가능하다.
⑤ 부관은 해당 처분과 실질적 관련이 있어야 한다.

04 부관에 관한 설명으로 옳은 것은?

① 정지조건은 조건이 성취되면 그때부터 행정행위의 효력이 소멸하고 해제조건은 행정행위의 효력이 발생한다.

② 기한은 행정행위의 효과의 발생 또는 소멸을 장래 발생 여부가 불확실한 사실의 성부에 의존시키는 부관을 말한다.

③ 철회권 유보의 사유가 발생한 경우 행정행위의 효력은 당연히 소멸한다.

④ 법률효과의 일부배제는 재량행위에 붙인 부관이라 하더라도 원칙적 법적 근거가 있어야 한다.

⑤ 법정부관은 행정행위의 부관에 해당한다.

01 ③ 도로점용허가는 효력이 발생되고 이에 별도로 점용료 납부의무를 부가하는 것으로 부담이다.
① 시설완성이 되어야 학교법인설립인가의 효력이 발생되는 것이므로 정지조건이다.
② 도로사용이 소멸되는 기한으로 종기이다.
④ 공사에 착수하지 않은 경우 공유수면매립면허는 소멸하는 것이므로 해제조건이다.
⑤ 효력소멸에 관한 조건으로 해제조건이다.

02 ① 행정청은 처분에 재량이 있는 경우에는 부관(조건, 기한, 부담, 철회권의 유보 등을 말한다. 이하 이 조에서 같다)을 붙일 수 있다(「행정기본법」 제17조 제1항). 처분에 재량이 있는 경우 법률의 근거를 요하지 않는다.

03 「행정기본법」 제17조 ③ 행정청은 부관을 붙일 수 있는 처분이 다음 각 호의 어느 하나에 해당하는 경우에는 그 처분을 한 후에도 부관을 새로 붙이거나 종전의 부관을 변경할 수 있다.
1. 법률에 근거가 있는 경우
2. 당사자의 동의가 있는 경우
3. 사정이 변경되어 부관을 새로 붙이거나 종전의 부관을 변경하지 아니하면 해당 처분의 목적을 달성할 수 없다고 인정되는 경우

04 ④ 법률효과의 일부배제는 법률이 예정하는 법적 효과를 행정행위로서 일부 제한하는 것이므로 법적 근거가 있어야 한다는 것이 다수설이다.
① 정지조건은 조건성취로 행정행위의 효력이 발생하며, 해제조건은 조건성취로 행정행위의 효력이 소멸한다.
② 기한은 장래 발생 여부가 확실한 사실의 성부에 행정행위의 효력을 의존시키는 부관이다.
③ 철회권 유보의 사유가 발생했다 하더라도 행정청의 별도의 철회가 있어야 행정행위의 효력이 소멸한다.
⑤ 행정행위의 부관은 행정청에 의해 부과되는 것으로 행정행위 효과의 제한을 직접 법규에 규정하는 법정부관은 행정행위의 부관이 아니다.

Answer 01. ③ 02. ① 03. ③ 04. ④

05 **부관에 하자가 있는 경우의 행정쟁송에 대한 설명으로 틀린 것은?**

① 부담은 그 자체로 독립한 행정행위이기 때문에 본체인 행정행위와 별도로 독립하여 취소소송의 대상이 된다.
② 부담 외의 부관에 대해서는 일부취소소송을 부정하는 것이 판례이다.
③ 행정청에 부관변경을 신청하고 이를 거부당한 경우 거부처분에 대한 쟁송제기는 허용되지 않는다는 것이 판례이다.
④ 부관이 행정행위의 주된 요소가 아닌 경우에는 부관만의 취소가 가능하나 주된 요소인 경우 전부취소의 형식이 되어야 한다는 것이 다수설이다.
⑤ 개발제한구역 내 허가기간 연장신청 거부는 취소소송 제기가 가능하다는 것이 판례이다.

06 **행정행위의 부관에 관한 설명으로 옳지 않은 것은?**

① 조건과 부담의 구별이 불명확한 경우에는 국민에게 유리한 부담으로 해석하여야 한다.
② 법정부관에 대해서는 행정행위에 부관을 붙일 수 있는 한계에 관한 일반적인 원칙이 적용되지 않는다.
③ 철회권이 유보되어 있는 경우 행정청은 자유로이 철회를 할 수 있다는 것이 판례의 입장이다.
④ 부관은 법률행위적 행정행위 중에서도 재량행위에만 붙일 수 있고 기속행위에는 붙일 수 없다는 것이 판례의 견해이다.
⑤ 공유수면매립준공인가 중 매립지 일부에 대하여 한 국가귀속처분은 법률효과의 일부배제에 해당한다는 것이 판례의 입장이다.

07 **부관에 대한 판례의 내용으로 옳지 않은 것은?**

① 행정행위의 부관 중에서도 부담의 경우에는 그 존속이 본체인 행정행위의 존재를 전제로 하는 것일 뿐이므로, 부담 그 자체가 행정쟁송의 대상이 될 수 있다.

② 기부채납받은 행정재산에 대한 사용·수익허가에서 공유재산의 관리청이 정한 사용·수익허가의 기간은 허가의 기간만 독립하여 행정소송을 제기할 수 있다.

③ 어업면허처분을 함에 있어 면허의 유효기간을 1년으로 정한 경우, 그 유효기간만의 취소를 구하는 청구는 허용될 수 없다.

④ 행정청이 부담을 부가하기 전에 상대방과 협의하여 부담의 내용을 협약의 형식으로 미리 정하는 것도 가능하다.

⑤ 공유수면매립지 준공인가를 하면서 매립지 중 일부를 국가에 귀속하도록 하는 부관은 독립해서 항고소송의 대상으로 삼을 수 없다는 것이 판례이다.

05 ③ 부관에 대한 행정쟁송에 대해 판례는 부담은 그 효과가 행정행위와 독립적이므로 부관만의 독립쟁송이나 일부취소가 가능하나, 그 외의 부관은 부관부 행정행위의 전부를 대상으로 전체취소를 구하거나 아니면 행정청에 부관변경을 신청한 다음 이를 거부당한 경우 그 거부를 다투어야 한다는 입장이다.

06 ③ 철회권이 유보되어 있고 유보된 철회사유가 발생한다 하더라도 철회권의 행사가 언제나 자유로운 것은 아니며, 철회를 정당화할 근거와 철회의 일반적 요건이 충족되어야만 이를 행사할 수 있다. 이익형량상의 제한이나 비례원칙의 제한이 있다.

07 ②·③ 부관의 하자가 있는 경우 행정쟁송에 대해 판례는 부담은 독립해서 쟁송제기가 가능하나, 나머지 부관은 독립쟁송이 되지 않으므로 사용·수익허가의 기간만의 독립쟁송은 허용되지 않는다.

Answer 05. ③ 06. ③ 07. ②

08 **다음 중 행정행위에 대한 판례의 설명으로 옳지 않은 것은?**

① 도로점용허가에 붙은 점용기간이 위법한 경우 도로점용허가도 위법하게 된다.

② 개발제한구역 내에서의 건축허가는 재량행위이다.

③ 주택건설사업계획에 대한 승인은 재량행위이다.

④ 기선선망어업 허가를 하면서 부속선을 사용할 수 없도록 제한한 부관은 위법하다는 것이 판례이다.

⑤ 「건축법」 규정에 따라 건축허가 시 보차혼용통로를 조성·제공하도록 하는 것은 건축허가에 부가된 부관으로서 부담이다.

09 **행정행위의 부관에 대한 설명으로 옳은 것은? (다툼이 있는 경우 판례에 의함)**

① 행정재산에 대한 사용·수익허가에서 공유재산의 관리청이 정한 사용·수익허가의 기간은 그 허가의 효력을 제한하기 위한 행정행위의 부관으로서 이러한 사용·수익허가의 기간에 대해서는 독립하여 행정소송을 제기할 수 없다.

② 원칙적으로 기속행위나 기속적 재량행위에는 부관을 붙일 수 없으나 만일 건축허가를 하면서 일정 토지를 기부채납 하도록 하는 내용의 허가조건을 붙였다 하더라도 무효라고 할 것은 아니다.

③ 행정처분과 실제적 관련성이 없어 부관으로 붙일 수 없는 부담이라도 이를 사법상 계약의 형식으로 행정처분의 상대방에게 부과하는 것은 위법하지 않다.

④ 부담부 행정행위인지 정지조건부 행정행위인지 여부가 불분명할 경우에는 최소침해의 원칙상 상대방에게 유리한 정지조건부 행정행위로 보는 것이 타당하다.

⑤ 부담을 불이행하면 이에 의해 주된 행정행위의 효력이 당연히 소멸된다.

10 행정행위의 부관에 관한 설명으로 옳지 않은 것은? (다툼이 있으면 판례에 따름)

① 법률의 근거 없이 기속행위에 그 효과를 제한하는 부관을 붙인 경우 그 부관은 무효이다.

② 사정변경으로 인하여 당초에 부담을 부가한 목적을 달성할 수 없게 된 경우 그 목적 달성에 필요한 범위 내에서 부담의 사후변경이 허용된다.

③ 행정처분에 붙인 부담인 부관이 무효가 되면 그 부담의 이행으로 한 사법상 법률행위도 당연히 무효가 되는 것은 아니다.

④ 행정처분에 부가된 부담이 제소기간의 도과로 불가쟁력이 생긴 경우, 부담의 이행으로 한 사법상 매매 등의 법률행위도 효력이 확정되므로 그 법률행위의 유효 여부를 별도로 다툴 수 없다.

⑤ 토지형질변경행위 허가에 붙은 기부채납의 부관에 따라 국가에 기부채납을 한 경우, 기부채납의 부관이 당연무효이거나 취소되지 않은 이상 토지소유자는 위 부관으로 인하여 증여계약의 중요 부분에 착오가 있음을 이유로 증여계약을 취소할 수 없다.

08 ⑤ 건축허가 시 보차혼용통로를 조성·제공하도록 하는 것은 건축허가에 부가된 부관으로서 부담이라고 할 수는 없다.
건축허가 시 보차혼용통로를 조성·제공하도록 한 것은 "도시설계지구 안에서는 도시의 기능 및 미관의 증진을 위하여 건축물을 도시설계에 적합하게 건축하여야 한다."라고 규정한 구 「건축법」 제61조 제1항의 규정에 따른 것일 뿐이지 수익적 행정행위인 건축허가에 부가된 부관으로서 부담이라고 할 수는 없으므로, 보차혼용통로를 조성·제공하도록 한 것이 기속행위나 기속재량행위에 붙은 부관이어서 무효라고 볼 것은 아니다(대판 2012. 10. 11. 2011두8277).
④ 기선선망어업 허가를 하면서 부속선을 사용할 수 없도록 제한한 부관은 행정행위의 본질적 효력을 제한하는 것으로 위법하다는 것이 판례이다.

09 ① 판례는 부관의 독립쟁송가능성을 부담에 대해서만 인정한다. 행정재산에 대한 사용·수익허가의 기간은 기한으로서 부담이 아니다.
② 법령의 근거 없이 기속행위나 기속적 재량행위에 붙여진 부관은 무효이다.
③ 부당결부금지원칙에 위반되는 부관(행정처분과 실제적 관련성이 없는 부관)을 사법상 계약의 형식으로 행정처분의 상대방에게 부과하는 것은 위법하다.
④ 최소침해의 원칙상 상대방에게 유리한 부담부 행정행위로 보는 것이 타당하다.
⑤ 부담의 불이행은 주된 행정행위의 효력소멸사유가 아니다.

10 ④ 부담의 이행으로서 하게 된 사법상 매매 등의 법률행위는 부담을 붙인 행정처분과는 어디까지나 별개의 법률행위이므로 그 부담의 불가쟁력의 문제와는 별도로 법률행위가 사회질서 위반이나 강행규정에 위반되는지 여부 등을 따져보아 그 법률행위의 유효 여부를 판단하여야 한다(대판 2009. 6. 25. 2006다18174).

Answer 08. ⑤ 09. ① 10. ④

11 **甲은 아파트를 건설하고자 乙시장에게 「주택법」상 사업계획승인신청을 하였는데, 乙시장은 아파트단지 인근에 개설되는 자동차전용도로의 부지로 사용할 목적으로 甲 소유 토지의 일부를 아파트 사용검사 시까지 기부채납하도록 하는 부담을 붙여 사업계획을 승인하였다. 이에 대한 설명으로 옳은 것만을 〈보기〉에서 모두 고르면? (다툼이 있는 경우 판례에 의함)**

> ㉠ 甲이 위 부담을 불이행하였다면 乙시장은 이를 이유로 사업계획승인을 철회하거나, 위 부담상의 의무 불이행에 대해 행정대집행을 할 수 있다.
> ㉡ 甲이 위 부담을 이행하지 아니하더라도 乙시장의 사업계획승인이 당연히 효력을 상실하는 것은 아니다.
> ㉢ 乙시장은 기부채납의 내용을 甲과 사전에 협의하여 협약의 형식으로 미리 정한 다음, 사업계획승인을 하면서 위 부담을 부가할 수도 있다.
> ㉣ 만일 甲이 「건축법」상 기속행위에 해당하는 건축허가를 신청하였고, 乙시장이 건축허가를 하면서 법률의 근거 없이 기부채납 부담을 붙였다면 그 부담은 무효이다.

① ㉠, ㉡
② ㉠, ㉢
③ ㉡, ㉣
④ ㉠, ㉢, ㉣
⑤ ㉡, ㉢, ㉣

11 ㉡ [○] 甲이 위 부담을 이행하지 아니하더라도 의무불이행이 있을 뿐이고, 乙시장의 사업계획승인의 철회사유에 해당할 뿐 사업계획승인이 실효되는 것은 아니다.
㉢ [○] 乙시장은 기부채납의 내용을 일방적으로 부가할 수도 있고, 甲과 사전에 협의하여 협약의 형식으로 미리 정한 다음, 사업계획승인을 하면서 위 부담을 부가할 수도 있다.
㉣ [○] 만일 乙시장이 「건축법」상 기속행위에 해당하는 건축허가를 하면서 법률의 근거 없이 부담을 부가했다면 이는 무효라는 것이 판례이다.
㉠ [×] 부담에 따른 토지인도의무는 대체성이 없는 비대체적 의무이므로 행정대집행의 대상이 되지 않는다.

Answer 11. ⑤

Chapter

03 행정행위의 성립과 효력

제1절 행정행위의 효력발생요건

01 행정처분의 송달에 대한 설명으로 옳은 것만을 모두 고른 것은? (다툼이 있는 경우 판례에 의함)

> ㉠ 정보통신망을 이용한 송달의 경우 전자문서가 송달받을 자가 지정한 컴퓨터 등에 입력된 때에 도달된 것으로 본다.
> ㉡ 보통우편에 의한 송달과 달리 등기우편에 의한 송달은 반송 등 기타 특별한 사유가 없는 한 배달된 것으로 추정된다.
> ㉢ 실제로 거주하지 않더라도 전입신고가 되어 있는 곳에 송달한 것은 위법하지 않다.
> ㉣ 행정청은 송달하는 문서의 명칭, 송달받은 자의 성명 또는 명칭, 발송방법 및 발송연월일을 확인할 수 있는 기록을 보존하여야 한다.
> ㉤ 수취인이 송달을 회피하는 정황이 있어 부득이 사업장에 납세고지서를 두고 왔다면 납세고지서의 송달이 이루어진 것이다.
> ㉥ 송달받을 자의 주소 등을 통상의 방법으로 확인할 수 없을 때에는 공시송달 절차에 의해 송달할 수 있다.

① ㉠, ㉡, ㉢, ㉣　　② ㉠, ㉡, ㉣, ㉥
③ ㉠, ㉢, ㉤, ㉥　　④ ㉡, ㉢, ㉣, ㉤
⑤ ㉡, ㉢, ㉤, ㉥

01 ㉢ [×] 우편물이 등기취급의 방법으로 발송된 경우, 특별한 사정이 없는 한, 그 무렵 수취인에게 배달되었다고 보아도 좋을 것이나, 수취인이나 그 가족이 주민등록지에 실제로 거주하고 있지 아니하면서 전입신고만을 해 둔 경우에는 그 사실만으로써 주민등록지 거주자에게 송달수령의 권한을 위임하였다고 보기는 어려울 뿐 아니라 수취인이 주민등록지에 실제로 거주하지 아니하는 경우에도 우편물이 수취인에게 도달하였다고 추정할 수는 없고, 따라서 이러한 경우에는 우편물의 도달사실을 과세관청이 입증해야 할 것이다(대판 1998. 2. 13. 97누8977).
㉤ [×] 납세고지서의 송달을 받아야 할 자가 부과처분 제척기간이 임박하자 그 수령을 회피하기 위하여 일부러 송달을 받을 장소를 비워 두어 세무공무원이 송달을 받을 자와 보충송달을 받을 자를 만나지 못하여 부득이 사업장에 납세고지서를 두고 왔다고 하더라도 이로써 신의성실의 원칙을 들어 그 납세고지서가 송달되었다고 볼 수는 없다(대판 2004. 4. 9. 2003두13908).

Answer 01. ②

02 행정행위의 효력발생요건에 관한 다음 설명 중 맞는 것은?

① 행정청의 의사가 외부에 표시되어 행정청이 자유롭게 취소·철회할 수 없는 구속을 받게 되는 시점에 행정행위가 성립하는 것은 아니다.

② 정보통신망을 이용한 송달은 송달받을 자가 동의하는 경우에만 가능하다.

③ 행정행위의 상대방에 대한 송달이 불가능한 경우에 한하여 공고의 방법에 의해 통지할 수 있다.

④ 「행정절차법」상의 공고는 특별한 규정이 없는 한 공고일로부터 5일이 경과한 때에 그 효력이 발생한다.

⑤ 상대방 있는 행정처분이 상대방에게 고지되지 아니한 경우에도 상대방이 다른 경로를 통해 행정처분의 내용을 알게 된다면 그 행정처분의 효력이 발생한다.

03 다음 중 행정행위의 효력발생 요건에 관한 설명이 타당하지 않은 것은?

① 우편에 의한 송달의 경우 등기우편 등의 방법에 의해 상대방에게 도달을 입증하여야 할 것이다.

② 우편물이 등기취급의 방법으로 발송된 경우 수취인이 주민등록지에 실제로 거주하지 아니하는 경우에는 우편물이 수취인에게 도달하였다고 추정할 수 없다.

③ 송달받을 자의 주소 등을 통상적으로 확인할 수 없는 경우 송달받을 자가 알기 쉽도록 관보, 공보, 게시판, 일간신문, 인터넷 중 하나 이상에 공고하여야 한다.

④ 교부에 의한 송달은 송달받을 자로부터 수령확인서를 받고 문서를 교부함으로써 효력이 발생한다.

⑤ 송달은 다른 법령 등에 특별한 규정이 있는 경우를 제외하고는 송달받을 자에게 도달함으로써 그 효력이 발생한다.

02 ① 행정의사가 외부에 표시되어 행정청이 자유롭게 취소·철회할 수 없는 구속을 받게 되는 시점에 처분이 성립하고, 그 성립 여부는 행정청이 행정의사를 공식적인 방법으로 외부에 표시하였는지를 기준으로 판단해야 한다(대판 2019. 7. 11. 2017두38874).
③ 상대방의 주소를 통상적인 방법으로 확인할 수 없는 경우에도 공고의 방법에 의해 통지할 수 있다.
④ 14일이 경과한 때에 그 효력이 발생한다.
⑤ 대방 있는 행정처분이 상대방에게 고지되지 아니한 경우에는 상대방이 다른 경로를 통해 행정처분의 내용을 알게 되었다고 하더라도 그 행정처분의 효력이 발생하지 않는다.

03 ③ 송달받을 자의 주소 등을 통상적인 방법으로 확인할 수 없는 경우 또는 송달이 불가능한 경우에는 송달받을 자가 알기 쉽도록 관보, 공보, 게시판, 일간신문 중 하나 이상에 공고하고 인터넷에도 공고하여야 한다(「행정절차법」 제14조 제4항).

Answer 02. ② 03. ③

제2절 행정행위의 일반적 효력

01 공정력에 관한 설명으로 틀린 것은?

① 행정행위는 중대하고 명백한 하자로 인하여 당연무효가 되는 경우를 제외하고는 권한 있는 기관에 의해 폐지·변경될 때까지는 일단 유효성의 추정을 받아 취소권자 외에는 그 효력을 부인할 수 없는 힘이 있다.
② 행정행위가 무효 또는 부존재하는 경우에는 공정력이 발생하지 않는다.
③ 사인의 공법행위에는 공정력이 발생하지 않는다.
④ 공정력은 적법성의 추정이 아니므로 행정소송상의 입증책임과는 무관하다는 것이 다수설과 판례이다.
⑤ 공정력과 구성요건적 효력을 구별하는 학설은 공정력은 취소권 없는 타 국가기관에 대한 구속력을 뜻하지만 구성요건적 효력은 행정행위의 상대방에 대한 구속력이라는 점이 다르다고 본다.

02 행정행위의 효력과 민사소송상 선결문제에 관한 설명 중 옳지 않은 것은? (다툼이 있는 경우에는 판례에 의함)

① 행정행위가 당연무효인 경우 민사법원이 직접 행정행위의 무효를 판단할 수 있다.
② 행정행위의 위법성에 대해서도 민사법원이 선결문제로 다룰 수 있다.
③ 과세처분이 취소사유인 경우 민사법원이 선결문제로서 행정행위의 효력을 부인할 수 있다.
④ 국가배상청구사건의 처분에 대한 위법성 판단은 처분이 취소되기 전이라도 민사법원이 스스로 판단할 수 있다.
⑤ 조세의 과오납이 부당이득이 되기 위하여는 과세처분의 하자가 중대하고 명백하여 당연무효이거나 과세처분이 권한 있는 기관에 의해 취소되어야 한다.

01 ⑤ 공정력과 구성요건적 효력을 구별하는 학설은 공정력은 행정행위의 상대방과 이해관계인에게만 미치는 것으로 이해하고, 구성요건적 효력은 취소권을 가진 기관 이외의 다른 국가기관에 미치는 힘으로 나누어 구별한다. 구성요건적 효력설은 취소권이 없는 타 국가기관은 취소권자의 권한행사를 존중하여 행정행위의 효력을 함부로 부정할 수 없다는 것이다.

02 ③ 행정행위의 효력 유무가 민사소송에서 선결문제인 경우에 민사법원이 행정행위의 무효는 스스로 판단할 수 있지만, 취소사유인 경우 취소권자가 취소하기 전까지 민사법원은 행정행위의 취소권이 없으므로 스스로 행정행위를 취소할 수 없고 유효를 전제로 판단하여야 한다. 행정행위의 위법성이 선결문제인 경우에는 민사법원이 행정행위의 효력을 부정하는 것은 아니므로 취소권자가 취소하기 전까지 위법성은 판단할 수 있다고 본다.

Answer 01. ⑤ 02. ③

03 **행정행위의 공정력과 관련된 설명으로 옳지 않은 것은? (다툼이 있는 경우 판례에 의함)**

① 「건축법」상 위법건축물에 내려진 시정명령을 이행하지 않아 명령위반죄로 기소된 경우 형사법원은 이를 판단할 수 있다.

② 판례에 의하면 연령을 속여 발급받은 운전면허를 가지고 운전하였다고 하더라도 취소되지 않는 한 무면허운전행위는 아니다.

③ 행정행위의 하자를 이유로 배상을 청구하는 행정상 손해배상소송에 있어서는 그 하자가 취소사유에 해당되더라도 수소법원인 민사법원은 배상책임의 요건인 행정행위의 위법 여부를 심리·판단할 수 있다는 것이 판례의 입장이다.

④ 행정처분이 당연무효임을 전제로 하여 민사소송을 제기하였을 때 민사법원은 그 행정처분의 하자가 중대·명백하여 당연무효라고 인정될 때에는 이를 전제로 판단할 수 있다.

⑤ 조세과오납에 따른 부당이득반환청구사안에서 민사법원은 사전통지 및 의견제출절차를 거치지 않은 하자를 이유로 행정행위의 효력을 부인할 수 있다.

04 **행정행위의 공정력과 선결문제에 관한 판례의 태도로 옳지 않은 것은?**

① 연령미달의 결격자인 피고인이 형의 이름으로 운전면허시험에 응시, 합격하여 교부받은 운전면허는 비록 위법하나 취소되지 않는 한 유효하므로 피고인의 운전행위는 무면허운전에 해당하지 아니한다.

② 위법한 행정대집행이 완료되면 그 처분의 무효확인 또는 취소를 구할 소익은 없다 하더라도, 미리 그 행정처분의 취소판결이 있어야만 그 행정처분이 위법임을 이유로 한 손해배상청구를 할 수 있다.

③ 부정한 방법으로 받은 수입승인서를 함께 제출하여 수입면허를 받았다고 하더라도, 그 수입면허가 당연무효인 것으로 인정되지 않는 한 「관세법」 소정의 무면허수입죄가 성립될 수 없는 것이다.

④ 과세처분이 당연무효라고 볼 수 없는 한 과세처분에 취소할 수 있는 위법사유가 있다 하더라도 그 과세처분은 적법하게 취소되기 전까지는 유효하다 할 것이므로 민사소송절차에서 그 과세처분의 효력을 부인할 수 없다.

⑤ 민사소송에 있어서 어느 행정처분의 당연무효 여부가 선결문제로 되는 때에는 이를 판단하여 당연무효임을 전제로 판결할 수 있고 반드시 행정소송 등의 절차에 의하여 취소나 무효확인을 받아야 하는 것은 아니다.

05 불가변력과 불가쟁력에 관한 다음 설명 중 옳은 것은?

① 불가변력은 절차법적 효력이고, 불가쟁력은 실체법적 효력이다.
② 불가변력이 발생한 행정행위의 상대방은 그 효력을 다툴 수 없다.
③ 무효인 행정행위도 쟁송기간이 경과하면 불가변력이 발생하지 않고 불가쟁력이 발생한다.
④ 불가쟁력은 일정 요건하의 모든 행정행위에 발생하고, 불가변력은 일정한 행정행위에 발생한다.
⑤ 불가쟁력은 처분을 행한 행정청에 대한 구속력이지만, 불가변력은 처분의 상대방이나 이해관계인에 대한 구속력이다.

03 ⑤ 사전통지 및 의견제출절차를 거치지 않은 과세처분은 취소사유에 해당하므로 조세과오납에 따른 부당이득반환청구사안에서 민사법원은 사전통지 및 의견제출절차를 거치지 않은 하자를 이유로 행정행위의 효력을 부인할 수 없다.

04 ② 행정처분의 취소판결이 있어야만 그 행정처분이 위법임을 이유로 한 손해배상청구를 할 수 있는 것은 아니다. 행정처분에 대한 취소판결이 없더라도 그 행정처분의 위법을 이유로 한 손해배상청구를 할 수 있다. 즉, 위법한 대집행에 대한 취소판결이 없더라도 민사법원은 대집행의 위법을 이유로 한 손해배상판결을 할 수 있다.
① 타인 명의의 운전면허 취득은 「도로교통법」상의 취소사유이기 때문에 운전면허가 취소되기 전까지는 무면허운전으로 볼 수 없다는 것이 판례이다.
③ 수입면허가 취소가 되기 전까지는 무면허수입죄가 되지 않는다.
④ 과세처분이 당연무효가 아닌 취소사유인 경우 민사법원은 행정처분을 취소할 권한이 없으므로 민사소송절차에서 그 과세처분의 효력을 부인할 수 없다.
⑤ 행정처분이 무효인 경우 민사법원은 언제든지 스스로 판단할 수 있다.

05 ④ 불가쟁력은 취소소송의 대상이 되는 모든 행정행위에 발생하고, 불가변력은 준사법적 행정행위에만 발생한다.
① 불가변력은 실체법적 효력이고, 불가쟁력은 절차법적 효력이다.
② 불가변력이 발생한 행정행위는 처분행정청을 구속할 뿐이므로 행정행위의 상대방은 이를 쟁송으로 다툴 수 있다.
③ 무효인 행정행위는 쟁송제기기간의 제한이 없으므로 불가쟁력이 발생하지 않는다. 또한 불가변력도 발생하지 않는다.
⑤ 불가쟁력은 처분의 상대방이나 이해관계인에 대한 구속력이지만, 불가변력은 처분청이나 관계 행정청에 대한 구속력이다.

Answer 03. ⑤ 04. ② 05. ④

06 다음 중 불가변력이 발생할 여지가 가장 없는 행정행위는?

① 토지수용위원회의 재결
② 공무원 시험의 합격자 결정
③ 당선인 결정
④ 행정심판의 재결
⑤ 철거명령

07 확정력에 대한 기술로 가장 옳은 것은?

① 불가쟁력이 발생하면 원칙적으로 불가변력이 발생한다.
② 불가변력이 발생하면 불가쟁력은 당연히 발생한다.
③ 불가쟁력은 실질적 확정력이고 불가변력은 형식적 확정력이다.
④ 불가쟁력은 행정행위의 상대방 및 이해관계인에 대한 구속력이나, 불가변력은 주로 행정청 등 행정기관에 대한 구속력이라 볼 수 있다.
⑤ 무효인 행정행위도 쟁송기간이 경과하면 불가변력은 발생하지 않으나 불가쟁력은 발생한다.

08 행정행위의 불가쟁력과 관련한 설명으로 옳지 않은 것은? (다툼이 있는 경우 판례에 의함)

① 위법한 침익적 행정행위에 불가쟁력이 발생한 경우에는 처분행정청이라 할지라도 직권으로 취소하거나 철회할 수 없다.
② 행정처분에 불가쟁력이 발생되었다고 해서 그 처분의 기초가 된 사실관계나 법률적 판단이 확정되고 당사자들이나 법원이 이에 기속되는 것은 아니다.
③ 불가쟁력이 발생한 행정행위라도 관계법령에서 해석상 그러한 신청권이 인정될 수 있는 경우에는 해당 처분의 변경에 대한 신청권이 인정된다고 볼 수 있다.
④ 불가쟁력이 발생한 행정행위에서 해당 처분이 취소되지 않아도 국가는 손해를 배상할 책임이 있다.
⑤ 불가변력이 발생한 행정행위라도 불가쟁력이 발생하지 않은 행정행위는 상대방이 행정쟁송을 제기하여 다툴 수 있다.

09 **행정행위의 효력에 관한 설명으로 옳지 않은 것은?**

① 행정행위는 그 내용에 따라 일정한 법적 효과가 발생하고 관계행정청 및 상대방과 관계인을 구속하는 힘을 가진다.

② 행정행위는 비록 흠이 있더라도 중대하고 명백하여 당연무효가 아닌 한 권한 있는 기관에 의해 취소될 때까지 잠정적으로 유효하게 통용되는 힘을 가진다.

③ 행정행위에 비록 흠이 있더라도 쟁송제기기간이 경과하면 행정청은 행정행위를 취소할 수 없다.

④ 행정처분이 불복기간의 경과로 인하여 확정될 경우, 그 확정력은 처분으로 인하여 법률상 이익을 침해받은 자가 처분의 효력을 더 이상 다툴 수 없다는 의미일 뿐 판결에 있어서와 같은 기판력이 인정되는 것은 아니다.

⑤ 의무를 부과하는 하명의 법적 근거와 별도로 강제집행을 허용하는 법적 근거가 있어야 행정청에게 자력집행력이 인정된다.

06 ⑤ 불가변력이 발생되는 행정행위의 영역에 대해서는 견해 대립이 있다. 다수설은 확인과 같은 준사법적 행정행위에 대해 발생한다는 입장이다. 철거명령은 침익적 행정행위로 하자가 있는 경우 행정청은 원칙적 직권취소가 가능하기 때문에 불가변력의 대상이 아니다.

07 ④ 불가쟁력은 처분의 상대방이나 이해관계인에 대한 구속력이지만, 불가변력은 처분청이나 관계행정청에 대한 구속력이다.
①·② 불가쟁력과 불가변력은 확정력 발생사유일 뿐 서로 아무런 관계가 없는 것으로 불가쟁력이 발생했다고 해서 불가변력이 발생하는 것도 아니고 불가변력이 발생했다고 해서 불가쟁력이 발생하는 것도 아니다.
③ 불가쟁력은 형식적 확정력, 불가변력은 실질적 확정력이다.
⑤ 무효인 행정행위에 대해서는 쟁송기간의 제한도 불가쟁력의 발생도 인정되지 않는다.

08 ①·③ 불가쟁력은 쟁송절차상 처분의 상대방이나 이해관계인에 대한 효력일 뿐이므로 불가쟁력이 발생한 행정행위라도 처분청은 이를 스스로 취소 또는 변경할 수 있다는 것이 다수설·판례이다. 따라서 불가쟁력이 발생하여 쟁송제기가 불가한 행정행위라도 관계법령에서 행정행위의 변경에 대한 사인의 신청권이 인정되는 경우 상대방은 처분의 변경을 행정청에 신청할 수 있을 것이다.

09 ③ 쟁송제기기간 경과 = 불가쟁력 발생. 불가쟁력은 처분행정청과는 무관하므로 처분청은 행정행위를 직권으로 취소할 수 있다.
④ 행정처분이 불복기간의 경과로 인하여 확정될 경우 그 확정력은, 처분으로 인하여 법률상 이익을 침해받은 자가 해당 처분이나 재결의 효력을 더 이상 다툴 수 없다는 의미일 뿐, 더 나아가 판결에 있어서와 같은 기판력이 인정되는 것은 아니어서 처분의 기초가 된 사실관계나 법률적 판단이 확정되고 당사자들이나 법원이 이에 기속되어 모순되는 주장이나 판단을 할 수 없게 되는 것은 아니다(대판 2019. 10. 17. 2018두104).

Answer 06. ⑤ 07. ④ 08. ① 09. ③

제3절 행정행위의 하자

01 행정행위의 무효와 취소의 구별실익으로 볼 수 없는 것은?

① 행정소송 형태(행정쟁송기간)
② 불가쟁력 인정 여부
③ 사정판결 인정 여부
④ 집행부정지원칙 인정 여부
⑤ 공정력 발생 여부

02 행정행위의 무효와 취소의 구별 필요성에 관한 설명으로 가장 옳은 것은?

① 행정행위의 공정력과 구성요건적 효력은 취소할 수 있는 행정행위에만 인정된다.
② 선행 행정행위에 무효의 흠이 있는 경우 당연히 후행 행정행위에 흠이 승계되지만, 취소의 흠이 있는 경우에는 흠의 승계를 논할 필요가 없다.
③ 취소할 수 있는 행정행위는 언제나 그 취소를 구할 수 있다.
④ 통설과 판례에 의하면 사정재결 및 사정판결은 성질상 무효인 행정행위에 대해서만 인정된다.
⑤ 하자 있는 행정행위의 전환은 원칙적으로 취소할 수 있는 행정행위에 대해서만 인정된다.

03 법률의 집행 후 근거법률이 위헌결정된 경우와 관련한 판례의 태도로 옳지 않은 것은?

① 대법원은 처분이 있은 후에 근거법률이 위헌으로 결정된 경우, 그 처분은 특별한 사정이 없는 한 원칙적으로 취소할 수 있는 행위에 그친다고 보았다.

② 대법원은 처분이 있은 후에 근거법률이 위헌으로 결정된 경우, 그 처분의 집행이나 집행력을 유지하기 위한 행위는 위헌결정의 기속력에 위반되어 허용되지 않는다고 보았다.

③ 대법원은 처분이 있은 후에 근거법률이 위헌으로 결정된 경우, 그 처분은 법률의 근거가 없이 행하여진 것과 마찬가지의 하자가 인정되므로 불가쟁력이 발생하였다 하더라도 위헌결정의 소급효가 미친다고 보았다.

④ 헌법재판소는 처분이 있은 후에 근거법률이 위헌으로 결정된 경우, 그 법률을 적용한 공무원에게 고의 또는 과실이 있었다고 단정할 수 없다고 보았다.

⑤ 이미 위헌결정이 내려진 법률을 집행한 행정행위는 무효라는 것이 대법원과 헌법재판소의 입장이다.

PART 02

01 ④ 무효확인소송이나 취소소송이나 모두 소 제기의 효과로 집행부정지가 원칙이다.
① 무효인 행정행위는 무효확인쟁송을, 취소사유인 경우에는 취소쟁송을 제기한다.
② 불가쟁력은 취소사유에 인정되고 무효에는 인정되지 않는다.
③ 사정판결은 취소소송에서만 인정되고 무효확인소송에서는 인정되지 않는다.
⑤ 공정력은 무효인 행정행위에는 발생하지 않고 취소사유인 행정행위에 발생한다.

02 ② 선행 행정행위에 무효의 흠이 있는 경우 당연히 후행 행정행위에 흠이 승계되므로 논의의 실익이 없으며, 선행 행정행위에 취소의 흠이 있고 불가쟁력이 생긴 경우에 비로소 흠의 승계를 논할 실익이 있다.
③ '언제나'가 아니라 쟁송기간 내에 한해서만 그 취소를 구할 수 있다.
④ 사정재결 및 사정판결은 무효인 행정행위에 대해서는 인정되지 않는다.
⑤ 하자의 치유는 원칙적으로 취소할 수 있는 행정행위에 대해서만, 하자 있는 행정행위의 전환은 무효인 행정행위에 대해서만 인정된다.

03 ③ 위헌결정의 효력은 그 결정 이후에 해당 법률이 재판의 전제가 되었음을 이유로 법원에 제소된 일반사건에도 미치지만 이미 취소소송의 제기기간이 경과하여 확정력이 발생한 행정처분의 경우에는 위헌결정의 소급효가 미치지 않는다는 것이 판례이다.
①·④ 처분 당시에는 처분의 근거법령이 위헌이 될 것인가가 명백하지 않으므로 이를 근거로 한 처분은 취소사유가 되고 위헌법률을 집행한 공무원의 행위가 고의 또는 과실이 있는 행위라고 단정할 수 없다는 것이 판례이다.
②·⑤ 헌법재판소의 위헌결정은 모든 국가기관을 기속하므로 근거법률이 위헌으로 결정된 이후 그 처분의 집행이나 집행력을 유지하기 위한 행위는 허용되지 않는다.

Answer 01. ④ 02. ① 03. ③

04 **다음은 헌법재판소의 법률(법률조항)에 대한 위헌결정과 관련한 설명이다. 타당하지 않은 것은? (다툼이 있으면 판례에 의함)**

① 「헌법재판소법」은 제47조에서 헌법재판소 위헌결정의 원칙적인 장래효를 규정하고 있다.

② 헌법재판소의 위헌결정의 효력은 위헌제청을 한 당해 사건은 물론, 위헌제청신청은 아니하였지만 당해 법률 또는 법률의 조항이 재판의 전제가 되어 법원에 계속 중인 사건에도 미친다.

③ 헌법재판소의 위헌결정의 효력은 일반사건에도 미칠 수 있다.

④ 근거법률의 위헌결정 이전에 이미 부담금 부과처분과 압류처분 및 이에 기한 압류등기가 이루어지고 각 처분이 확정된 경우에는 기존의 압류등기나 교부청구로도 다른 사람에 의하여 개시된 경매절차에서 배당을 받을 수 있다.

⑤ 행정처분의 근거가 되는 법률이 「헌법」에 위반된다는 사유는 특별한 사정이 없는 한 그 행정처분의 취소소송의 전제가 될 수 있을 뿐 당연무효사유는 아니다.

05 **행정행위의 하자에 관한 설명으로 옳지 않은 것은?**

① 무효인 행정행위는 행정행위의 외형은 갖추고 있는 데 반해, 행정행위의 부존재는 외형 자체가 존재하지 않는다.

② 통설에 의하면 취소할 수 있는 행정행위에 대해서는 사정판결이 인정되나, 무효인 행정행위에 대해서는 인정되지 아니한다.

③ 취소사유가 있는 경우 행정청의 직권취소는 명문의 제한규정이 없는 이상 언제든지 취소할 수 있고 취소권이 제한되는 경우를 인정할 수 없다.

④ 단순한 계산의 착오만으로는 법규에 특별한 규정이 없는 한 행위의 효력에 영향이 없다.

⑤ 대법원 판례에 의하면 무효선언을 구하는 의미에서의 취소소송도 제소기간 제한 등의 소송요건을 구비해야 한다.

06 **행정행위의 무효와 취소에 관한 설명으로 옳은 것은? (다툼이 있는 경우 판례에 의함)**

① 적법한 권한 위임 없이 세관출장소장에 의하여 행하여진 관세부과처분은 그 하자가 중대하고 명백하여 당연무효라 할 것이다.

② 무효인 행정행위에 대하여는 무효선언을 구하는 의미에서의 취소소송이 판례상 인정되고 있으며, 이 경우 취소소송의 적법요건을 갖출 필요는 없다.

③ 입지선정위원회의 구성방법과 절차가 주민대표나 주민대표 추천에 의한 전문가의 참여 없이 이루어지는 등 위법한 경우 그에 터 잡아 이루어진 폐기물처리시설 입지결정처분은 하자가 중대하지만 명백하지 않으므로 당연무효는 아니다.

④ 환경영향평가를 거쳐야 할 대상사업에 대하여 환경영향평가를 거치지 아니하였음에도 불구하고 승인 등 처분이 이루어졌다면 이러한 행정행위는 당연무효이다.

⑤ 장관이 택지개발계획을 승인함에 있어서 구 「토지수용법」에 의한 이해관계자의 의견을 듣지 아니하였거나, 토지소유자에 대한 통지를 하지 아니하고 사업인정을 한 것은 무효이다.

04 ④ 위헌결정 이후에는 별도의 행정처분인 매각처분, 분배처분 등 후속 체납처분절차를 진행할 수 없는 것은 물론이고, 특별한 사정이 없는 한 기존의 압류등기나 교부청구만으로는 다른 사람에 의하여 개시된 경매절차에서 배당을 받을 수도 없다(대판 2002. 8. 23. 2001두2959).

05 ③ 취소사유가 있음에도 장기간 취소권을 행사하지 아니한 때에는 실권의 법리에 따라 취소권이 제한될 수 있다.
① 무효인 행정행위는 행정행위로서 외관은 존재한다는 점에서 외관조차 존재하지 않는 행정행위의 부존재와 구별된다.
② 사정판결은 취소소송에서만 인정되고 무효확인소송에서는 인정되지 않는다.
④ 단순한 착오는 그것만으로 위법이 되지 않고 착오에 의한 행위 자체에 위법이 있을 때 무효 또는 취소사유에 해당한다. 판례도 '착오로 행정행위를 한 것이고, 행정행위의 절차에 하자가 있는 것으로 볼 수 없는 경우는 그 사유만으로 행정행위를 취소할 수 없다'라고 한다.
⑤ 행정처분의 당연무효를 선언하는 의미에서 취소를 구하는 행정소송을 제기한 경우에도 전치절차와 제소기간의 준수 등 제소요건을 갖추어야 한다(판례).

06 ④ 대법원은 법령상의 환경영향평가를 거치지 않고 이루어진 사업승인은 무효라고 본다.
① 적법한 권한 위임 없이 세관출장소장에 의하여 행하여진 관세부과처분은 그 하자가 중대하지만 명백하다고 볼 수 없어 당연무효는 아니라는 것이 판례이다.
② 무효인 행정행위는 원칙적으로 무효확인소송을 제기하며 이 경우에는 행정심판전치주의나 제소기간의 제한을 받지 않는다. 당연무효를 선언하는 의미의 취소소송을 제기하는 경우도 허용된다는 것이 판례이나, 이 경우에는 행정심판전치주의나 출소기간의 제한을 받는다는 입장이다.
③ 입지선정위원회의 구성방법과 절차가 주민대표나 주민대표 추천에 의한 전문가의 참여 없이 이루어지는 등 위법한 경우 그에 터잡아 이루어진 폐기물처리시설 입지결정처분은 하자가 중대하고 명백하므로 당연무효라는 것이 판례이다.
⑤ 절차상 하자로 위법하지만 당연무효는 아니라는 것이 판례이다.

Answer 04. ④ 05. ③ 06. ④

07 **행정행위의 효력에 대한 설명으로 옳지 않은 것은? (다툼이 있는 경우 판례에 의함)**

① 영업허가취소처분이 나중에 행정쟁송절차에 의하여 취소되었더라도, 그 영업허가취소처분 이후의 영업행위는 무허가 영업이다.

② 연령미달 결격자가 다른 사람 이름으로 교부받은 운전면허는 당연무효가 아니고 취소되지 않는 한 유효하므로 그 연령미달 결격자의 운전행위는 무면허운전에 해당하지 아니한다.

③ 구 「도시계획법」상 원상회복 등의 조치명령을 받고도 이를 따르지 않은 자에 대해 형사처벌을 하기 위해서는 적법한 조치명령이 전제되어야 하며, 이때 형사법원은 그 적법 여부를 심사할 수 있다.

④ 조세부과처분을 취소하는 행정판결이 확정된 경우 부과처분의 효력은 처분 시에 소급하여 효력을 잃게 되므로 확정된 행정판결은 조세포탈에 대한 무죄를 인정할 명백한 증거에 해당한다.

⑤ 마을버스 운수사업자가 유류사용량을 실제보다 부풀려 유가보조금을 과다 지급받은 데 대하여 관할 행정청이 부정수급기간 동안 지급된 유가보조금 전액을 회수하는 내용의 처분을 한 것은 '정상적으로 지급받은 보조금'까지 반환하도록 명할 수 있는 것이어서 위법하다.

08 **행정행위 하자승계의 전제요건에 해당하지 않는 것은?**

① 선행행위와 후행행위가 모두 처분일 것

② 선행행위에 무효가 아닌 취소사유의 하자가 존재할 것

③ 선행행위에 불가쟁력이 발생하였을 것

④ 후행행위는 하자가 없는 적법한 행위일 것

⑤ 후행행위에 불가쟁력이 발생하였을 것

09 **행정행위의 하자승계에 관한 설명 중 옳지 않은 것은? (다툼이 있는 경우 판례에 의함)**

① 선행행위와 후행행위가 모두 항고소송의 대상이 되는 처분이어야 한다.
② 원칙적으로 선행행위와 후행행위가 독립되어 별개의 법효과를 목표로 할 경우에 하자의 승계는 허용되지 않는다.
③ 표준지공시지가 결정은 수용금재결과는 별개의 법률효과를 목표로 하므로 하자의 승계가 인정되지 아니한다.
④ 판례가 인정한 하자승계의 예로는 독촉과 압류, 계고처분과 대집행의 비용납부명령, 귀속재산임대처분과 매각처분 등이 있다.
⑤ 하자승계는 행정소송의 제소기간과 관련이 있다.

10 **다음 중 판례에 의할 때 선행 행정행위의 흠이 후행 행정행위에 승계되지 않는 경우는?**

① 조세체납처분에 있어서 독촉과 압류
② 행정대집행에 있어서 계고와 대집행영장에 의한 통지
③ 개별공시지가 결정과 양도소득세 부과처분
④ 택지개발사업계획의 승인과 수용재결처분
⑤ 귀속재산 임대처분과 매각처분

07 ① 영업의 금지를 명한 영업허가취소처분 자체가 나중에 행정쟁송절차에 의하여 취소되었다면 그 영업허가취소처분은 그 처분시에 소급하여 효력을 잃게 되며, 그 영업허가취소처분에 복종할 의무가 원래부터 없었음이 확정되었다고 봄이 타당하고, 영업허가취소처분이 장래에 향하여서만 효력을 잃게 된다고 볼 것은 아니므로 그 영업허가취소처분 이후의 영업행위를 무허가영업이라고 볼 수는 없다(대판 1993. 6. 25. 93도277).

08 ⑤ 선행처분이 위법하고 불가쟁력이 발생하여야 하고 후행처분은 적법할 때 하자승계가 문제된다. 후행처분의 불가쟁력은 하자승계를 논의하는 전제조건이 되지 않는다.

09 ③ 표준공시지가 결정은 수용재결과는 별개의 법률효과를 목표로 하지만 예외적으로 하자가 승계된다는 것이 판례이다.
위법한 표준지공시지가 결정에 대하여 그 정해진 시정절차를 통하여 시정하도록 요구하지 않았다는 이유로 위법한 표준지공시지가를 기초로 한 수용재결 등 후행 행정처분에서 표준지공시지가 결정의 위법을 주장할 수 없도록 하는 것은 수인한도를 넘는 불이익을 강요하는 것으로서 국민의 재산권과 재판받을 권리를 보장한 「헌법」의 이념에도 부합하는 것이 아니다. 따라서 표준지공시지가 결정이 위법한 경우에는 그 자체를 행정소송의 대상이 되는 행정처분으로 보아 그 위법 여부를 다툴 수 있음은 물론, 수용보상금의 증액을 구하는 소송에서도 선행처분으로서 그 수용대상 토지 가격 산정의 기초가 된 비교 표준지공시지가 결정의 위법을 독립한 사유로 주장할 수 있다(대판 2008. 8. 21. 2007두13845).

10 ④ 택지개발사업계획의 승인과 수용재결은 서로 추구하는 목적이 별개인 것으로 하자승계를 부정한 사안이다. ①·②·③·⑤ 하자승계가 인정된 경우이다.

Answer 07. ① 08. ⑤ 09. ③ 10. ④

11 판례상 행정행위의 하자의 승계가 인정되지 않는 경우를 모두 포함한 것은?

> ㉠ 건물철거명령과 대집행의 계고처분
> ㉡ 도시계획결정과 수용재결
> ㉢ 계고처분과 대집행영장발부 통보
> ㉣ 개별공시지가 결정과 과세처분
> ㉤ 직위해제처분과 면직처분

① ㉠, ㉡, ㉢
② ㉠, ㉡, ㉤
③ ㉠, ㉢, ㉣
④ ㉡, ㉢, ㉣
⑤ ㉡, ㉣, ㉤

12 다음 보기 중 하자승계를 인정한 것은 모두 몇 개인가? (다툼이 있는 경우에는 판례에 의함)

> ㉠ 암매장분묘개장명령과 후행계고처분
> ㉡ 기준지가고시처분과 토지수용처분
> ㉢ 안경사시험 합격무효처분과 안경사면허취소처분
> ㉣ 재개발사업시행인가처분과 토지수용재결처분
> ㉤ 수강거부처분과 수료처분
> ㉥ 표준지공시지가 결정과 수용재결처분
> ㉦ 보충역 편입처분과 공익근무요원소집처분

① 2개
② 3개
③ 4개
④ 5개
⑤ 6개

13 다음 사례에 관한 설명으로 옳은 것은?

> 甲은 본인 소유의 토지를 乙에게 매도하였고, 관할 세무서장은 위 토지의 양도 당시의 기준시가로서 이 토지의 개별공시지가를 기준으로 양도소득세를 부과하였다. 그런데 양도소득세가 지나치게 많다고 생각한 甲은 개별공시지가 결정이 있은 지 1년 넘게 지나고 나서야 개별공시지가의 결정·공시일부터 30일 이내에 이의를 신청할 수 있었다는 사실과 이 개별공시지가가 자신의 토지에 대하여는 잘못된 사실판단으로 인하여 지나치게 높게 결정되었다는 사실을 알게 되었다.

① 甲은 개별공시지가 결정을 대상으로 취소소송을 제기하여 이를 다투면 된다.
② 개별공시지가 결정이 무효라 하더라도 甲은 개별공시지가 결정이 잘못되었음을 이유로 양도소득세 부과처분의 위법을 주장할 수 없다.
③ 개별공시지가의 결정과 이를 기초로 한 과세처분은 동일한 목적을 달성하기 위하여 일련의 절차로 연속하여 행하여지는 것으로서 양 행위는 서로 결합된 처분이라고 보는 것이 다수설의 입장이다.
④ 대법원은 관계인의 수인한도를 넘어 불이익을 강요하는 경우에는 과세처분의 위법사유로서 개별공시지가 결정의 위법을 주장할 수 있다고 판시한 바 있다.
⑤ 개별공시지가 결정에 대해 일반적으로 국민은 자신에게 이익이 될지 불이익이 될지 이를 예측할 수 있다.

11 ② 판례상 하자승계가 부정된 사안은 ㉠·㉡·㉤이다.

하자승계가 인정된 판례 예
㉠ 조세체납처분에서의 독촉·압류·매각·충당의 각 행위
㉡ 행정대집행상의 계고·통지·실행·비용징수 간의 행위
㉢ 암매장분묘개장명령과 계고처분
㉣ 귀속재산의 임대처분과 매각처분
㉤ 한지의사시험자격인정과 한지의사면허처분
㉥ 안경사시험의 합격무효처분과 안경사면허취소처분
㉦ 기준지가고시처분과 토지수용처분
㉧ 개별공시지가 결정과 과세처분
㉨ 표준지공시지가 결정과 수용(보상금) 재결
㉩ 친일반민족행위자 최종발표와 유가족 등에 대한 「독립유공자법」 적용 배제결정

12 ③ ㉠·㉡·㉢·㉥은 판례상 하자승계가 인정된 사안이다.
나머지 사안은 각각 별개 목적의 행정행위들로 하자승계가 부정된 사안이다.

13 ④·③·⑤ 개별공시지가의 결정과 이를 기초로 한 과세처분은 서로 별개의 처분으로 원칙적으로는 하자승계가 인정되지 않아야 하나 대법원은 개별공시지가 결정단계에서 국민들은 원칙적으로 자신에게 이익이 될지 불이익이 될지 알 수 없는 것으로 양도소득세 과세처분에서 이를 다툴 수 없게 하는 것은 수인한도를 넘는 불이익을 강요하는 것이라 하여 하자승계를 인정하였다.
① 개별공시지가 결정이 1년이 넘은 뒤이므로 불가쟁력이 발생하여 취소소송을 제기할 수 없다.
② 무효인 선행처분을 기초로 한 후행처분은 무효가 되고 무효인 선행처분은 불가쟁력이 발생하는 것도 아니므로 하자가 당연승계되어 이를 다툴 수 있다.

Answer 11. ② 12. ③ 13. ④

14 **하자 있는 행정행위의 치유에 대한 판례의 내용으로 가장 적절한 것은?**

① 징계처분이 중대하고 명백한 하자 때문에 당연무효라도 징계처분을 받은 자가 이를 용인하였다면 그 하자는 치유된 것으로 볼 수 있다.

② 노선여객자동차운송사업의 사업계획변경인가처분에 관한 하자가 행정처분의 내용에 관한 것이고 새로운 노선면허가 소 제기 이후에 이루어진 사정 등에 비추어 하자의 사후적 치유는 인정된다.

③ 환지변경처분 후에 이의를 유보함이 없이 변경처분에 따른 청산금을 교부받았다면 그 사정만으로 무효인 행정처분의 하자는 치유되었다고 볼 수 있다.

④ 납세의무자가 사실상 과세표준과 세액 등을 알고 쟁송에 이르렀다면 통지사항의 일부를 결여한 부과처분의 하자가 치유된다.

⑤ 행정청이 청문서의 도달기간을 다소 어겼더라도 영업자가 이에 대해 이의하지 아니한 채 스스로 청문일에 출석하여 방어의 기회를 충분히 가졌다면 청문서 도달기간을 준수하지 아니한 하자는 치유되었다고 봄이 상당하다.

15 **무효인 행정행위의 전환이 인정되기 위한 요건에 해당하지 않는 것은?**

① 흠 있는 행정행위와 전환하려고 하는 다른 행정행위와의 사이에 요건・목적・효과에 있어 실질적 공통성이 있어야 한다.

② 다른 행정행위의 성립・발효요건을 갖추고 있어야 한다.

③ 흠 있는 행정행위를 한 행정청의 의도에 반하는 것이 아니어야 한다.

④ 당사자가 그 전환을 원하지 않더라도 객관적으로 전환을 위한 요건이 갖추어졌다고 판단되면 해당 행정행위는 다른 종류의 행정행위로 전환된다.

⑤ 전환으로 인해 제3자의 이익이 침해되지 아니하여야 한다.

14 ⑤ 의견을 진술하고 변명하는 등의 방어의 기회를 충분히 가졌다면 청문서 도달기간을 준수하지 않은 하자는 치유된다는 것이 판례이다.
① 무효인 처분은 하자의 치유가 인정되지 않는다.
② 내용상 하자는 치유가 부정된다.
③ 무효인 처분은 하자가 치유되지 않는다.
④ 납세고지서에 기재사항이 누락된 경우 납세의무자가 그 나름대로 산출 근거를 알고 있다고 하더라도 하자가 치유되지 않는다는 것이 판례이다.

15 ④ 무효인 행정행위의 전환은 당사자가 전환을 의욕하리라고 인정되어야 한다. 당사자가 그 전환을 원하지 않는 경우에는 요건을 구비했다고 하더라도 무효행위의 전환은 인정되지 않는다.

Answer 14. ⑤ 15. ④

제4절 행정행위의 효력소멸과 실효

01 행정행위의 취소에 관한 설명 중 옳지 않은 것은?

① 일단 유효하게 성립한 행정행위에 성립상의 흠이 있음을 이유로 그 효력을 소멸시키는 것을 말한다.

② 행정청에 의한 취소는 취소의 대상이 되는 행정행위와는 별개의 행정행위이다.

③ 취소할 수 있는 행정행위는 취소가 있기 전까지 그 효력을 갖는다.

④ 쟁송취소는 원칙적으로 처분 시에 소급하여 효력이 소멸한다.

⑤ 직권취소는 위법한 처분을 대상으로 하며 부당한 처분은 취소의 사유가 되지 않는다.

02 행정행위의 취소에 관한 설명으로 옳지 않은 것은? (다툼이 있는 경우 판례에 의함)

① 행정청은 위법 또는 부당한 처분의 전부나 일부를 소급하여 취소할 수 있다. 다만, 당사자의 신뢰를 보호할 가치가 있는 등 정당한 사유가 있는 경우에는 장래를 향하여 취소할 수 있다.

② 취소사유가 있는 행정행위는 권한 있는 기관에 의하여 취소될 때까지 효력이 유지된다.

③ 취소권의 근거에 대해 별도의 법적 근거가 없는 경우에는 취소권자라도 취소할 수 없다.

④ 불가쟁력이 발생한 행정행위는 권한 있는 행정청이 직권으로 취소할 수 있다.

⑤ 수익적 처분의 당사자가 거짓이나 그 밖의 부정한 방법으로 처분을 받은 경우 이익형량의 제한 없이 취소할 수 있다.

01 ⑤ 직권취소는 처분행정청에 의하여 하자 있는 행정행위를 소급하여 소멸시키는 별도의 행정행위를 뜻한다. 직권취소는 처분행정청에 의해 이루어진다는 점에서 위법한 처분뿐만 아니라 부당한 처분도 그 대상이 된다.

02 ③ 행정행위의 직권취소는 행정청 스스로 하자를 시정하는 것으로 견해 대립이 있지만 다수설과 판례는 별도의 법적 근거를 요하지 않는다. 다만, 수익적 행정행위의 취소의 경우 상대방의 신뢰이익과 이익형량상의 제한이 붙을 수 있다.
① 「행정기본법」 제18조 제1항
④ 불가쟁력이 발생한 행정행위는 행정행위의 상대방이 이를 다툴 수 없지만 행정청은 이를 취소할 수 있다.
⑤ 「행정기본법」 제18조 제2항

Answer 01. ⑤ 02. ③

03 직권취소의 제한사유로 볼 수 없는 것은?

① 행정쟁송의 제기기간이 경과하여 당사자가 더 이상 다툴 수 없는 경우
② 장기간에 걸쳐 취소권의 행사가 없었던 경우
③ 행정심판의 재결행위가 대상인 경우
④ 신뢰보호의 이해관계가 공익보다 큰 경우
⑤ 불가변력이 발생한 행정행위

04 행정행위의 취소와 철회의 유사점에 관한 다음 설명 중 옳은 것은?

① 철회와 취소는 실정법상 엄격히 구별하여 사용되고 있다.
② 수익적 행정행위의 철회는 특별한 다른 규정이 없는 한 「행정절차법」상의 절차에 따라 행해져야 한다.
③ 직권취소 사유와 철회 원인이 있는 경우 행정청은 별도의 법적 근거가 없더라도 자유로이 철회할 수 있다.
④ 철회의 효과는 행정행위의 성립 당시로 소급하나, 직권취소는 소급하지 않는다.
⑤ 감독청도 철회권과 직권취소권을 행사할 수 있다는 데 이견이 없다.

05 행정행위의 취소에 대한 설명으로 옳지 않은 것은? (다툼이 있는 경우에는 판례에 의함)

① 운전면허취소처분에 대한 취소소송에서 취소판결이 확정되었다면 운전면허취소처분 이후의 운전행위를 무면허운전이라 할 수는 없다.

② 행정처분을 한 처분청은 그 처분에 하자가 있는 경우에는 원칙적으로 별도의 법적 근거가 없더라도 스스로 이를 직권으로 취소할 수 있고, 이러한 경우 일반적으로 이해관계인에게는 처분청에 대하여 그 취소를 요구할 신청권이 부여된 것으로 볼 수 없다.

③ 변상금 부과처분에 대한 취소소송이 진행 중이라도 그 부과권자는 위법한 처분을 스스로 취소하고 그 하자를 보완하여 다시 적법한 부과처분을 할 수도 있다.

④ 행정청이 의료법인의 이사에 대한 이사취임승인취소처분을 직권으로 취소하면 이사의 지위가 소급하여 회복된다.

⑤ 과세관청은 과세부과처분의 취소에 당연무효가 아닌 위법사유가 있는 경우에 이를 다시 취소함으로써 원부과처분을 소생시킬 수 있다.

03 ① 행정쟁송의 제기기간이 경과한 경우 행정행위의 상대방이나 이해관계인은 이를 다툴 수 없지만 행정청은 스스로 이를 취소할 수 있으므로 직권취소의 제한으로 볼 수 없다.
③·⑤ 불가변력이 발생하는 행정행위는 행정청의 직권취소가 제한되며 행정심판의 재결은 대표적으로 불가변력이 발생하는 행정행위이다.

04 ② 수익적 행정행위의 철회는 상대방에 대한 침익적 처분이므로 특별한 다른 규정이 없는 한 「행정절차법」상의 절차에 따라 행해져야 한다.
① 철회와 취소는 실정법상 엄격히 구별되지 않고 취소로 혼용되고 있다.
③ 직권취소 사유와 철회 원인이 있는 경우 행정청은 별도의 법적 근거가 없더라도 직권취소나 철회가 가능하나, 언제나 자유로운 것은 아니고 이익형량상의 제한이 있다.
④ 철회의 효과는 장래효이나 직권취소는 소급효가 원칙이다.
⑤ 감독청은 일반적으로 철회권이 없다는 것이 다수설의 입장이다.

05 ⑤ 과세처분의 취소를 취소함으로써 원부과처분을 소생시킬 수 없고, 납세의무자에게 종전의 과세대상에 대한 납부의무를 지우려면 다시 법률에서 정한 부과절차에 좇아 동일한 내용의 새로운 처분을 하는 수밖에 없다 (대판 1995. 3. 10. 94누7027).

Answer 03. ① 04. ② 05. ⑤

06 행정행위의 취소에 대한 설명으로 옳은 것만을 모두 고르면? (다툼이 있는 경우 판례에 의함)

> ㉠ 「산업재해보상보험법」상 각종 보험급여 등의 지급결정을 변경 또는 취소하는 처분과 처분에 터 잡아 잘못 지급된 보험급여액에 해당하는 금액을 징수하는 처분이 적법한지를 판단하는 경우, 지급결정을 변경 또는 취소하는 처분이 적법하다면 그에 터 잡은 징수처분도 적법하다고 판단해야 한다.
> ㉡ 권한 없는 행정기관이 한 당연무효인 행정처분을 취소할 수 있는 권한은 당해 행정처분을 한 처분청에게 속하고, 당해 행정처분을 할 수 있는 적법한 권한을 가지는 행정청에게 그 취소권이 귀속되는 것이 아니다.
> ㉢ 수익적 처분이 상대방의 허위 기타 부정한 방법으로 인하여 행하여졌다면 상대방은 그 처분이 그와 같은 사유로 인하여 취소될 것임을 예상할 수 있었다고 봐야 하므로, 이러한 경우에까지 상대방의 신뢰를 보호하여야 하는 것은 아니다.
> ㉣ 행정처분이 위법임을 이유로 국가배상을 청구하기 위한 전제로서 그 처분이 취소되어야만 한다.

① ㉠, ㉡
② ㉡, ㉢
③ ㉡, ㉣
④ ㉠, ㉡, ㉢
⑤ ㉠, ㉡, ㉢, ㉣

07 행정행위의 취소에 대한 판례의 입장으로 옳은 것은?

① 수익적 행정처분의 하자가 당사자의 사실은폐에 의한 신청행위에 기인한 것이라면 행정청이 당사자의 신뢰이익을 고려하지 않고 취소하였다 하더라도 재량권의 남용이 되지 않는다.

② 선행부과처분에 대한 취소소송이 진행 중이면 과세관청인 피고로서는 위법한 선행처분을 스스로 취소하거나 그 절차상의 하자를 보완하여 다시 적법한 부과처분을 할 수 없다.

③ 과세관청은 하자를 시정하기 위하여 조세부과의 취소를 다시 취소함으로써 원부과처분을 소생시킬 수 있다.

④ 국세감액결정 처분은 이미 부과된 과세처분에 하자가 있음을 이유로 사후에 이를 일부 취소하는 처분이고, 취소의 효력은 장래를 향하여 효력이 발생한다.

⑤ 새로운 후발적 사정에 따라 해당 행위를 존속시킬 것인지 아니면 소멸시킬 것인지를 판단하는 행정행위라는 점에서 철회권이나 취소권은 그 성질을 같이 한다.

08 다음 중 행정행위의 철회에 관한 설명과 다른 것은?

① 철회행위는 철회의 대상인 행정행위와 독립한 별개의 행정행위이다.

② 행정행위를 철회함에 있어서는 법적 근거가 필요하지 않다고 보는 것이 통설 · 판례의 입장이다.

③ 원칙적으로 처분행정청만이 철회권을 가진다.

④ 철회의 효과는 공익의 요구에 따라야 하기 때문에 원칙적으로 소급하여 발생한다.

⑤ 수익적 행정행위의 철회는 특별한 다른 규정이 없는 한 「행정절차법」상의 절차에 따라 행해져야 한다.

06 ㉡ [○] 권한없는 행정기관이 한 당연무효인 행정처분을 취소할 수 있는 권한은 당해 행정처분을 한 처분청에게 속하고, 당해 행정처분을 할 수 있는 적법한 권한을 가지는 행정청에게 그 취소권이 귀속되는 것이 아니다(대판 1984. 10. 10. 84누463).
㉢ [○] 수익적 처분이 상대방의 허위 기타 부정한 방법으로 인하여 행하여졌다면 상대방은 수익적 처분이 이를 이유로 취소될 수 있다는 것도 예상할 수 있었으므로 수익적 처분을 취소하는 경우 상대방의 신뢰는 보호되지 않는다.
㉠ [×] 「산재보상법」상 각종 보험급여 등의 지급결정을 변경 또는 취소하는 처분과 처분에 터 잡아 잘못 지급된 보험급여액에 해당하는 금액을 징수하는 처분이 적법한지를 판단하는 경우 비교 · 교량할 각 사정이 동일하다고는 할 수 없으므로, 지급결정을 변경 또는 취소하는 처분이 적법하다고 하여 그에 터 잡은 징수처분도 반드시 적법하다고 판단해야 하는 것은 아니다(대판 2014. 7. 24. 2013두27159).
㉣ [×] 국가배상을 인정하기 위해서는 행정처분이 위법하면 충분하고 그 처분이 꼭 취소되어야 하는 것은 아니다.

07 ① 수익적 처분에 대한 허가취소가 당사자의 귀책사유에 의한 경우이므로 신뢰보호의 원칙이 적용되지 않고 적법하다.
② 선행부과처분에 대한 취소소송이 진행 중이라도 과세관청은 위법한 선행처분을 스스로 취소하거나 그 절차상의 하자를 보완하여 다시 적법한 부과처분을 할 수 있다.
③ 원처분이 침익적 처분으로 취소의 취소가 허용되지 않는다는 것이 판례이다.
④ 국세 감액결정 처분은 이미 부과된 과세처분에 하자가 있음을 이유로 사후에 이를 일부취소하는 처분이므로, 취소의 효력은 그 취소된 국세 부과처분이 있었을 당시에 소급하여 발생하는 것이다(대판 1995. 9. 15. 94다16045).
⑤ 취소는 성립상 하자를 이유로 한다는 점에서 후발적 사유를 이유로 하는 철회와 구별된다.

08 ④ 철회는 적법하게 성립한 행정행위를 대상으로 후발적 사유에 의한다는 점에서 철회의 효과는 성립 당시로 소급하지 않고 철회 이후로 장래적 효력이 소멸함이 원칙이다.
⑤ 수익적 행정행위의 철회는 상대방의 권익을 제한하는 불이익한 처분이므로 특별한 다른 규정이 없는 한 「행정절차법」상의 절차에 따라 행해져야 한다.

Answer 06. ② 07. ① 08. ④

09 행정행위의 철회에 관한 내용으로 가장 적절한 것은? (다툼이 있는 경우에는 판례에 의함)

① 행정행위를 한 처분청은 별도의 법적 근거가 없다 하더라도 원래의 처분을 존속시킬 필요가 없게 된 사정변경이 생긴 경우 이를 철회할 수 있다.

② 행정행위의 기초가 되었던 사실관계가 변경되었음을 이유로 철회할 수는 없다.

③ 철회는 상대방의 귀책사유 여부와 상관없이 언제나 소급하여 행정행위의 효력이 소멸한다.

④ 외형상 하나의 행정처분이라면 가분성이 있거나 그 처분대상의 일부가 특정될 수 있다 하더라도 그 일부만의 취소(철회)는 불가능하다.

⑤ 수익적 행정처분의 하자가 당사자의 사실은폐나 기타 사위의 방법에 의한 신청행위에 기인한 것이라도 당사자는 신뢰이익을 원용할 수 있다.

10 현행 「행정기본법」상 취소와 철회에 대한 설명으로 잘못된 것은?

① 행정청은 위법 또는 부당한 처분의 전부나 일부를 소급하여 취소할 수 있다.

② 당사자의 신뢰를 보호할 가치가 있는 등 정당한 사유가 있는 경우에는 장래를 향하여 취소할 수 있다.

③ 행정청은 당사자에게 권리나 이익을 부여하는 처분을 취소하려는 경우에는 취소로 인하여 당사자가 입게 될 불이익을 취소로 달성되는 공익과 비교·형량(衡量)하여야 한다.

④ 행정청은 적법한 처분이 법령 등의 변경이나 사정변경으로 처분을 더 이상 존속시킬 필요가 없게 된 경우 그 처분의 전부 또는 일부를 장래를 향하여 철회할 수 있다.

⑤ 행정청은 적법한 처분이 법률에서 정한 철회사유에 해당하게 된 경우 철회로 인하여 당사자가 입게 될 불이익을 철회로 달성되는 공익과 비교·형량할 의무가 없다.

11 처분의 취소 또는 변경에 관한 설명으로 옳은 것은? (다툼이 있으면 판례에 따름)

① 처분의 위법은 직권취소의 사유가 되지만, 처분의 부당은 직권취소의 사유가 되지 않는다.

② 수익적 처분의 직권취소 필요성에 관한 증명책임은 처분의 상대방에 있다.

③ 수익적 처분에 대한 직권취소의 경우에는 「행정절차법」상 사전통지가 필요하지 않다.

④ 행정청은 행정소송이 계속되고 있는 때에는 직권으로 해당 처분을 변경할 수 없다.

⑤ 「산업재해보상보험법」상 연금지급결정을 취소하는 처분이 적법하다고 하여 그에 터잡은 징수처분이 반드시 적법한 것은 아니다.

12 **행정행위의 실효에 관한 설명으로 옳지 않은 것은?**

① 신청에 의한 허가처분을 받은 자가 그 영업을 폐업한 경우에는 그 허가도 당연히 실효된다고 할 것이고, 이 경우 허가행정청의 허가취소처분은 허가가 실효되었음을 확인하는 것에 불과하다.

② 행정행위가 그 성립상의 중대·명백한 하자가 존재한다면 이는 실효사유로서 그 효력이 소멸한다.

③ 행정행위의 직권취소는 별개의 행정행위에 의하여 원행정행위의 효력을 소멸시키는 것인 데 반하여, 행정행위의 실효는 일정한 사유의 발생에 따라 당연히 기존의 행정행위의 효력이 소멸하는 것이다.

④ 해제조건부 행정행위에 있어서 조건의 성취, 종기부 행정행위에 있어서 종기의 도래는 행정행위의 효력을 소멸시킨다.

⑤ 유기장영업허가를 받은 자가 영업장소를 명도하고 유기시설을 모두 철거하여 매각함으로써 유기장업을 폐업하였다면 영업허가취소처분의 취소를 구할 소의 이익이 없다.

09 ① 철회할 별도의 법적 근거가 없다 하더라도 원래의 처분을 존속시킬 필요가 없게 된 사정변경이 생겼거나 또는 중대한 공익상의 필요가 발생한 경우에는 그 효력을 상실케 하는 별개의 행정행위로 이를 철회할 수 있다(대판 2004. 11. 26. 2003두10251·10268).
② 행정행위의 철회는 처분 시 이후의 사정변경을 이유로 철회할 수 있다.
③ 행정행위의 철회는 후발적 사유를 이유로 적법한 행위를 소멸시키는 행정청의 별도의 행위로서 원칙적 장래효이다.
④ 일부취소나 일부철회는 가분성이 있거나 그 처분대상의 일부가 특정될 수 있으면 가능하다.
⑤ 상대방의 귀책사유에 의한 수익적 처분의 취소의 경우 당사자는 신뢰이익을 원용할 수 없다.

10 ⑤ 행정청은 처분을 철회하려는 경우에는 철회로 인하여 당사자가 입게 될 불이익을 철회로 달성되는 공익과 비교·형량하여야 한다(「행정기본법」 제19조 제2항).

11 ① 처분의 위법뿐만 아니라 처분의 부당도 직권취소의 사유가 된다.
② 수익적 처분의 직권취소 필요성에 관한 증명책임은 처분의 상대방이 아니라 행정청(처분청)에게 있다.
③ 수익적 처분에 대한 직권취소는 침익적 처분이고 따라서 「행정절차법」상 사전통지의 대상이 된다.
④ 소송계속 중에도 처분청은 직권으로 처분을 취소·변경할 수 있다.

12 ② 행정행위의 실효는 하자 없이 성립한 행정행위가 일정한 사실의 발생에 의하여 당연히 그 효력이 소멸되는 것을 말하며, 성립상의 중대·명백한 하자는 처음부터 무효사유인 점에서 서로 구별된다.

Answer 09. ① 10. ⑤ 11. ⑤ 12. ②

Chapter

04 그 밖의 행정작용

제1절 행정행위의 확약

01 「행정절차법」상 확약에 대한 설명으로 옳지 않은 것은?

① 법령 등에서 당사자가 신청할 수 있는 처분을 규정하고 있는 경우 행정청은 당사자의 신청에 따라 장래에 어떤 처분을 하거나 하지 아니할 것을 내용으로 하는 의사표시를 할 수 있다.

② 확약은 문서뿐만 아니라 구술로도 가능하다.

③ 행정청은 다른 행정청과의 협의 등의 절차를 거쳐야 하는 처분에 대하여 확약을 하려는 경우에는 확약을 하기 전에 그 절차를 거쳐야 한다.

④ 확약을 한 후에 확약의 내용을 이행할 수 없을 정도로 법령 등이나 사정이 변경된 경우 행정청은 확약에 기속되지 않는다.

⑤ 행정청은 확약을 이행할 수 없는 경우에는 지체 없이 당사자에게 그 사실을 통지하여야 한다.

02 다음 행정법상의 확약에 대한 설명 중 틀린 것은?

① 정식인가에 앞서 행하는 내인가를 확약의 예로 들 수 있다.

② 명문의 근거규정이 없더라도 본처분을 행할 수 있는 행정청은 본처분에 관한 확약을 할 수 있다.

③ 판례에 의하면 확약이 있은 후에 사실적 또는 법률적 상태의 변경이 있더라도 행정청이 이를 철회한다는 의사표시를 하지 않는 한 확약은 그 효력을 상실하지 아니한다.

④ 확약이 있으면 행정청은 상대방에게 확약된 행위를 하여야 할 자기구속적 의무를 지게 된다.

⑤ 확약은 실현가능한 행정행위를 대상으로 하여야 한다.

03 **다음 중 확약에 관한 기술로 타당한 것은?**

① 예비결정이나 부분인·허가는 확약과는 다르다.
② 기속행위의 경우는 확약이 허용되지 않는다.
③ 확약에 의한 의무불이행의 경우도 행정쟁송을 제기할 수 없다.
④ 요건사실의 완성 후에는 확약을 할 수 없다.
⑤ 본처분과는 다른 별도의 법적 근거가 있어야 허용된다.

04 **행정법상 확약에 관한 설명으로 옳지 않은 것은?**

① 확약은 본 행정행위에 대해 정당한 권한을 가진 행정청만이 할 수 있고, 해당 행정청의 행위권한의 범위 내에 있어야 한다.
② 확약이 법적 구속력을 갖기 위해서는 상대방에게 표시되고, 그 상대방이 행정청의 확약을 신뢰하였고, 그 신뢰에 귀책사유가 없어야 한다.
③ 현행 「행정절차법」에는 확약을 위한 문서의 형식을 요구하는 명문의 규정이 없다.
④ 행정청은 다른 행정청과의 협의 등의 절차를 거쳐야 하는 처분에 대하여 확약을 하려는 경우에는 확약을 하기 전에 그 절차를 거쳐야 한다.
⑤ 확약의 법적 성질을 행정행위로 인정하지 않더라도 행정청의 확약 위반 시 상대방은 신뢰보호원칙 위반을 원용할 수 있다.

01 ② 확약은 문서로 하여야 한다(「행정절차법」 제40조의2 제2항).

02 ③ 판례는 확약이 있은 후 사실적 또는 법률적 상태의 변경이 있는 경우 확약은 행정청이 이를 철회한다는 의사표시를 하지 않더라도 실효된다는 입장이다.

03 ① 예비결정이나 부분인·허가는 그 자체로 확정적 효력을 갖는 행정행위라는 점에서 행정행위에 대한 자기구속력 있는 약속인 확약과 구별된다.
② 재량행위뿐만 아니라 기속행위도 확약의 대상이 되는 행정행위이다.
③ 확약 자체의 변경은 처분성 인정 여부에 대한 견해대립이 있지만 확약의 대상되는 행정행위의 거부는 처분성이 인정된다.
④ 요건사실의 완성 후에도 상대방에게는 기대이익과 예상이익이 있으므로 확약이 가능하다고 본다.
⑤ 확약을 할 수 있는 본처분의 행정청은 별도의 법적 근거가 없더라도 확약의 권한을 가지고 있다고 봐서 별도의 법적 근거를 요하지 않는다는 것이 다수설이다.

04 ③ 확약은 문서로 하여야 한다(「행정절차법」 제40조의2 제2항).
④ 「행정절차법」 제40조의2 제3항
⑤ 신뢰보호의 대상이 되는 선행조치(공적인 견해표명)에는 행정행위만이 아니라 행정지도와 같은 비권력적인 사실행위도 포함되기 때문이다.

Answer 01. ② 02. ③ 03. ① 04. ③

05 **다단계 행정결정 등에 관한 판례의 태도와 일치하지 않는 것은?**

① 어업권면허에 선행하는 우선순위 결정은 강학상 확약에 불과하고 행정처분으로 볼 수 없으므로, 공정력이나 불가쟁력은 인정될 수 없다.

② 행정청이 상대방에게 어떤 처분을 하겠다고 확약을 한 후 사실적 · 법률적 상태가 변경되었다면 그 확약은 행정청의 별다른 의사표시 없이도 실효된다.

③ 폐기물처리업의 허가에 앞서 행하는 사업계획서에 대한 적정 · 부적정 통보는 행정처분에 해당하고, 나중에 허가단계에서는 나머지 허가요건만을 심사한다.

④ 「원자력법」 제11조 제3항에 따른 원자로 및 관계시설의 부지사전승인처분은 건설부지를 확정하고 사전공사를 허용하는 법률효과를 지닌 독립한 행정처분이다.

⑤ 원자로부지사전승인처분 후에 원자로 등의 건설허가처분이 있다 하더라도, 사전적 부분건설허가로서 원자로부지사전승인처분은 독립하여 취소소송의 대상이 된다.

05 ⑤ 원자로 및 관계시설의 부지사전승인처분은 사전적 부분건설허가처분의 성격을 갖고 있는 것이어서 나중에 건설허가처분이 있게 되면 그 건설허가처분에 흡수되어 독립된 존재가치를 상실함으로써 그 건설허가처분만이 쟁송의 대상이 되고, 부지사전승인처분의 취소를 구하는 소는 소의 이익을 잃게 된다는 것이 판례이다.

Answer 05. ⑤

제2절 행정계획

01 행정계획에 대한 설명으로 옳지 않은 것은? (다툼이 있는 경우 판례에 의함)

① 행정계획과 관련하여서는 국민의 신뢰보호를 위하여 계획보장청구권이 널리 인정된다.
② 행정주체가 행정계획을 입안·결정함에 있어서 이익형량을 전혀 행하지 않았다면 그 행정계획결정은 형량에 하자가 있어 위법하게 된다.
③ 행정주체가 행정계획을 입안·결정함에 있어서 이익형량의 고려 대상에 마땅히 포함시켜야 할 사항을 누락한 경우 그 행정계획결정은 형량에 하자가 있어 위법하게 된다.
④ 행정주체가 행정계획을 입안·결정함에 있어서 이익형량을 하였으나 정당성과 객관성이 결여된 경우에는 그 행정계획결정은 형량에 하자가 있어 위법하게 된다.
⑤ 행정계획은 항고소송의 대상이 되는 경우가 있다.

02 행정계획에 관한 다음 설명 중 옳은 것은?

① 현행「행정절차법」은 행정계획의 수립 및 확정 절차에 관하여 특별한 규정을 두고 있지 않다.
② 행정계획은 장기적인 특성상 국민의 권리보호를 위해 일반행정재량에 비해 재량범위가 축소된다.
③ 행정계획은 사정변경에 따른 계획변경의 필요성이 큰 결과 신뢰보호의 원칙이 적용되지 않는다.
④ 행정청이 사인의 계획변경신청을 거부하는 경우에는 원칙적으로 취소소송을 통해 이를 다툴 수 있다는 것이 판례의 태도이다.
⑤「도시 및 주거환경정비법」에 기초하여 주택재건축정비사업조합이 수립한 사업시행계획은 인가·고시를 통해 확정되어도 이해관계인에 대한 직접적인 구속력이 없는 행정계획으로서 독립된 행정처분에 해당하지 아니한다.

01 ① 원칙적으로 일반 지역주민이나 일반 국민에게는 계획보장청구권이 인정되지 않는다.

02 ② 행정계획은 일반행정재량에 비해 재량범위가 확대된다.
③ 행정계획도 신뢰보호의 원칙이 적용된다. 다만, 일반적으로 신뢰보호를 이유로 계획존속청구권까지 인정되지는 않는다고 봄이 통설이다.
④ 사인의 행정계획변경신청권은 일반적으로 인정되지 않으므로 행정청이 사인의 계획변경신청을 거부하는 경우에도 이는 소송대상인 거부처분이 아니므로 원칙적으로 취소소송을 통해 이를 다툴 수 없다(판례).
⑤ 재건축정비사업조합이 행정주체의 지위에서 위 법에 기초하여 수립한 사업시행계획은 인가·고시를 통해 확정되면 이해관계인에 대한 구속적 행정계획으로서 독립된 행정처분에 해당한다(대판 2009. 11. 2, 2009마596).

Answer 01. ① 02. ①

03 행정계획에 대한 설명으로 옳은 것은? (다툼이 있는 경우에는 판례에 의함)

① 환지예정지 지정이나 환지처분을 하기 위한 환지계획은 법률효과를 수반하기 때문에 항고소송의 대상이 되는 행정처분에 해당한다.
② 도시계획안의 공고 및 공람절차에 하자가 있는 도시계획결정은 내용에 하자가 있는 것이 아니라 단지 절차의 하자에 불과하므로 위법하지 않다.
③ 도시계획시설인 주차장에 대한 건축허가신청을 받은 행정청으로서는 「건축법」상 허가요건뿐 아니라 국토의 계획 및 이용에 관한 법령이 정한 도시계획시설사업에 관한 실시계획인가요건도 충족하는 경우에 한하여 이를 허가하여야 한다.
④ 도시계획사업의 시행으로 인한 토지수용에 의하여 토지에 대한 소유권을 상실한 자는 도시계획결정이 당연무효가 아닌 한 그 토지에 대한 도시계획결정의 취소를 청구할 법률상 이익이 인정되지 않는다.
⑤ 도시계획법령상의 도시기본계획은 토지형질변경, 건축물의 신축, 개축 또는 증축 등 권리행사에 제한을 가져오므로 일반 국민에 대한 직접적인 구속력을 가지는 처분에 해당하여 행정소송의 대상이 된다.

04 행정계획에 관한 판례의 설명으로 옳지 않은 것은?

① 후행 도시계획에 선행 도시계획과 서로 양립할 수 없는 내용이 포함되어 있다면, 특별한 사정이 없는 한 선행 도시계획은 후행 도시계획과 같은 내용으로 변경된다.
② 후행 도시계획의 결정을 하는 행정청이 선행 도시계획의 결정·변경 등에 관한 권한을 가지고 있지 아니한 경우, 선행 도시계획과 양립할 수 없는 내용이 포함된 후행 도시계획결정은 취소사유가 된다.
③ 문화재보호구역 내 토지소유자의 문화재보호구역 지정해제 신청에 대한 행정청의 거부행위는 항고소송의 대상이 되는 행정처분에 해당한다.
④ 도시계획시설의 지정으로 말미암아 당해 토지의 이용가능성이 배제되거나 또는 토지소유자가 토지를 종래 허용된 용도대로 사용할 수 없게 된 경우에는 국가나 지방자치단체는 이에 대한 보상을 하여야 한다.
⑤ 도시기본계획은 일반 국민에 대해서 직접적인 구속력을 가지지 않는다.

03 ① 판례는 환지계획은 그에 따른 법률효과를 수반하지 않기 때문에 항고소송의 대상이 되는 행정처분에 해당하지 않는다고 보았다.
② 도시계획안의 공고 및 공람절차에 하자가 있는 도시계획결정은 내용에 하자가 없더라도 절차상 하자가 있는 것으로 위법(취소사유)하다(판례).
③ 도시계획시설인 주차장에 대한 건축허가신청을 받은 행정청으로서는 「건축법」상 허가 요건뿐 아니라 국토의 계획 및 이용에 관한 법령이 정한 도시계획시설사업에 관한 실시계획인가 요건도 충족하는 경우에 한하여 이를 허가해야 한다(대판 2015. 7. 9. 2015두39590).
⑤ 도시기본계획이 아니라 도시관리계획이 지문에 맞는 것이다. 도시기본계획은 도시관리계획안의 지침으로, 대내적인 행정계획으로서 행정규칙의 성질을 가지며 처분성이 부정된다(판례).

04 ②・① 도시계획의 결정・변경 등에 관한 권한을 가진 행정청은 이미 도시계획이 결정・고시된 지역에 대하여도 다른 내용의 도시계획을 결정・고시할 수 있고, 이때에 후행 도시계획에 선행 도시계획과 서로 양립할 수 없는 내용이 포함되어 있다면, 특별한 사정이 없는 한 선행 도시계획은 후행 도시계획과 같은 내용으로 변경되는 것이나, 후행 도시계획의 결정을 하는 행정청이 선행 도시계획의 결정・변경 등에 관한 권한을 가지고 있지 아니한 경우에 선행 도시계획과 서로 양립할 수 없는 내용이 포함된 후행 도시계획결정을 하는 것은 아무런 권한 없이 선행 도시계획결정을 폐지하고, 양립할 수 없는 새로운 내용이 포함된 후행 도시계획결정을 하는 것으로서, 선행 도시계획결정의 폐지 부분은 권한 없는 자에 의하여 행해진 것으로서 무효이다(대판 2000. 9. 8. 99두11257).
③ 문화재보호구역 내에 있는 토지소유자 등으로서는 위 보호구역의 지정해제를 요구할 수 있는 법규상 또는 조리상의 신청권이 있다고 할 것이고, 이러한 신청에 대한 거부행위는 항고소송의 대상이 되는 행정처분에 해당한다(대판 2004. 4. 27. 2003두8821).

Answer 03. ④ 04. ②

05 **행정계획에 대한 설명으로 옳지 않은 것은?**

① 판례는 「도시 및 주거환경정비법」상 관리처분계획의 처분성을 인정한다.
② 판례는 도시계획구역 내 주민의 도시계획시설변경입안제안 거부를 항고소송의 대상이 되는 거부처분으로 본다.
③ 헌법재판소는 비구속적 행정계획안도 국민의 기본권에 직접적으로 영향을 끼치고 앞으로 법령의 뒷받침에 의하여 그대로 실시될 것이 틀림없을 것으로 예상될 수 있는 때에는 헌법소원의 대상이 될 수 있다고 본다.
④ 판례에 의하면, 행정주체가 행정계획을 입안 · 결정함에 있어서 이익형량에 정당성과 객관성이 결여된 것만으로는 그 행정계획결정은 위법한 것으로 되지 않는다.
⑤ 판례는 「도시재개발법」에 의한 재개발조합의 관리처분계획에 대하여 항고소송의 대상인 처분성을 인정하고 있다.

06 **행정계획에 관한 다음 설명 중 옳지 않은 것은? (다툼이 있는 경우에는 판례에 의함)**

① 도시관리계획구역 내 토지 등을 소유하고 있는 주민으로서는 입안권자에게 도시관리계획 입안을 요구할 수 있는 법규상 또는 조리상의 신청권이 있다고 할 것이고, 이러한 신청에 대한 거부행위는 항고소송의 대상이 되는 행정처분에 해당한다.
② 정부가 발표한 '4대강 살리기 마스터플랜'은 행정기관 내부에서 사업의 기본방향을 제시하는 것일 뿐 국민의 권리의무에 직접 영향을 미치는 것이 아니어서 행정처분에 해당하지 않는다.
③ 주택재건축정비사업조합이 법에 기초하여 수립한 사업시행계획이 인가 · 고시를 통해 확정되면 그 사업시행계획은 이해관계인에 대한 구속적 행정계획으로서 독립된 행정처분에 해당한다.
④ 도시계획시설의 지정으로 말미암아 당해 토지의 이용가능성이 배제되거나 또는 토지소유자가 토지를 종래 허용된 용도대로도 사용할 수 없기 때문에 이로 인하여 현저한 재산적 손실이 발생하는 경우에는, 원칙적으로 국가 등은 이에 대한 보상을 해야 한다.
⑤ 구 「하수도법」상 기존의 하수도정비기본계획을 변경하여 광역하수종말처리시설을 설치하는 등의 내용으로 수립한 하수도정비기본계획은 항고소송의 대상이 되는 행정처분에 해당한다.

05 ④ 행정계획을 입안함에 있어서 이익형량상의 하자가 있는 경우 행정계획결정은 위법한 것으로 된다.
① 관리처분계획은 토지 등의 소유자에게 구체적이고 결정적인 영향을 미치는 것으로서 재개발 조합이 행한 처분에 해당하므로 항고소송의 방법으로 그 무효확인이나 취소를 구할 수 있다.
② 도시계획구역 내 토지 등을 소유하고 있는 주민으로서는 입안권자에게 도시계획입안을 요구할 수 있는 법규상 또는 조리상의 신청권이 있다고 할 것이고, 이러한 신청에 대한 거부행위는 항고소송의 대상이 되는 행정처분에 해당한다.
③ 사실상의 규범작용으로 인한 위험성이 이미 현실적으로 발생하였다고 보아 공권력행사에 해당한다는 것이 헌법재판소 결정이다(헌재 1992. 10. 1. 92헌마68).
⑤ 판례는 관리처분계획은 토지 등의 소유자에게 구체적이고 결정적인 영향을 미치는 것으로서 조합이 행한 처분에 해당하므로 항고소송에 의하여 관리처분계획 또는 그 내용인 분양거부처분 등의 취소를 구할 수 있다는 입장이다.

06 ⑤ 구 「하수도법」에 의하여 기존의 하수도정비기본계획을 변경하여 광역하수종말처리시설을 설치하는 등의 내용으로 수립한 하수도정비기본계획은 항고소송의 대상이 되는 행정처분에 해당하지 아니한다(대판 2002. 5. 17. 2001두10578).

Answer 05. ④ 06. ⑤

제3절 공법상 계약

01 공법상 계약에 대한 설명으로 옳은 것은?

① 공법상 계약은 행정주체 상호 간에는 인정되지 않는다.
② 전문직공무원의 채용은 판례상 행정처분에 해당한다.
③ 공법상 계약에 대하여는 「민법」상의 계약해제에 관한 규정이 원칙적 적용되지 않는다.
④ 공법상 계약에는 법률의 우위원칙이 적용되지 않는다.
⑤ 「국가를 당사자로 하는 계약에 관한 법률」은 공법상 계약에 관한 일반법이다.

02 공법상 계약의 특질에 관한 다음 설명 중 옳지 않은 것은?

① 위법한 공법상 계약은 「민법」에서와 같이 원칙상 무효이다.
② 공법상 계약에는 공정력이 인정되지 않는다.
③ 서울특별시 시립무용단원의 위촉은 공법상 계약이고, 그 단원의 해촉에 대하여는 취소소송으로 다툴 수 있다는 것이 판례의 입장이다.
④ 계약의 일방 당사자인 행정주체는 공익상의 사유가 있는 경우, 일방적으로 계약을 해제 또는 변경할 수 있다.
⑤ 상대방의 의무불이행의 경우 행정주체는 법적 근거가 없는 경우에는 행정상 강제집행을 할 수 없다.

03 공법상 계약에 대한 서술로 타당하지 않은 것은? (다툼이 있으면 판례에 의함)

① 지방자치단체가 일방 당사자가 되는 이른바 '공공계약'이 사법상 계약에 해당하는 경우, 사적 자치와 계약자유의 원칙 등 사법의 원리가 적용된다.
② 중소기업 정보화지원사업에 따른 지원금 출연을 위하여 중소기업청장이 체결하는 협약은 공법상 계약에 해당한다.
③ 중소기업 정보화지원협약의 해지 및 그에 따른 지원금 환수통보는 행정처분에 해당한다고 볼 수 없다.
④ 행정청은 법령 등을 위반하지 아니하는 범위에서 행정목적을 달성하기 위하여 필요한 경우에는 공법상 법률관계에 관한 계약을 체결할 수 있다.
⑤ 구 「산업집적활성화 및 공장설립에 관한 법률」 제38조 제2항에 따라 산업단지관리공단이 행한 변경계약의 취소는 항고소송의 대상이 되는 행정처분에 해당하지 않는다.

04 공법상 계약에 관한 다음 설명 중 타당하지 않은 것은? (다툼이 있으면 판례에 의함)

① 「사회기반시설에 대한 민간투자법」상 민간투자사업의 사업시행자 지정은 행정처분에 해당한다.

② 「사회기반시설에 대한 민간투자법」상 민간투자사업 사업시행자와 정부와의 계약은 공법상 계약이다.

③ 국립의료원 부설 주차장에 관한 위탁관리용역운영계약은 공법상 계약이 아니라 행정처분에 해당한다.

④ 공법상 계약에 대해서는 「행정절차법」이 적용되지 않는다.

⑤ 「공익사업을 위한 토지 등의 취득 및 보상에 관한 법률」에 의한 협의취득은 공법상 계약이다.

01 ③ 공법상 계약은 사정변경이 있는 경우에 행정주체는 일방적 해지가 가능하나 상대방은 일방적 해지가 제한된다는 것이 판례이다. 따라서 「민법」상의 계약의 해지나 해제에 관한 규정은 공법상 계약에 원칙적으로 적용되지 않는다는 것이 다수설이다.
① 공법상 계약은 행정주체 상호 간, 행정주체와 사인 간, 공무수탁사인과 사인 간에 체결될 수 있다.
② 전문직공무원의 채용은 판례상 공법상 계약으로 보고 있다.
④ 공법상 계약도 법률에 저촉할 수 없는 것으로 법률우위의 원칙이 적용된다.
⑤ 공법상 계약에 관한 일반법은 존재하지 않는다.

02 ③ 서울특별시 시립무용단원의 위촉은 공법상 계약이고, 그 단원의 해촉에 대해서는 당사자소송으로 무효확인을 청구할 수 있다는 것이 판례이다.

03 ⑤ 구 「산업집적활성화 및 공장설립에 관한 법률」 제38조 제2항에 따라 산업단지관리공단이 행한 변경계약의 취소는 항고소송의 대상이 되는 행정처분에 해당한다(대판 2017. 6. 15. 2014두46843).

04 ⑤ 「공익사업을 위한 토지 등의 취득 및 보상에 관한 법률」에 의한 협의취득은 사법상 계약이다(판례).

Answer 01. ③ 02. ③ 03. ⑤ 04. ⑤

05 **다음 중 공법상 계약에 관한 설명으로 옳지 않은 것은?**

① 판례에 따르면 공법상 계약도 감독청의 승인과 인가 등의 절차가 있으므로 「행정절차법」이 적용된다고 본다.
② 행정청은 공법상 계약의 상대방을 선정하고 계약 내용을 정할 때 공법상 계약의 공공성과 제3자의 이해관계를 고려하여야 한다.
③ 공법상 계약에서 사인인 상대방의 일방적인 계약해제는 제한되는 경우가 많다.
④ 공법상 계약도 법률의 우위의 원칙에 의하여 제한된다.
⑤ 행정청은 공법상 계약의 상대방을 선정하고 계약 내용을 정할 때 공법상 계약의 공공성과 제3자의 이해관계를 고려하여야 한다.

06 **행정법상 계약에 대한 설명으로 옳지 않은 것은? (다툼이 있는 경우에는 판례에 의함)**

① 과학기술기본법령상 사업 협약의 해지 통보는 대등 당사자의 지위에서 형성된 공법상 계약을 계약당사자의 지위에서 종료시키는 의사표시에 해당한다.
② 공무원이 공법상의 제한을 회피할 목적으로 행정처분의 상대방과 사법상 계약을 체결하는 형식을 취하였다면 이는 법치행정의 원리에 반하는 것으로서 위법하다.
③ 행정법상 계약에는 「행정절차법」이 적용되지 아니한다.
④ 지방계약직공무원에 대해서 채용계약상 특별한 약정이 없는 한, 「지방공무원법」 및 「지방공무원징계 및 소청규정」에 정한 징계절차에 의하지 아니하고는 보수를 삭감할 수 없다.
⑤ 계약직공무원 채용계약 해지의 의사표시의 무효확인을 구하는 소송의 경우 즉시확정의 이익이 요구된다.

05 ① 판례는 공법상 계약은 「행정절차법」이 적용되는 공권력 행사로서의 처분이 아니므로 공법상 계약에는 「행정절차법」이 적용되지 않는다는 입장이다.
② 공법상 계약은 미리 행정주체에 의하여 계약의 내용이 약관에 의하여 획일적·정형화되어 부합계약의 성질을 갖는 경우가 강하다.

06 ① 과학기술기본법령상 사업 협약의 해지 통보는 단순히 대등 당사자의 지위에서 형성된 공법상계약을 계약당사자의 지위에서 종료시키는 의사표시에 불과한 것이 아니라 행정청이 우월적 지위에서 연구개발비의 회수 및 관련자에 대한 국가연구개발사업 참여제한 등의 법률상 효과를 발생시키는 행정처분에 해당한다(대판 2014. 12. 11, 2012두28704).
⑤ 계약직공무원 채용계약 해지의 의사표시의 무효확인을 구하는 소송은 당사자소송으로 확인판결을 받는 것이 현재 법률관계에 유효 적절한 수단이라고 인정될 때에 확인소송이 인정되는 즉시확정이익이 필요하다.

Answer 05. ① 06. ①

제4절 행정지도

PART 02

01 행정지도에 관한 설명으로 옳지 않은 것은?

① 행정지도에 따를 것인지 여부가 상대방인 국민의 임의적 협력에 달려 있으므로 법률유보의 원칙은 적용되지 않지만 법률우위의 원칙은 적용된다.

② 행정기관은 행정지도의 상대방이 행정지도에 따르지 아니하였다는 것을 이유로 불이익한 조치를 하여서는 아니 된다.

③ 행정지도의 상대방은 당해 행정지도의 방식・내용 등에 관하여 행정기관에 의견제출을 할 수 있다.

④ 행정지도가 구술로 이루어지는 경우에 상대방이 행정지도의 취지, 내용 기타 일정한 사항을 기재한 서면의 교부를 요구한 때에는 직무수행에 특별한 지장이 없는 한 이를 교부하여야 한다.

⑤ 위법한 행정지도에 따른 사인의 행위는 행정지도에 따른 행위일 뿐이므로 그 위법성이 조각되어 정당하다는 것이 판례이다.

02 현행 「행정절차법」상 행정지도에 관한 설명 중 가장 옳지 않은 것은?

① 행정지도는 그 목적 달성에 필요한 최소한도에 그쳐야 하며, 행정지도의 상대방의 의사에 반하여 부당하게 강요하여서는 아니 된다.

② 행정기관은 행정지도의 상대방이 행정지도에 따르지 아니하였다는 것을 이유로 불이익한 조치를 하여서는 아니 된다.

③ 행정지도를 하는 자는 그 상대방에게 그 행정지도의 취지 및 내용과 신분을 밝혀야 한다.

④ 행정지도의 상대방은 해당 행정지도의 방식・내용 등에 관하여 행정기관에 의견제출을 할 수 있다.

⑤ 행정지도가 말로 이루어지는 경우에 상대방이 서면의 교부를 요구하면 그 행정지도를 하는 자는 직무 수행에 반드시 이를 교부하여야 한다.

01 ⑤ 위법한 행정지도에 따른 사인의 행위는 임의적인 자의에 의한 행위이므로 법령에 명시적으로 정함이 없는 한, 위법성이 조각된다고 할 수 없다는 것이 판례이다.

02 ⑤ 행정지도가 말로 이루어지는 경우에 상대방이 제1항의 사항을 적은 서면의 교부를 요구하면 그 행정지도를 하는 자는 직무 수행에 특별한 지장이 없으면 이를 교부하여야 한다(「행정절차법」 제49조 제2항).

Answer 01. ⑤ 02. ⑤

03 행정지도에 대한 설명으로 옳은 것은? (다툼이 있는 경우에는 판례에 의함)

① 직접 규제목적이 없는 행정지도는 법령에 직접 근거규정이 없어도 권한업무의 범위 내에서 행해질 수 있다.

② 행정지도가 다수인을 대상으로 할 경우에도 명령·강제작용이 아니기 때문에 「행정절차법」은 특별한 사정이 없으면 공표할 필요가 없다고 규정한다.

③ 세무당국이 소외 회사에 대해 원고와의 주류거래를 일정 기간 중지하여 줄 것을 요청한 행위는 항고소송으로 이를 다툴 수 있다.

④ 행정지도는 사실상 강제력으로 인하여 권력적 행정활동임이 원칙이다.

⑤ 행정지도는 행정목적을 달성하기 위하여 상대방의 의사에 반하여 강요할 수 있다.

04 행정지도에 대한 설명으로 옳지 않은 것은? (다툼이 있는 경우에는 판례에 의함)

① 상대방이 행정지도에 따르지 아니하였다는 것을 이유로 불이익한 조치를 하여서는 아니 된다.

② 행정지도가 단순히 행정지도의 한계를 넘어 규제적·구속적 성격을 상당히 강하게 갖는 것이라면 헌법소원의 대상이 되는 공권력의 행사로 볼 수 있다.

③ 행정지도는 상대방인 국민의 임의적 협력을 구하는 비권력적 행위이므로 「국가배상법」상 공무원의 직무행위에 해당하지 않는다.

④ 행정지도가 강제성을 띠지 않은 비권력적 작용으로서 행정지도의 한계를 일탈하지 아니하였다면, 그로 인해 상대방에게 어떤 손해가 발생하였다고 해도 행정기관은 그에 대한 손해배상책임이 없다.

⑤ 구 교육인적자원부장관의 국·공립대학총장들에 대한 학칙시정요구는 헌법소원의 대상이 되는 공권력의 행사에 해당한다는 것이 헌법재판소의 입장이다.

05 **행정지도와 관련한 다음 서술 중 타당하지 않은 것은? (다툼이 있으면 판례에 의함)**

① 한계를 일탈하지 않은 행정지도로 인하여 상대방에게 손해가 발생한 경우, 행정기관이 손해배상책임을 부담하지 않는다.

② 금융기관의 임원에 대한 금융감독원장의 문책경고는 항고소송의 대상이 된다.

③ 위법한 행정지도로 상대방에게 일정 기간 어업권을 행사하지 못하는 손해를 입힌 행정기관이 "어업권 및 시설에 대한 보상 문제는 관련 부서와의 협의 및 상급기관의 질의, 전문기관의 자료에 의하여 처리해야 하므로 처리기간이 지연됨을 양지하여 달라"는 취지의 공문을 보냈다면 자신의 채무를 승인한 것으로 볼 수 있다.

④ 교육감이 학교법인에 대한 감사 실시 후 처리지시를 하고 그와 함께 그 시정조치에 대한 결과를 증빙서류를 첨부한 문서로 보고하도록 한 것은 항고소송의 대상되는 행정처분에 해당한다.

⑤ 위법한 행정지도에 따른 행위라 하더라도 위법성이 조각되는 것은 아니다.

03 ①·④ 행정지도는 비권력적 사실행위로 법령에 직접 근거규정이 없어도 권한업무의 범위 내에서 행해질 수 있다.
② 「행정절차법」은 행정지도가 다수인을 대상으로 할 경우에는 그 공통된 사항에 관해 공표하여야 한다고 규정하고 있다.
③ 세무당국이 소외 회사에 대해 원고와의 주류거래를 일정 기간 중지하여 줄 것을 요청한 행위는 행정지도에 불과하므로 이를 항고소송으로 다툴 수 없다.
⑤ 행정지도는 상대방의 의사에 반하여 부당하게 강요할 수 없다.

04 ③ 「국가배상법」상 직무집행에는 사경제작용을 제외한 모든 국가작용이 포함되므로 행정지도도 이에 포함된다. 다만 인과관계를 인정하기 곤란하다는 것이 판례와 다수설의 입장이다.

05 ③ 위법한 행정지도로 상대방에게 일정기간 어업권을 행사하지 못하는 손해를 입힌 행정기관이 "어업권 및 시설에 대한 보상 문제는 관련 부서와의 협의 및 상급기관의 질의, 전문기관의 자료에 의하여 처리해야 하므로 처리기간이 지연됨을 양지하여 달라"는 취지의 공문을 보낸 사유만으로 자신의 채무를 승인한 것으로 볼 수 없다(대판 2008. 9. 25. 2006다18228).

Answer 03. ① 04. ③ 05. ③

Chapter

05 행정절차와 정보제도

제1절 행정절차

01 다음 중 우리 「행정절차법」이 정하고 있는 적용제외 대상이 아닌 것은?

① 국회 또는 지방의회의 의결을 거치거나 동의 또는 승인을 얻어 행하는 사항
② 법원 또는 군사법원의 재판에 의하거나 그 집행으로 행하는 사항
③ 헌법재판소의 심판을 거쳐 행하는 사항
④ 각급 선거관리위원회의 의결을 거쳐 행하는 사항
⑤ 상대방에게 상당한 불이익을 줄 우려가 있는 처분

02 다음 중 「행정절차법」이 규정하고 있지 않은 것은?

① 신고절차
② 행정지도 절차
③ 행정예고 절차
④ 절차를 위반한 처분의 효력
⑤ 행정상 입법예고

03 다음 서술 중 「행정절차법」에 비추어 타당하지 않은 것은?

① 다수의 당사자 등이 공동으로 행정절차에 관한 행위를 할 때에는 대표자를 선정할 수 있다.
② 대표자가 있는 경우에는 당사자 등은 그 대표자를 통하여서만 행정절차에 관한 행위를 할 수 있다.
③ 대표자는 행정절차를 끝맺는 행위를 포함한 모든 행위를 당사자의 동의 없이 할 수 있다.
④ 다수의 대표자가 있는 경우 그중 1인에 대한 행정청의 행위는 모든 당사자 등에게 효력이 있다.
⑤ 다수의 대표자가 있는 경우 행정청의 통지는 대표자 모두에게 하여야 그 효력이 있다.

04 **「행정절차법」상 행정절차에 대한 서술이다. 타당하지 않은 것은? (다툼이 있으면 판례에 의함)**

① 감사원이 감사위원회의의 결정을 거쳐 행하는 사항에 대해서는 「행정절차법」이 원칙적으로 적용되지 않는다.

② 공정거래위원회의 시정조치 및 과징금납부명령에 「행정절차법」 소정의 의견청취절차 생략사유가 존재하는 경우라 하여, 공정거래위원회가 「행정절차법」을 적용하여 의견청취절차를 생략할 수 있는 것은 아니다.

③ 귀화는 성질상 행정절차를 거치기 곤란하거나 거칠 필요가 없다고 인정되어 처분의 이유제시 등을 규정한 「행정절차법」이 적용되지 않는다.

④ 육군3사관학교의 사관생도에 대한 퇴학처분에는 「행정절차법」이 적용된다.

⑤ 외국인의 출입국에 관한 사항은 「행정절차법」이 적용되지 않으므로, 미국국적을 가진 교민에 대한 사증거부처분에 대해서도 처분의 방식에 관한 「행정절차법」 제24조는 적용되지 않는다.

01 ⑤ 상대방에게 불이익한 처분이나 상당한 불이익을 줄 우려가 있는 처분은 「행정절차법」의 적용의 대상이 되는 불이익처분에 해당한다.
①·②·③·④ 「행정절차법」의 적용제외사항에 해당한다.

02 ④ 현행 「행정절차법」은 처분에 관한 절차가 규정되어 있을 뿐 이를 위반한 경우 처분이 무효인지 취소사유인지는 규정되어 있지 않다.

03 ③ 대표자는 각자 그를 대표자로 선정한 당사자 등을 위하여 행정절차에 관한 모든 행위를 할 수 있다. 다만, 행정절차를 끝맺는 행위에 대하여는 당사자 등의 동의를 받아야 한다(「행정절차법」 제11조 제4항).

04 ⑤ 사증발급 신청에 대한 거부처분이 성질상 「행정절차법」에서 정한 '처분서 작성·교부'를 할 필요가 없거나 곤란하다고 일률적으로 단정하기 어렵다(대판 2019. 7. 11. 2017두38874). 미국국적의 교민의 경우 대한민국에 여러 이해관계를 가지고 있으므로 이들에 대한 사증발급 신청을 거부하는 경우에는 「행정절차법」상 처분서를 작성·교부하여야 한다.

Answer 01. ⑤ 02. ④ 03. ③ 04. ⑤

05 **「행정절차법」상 처분절차에 대한 설명 중 틀린 것은?**

① 당사자 등은 공표된 처분기준이 불명확한 경우에는 해당 행정청에 대하여 그 해석 또는 설명을 요청할 수 있다.
② 처분을 하는 문서에는 그 처분 행정청과 담당자의 소속 · 성명 및 전화번호를 기재하여야 한다.
③ 행정청은 처리기간을 종류별로 정하여 미리 공표하여야 한다.
④ 처분에 대한 이유제시는 신청에 의한 처분이든 불이익처분이든 공통된 처분절차이다.
⑤ 행정청은 처분에 오기 · 오산 기타 이에 준하는 명백한 잘못이 있는 때에는 상대방의 신청에 의해 정정할 수 있으나 직권으로는 정정할 수 없다.

06 **「행정절차법」상 처분절차에 관한 설명으로 옳지 않은 것은?**

① 처분을 할 때 해당 처분의 영향이 광범위하여 널리 의견을 수렴할 필요가 있다고 행정청이 인정하는 경우에는 공청회를 개최한다.
② 행정청은 인허가 등의 취소 시 의견제출기한 내에 당사자 등의 신청이 있는 경우에는 청문을 한다.
③ 청문 · 공청회 또는 의견제출을 거쳤을 때에는 신속히 처분하여 해당 처분이 지연되지 아니하도록 하여야 한다.
④ 행정청은 신청에 구비서류의 미비 등 흠이 있는 경우 접수를 거부하여야 한다.
⑤ 행정청은 처분을 신속히 처리할 필요가 있거나 사안이 경미한 경우에는 말 또는 그 밖의 방법으로 할 수 있다.

07 **현행 「행정절차법」에 관한 설명으로 옳지 않은 것은?**

① 단순 반복적인 처분으로서 당사자가 그 이유를 명백히 알 수 있는 경우에는 처분의 이유제시를 생략할 수 있다.
② 청문주재자에게 공정한 청문진행을 할 수 없는 사정이 있는 경우에 당사자는 행정청에 기피신청을 할 수 있다.
③ 정보통신망을 이용하여 전자문서로 송달하는 경우에는 송달받을 자가 지정한 컴퓨터에서 그 내용을 확인한 때에 도달된 것으로 본다.
④ 법인도 행정절차에 있어서 당사자가 될 수 있다.
⑤ 청문을 실시하는 경우에는 청문이 시작되는 날부터 10일 전까지 청문에 필요한 일정한 사항을 당사자 등에게 통지하여야 한다.

08 **「행정절차법」상 행정처분의 사전통지에 대한 설명으로 옳은 것은? (다툼이 있는 경우 판례에 의함)**

① 신청에 대한 거부처분도 사전통지의 대상이 된다.

② 행정청이 침해적 행정처분을 할 경우에는 사전통지를 반드시 하여야 한다.

③ 법령에서 요구된 자격이 없어지게 되면 반드시 일정한 처분을 하여야 하는 경우에 그 자격이 없어지게 된 사실이 법원의 재판에 의하여 객관적으로 증명된 경우에는 행정청의 사전통지 의무가 면제될 수 있다.

④ 행정청은 행정처분으로 인하여 권익을 침해받게 되는 제3자에 대하여 처분의 원인이 되는 사실과 처분의 내용 및 법적 근거를 미리 통지하여야 한다.

⑤ 수익적 처분도 사전통지의 대상이 된다.

05 ⑤ 행정청은 처분에 오기(誤記), 오산(誤算) 또는 그 밖에 이에 준하는 명백한 잘못이 있을 때에는 직권으로 또는 신청에 따라 지체 없이 정정하고 그 사실을 당사자에게 통지하여야 한다(「행정절차법」 제25조).

06 ④ [×] 행정청은 신청에 구비서류의 미비 등 흠이 있는 경우에는 보완에 필요한 상당한 기간을 정하여 지체 없이 신청인에게 보완을 요구하여야 한다. 행정청은 신청인이 제5항에 따른 기간 내에 보완을 하지 아니하였을 때에는 그 이유를 구체적으로 밝혀 접수된 신청을 되돌려 보낼 수 있다(「행정절차법」 제17조 제5항 · 제6항).
① [○] 「행정절차법」 제22조 제2항
② [○] 「행정절차법」 제22조 제1항
③ [○] 「행정절차법」 제22조 제5항
⑤ [○] 「행정절차법」 제24조 제1항

07 ③ 정보통신망을 이용하여 전자문서로 송달하는 경우에는 송달받을 자가 지정한 컴퓨터에 입력된 때에 도달된 것으로 본다.

08 ① 거부처분은 특별한 사정이 없는 한 사전통지의 대상이 아니다.
② 행정청은 침해적 행정처분을 할 경우 사전통지를 하여야 한다. 단, 사전통지를 생략할 수 있는 경우도 인정된다. 즉, 침익적 처분을 하는 경우 행정청은 원칙적으로 사전통지를 하여야 하는 것이지 반드시 사전통지를 하여야 하는 것은 아니다.
④ 행정청이 침익적 영향을 받는 제3자에 대해 사전통지를 해 줄 수도 있다. 그러나 「행정절차법」이 침익적 영향을 받는 제3자에 대해 사전통지를 하도록 규정하고 있지는 않다.
⑤ 수익적 처분은 사전통지의 대상이 아니고 침익적 처분이 사전통지의 대상이 된다.

Answer 05. ⑤ 06. ④ 07. ③ 08. ③

09 행정법상 사전통지에 관한 설명으로 옳은 것은? (다툼이 있는 경우에는 판례에 의함)

① 사전통지의무가 면제되는 경우에도 의견청취의무가 면제되는 것은 아니다.

② 「군인사법령」에 의하여 진급예정자명단에 포함된 자에 대하여 사전통지를 하지 아니하거나 의견제출의 기회를 부여하지 아니한 채 진급선발을 취소하였다고 하여 그것만으로 위법하다고 할 수는 없다.

③ 「건축법」의 공사중지명령에 대한 사전통지를 하고 의견제출의 기회를 준다면 많은 액수의 손실보상금을 기대하여 공사를 강행할 우려가 있다는 사정은 사전통지 및 의견제출절차의 예외사유에 해당하지 아니한다.

④ 행정청은 당사자 등에게 의무를 면제하거나 권익을 부여하는 처분을 하는 경우에도 사전통지의무를 진다.

⑤ 수익적 처분의 신청에 대한 거부처분도 사전통지의 대상이 되는 불이익처분으로 볼 수 있다는 것이 판례이다.

10 「행정절차법」상 의견청취절차에 관한 설명으로 틀린 것은?

① 인허가 등의 취소를 하는 처분의 경우 당사자 등의 신청이 있어야 청문을 한다.

② 불이익처분을 함에 있어서 청문이나 공청회를 거치지 않은 경우 의견제출절차는 최소한 거쳐야 한다.

③ 국민의 생명·신체·재산의 보호 등 국민의 안전 또는 권익보호 등의 이유로 일반공청회를 개최하기 어려운 경우 온라인공청회를 단독으로 개최할 수 있다.

④ 의견청취절차를 거치지 않은 불이익처분은 그 하자를 이유로 취소할 수 있다고 보는 것이 판례의 주류적 입장이다.

⑤ 행정청은 처분을 함에 있어서 공청회 등을 통해 제시된 사실 및 의견이 상당한 이유가 있다고 인정하는 경우에는 이를 반영하여야 한다.

11 **현행 「행정절차법」상 공청회에 대한 설명으로 옳지 않은 것은?**

① 행정청은 공청회를 개최하려는 경우에는 공청회 개최 14일 전까지 당사자 등에게 통지하고 관보, 공보, 인터넷 홈페이지 또는 일간신문 등에 공고하는 등의 방법으로 널리 알려야 한다.

② 행정청은 일반공청회와 병행하여서만 정보통신망을 이용한 공청회를 실시할 수 있다.

③ 국민의 생명・신체・재산의 보호 등 국민의 안전 또는 권익보호 등의 이유로 일반공청회를 개최하기 어려운 경우 온라인공청회를 단독으로 개최할 수 있다.

④ 공청회가 행정청이 책임질 수 없는 사유로 개최되지 못하거나 개최는 되었으나 정상적으로 진행되지 못하고 무산된 횟수가 5회 이상인 경우 온라인공청회를 단독으로 개최할 수 있다.

⑤ 행정청은 처분을 할 때에 공청회, 온라인공청회 및 정보통신망 등을 통하여 제시된 사실 및 의견이 상당한 이유가 있다고 인정하는 경우에는 이를 반영하여야 한다.

09 ③ 의견제출의 기회를 준다면 많은 액수의 손실보상금을 기대하여 공사를 강행할 우려가 있다는 사정만으로는 의견제출이 생략되는 현저히 곤란한 사유에 해당하지 않는다는 것이 판례이다.
① 사전통지의 생략사유는 의견청취(청문)의 생략사유와 공통된다.
② 「군인사법령」에 의하여 진급예정자명단에 포함된 자에 대한 진급선발을 취소하는 처분이 성질상 행정절차를 거치기 곤란하거나 불필요하다고 인정되는 사항이 아니라는 이유로 의견제출의 기회를 주어야 한다는 것이 판례이다.
④ 의견청취는 직권에 의한 불이익처분에만 인정되는 절차이다.
⑤ 신청에 대한 거부는 직접 당사자의 권익을 제한하는 것은 아니어서, 신청에 대한 거부처분은 「행정절차법」상 사전통지의 대상이 아니라는 것이 판례이다.

10 ① 인허가 등의 취소, 신분・자격의 박탈, 법인이나 조합 등의 설립허가의 취소처분을 하는 경우에는 당사자 등의 신청이 없더라도 청문을 한다(「행정절차법」 제22조 제1항 제3호).

11 ④ 공청회가 행정청이 책임질 수 없는 사유로 개최되지 못하거나 개최는 되었으나 정상적으로 진행되지 못하고 무산된 횟수가 3회 이상인 경우 온라인공청회를 단독으로 개최할 수 있다(「행정절차법」 제38조의2 제2항 제2호).

Answer 09. ③ 10. ① 11. ④

12 현행 「행정절차법」에 대한 설명으로 옳지 않은 것은?

① 행정청은 직권으로 또는 당사자 및 이해관계인의 신청에 따라 여러 개의 사안을 병합하거나 분리하여 청문을 할 수 있다.

② 행정청이 처분을 할 때에는 당사자에게 그 처분에 관하여 행정심판 및 행정소송을 제기할 수 있는지 여부, 그 밖에 불복을 할 수 있는지 여부, 청구절차 및 청구기간, 그 밖에 필요한 사항을 알려야 한다.

③ 행정청은 처분 후 1년 이내에 당사자 등이 요청하는 경우에는 청문・공청회 또는 의견제출을 위하여 제출받은 서류나 그 밖의 물건을 반환하여야 한다.

④ 인허가 등의 취소, 신분・자격의 박탈, 법인이나 조합 등의 설립허가의 취소를 하는 경우 청문을 한다.

⑤ 행정청이 당사자에게 의무를 부과하거나 권익을 제한하는 처분을 할 때 청문 또는 공청회의 경우 외에는 당사자 등에게 의견제출의 기회를 주어야 한다.

13 현행 「행정절차법」상 의견청취의 생략사유에 해당하지 않는 것은?

① 공공의 안전 또는 복리를 위하여 긴급히 처분을 할 필요가 있는 경우

② 법령 등에서 요구된 자격이 없거나 없어지게 되면 반드시 일정한 처분을 하여야 하는 경우에 그 자격이 없거나 없어지게 된 사실이 법원의 재판 등에 의하여 객관적으로 증명된 경우

③ 해당 처분의 성질상 의견청취가 현저히 곤란하거나 명백히 불필요하다고 인정될 만한 상당한 이유가 있는 경우

④ 당사자가 의견진술의 기회를 포기한다는 뜻을 명백히 표시한 경우

⑤ 국민생활에 큰 영향을 미치는 처분으로서 대통령령으로 정하는 처분에 대하여 대통령령으로 정하는 수 이상의 당사자 등이 공청회 개최를 요구하는 경우

14 **「행정절차법」의 내용으로 옳지 않은 것은?**

① 행정청이 신청내용을 모두 그대로 인정하는 경우 또는 처분이 긴급을 요하는 경우에는 당사자에게 그 처분의 근거와 이유를 제시하지 않아도 된다.

② 행정청은 청문을 실시하고자 하는 경우에 청문이 시작되는 날부터 14일 전까지 당사자 등에게 통지를 하여야 한다.

③ 당사자 등에는 행정청이 직권 또는 신청에 의하여 행정절차에 참여하게 한 이해관계인도 포함된다.

④ 일반공청회가 행정청이 책임질 수 없는 사유로 개최되지 못하거나 개최는 되었으나 정상적으로 진행되지 못하고 무산된 횟수가 3회 이상인 경우 온라인공청회를 단독으로 개최할 수 있다.

⑤ 외국에 거주 또는 체류하는 자에 대한 기간 및 기한은 행정청이 그 우편이나 통신에 소요되는 일수를 감안하여 정하여야 한다.

12 ① 행정청은 직권으로 또는 당사자의 신청에 따라 여러 개의 사안을 병합하거나 분리하여 청문을 할 수 있다(「행정절차법」 제32조). 이해관계인은 포함되지 않는다.

13 ⑤ 국민생활에 큰 영향을 미치는 처분으로서 대통령령으로 정하는 처분에 대하여 대통령령으로 정하는 수 이상의 당사자 등이 공청회 개최를 요구하는 경우에는 공청회를 한다(「행정절차법」 제22조 제2항 제3호). 즉 의견청취의 생략사유가 아니다.

14 ② 행정청은 청문을 실시하고자 하는 경우에 청문이 시작되는 날부터 10일 전까지 청문의 사항을 당사자 등에게 통지하여야 한다(「행정절차법」 제21조 제2항).
③ 「행정절차법」상 당사자로서 이해관계인은 모든 이해관계인이 아닌 행정절차에 참여하게 한 이해관계인만을 뜻한다.

Answer 12. ① 13. ⑤ 14. ②

15 **다음 중 「행정절차법」에 따른 의견제출제도에 관한 설명으로 옳지 않은 것은?**

① 의견제출절차는 당사자의 절차적 권리로서 보호된다.
② 행정청이 상대방에게 의무부과처분을 하는 경우에 청문 등을 실시하지 않는 경우에는 의견제출의 기회를 주어야 한다.
③ 판례는 법령상 확정된 의무부과의 경우에도 의견제출의 기회를 주어야 한다고 본다.
④ 당사자는 구술로도 의견제출을 할 수 있다.
⑤ 행정청은 당사자가 제출한 의견에 반드시 따라야 하는 것은 아니다.

16 **처분의 이유제시에 대한 설명으로 옳지 않은 것은?**

① 세무서장이 주류도매업자에 대하여 일반주류도매업면허 취소 통지를 하면서 그 위반사실을 구체적으로 특정하지 아니한 것은 위법하다는 것이 판례이다.
② 단순・반복적인 처분 또는 경미한 처분으로서 당사자가 그 이유를 명백히 알 수 있는 경우에는 이유제시 의무가 면제된다.
③ 신청내용을 모두 그대로 인정하는 처분인 경우 이유제시 의무가 면제되지만, 처분 후 당사자가 요청하는 경우에는 그 근거와 이유를 제시하여야 한다.
④ 이유제시의 하자는 행정쟁송을 제기하기 전에 한해 치유가 가능하다고 보는 것이 판례이다.
⑤ 판례에 의하면 인・허가 등을 거부하는 처분을 함에 있어 당사자가 그 근거를 알 수 있을 정도로 상당한 이유를 제시한 경우에는 해당 처분의 근거 및 이유의 구체적 조항 및 내용까지 명시할 필요가 없다.

17 현행 「행정절차법」과 관련된 판례의 내용으로 옳지 않은 것은?

① 신청 내용의 실질적인 요건에 관한 흠이라도 그것이 민원인의 단순한 착오나 일시적인 사정 등에 기인한 경우에는 보완을 요구하여야 한다.

② 처분이나 민원의 처리기간에 관한 규정은 훈시규정에 불과할 뿐 강행규정이라고 볼 수 없으므로 행정청이 처리기간이 지나 처분을 하였더라도 이를 처분을 취소할 절차상 하자로 볼 수 없다.

③ 처분의 전제가 되는 '일부' 사실만 증명된 경우이거나 의견청취에 따라 행정청의 처분 여부나 처분 수위가 달라질 수 있는 경우에는 사전통지나 의견청취의 생략사유에 해당하지 않는다.

④ 처분상대방이나 관계인의 의견진술권이나 방어권행사에 실질적으로 지장이 초래되었다고 볼 수 없는 특별한 사정이 있는 경우, 절차 규정 위반을 이유로 처분을 취소할 것은 아니다.

⑤ 계약직공무원 채용계약해지의 의사표시는 「행정절차법」에 의하여 근거와 이유를 제시하여야 한다.

15 ③ 관련 법령에 따라 당연히 의무의 내용이 확정되는 경우에는 의견진술의 기회를 주지 아니하여도 「행정절차법」에 위반되는 것이 아니라는 것이 판례이다.
⑤ 행정청은 처분을 함에 있어서 당사자 등이 제출한 의견이 상당한 이유가 있다고 인정하는 경우에는 이를 반영하여야 한다(「행정절차법」 제27조의2 제1항). 상당한 이유가 있다고 인정되는 경우에 따르는 것이므로 반드시 따라야 하는 것은 아니다.

16 ③ · ② 이유제시는 예외적으로 ⅰ) 당사자가 신청한 내용을 모두 그대로 인정하는 처분, ⅱ) 단순 · 반복적인 처분 또는 경미한 처분으로서 당사자가 그 이유를 명백히 알 수 있는 경우, ⅲ) 긴급히 처분을 할 필요가 있는 경우 생략할 수 있다. 다만 이러한 경우에도 ⅱ), ⅲ)의 경우 처분 후 당사자가 이유제시를 요청할 때에는 그 이유를 제시하여야 한다(「행정절차법」 제23조). ⅰ)의 경우는 적용되지 않는다.
① 이유제시의 하자를 위반한 것으로 위법이다.
④ 하자의 치유는 늦어도 쟁송제기 이전에 이루어져야 한다는 것이 판례이며 쟁송 중에는 이유제시의 하자치유를 인정하지 않는다.

17 ⑤ 공법상 계약에는 「행정절차법」이 적용되지 않으므로 「행정절차법」에 의하여 근거와 이유를 제시하여야 하는 것은 아니다.

Answer 15. ③ 16. ③ 17. ⑤

18 「행정절차법」에 관한 설명으로 옳은 것은?(다툼이 있는 경우 판례에 의함)

① 「행정절차법」에는 행정처분절차, 행정입법절차, 행정예고절차 등에 관하여 상세한 규정을 두고 있으나, 행정지도절차에 관한 규정은 없다.

② 상대방이 의견제출을 하지 아니할 의사를 분명히 밝힌 경우에는 의견진술의 기회를 생략할 수 있다.

③ 공무원연금관리공단의 퇴직연금의 환수결정에 앞서 당사자에게 의견진술의 기회를 주지 않는 경우 「행정절차법」이나 신의칙에 어긋나는 위법한 처분이다.

④ 행정청은 공청회의 발표자를 관련 전문가 중에서 우선적으로 지명 또는 위촉하여야 하며, 적절한 발표자를 선정하지 못하거나 필요한 경우에만 발표를 신청한 자 중에서 지명할 수 있다.

⑤ 행정청이 처분을 하는 때에 신청내용을 모두 그대로 인정하는 행정처분인 경우에도 행정청은 그 근거와 이유를 제시하여야 한다.

19 입법예고에 관한 설명 중 틀린 것은?

① 신속한 국민의 권리 보호 또는 예측 곤란한 특별한 사정의 발생 등으로 입법이 긴급을 요하는 경우에는 입법예고를 생략할 수 있다.

② 법제처장은 입법예고를 하지 아니한 법령안의 심사 요청을 받은 경우에 입법예고를 하는 것이 적당하다고 판단할 때에는 해당 행정청에 입법예고를 권고하거나 직접 예고할 수 있다.

③ 입법안을 마련한 행정청은 입법예고 후 예고내용에 국민생활과 직접 관련된 내용이 추가되는 등 대통령령으로 정하는 중요한 변경이 발생하는 경우에는 해당 부분에 대한 입법예고를 다시 하여야 한다.

④ 행정청은 대통령령을 입법예고하는 경우 국회 소관상임위원회에 이를 제출하여야 한다.

⑤ 입법예고기간은 예고할 때 정하되, 특별한 사정이 없으면 20일 이상으로 한다.

20 **「행정절차법」상 행정입법예고와 행정예고에 대한 설명으로 옳지 않은 것은?**

① 현행 「행정절차법」은 행정입법예고와 행정예고에 대해 일정한 사유가 있는 경우에 이를 하도록 하고 있다.

② 국민의 권리·의무 또는 일상생활과 관련이 없는 경우에는 행정입법예고와 행정예고를 하지 아니할 수 있다.

③ 행정예고기간은 예고 내용의 성격 등을 고려하여 정하되, 20일 이상으로 한다.

④ 예고된 입법안에 대하여 의견을 제출한 경우 행정청은 의견을 제출한 자에게 그 제출된 의견의 처리결과를 통지하여야 한다.

⑤ 행정청은 대통령령을 입법예고하는 경우 국회 소관 상임위원회에 이를 제출하여야 한다.

18 ② 「행정절차법」 제22조 제4항
① 행정지도에 관한 명문의 규정이 있다.
③ 퇴직연금의 환수결정은 당사자에게 의무를 과하는 처분이기는 하나, 관련 법령에 따라 당연히 환수금액이 정하여지는 것이므로, 퇴직연금의 환수결정에 앞서 당사자에게 의견진술의 기회를 주지 아니하여도 「행정절차법」 제22조 제3항이나 신의칙에 어긋나지 아니한다(대판 2000. 11. 28. 99두5443).
④ 공청회의 발표자는 발표를 신청한 자 중에서 행정청이 선정한다. 다만 발표신청자가 없거나 공청회의 공정성 확보를 위하여 필요하다고 인정하는 경우 관련 전문가 등을 지명 또는 위촉할 수 있다(「행정절차법」 제38조의3 제2항).
⑤ 이유제시의 생략사유이다.

19 ⑤ 입법예고기간은 예고할 때 정하되, 특별한 사정이 없으면 40일(자치법규는 20일) 이상으로 한다.
②·③·④ 「행정절차법」 제41조, 제42조에 규정된 예고방법에 관한 내용이다.

20 ① 현행 「행정절차법」은 행정입법안과 정책 등의 행정예고는 원칙적 예고사항으로 되어 있고 일정한 사유가 있는 경우 예고하지 아니할 수 있는 예외적인 경우를 인정하는 형태로 규정되어 있다(「행정절차법」 제41조, 제46조).

Answer 18. ② 19. ⑤ 20. ①

제2절 정보제도

01 「공공기관의 정보공개에 관한 법률」에 따른 행정정보 공개에 관한 설명으로 옳지 않은 것은?

① 판례는 정보공개청구권의 「헌법」상 근거조항을 표현의 자유에서 찾고 있다.
② 판례는 청구인이 공공기관에 대하여 정보공개를 청구하였다가 거부처분을 받은 것 자체가 법률상 이익의 침해에 해당한다고 보았다.
③ 판례는 시민단체 등에 의한 행정감시 목적의 정보공개청구도 가능하다고 보았다.
④ 국내에 학술 또는 연구 목적으로 일시 체류하는 외국인도 정보공개청구권을 가진다.
⑤ 정보공개를 청구한 날부터 20일 이내에 공공기관이 공개 여부를 결정하지 아니한 때에는 비공개의 결정이 있는 것으로 본다.

02 「공공기관의 정보공개에 관한 법률」에 관한 설명으로 옳은 것은? (다툼이 있으면 판례에 따름)

① 한국방송공사와 한국증권업협회는 정보공개의무를 부담하는 '특별법에 따라 설립된 특수법인'에 해당한다.
② 공개 청구한 정보가 비공개대상인 부분과 공개 가능한 부분이 혼합되어 있는 경우 부분공개는 할 수 없다.
③ 사립대학교는 정보공개의무를 지는 공공기관에 해당하지 않는다.
④ 정보공개를 요구받은 공공기관이 공개를 거부하는 경우에는 비공개사유에 해당하는지를 주장・입증하지 아니한 채 개괄적인 사유만을 들어 공개를 거부할 수 없다.
⑤ 청구인은 공공기관의 비공개 결정에 대하여 불복이 있는 경우 이의신청 절차를 거치지 아니하고는 행정심판을 청구할 수 없다.

03 **「공공기관의 정보공개에 관한 법률」에 관한 다음의 내용 중 옳지 않은 것은? (다툼이 있는 경우 판례에 의함)**

① 동법은 '모든 국민은 정보의 공개를 청구할 권리를 가진다.'라고 규정하고 있는데, 여기에서 말하는 국민에는 자연인은 물론 법인, 권리능력 없는 사단·재단도 포함되고, 법인, 권리능력 없는 사단·재단 등의 경우에는 설립목적을 불문한다.

② 외국인도 법령이 정하고 있는 일정한 범위 내의 자인 경우 정보공개를 청구할 수 있다.

③ 공공기관은 정보공개의 청구가 있는 때에는 청구를 받은 날부터 10일 이내에 공개 여부를 결정해야 한다.

④ 채점결과가 반영되지 않은 사법시험 제2차 시험의 답안지 열람은 사법시험업무의 수행에 현저한 지장을 초래한다고 인정할 만한 정보에 해당하므로 동법에서 정한 비공개 대상 정보에 해당한다.

⑤ 법인 등이 거래하는 금융기관의 계좌번호에 관한 정보는 영업상 비밀에 관한 사항으로 비공개대상정보에 해당한다.

01 ⑤ 정보공개를 청구한 날부터 20일 이내에 공공기관이 공개 여부를 결정하지 아니한 때에는 이의신청 또는 행정심판, 행정소송의 대상이 된다(「공공기관의 정보공개에 관한 법률」 제18조 제1항, 제19조 제1항, 제20조 제1항).

02 ① 한국방송공사는 특수법인에 해당하나 한국증권업협회는 특수법인에 해당하지 않는다는 것이 판례이다.
② 공개 청구한 정보가 비공개 대상인 부분과 공개 가능한 부분이 혼합되어 있는 경우 부분공개를 하여야 한다.
③ 각급 학교(사립대학교 포함)는 「정보공개법」상의 공공기관에 해당한다.
⑤ 청구인은 공공기관의 비공개 결정에 대하여 불복이 있는 경우 이의신청 절차를 거치지 않고도 행정심판을 청구할 수 있다.

03 ④ 채점결과가 반영된 사법시험 2차 답안지는 비공개사유에 해당하나, 채점결과가 반영되지 않은 사법시험 2차 답안지의 열람은 시험업무의 수행에 현저한 지장을 초래한다고 볼 수 없다는 이유로 공개 대상 정보로 봄이 판례이다.

Answer 01. ⑤ 02. ④ 03. ④

04 **「공공기관의 정보공개에 관한 법률」의 내용으로 옳지 않은 것은? (다툼이 있는 경우 판례에 의함)**

① 판례는 공공기관이 그 정보를 보유·관리하고 있지 않다 하더라도 특별한 사정이 없는 한 정보공개 거부처분의 취소를 구할 법률상의 이익을 인정한다.

② 정보공개를 청구한 날부터 20일 이내에 공공기관이 공개 여부를 결정하지 않은 경우에는 30일 이내에 해당 공공기관에 이의신청을 할 수 있다.

③ 정보의 공개 및 우송 등에 소요되는 비용은 실비의 범위 안에서 청구인의 부담으로 한다.

④ 정보공개청구자가 선택한 공개방법에 따라 정보를 공개하여야 하므로 그 공개방법을 선택할 재량권이 정보공개기관에게는 없다는 것이 판례이다.

⑤ 치과의사 국가시험은 문제은행 출제방식이어서 시험문제의 공개로 발생될 결과와 시험업무에 대한 부작용 등을 감안하면, 위 시험문제지 등의 공개가 시험업무의 공정한 수행 등에 현저한 지장을 초래한다고 인정할 만한 상당한 이유가 있으므로 공개하지 않을 수 있다.

05 **공공기관의 정보공개에 대한 설명으로 가장 옳지 않은 것은? (다툼이 있는 경우 판례에 의함)**

① 정보공개청구는 시민단체의 정보공개청구와 같이 개인적인 이해관계가 없는 공익을 위한 경우에도 인정된다.

② 공개를 거부한 정보에 비공개 대상 정보에 해당하는 부분과 공개가 가능한 부분이 혼합되어 있는 경우라면 법원은 정보공개 거부처분 전부를 취소해야 한다.

③ 공개 거부결정에 대하여 「공공기관의 정보공개에 관한 법률」상의 이의신청을 거치지 아니하고 직접 행정소송을 제기할 수 있다.

④ 판례에 의하면 공개 대상 정보는 공공기관이 직무상 작성 또는 취득하여 관리하고 있는 문서에 한정되는 것이기는 하나, 그 문서가 반드시 원본일 필요는 없다.

⑤ 외국인도 일정한 요건하에 정보공개를 청구할 수 있다.

06 **다음 중 판례상 비공개 대상 정보로 옳은 것은?**

① 진행 중인 재판에 관련된 일체의 소송기록
② 사면대상자들의 사면실시 건의서와 그와 관련된 국무회의 안건자료
③ 학교폭력대책자치위원회 회의록
④ 한국방송공사의 수시집행 접대성 경비의 건별 집행서 내역
⑤ 대한주택공사의 아파트 분양원가 산출내역

04 ① 정보공개제도는 공공기관이 보유·관리하는 정보를 그 상태대로 공개하는 제도로서 그 정보를 더 이상 보유·관리하고 있지 아니한 경우에는 특별한 사정이 없는 한 정보공개 거부처분의 취소를 구할 법률상 이익이 없다는 것이 판례이다.

05 ② 공개청구한 정보가 비공개 대상 정보에 해당하는 부분과 공개가 가능한 부분이 혼합되어 있는 경우로서 공개청구의 취지에 어긋나지 아니하는 범위 안에서 두 부분을 분리할 수 있는 경우에는 비공개 대상 정보에 해당하는 부분을 제외하고 공개하여야 한다(「공공기관의 정보공개에 관한 법률」 제14조). 판례도 판결주문에 공개가 가능한 부분만을 취소한다고 표시하여야 한다는 입장이다.

06 ③ 학교폭력대책자치위원회에서의 자유롭고 활발한 심의·의결이 보장되기 위해서는 위원회가 종료된 후라도 심의·의결 과정에서 각 위원들이 발언한 내용이 외부에 공개되지 않는다는 것이 철저히 보장되어야 한다는 점을 근거로 비공개사유에 해당한다는 것이 판례이다.
① 진행 중인 재판에 관련된 일체의 소송기록이 아닌, 공개될 경우 그 직무수행을 현저히 곤란하게 하거나 형사피고인의 공정한 재판을 받을 권리를 침해한다고 인정할 만한 상당한 이유가 있는 정보가 비공개사유이다(「공공기관의 정보공개에 관한 법률」 제9조 제1항 제4호).

Answer 04. ① 05. ② 06. ③

07 정보공개에 대한 판례의 입장으로 옳지 않은 것은?

① 불기소처분기록 중 피의자신문조서 등에 기재된 피의자 등의 인적사항 이외의 진술내용이 개인의 사생활의 비밀 또는 자유를 침해할 우려가 인정된다면 비공개 대상에 해당한다.

② 오로지 상대방을 괴롭힐 목적으로 정보공개를 구하고 있다는 등의 특별한 사정이 없는 한 정보공개 청구는 권리남용에 해당하지 아니한다.

③ 사립대학교가 국비의 지원을 받는 범위에서만 공공기관의 성격을 가지는 것은 아니다.

④ 공개청구된 정보가 수사의견서인 경우 수사의 방법 및 절차 등이 공개되더라도 수사기관의 직무수행을 현저히 곤란하게 하지 않는 때에는 비공개 대상 정보에 해당하지 않는다.

⑤ 권리능력 없는 사단·재단은 정보공개청구권을 갖는 국민에 포함되지 아니한다.

08 「공공기관의 정보공개에 관한 법률」상 정보공개에 관한 설명으로 옳지 않은 것은?

① 정보공개의 청구를 받은 날부터 10일 이내에 공개 여부를 결정하여야 하며, 부득이한 사유가 있을 때에는 10일의 범위에서 공개 여부 결정 기간을 연장할 수 있다.

② 정보공개 청구인이 공공기관에 대해 정보공개를 청구하였다가 거부처분을 받은 경우 취소소송을 제기할 원고적격이 인정된다.

③ 공공기관은 공개청구된 공개 대상 정보의 전부 또는 일부가 제3자와 관련이 있다고 인정되는 때에는 그 사실을 제3자에게 지체 없이 통지하여야 한다.

④ 공개청구된 사실을 통지받은 제3자가 해당 공공기관에 공개하지 아니할 것을 요청하는 때에는 공공기관은 비공개결정을 하여야 한다.

⑤ 청구인의 이의신청 기간은 비공개결정일로부터 30일 내이나, 제3자가 이의신청할 시에는 결정일로부터 7일 이내에 제기하여야 한다.

09 **정보공개에 관한 설명 중 옳지 않은 것은? (다툼이 있는 경우 판례에 의함)**

① 「형사소송법」이 형사재판확정기록의 공개 여부나 공개 범위, 불복절차 등에 대하여 규정하고 있는 것은 '정보의 공개에 관하여 다른 법률에 특별한 규정이 있는 경우'에 해당하므로 형사재판확정기록의 공개에 관하여는 「정보공개법」에 의한 공개청구가 허용되지 않는다.

② 정보공개 거부처분 후 대상정보의 폐기 등으로 공공기관이 그 정보를 보유·관리하지 않게 된 경우에는 특별한 사정이 없는 한 소의 이익이 없으므로 각하사유에 해당된다.

③ 법원은 청구대상정보의 일부가 특정되지 않은 경우 공공기관이 보유·관리하고 있는 공개청구정보를 제출하도록 하여 이를 비공개로 열람·심사하는 등의 방법으로 공개청구정보의 내용과 범위를 특정시킬 수 있다.

④ 대통령의 사면권 행사는 고도의 정치적 행위이므로 그 정보의 공개가 사면권 자체를 부정하게 될 위험이 있고 해당 정보의 당사자들의 사생활의 비밀도 침해할 우려가 있기 때문에 「공공기관의 정보공개에 관한 법률」상의 비공개사유에 해당된다.

⑤ 전자적 형태로 보유·관리하지 않는 정보는 정상적인 업무수행에 현저한 지장을 초래하거나 당해 정보의 성질상 훼손될 우려가 없는 한 그 정보를 전자적 형태로 변환하여 공개할 수 있다.

07 ⑤ 정보공개청구권자는 모든 국민이므로 권리능력 없는 사단·재단도 포함된다.
④ 의견서 등의 실질적인 내용을 구체적으로 살펴 수사의 방법 및 절차 등이 공개됨으로써 수사기관의 직무수행을 현저히 곤란하게 한다고 인정할 만한 상당한 이유가 있어야만 위 비공개대상정보에 해당한다(대판 2017. 9. 7. 2017두44558).

08 ④ 제3자의 비공개 요청은 「공공기관의 정보공개에 관한 법률」상 비공개사유에 해당하지 않는다.
② 정보공개청구에 대한 거부 자체가 법률상 이익의 침해에 해당하므로 원고적격이 인정된다.

09 ④ 사면대상자들의 사면실시 건의서와 그와 관련된 국무회의 안건자료에 관한 정보는 비공개사유에 해당하지 않는다는 것이 판례이다.
⑤ 처음부터 전자적 형태로 보유한 경우에는 전자적 형태로 공개하여야 하나 전자적 형태로 보유·관리하지 않는 정보는 전자적 형태로 변환하여 공개할 수 있다.

Answer 07. ⑤ 08. ④ 09. ④

10 **판례에 의할 때 「공공기관의 정보공개에 관한 법률」에 관한 설명으로 옳은 것을 모두 고른 것은?**

> ㉠ 학교폭력 대책자치위원회의 회의록은 '공개될 경우 업무의 공정한 수행에 현저한 지장을 초래한다고 인정할 만한 상당한 이유가 있는 정보'에 해당한다.
> ㉡ 의사결정과정에 제공된 회의관련자료나 의사결정과정이 기록된 회의록은 의사가 결정되거나 의사가 집행된 경우에는 더 이상 의사결정과정에 있는 사항 그 자체라고는 할 수 없으나, 의사결정과정에 있는 사항에 준하는 사항으로서 비공개 대상 정보에 포함될 수 있다.
> ㉢ '진행 중인 재판에 관련된 정보'에 해당한다는 사유로 정보공개를 거부하기 위하여는 반드시 그 정보가 진행 중인 재판의 소송기록 자체에 포함되어야 한다.
> ㉣ 법무부령으로 제정된 검찰보존사무규칙상의 기록의 열람·등사의 제한은 '다른 법률 또는 법률에서 위임한 명령에 따라서 비공개사항으로 규정된 경우'에 해당한다.

① ㉠, ㉣ ② ㉡, ㉣ ③ ㉠, ㉡
④ ㉡, ㉢ ⑤ ㉠, ㉢

11 **「개인정보 보호법」에 대한 설명으로 가장 적절하지 않은 것은?**

① 개인정보란 살아 있는 개인, 사자(死者) 및 법인에 관한 정보로서 성명, 주민등록번호 및 영상 등을 통하여 개인, 사자 및 법인을 알아볼 수 있는 정보를 말한다.
② 개인정보처리자란 업무를 목적으로 개인정보파일을 운용하기 위하여 스스로 또는 다른 사람을 통하여 개인정보를 처리하는 공공기관, 법인, 단체 및 개인 등을 말한다.
③ 개인정보 보호에 관한 사항을 심의·의결하기 위하여 국무총리 소속으로 개인정보 보호위원회를 둔다.
④ 개인정보처리자는 개인정보 처리방침 등 개인정보의 처리에 관한 사항을 공개하여야 하며, 열람청구권 등 정보주체의 권리를 보장하여야 한다.
⑤ 고정형 영상정보처리기기 운영자는 영상정보처리기기의 설치 목적과 다른 목적으로 영상정보처리기기를 임의로 조작하거나 다른 곳을 비춰서는 아니 되며, 녹음기능은 사용할 수 없다.

12 **「개인정보 보호법」에 대한 내용으로 옳지 않은 것은? (다툼이 있는 경우 판례에 의함)**

① 개인정보 자기결정권의 보호대상이 되는 개인정보는 반드시 개인의 내밀한 영역이나 사사(私事)의 영역에 속하는 정보에 국한되지 않고 공적 생활에서 형성되었거나 이미 공개된 개인정보까지 포함한다.

② 「개인정보 보호법」은 공공기관에 의해 처리되는 정보뿐만 아니라 민간에 의해 처리되는 정보까지 보호대상으로 하고 있다.

③ 이미 공개된 개인정보를 정보주체의 동의가 있었다고 객관적으로 인정되는 범위 내에서 처리를 할 때는 정보주체의 별도의 동의는 불필요하다고 보아야 하고, 별도의 동의를 받지 아니하였다고 하여 「개인정보 보호법」을 위반한 것으로 볼 수 없다.

④ 정보주체는 자신의 개인정보 처리와 관련하여 개인정보의 처리 정지, 정정·삭제 및 파기를 요구할 권리를 가진다.

⑤ 개인정보의 '제3자 제공'은 본래의 개인정보 수집·이용 목적과 관련된 위탁자 본인의 업무 처리와 이익을 위하여 개인정보가 이전되는 경우를 의미한다.

10 ㉠ [○] 학교폭력대책자치위원회의 회의록은 「공공기관의 정보공개에 관한 법률」 제9조 제1항 제1호의 '다른 법률 또는 법률이 위임한 명령에 의하여 비밀 또는 비공개 사항으로 규정된 정보'에 해당하는 것으로 비공개대상정보에 해당한다(대판 2010. 6. 10. 2010두2913).

㉡ [○] 의사결정과정에 제공된 회의관련자료나 의사결정과정이 기록된 회의록 등은 의사가 결정되거나 의사가 집행된 경우에는 더 이상 의사결정과정에 있는 사항 그 자체라고는 할 수 없으나, 의사결정과정에 있는 사항에 준하는 사항으로서 비공개대상정보에 포함될 수 있다(대판 2003. 8. 22. 2002두12946).

㉢ [×] 법원 이외의 공공기관이 「정보공개법」 제9조 제1항 제4호에서 정한 '진행 중인 재판에 관련된 정보'에 해당한다는 사유로 정보공개를 거부하기 위하여는 반드시 그 정보가 진행 중인 재판의 소송기록 자체에 포함된 내용일 필요는 없다. 그러나 재판에 관련된 일체의 정보가 그에 해당하는 것은 아니고 진행 중인 재판의 심리 또는 재판결과에 구체적으로 영향을 미칠 위험이 있는 정보에 한정된다고 보는 것이 타당하다(대판 2011. 11. 24. 2009두19021).

㉣ [×] 검찰보존사무규칙은 행정규칙에 불과하므로 '다른 법률 또는 법률에서 위임한 명령에 따라서 비공개 사항으로 규정된 경우'에 해당하지 않는다(대판 2012. 6. 28. 2011두16735).

11 ① '개인정보'란 살아 있는 개인에 관한 정보로서 성명, 주민등록번호 및 영상 등을 통하여 개인을 알아볼 수 있는 정보(해당 정보만으로는 특정 개인을 알아볼 수 없더라도 다른 정보와 쉽게 결합하여 알아볼 수 있는 것을 포함)를 말한다(「개인정보 보호법」 제2조 제1호). 따라서 사자(死者) 및 법인에 관한 정보는 이 법의 보호대상이 아니다.

② 「개인정보 보호법」 제2조 제5호

③ 「개인정보 보호법」 제7조 제1항

④ 「개인정보 보호법」 제3조 제5항

⑤ 「개인정보 보호법」 제25조 제5항

12 ⑤ 개인정보의 '제3자 제공'은 본래의 개인정보 수집·이용 목적의 범위를 넘어 정보를 제공받는 자의 업무처리와 이익을 위하여 개인정보가 이전되는 경우이다(대판 2017. 4. 7. 2016도13263).

Answer 10. ③ 11. ① 12. ⑤

13 **「개인정보 보호법」상 정보처리의 제한에 대한 내용으로 옳지 않은 것은? (다툼이 있는 경우 판례에 의함)**

① 개인정보처리자는 정보주체의 사생활을 현저히 침해할 우려가 있는 개인정보로서 대통령령으로 정하는 민감정보를 처리하여서는 아니 된다.
② 개인정보처리자는 법령에서 구체적으로 고유식별정보의 처리를 요구하거나 허용하는 경우에는 고유식별정보를 처리할 수 있다.
③ 개인정보처리자는 정보주체의 별도의 동의가 있으면 주민등록번호를 처리할 수 있다.
④ 보호위원회는 대통령령으로 정하는 전문기관으로 하여금 고유식별정보의 안전성 확보에 필요한 조치를 하였는지에 관하여 정기적으로 조사하여야 한다.
⑤ 개인정보처리자는 통계작성, 과학적 연구, 공익적 기록보존 등을 위하여 정보주체의 동의 없이 가명정보를 처리할 수 있다.

14 **현행 「개인정보 보호법」상의 단체소송의 내용으로 틀린 것은?**

① 「개인정보 보호법」상 단체소송을 제기하기 위해서는 집단분쟁조정절차를 거쳐야 한다.
② 공정거래위원회에 등록한 소비자단체는 단체의 정회원 수가 1천 명 이상일 것을 요한다.
③ 단체소송의 원고는 변호사를 소송대리인으로 선임하여야 한다.
④ 단체소송에 대해 특별한 규정이 없는 경우 「민사소송법」을 적용한다.
⑤ 원고청구를 기각하는 확정판결의 경우에는 기각판결이 원고의 고의로 인한 것임이 밝혀진 경우에도 다른 단체는 단체소송을 제기할 수 없다.

15 「개인정보 보호법」에 관한 설명으로 옳지 않은 것은? (다툼이 있는 경우 판례에 의함)

① 가명정보는 원래의 상태로 복원하기 위한 추가 정보의 사용·결합 없이는 특정 개인을 알아볼 수 없는 정보이기 때문에 개인정보에 해당하지 않는다.

② 법률정보 제공 사이트를 운영하는 甲 주식회사가 乙 대학교 법학과 교수로 재직 중인 丙의 개인정보를 별도 동의 없이 위 법학과 홈페이지 등을 통해 수집하여 위 사이트 내 법조인 항목에서 유료로 제공하더라도 위법하다고 할 수 없다.

③ 개인정보처리자가 이 법에 위반한 행위로 정보주체에게 손해를 입힌 경우, 개인정보처리자는 고의 또는 과실 없음을 입증하지 못한 경우 손해배상을 하여야 한다.

④ 정보주체와의 계약의 체결 및 이행을 위하여 불가피하게 필요한 경우에도 정보주체의 별도 동의 없이 개인정보처리자가 개인정보를 수집할 수 있으며 그 수집 목적의 범위에서 이용할 수 있다.

⑤ 시설안전 및 화재 예방을 위하여 필요한 경우 공개된 장소에 고정형 영상정보기기를 설치·운영할 수 있다.

13 ③ 개인정보처리자가 주민등록번호를 처리할 수 있는 예외적인 경우에 정보주체의 별도의 동의는 들어가지 않는다(「개인정보 보호법」 제24조의2 제1항).
① 「개인정보 보호법」 제23조 제1항
② 「개인정보 보호법」 제24조 제1항
④ 「개인정보 보호법」 제24조 제4항
⑤ 「개인정보 보호법」 제28조의2 제1항

14 ⑤ 원고청구를 기각하는 판결이 확정된 경우에는 다른 단체는 단체소송을 제기할 수 없지만, ⅰ) 판결이 확정된 후 그 사안과 관련하여 국가·지방자치단체 또는 국가·지방자치단체가 설립한 기관에 의하여 새로운 증거가 나타난 경우, ⅱ) 기각판결이 원고의 고의로 인한 것임이 밝혀진 경우에는 예외가 인정된다.

15 ① 가명정보도 「개인정보 보호법」상 보호대상이 되는 개인정보에 해당된다(「개인정보 보호법」 제2조 제1호).
② 갑 회사가 병의 개인정보를 수집하여 제3자에게 제공한 행위는 병의 동의가 있었다고 객관적으로 인정되는 범위 내이고, 갑 회사에 영리 목적이 있었다고 하여 달리 볼 수 없으므로, 갑 회사가 병의 별도의 동의를 받지 아니하였다고 하여 「개인정보 보호법」 제15조나 제17조를 위반하였다고 볼 수 없다(대판 2016. 8. 17. 2014다235080).
③ 「개인정보 보호법」 제39조 제1항
④ 「개인정보 보호법」 제15조 제1항 제4호
⑤ 「개인정보 보호법」 제25조 제1항 제3호

Answer 13. ③ 14. ⑤ 15. ①

16 다음은 「개인정보 보호법」의 규정 내용이다. 타당하지 않은 것은?

① 개인정보처리자는 통계작성, 과학적 연구, 공익적 기록보존 등을 위하여 정보주체의 동의 없이 가명정보를 처리할 수 있다.

② 개인정보처리자는 개인정보를 익명 또는 가명으로 처리하여도 개인정보 수집목적을 달성할 수 있는 경우 익명처리가 가능한 경우에는 익명에 의하여, 익명처리로 목적을 달성할 수 없는 경우에는 가명에 의하여 처리될 수 있도록 하여야 한다.

③ 개인정보처리자는 당초 수집 목적과 합리적으로 관련된 범위에서 정보주체에게 불이익이 발생하는지 여부, 암호화 등 안전성 확보에 필요한 조치를 하였는지 여부 등을 고려하여 대통령령으로 정하는 바에 따라 정보주체의 동의 없이 개인정보를 제공할 수 있다.

④ 개인정보처리자는 대통령령으로 정한 규모 이상의 개인정보가 유출된 경우에는 정보주체에의 통지 및 조치 결과를 지체 없이 행정안전부장관에 신고하여야 한다.

⑤ 통계작성, 과학적 연구, 공익적 기록보존 등을 위한 서로 다른 개인정보처리자 간의 가명정보의 결합은 보호위원회 또는 관계 중앙행정기관의 장이 지정하는 전문기관이 수행한다.

16 ④ 행정안전부장관이 아니라 보호위원회 또는 전문기관(대통령령으로 정하는 전문기관)에 신고하여야 한다 (「개인정보 보호법」 제34조 제3항).
① 「개인정보 보호법」 제28조의2 제1항
② 「개인정보 보호법」 제3조 제7항
③ 「개인정보 보호법」 제17조 제4항
⑤ 「개인정보 보호법」 제28조의3 제1항

Answer 16. ④

ME
MO

행정사
임병주 행정법

PART

03

행정상 의무이행확보수단

Chapter

01 행정상 강제

제1절 행정상 강제집행

01 다음 중 행정상 강제집행의 수단이 아닌 것은?

① 행정상 즉시강제
② 행정상 강제징수
③ 대집행
④ 직접강제
⑤ 이행강제금

02 현행 「행정기본법」상 행정강제에 대한 설명으로 옳지 않은 것은?

① 행정강제는 필요한 최소한의 범위 내에서 이루어져야 한다.
② 의무자가 행정상 의무를 이행하지 아니하는 경우 행정청이 의무자의 신체나 재산에 실력을 행사하여 그 행정상 의무의 이행이 있었던 것과 같은 상태를 실현하는 것을 직접강제라 한다.
③ 현재의 급박한 행정상의 장해를 제거하기 위한 경우로서 행정청이 곧바로 국민의 신체 또는 재산에 실력을 행사하여 행정목적을 달성하는 것을 즉시강제라 한다.
④ 의무자가 행정상 의무를 이행하지 아니하는 경우 행정청이 적절한 이행기간을 부여하고, 그 기한까지 행정상 의무를 이행하지 아니하면 금전급부의무를 부과하는 것을 이행강제금의 부과라 한다.
⑤ 「행정기본법」은 행정강제의 일반적 근거법으로 작용한다.

03 행정대집행에 관해 옳지 않은 것은?

① 대체적 작위의무 위반을 대상으로 한다.
② 상급행정청(처분청의 감독청)이 대집행을 한다.
③ 대집행의 비용은 의무자로부터 징수한다.
④ 대집행의 요건은 원칙적으로 계고할 때 이미 충족되어야 한다.
⑤ 대집행은 실행 후 비용을 강제로 징수한다는 점에서 비용징수를 수반하지 않는 직접강제와 구별된다.

04 **대집행의 절차에 관한 다음 설명 중 옳은 것은?**

① 판례에 의할 때 대집행할 행위의 내용과 범위는 반드시 대집행 계고서에 의하여 특정되어야 한다.

② 철거명령과 계고를 동시에 행하는 것은 현행 법체계상 허용되지 않으며, 판례도 같은 입장이다.

③ 대집행영장에 의한 통지는 그 자체가 독립하여 취소소송의 대상이 된다.

④ 대집행비용의 납부를 명하는 비용납부명령은 사실행위인 통지에 불과하여 항고소송의 대상이 아니다.

⑤ 위험이 절박한 경우 계고는 생략될 수 있지만 영장에 의한 통지는 생략되지 않는다.

01 강제집행은 사전에 부과된 의무를 상대방이 불이행하는 경우에 신체나 재산에 실력을 행사하여 의무가 이행된 것과 같은 상태를 실현하는 작용으로서 대집행, 이행강제금, 직접강제, 행정상 강제징수가 있다. 즉시강제는 급박한 장해를 제거하기 위하여 의무의 존재 및 불이행을 전제하지 않고 즉시 국민의 신체나 재산에 실력을 행사하여 행정상 필요한 상태를 실현하는 작용으로 강제집행과는 구별된다.

02 ⑤ 행정강제는 별도의 근거법이 있어야 하고 「행정기본법」이 일반법의 근거가 되지 않는다.
①·②·③·④ 「행정기본법」 제30조 제1항

03 ② 처음에 의무를 명하는 행정행위를 한 처분청이 대집행의 주체가 되고 감독청은 별도의 법적 근거가 없는 이상 대집행을 할 수 없음이 원칙이다.

04 ① 판례에 의할 때 대집행할 행위의 내용과 범위는 반드시 대집행 계고서에 의하여서만 특정될 필요가 없고 계고처분 전후에 송달된 문서나 기타 사정을 종합하여 행위의 내용이 특정되었는가를 기준으로 판단한다.
② 계고서에 의해 철거명령과 동시에 그 소정기한 내에 자진철거하지 않을 때에는 대집행할 뜻을 미리 계고하는 것도 적법이라는 것이 판례이다.
④ 대집행비용의 납부를 명하는 비용납부명령은 상대방에 대하여 의무를 부과하는 것으로 항고소송의 대상이 된다.
⑤ 위험이 절박한 경우 계고와 영장에 의한 통지는 생략될 수 있다.

Answer 01. ① 02. ⑤ 03. ② 04. ③

05 **「행정대집행법」상 대집행의 대상이 되는 의무는? (다툼이 있는 경우 판례에 의함)**

① 관계 법령을 위반하여 장례식장 영업을 하고 있는 자의 장례식장 사용 중지의무
② 피수용자 등이 기업자에 대하여 부담하는 수용대상 토지의 인도의무
③ 공유재산 대부계약의 해지에 따라 원상회복을 위하여 실시하는 지상물 철거의무
④ 공원점용허가를 받아 설치한 매점의 소유자가 점용기간 만료 후에 그 매점으로부터 퇴거할 의무
⑤ 구 「공공용지의 취득 및 손실보상에 관한 특례법」에 따른 토지 등의 협의취득 시 건물 소유자가 매매대상건물에 대한 철거의무를 부담하겠다는 취지의 약정을 한 경우 그 철거의무

06 **행정대집행에 관한 설명으로 옳지 않은 것은? (다툼이 있는 경우에는 판례에 의함)**

① 조례는 「행정대집행법」상의 대체적 작위의무 부과의 근거가 되는 법령에 해당하지 않는다.
② 건축물철거 대집행 계고처분에 있어 2차 계고를 행한 경우에 2차 계고는 행정처분이 아니다.
③ 대집행 계고에 있어 그 내용과 범위는 대집행 계고서에 의해서만 특정되어야 하는 것은 아니다.
④ 대집행 계고처분의 취소소송의 변론이 종결되기 전에 대집행의 실행이 완료된 경우에는 그 계고처분의 취소를 구할 소의 이익이 없다.
⑤ 대집행요건에 관한 주장 및 입증책임은 처분행정청에게 있다는 것이 판례이다.

07 **행정대집행에 관한 판례의 견해와 같지 않은 것은?**

① 「행정대집행법」상 대집행의 대상이 되는 대체적 작위의무에는 공법상 의무뿐만 아니라 법령상 규정이 없더라도 사법상 의무도 포함된다.

② 제3자가 아무런 권원 없이 국유재산에 설치한 시설물에 대해 해당 국유재산에 대한 사용청구권을 가진 사인은 일정한 경우에는 국가를 대위하여 민사소송으로 해당 시설물의 철거를 구할 수 있다.

③ 행정처분을 하여 이에 따르지 않는 경우에는 행정대집행의 방법으로 그 의무내용을 실현할 수 있는 것이고, 이러한 행정대집행의 절차가 인정되는 경우에는 따로 민사소송의 방법으로 의무이행을 구할 수는 없다.

④ 부작위의무로부터 그 의무를 위반함으로써 생긴 결과를 시정하기 위한 작위의무를 당연히 끌어낼 수는 없다.

⑤ 상당한 의무이행기간을 부여하지 않은 계고처분 후 대집행 영장으로 대집행의 시기를 늦추더라도 그 계고처분은 적법절차에 위배한 것으로 위법한 처분이다.

05 ③ 공유재산에 대한 무단시설물은 공법상 의무위반인지 사법상 의무위반인지 구별하지 않고 대집행 방식으로 철거할 수 있다(「공유재산 및 물품관리법」 제83조 제2항).
①·②·④ 비대체적 의무로 대집행을 할 수 없는 의무이다.
⑤ 협의취득은 사법상 계약으로 사법상 의무불이행은 원칙적으로 대집행의 대상이 되지 않는다.

06 ① 조례도 행정법의 법원성이 인정되는 법규성이 있는 자치법규이므로 대체적 작위의무의 부과의 근거가 되는 법령에 해당한다.
② 반복된 계고처분에 대해서는 최초의 계고만이 항고소송의 대상이 되고 2차·3차 계고는 항고소송의 대상이 되지 아니한다.
③ 대집행할 행위의 내용과 범위는 대집행 계고서에 의하여서만 특정되어야 하는 것은 아니고 계고처분 전·후에 송달된 문서나 기타 사정을 종합하여 특정 여부를 판단한다.
④ 대집행이 완료된 후에는 이를 다툴 소의 이익이 없다는 것이 판례이다.

07 ① 개별 법률에 특별한 규정이 없는 이상 대집행의 대상이 되는 의무는 공법상의 의무이고 사법상의 의무는 대집행의 대상이 되지 않는다.
② 아무런 권원 없이 국유재산에 설치한 시설물에 대하여 행정청이 행정대집행을 할 수 있는 경우 민사소송의 방법으로 그 시설물의 철거를 구하는 것이 허용되지 않지만, 행정청이 행정대집행을 실시하지 않는 경우 그 국유재산에 대한 사용청구권을 가지고 있는 자가 국가를 대위하여 민사소송으로 그 시설물의 철거를 구할 수 있다.
⑤ 계고처분을 함에 있어서 의무이행을 할 수 있는 상당한 기간을 부여하여야 하므로 설사 대집행 시기를 늦추었더라도 상당한 기간을 부여하지 않은 대집행 계고는 위법하다는 것이 판례이다.

Answer 05. ③ 06. ① 07. ①

08 **「행정대집행법」상 행정대집행에 대한 설명으로 옳은 것은? (다툼이 있는 경우 판례에 의함)**

① 계고서라는 명칭의 1장의 문서로서 일정 기간 내에 위법건축물의 자진철거를 명함과 동시에 그 소정 기한 내에 자진철거를 하지 않을 때에는 대집행할 뜻을 미리 계고한 경우라도 각 그 요건이 충족되었다고 볼 것이다.

② 건물의 소유자에게 위법건축물을 일정 기간까지 철거할 것을 명함과 아울러 불이행하면 대집행한다는 내용의 계고처분을 고지한 후, 이에 불응하자 다시 제2차 계고서로 일정 기간까지의 철거를 촉구하고 불이행하면 대집행한다는 뜻을 고지하였다면, 「행정대집행법」상 건물철거의무는 제2차 계고처분으로 인하여 발생한다.

③ 대체적 작위의무가 법률의 위임을 받은 조례에 의해 직접 부과된 경우에는 대집행의 대상이 되지 아니한다.

④ 공유 일반재산의 대부료 지급은 사법상 법률관계이므로 행정상 강제집행절차가 인정되더라도 따로 민사소송으로 대부료의 지급을 구하는 것이 허용된다.

⑤ 「행정대집행법」에 따른 행정대집행에서 건물의 점유자가 철거의무자일 때에는 건물철거의무에 퇴거의무는 포함되어 있지 않으므로 퇴거를 위해서는 별도로 퇴거를 명하는 집행권원이 필요하다.

09 **현행 「행정대집행법」에 대한 설명으로 옳지 않은 것은?**

① 행정대집행을 하려 함에 있어서는 상당한 이행기한을 정하여 그 기한까지 이행되지 아니할 때에는 대집행을 한다는 뜻을 미리 문서로써 계고하여야 한다.

② 의무자가 계고를 받고 지정기한까지 그 의무를 이행하지 아니할 때에는 당해 행정청은 대집행영장으로써 대집행을 할 시기, 대집행을 시키기 위하여 파견하는 집행책임자의 성명과 대집행에 요하는 비용의 개산에 의한 견적액을 의무자에게 통지하여야 한다.

③ 행정청은 해가 뜨기 전이나 해가 진 후에는 대집행을 하여서는 아니 된다.

④ 해가 지기 전에 대집행을 착수한 경우에는 야간에도 대집행이 가능하다.

⑤ 대집행에 요한 비용에 대하여서는 행정청은 사무비의 소속에 따라 국세에 우선하는 순위의 선취득권을 가진다.

10 이행강제금(집행벌)에 관한 설명으로 옳지 않은 것은?

① 이행강제금이란 행정법상의 의무를 이행하지 아니한 때에 일정한 금전급부를 부과한다는 사실을 의무자에게 미리 고지함으로써 심리적 압박을 가하여 의무이행을 강제하는 수단이다.

② 「건축법」상 이행강제금 부과처분에 대해 이의를 제기하지 아니하고 미납한 경우 국세 또는 지방세체납처분의 예에 따라 강제징수한다.

③ 이행강제금과 행정벌은 병행하여 부과될 수 있다.

④ 대체적 작위의무도 이행강제금의 대상이 될 여지가 있다.

⑤ 현행 「건축법」에서는 이행강제금 부과처분의 상대방이 이에 불복할 경우 행정소송을 제기하도록 명문으로 규정하고 있다.

08 ① 철거명령과 대집행 계고는 서로 별개의 처분으로 1장의 계고서에 철거명령과 대집행 계고가 동시에 되었더라도 위법으로 볼 수 없다는 것이 판례이다. 판례에 의하면 대집행 요건이 충족된 것으로 본다.
② 「행정대집행법」상의 건물철거의무는 제1차 철거명령 및 계고처분으로서 발생하였고 제2차, 제3차의 계고처분은 새로운 철거의무를 부과한 것이 아니고 다만 대집행기한의 연기통지에 불과하므로 행정처분이 아니다(대판 1994. 10. 28. 94누5144).
③ 법률에 의해서뿐만 아니라 법률의 위임을 받은 조례에 의해 직접 부과된 대체적 작위의무도 대집행의 대상이 된다.
④ 행정대집행에 들어간 비용의 징수는 강제징수가 가능하므로 「행정대집행법」이 대집행비용의 징수에 관하여 민사소송절차에 의한 소송이 아닌 간이하고 경제적인 특별구제절차를 마련해 놓고 있으므로, 위 청구는 소의 이익이 없어 부적법하다(대판 2011. 9. 8. 2010다48240).
⑤ 행정청은 퇴거를 명하는 집행권원이 없더라도 건물철거 대집행 과정에서 부수적으로 철거의무자인 건물의 점유자들에 대해 퇴거 조치를 할 수 있다.

09 ⑤ 대집행에 요한 비용에 대하여서는 행정청은 사무비의 소속에 따라 국세에 다음가는 순위의 선취득권을 가진다(「행정대집행법」 제6조 제2항).

10 ⑤ 현행 「건축법」상 이행강제금 부과에 대한 별도의 불복절차가 규정된 것은 아니다. 다수설은 별도의 불복절차가 없으므로 「행정소송법」이 적용되어 항고소송의 대상이 되는 처분성을 인정하고 있다.

Answer 08. ① 09. ⑤ 10. ⑤

11 이행강제금에 대한 다음 서술 중 타당하지 않은 것은? (다툼이 있으면 판례에 의함)

① 이행강제금 부과처분에 대해서는 개별법에 별도의 불복절차가 있는 경우에는 항고소송으로 다툴 수 없다.

② 무허가 건축행위에 대한 형사처벌과 시정명령 위반에 대한 이행강제금의 부과는 이중처벌이 아니다.

③ 이행강제금은 대체적 작위의무 위반에 대해서도 부과될 수 있고 대집행과 선택적으로 활용될 수 있다.

④ 현행 「농지법」상의 이행강제금처분에 대한 불복은 「비송사건절차법」에 의하므로 항고소송의 대상이 되지 않는다.

⑤ 「부동산 실권리자명의 등기에 관한 법률」상 장기미등기자가 이행강제금 부과 전에 등기신청의무를 이행하였더라도 동법에 규정된 기간이 지나서 등기신청의무를 이행하였다면 이행강제금을 부과할 수 있다.

12 「행정기본법」상 이행강제금에 관한 설명으로 옳지 않은 것은? (다툼이 있으면 판례에 따름)

① 행정청은 이행강제금을 부과하기 전에 미리 의무자에게 적절한 이행기간을 정하여 그 기한까지 행정상 의무를 이행하지 아니하면 이행강제금을 부과한다는 뜻을 문서로 계고(戒告)하여야 한다.

② 행정청은 의무자가 계고에서 정한 기한까지 행정상 의무를 이행하지 아니한 경우 이행강제금의 부과 금액·사유·시기를 문서로 명확하게 적어 의무자에게 통지하여야 한다.

③ 행정청은 의무자가 행정상 의무를 이행할 때까지 이행강제금을 반복하여 부과할 수 있다.

④ 의무자가 의무를 이행하면 새로운 이행강제금의 부과를 즉시 중지하되, 이미 부과한 이행강제금은 징수하여서는 아니 된다.

⑤ 행정청은 이행강제금을 부과받은 자가 납부기한까지 이행강제금을 내지 아니하면 국세 강제징수의 예 또는 「지방행정제재·부과금의 징수 등에 관한 법률」에 따라 징수한다.

13 **이행강제금에 대한 판례의 내용으로 옳지 않은 것은?**

① 장기간 시정명령을 이행하지 아니하였더라도, 그 기간 중에는 시정명령의 이행 기회가 제공되지 아니하였다가 뒤늦게 시정명령의 이행 기회가 제공된 경우라면, 시정명령의 이행 기회가 제공되지 아니한 과거의 기간에 대한 이행강제금까지 한꺼번에 부과할 수는 없다.

② 「건축법」상 행정청은 의무자가 행정상 의무를 이행할 때까지 이행강제금을 반복하여 부과할 수 있으나, 의무자가 의무를 이행하면 새로운 이행강제금의 부과를 즉시 중지하여야 하고 이미 부과한 이행강제금은 징수하지 아니한다.

③ 「농지법」에 따른 이행강제금을 부과할 때에는 그때마다 이행강제금을 부과·징수한다는 뜻을 미리 문서로 알려야 하고, 이와 같은 절차를 거치지 아니한 채 이행강제금을 부과하는 것은 이행강제금 제도의 취지에 반하는 것으로서 위법하다.

④ 이행강제금 납부의무는 상속인 기타의 사람에게 승계될 수 없는 일신전속적인 성질의 것이므로 이미 사망한 사람에게 이행강제금을 부과하는 내용의 처분이나 결정은 당연무효이다.

⑤ 사용자가 이행하여야 할 행정법상 의무의 내용을 초과하는 것을 '불이행 내용'으로 기재한 이행강제금 부과예고서에 의하여 이행강제금 부과예고를 한 다음 이행강제금을 부과한 경우 특별한 사정이 없는 한 이 이행강제금 부과예고 및 이행강제금 부과처분은 위법하다.

11 ⑤ 장기미등기자가 이행강제금 부과 전에 등기신청의무를 이행하였다면 이행강제금의 부과로써 이행을 확보하고자 하는 목적은 이미 실현된 것이므로 「부동산실명법」 제6조 제2항에 규정된 기간이 지나서 등기신청의무를 이행한 경우라 하더라도 이행강제금을 부과할 수 없다(대판 2016. 6. 23. 2015두36454).

12 ④ 행정청은 의무자가 행정상 의무를 이행할 때까지 이행강제금을 반복하여 부과할 수 있다. 다만, 의무자가 의무를 이행하면 새로운 이행강제금의 부과를 즉시 중지하되, 이미 부과한 이행강제금은 징수하여야 한다(「행정기본법」 제31조 제5항).

13 ② 허가권자는 제79조 제1항에 따라 시정명령을 받은 자가 이를 이행하면 새로운 이행강제금의 부과를 즉시 중지하되, 이미 부과된 이행강제금은 징수하여야 한다(「건축법」 제80조 제6항).
③ 「농지법」 제62조 제1항에 따른 이행강제금을 부과할 때에는 그때마다 이행강제금을 부과·징수한다는 뜻을 미리 문서로 알려야 하고, 이와 같은 절차를 거치지 아니한 채 이행강제금을 부과하는 것은 이행강제금 제도의 취지에 반하는 것으로서 위법하다(대판 2018. 11. 2. 2018마5608).

Answer 11. ⑤ 12. ④ 13. ②

14 **행정상 강제징수에 대한 설명으로 옳지 않은 것은? (다툼이 있는 경우 판례에 의함)**

① 독촉은 반드시 문서(독촉장)로 하여야 하며, 원칙적으로 납부기간 경과 후 10일 내에 발부하여야 한다.

② 압류 후 부과처분의 근거법률이 위헌으로 결정된 경우에는 압류처분은 취소사유가 있는 것이 되므로 압류를 해제하여야 할 것이다.

③ 한국자산관리공사가 체납압류한 재산의 공매처분에 대한 소송에서 피고는 세무서장이 아니라 한국자산관리공사이다.

④ 선행행위인 조세 등 부과처분이 무효이거나 취소되어 그 효력을 상실한 경우에도 후행행위인 체납처분이 당연무효가 되는 것은 아니다.

⑤ 공매에 의하여 재산을 매수한 자는 그 공매처분이 취소된 경우에 그 취소처분의 위법을 주장하여 행정소송을 제기할 법률상 이익이 있다.

15 **행정상 강제징수에 대한 설명으로 옳지 않은 것은? (다툼이 있는 경우 판례에 의함)**

① 세무 공무원이 국세의 징수를 위해 납세자의 재산을 압류하는 경우 그 재산의 가액이 징수할 국세액을 초과한다고 하여 당해 압류처분이 당연무효인 것은 아니다.

② 국세를 납부기한까지 납부하지 아니하면 과세권자의 가산금 확정절차 없이 「국세징수법」 제21조에 의하여 가산금이 당연히 발생하고 그 액수도 확정된다.

③ 조세부과처분의 근거규정이 위헌으로 선언된 경우, 그에 기한 조세부과처분이 위헌결정 전에 이루어졌다 하더라도 위헌결정 이후에 조세채권의 집행을 위해 새로이 착수된 체납처분은 당연무효이다.

④ 공매통지가 적법하지 아니하다면 특별한 사정이 없는 한, 공매통지를 직접 항고소송의 대상으로 삼아 다툴 수 없고 통지 후에 이루어진 공매처분에 대하여 다투어야 한다.

⑤ 「국세징수법」상의 독촉, 압류, 압류해제거부 및 공매처분에 대하여는 이의신청을 제기할 수 있고, 심사청구와 심판청구의 결정을 모두 거친 후에 행정소송을 제기할 수 있다.

14 ④ 선행처분인 조세부과처분이 무효이거나 취소된 경우에는 후행행위인 체납처분은 당연무효가 된다.
② 압류 후 부과처분의 근거법률이 위헌으로 결정된 경우에는 압류처분은 취소사유가 있는 것이 되므로 압류를 해제하여야 하고, 만약 압류를 실행했다면 이는 무효라는 것이 판례이다.

15 ⑤ 「국세기본법」상 이의신청은 임의적이지만, 심사청구와 심판청구 중 하나는 반드시 거치고 행정소송을 제기하여야 한다. 동일한 처분에 대해서는 심사청구와 심판청구를 중복하여 제기할 수 없다(「국세기본법」 제55조 제9항).
② 「국세징수법」 제21조, 제22조가 규정하는 가산금 또는 중가산금은 국세를 납부기한까지 납부하지 아니하면 과세청의 확정절차 없이도 법률 규정에 의하여 당연히 발생하는 것이므로 가산금 또는 중가산금의 고지가 항고소송의 대상이 되는 처분이라고 볼 수 없다(대판 2005. 6. 10. 2005다15482).

Answer 14. ④ 15. ⑤

제2절 즉시강제와 행정조사

01 행정상 즉시강제에 대한 설명으로 옳지 않은 것은?

① 오늘날 실질적 법치주의하에서 행정상 즉시강제에도 당연히 법적 근거를 요한다는 것이 다수설이다.

② 즉시강제는 일반적 요건으로 장해가 급박하여 의무를 부과할 시간적 여유가 없거나 성질상 의무를 부과해서는 목적 달성이 곤란할 것이 요구된다.

③ 행정상 즉시강제를 하는 경우에도 사전영장 없이 물건을 수거하는 것은 허용되지 않는다는 것이 헌법재판소의 입장이다.

④ 행정상 즉시강제가 적법하게 이루어졌다고 하더라도 사인의 수인한도를 넘는 특별한 희생의 경우에는 손실보상이 이루어져야 한다.

⑤ 위법한 즉시강제가 종료된 경우 항소소송의 소의 이익이 부정되는 경우가 많다.

02 즉시강제에 대한 설명으로 타당한 것은?

① 적법한 즉시강제일지라도 이로 인해 발생된 손실은 사회적 수인한도를 벗어나지 않은 경우라도 보상되어야 한다.

② 「소방기본법」상 화재건물 인근의 연소위험건물에 대한 강제처분은 즉시강제에 해당한다.

③ 즉시강제는 목전의 급박한 행정상 장해를 제거하는 것인 만큼 법률상의 근거가 없어도 허용된다.

④ 즉시강제는 보충성의 원칙이 적용되지 않는다.

⑤ 즉시강제가 비록 위법하더라도 공권력행사에 해당되기 때문에 이에 대한 정당방위는 인정되지 않는다.

03 **행정상 즉시강제에 대한 설명으로 옳은 것만을 모두 고르면?**

> ㉠ 항고소송의 대상이 되는 처분의 성질을 갖는다.
> ㉡ 과거의 의무위반에 대하여 가해지는 제재이다.
> ㉢ 목전에 급박한 장해를 예방하기 위한 경우에는 예외적으로 법률의 근거가 없이도 발동될 수 있다는 것이 일반적인 견해이다.
> ㉣ 강제건강진단과 예방접종은 대인적 강제수단에 해당한다.
> ㉤ 위법한 즉시강제작용으로 손해를 입은 자는 국가나 지방자치단체를 상대로 「국가배상법」이 정한 바에 따라 손해배상을 청구할 수 있다.

① ㉡, ㉢
② ㉠, ㉡, ㉤
③ ㉠, ㉣, ㉤
④ ㉢, ㉣, ㉤
⑤ ㉡, ㉣, ㉤

01 ③ 국민의 신체와 재산에 공권력을 행사하는 경우 법관의 영장이 필요하지만 즉시강제는 급박한 상황에 대체하기 위한 것이므로 사전영장주의가 적용되지 않는다는 것이 헌법재판소의 입장이다.

02 ② 「소방기본법」상 화재건물 인근의 연소위험건물에 대한 강제처분은 급박한 위험발생 방지를 목적으로 하는 것이므로 즉시강제에 해당한다.
① 사인의 손실이 사회적 수인한도를 벗어나지 않은 경우에는 이를 수인하여야 하므로 손실보상의 대상이 되지 않는다.
③ 즉시강제도 오늘날은 법적 근거를 요한다는 것이 다수설과 판례이다.
④ 즉시강제는 권력적 사실행위이므로 다른 수단으로 그 목적달성이 곤란한 경우에만 인정된다.
⑤ 위법한 즉시강제에 저항하는 것은 정당방위에 해당하므로 공무집행방해죄가 성립하지 않는다는 것이 판례이다.

03 ㉡ [×] 즉시강제는 과거의 의무위반에 대하여 가해지는 제재가 아니라 목적의 급박한 장애를 제거하는 것을 목적으로 하는 행정강제에 해당한다.
㉢ [×] 행정상 즉시강제는 엄격한 실정법상의 근거를 필요로 한다(헌재 2002. 10. 31. 2000헌가12).

Answer 01. ③ 02. ② 03. ③

04 「행정조사기본법」에서 규정하고 있는 내용으로 옳지 않은 것은?

① 행정기관은 법령 등에서 행정조사를 규정하고 있는 경우에 한하여 행정조사를 실시할 수 있다. 그러나 조사대상자의 자발적인 협조를 얻어 실시하는 행정조사의 경우에는 그러하지 아니하다.

② 현장조사는 조사대상자가 동의한 경우에는 해가 뜨기 전이나 해가 진 뒤에도 할 수 있다.

③ 행정조사를 실시하고자 하는 행정기관의 장은 출석요구서 등을 조사개시 7일 전까지 조사대상자에게 서면으로 통지하여야 한다.

④ 행정기관은 유사하거나 동일한 사안에 대하여는 공동조사 등을 실시함으로써 행정조사가 중복되지 아니하도록 하여야 한다.

⑤ 조세에 관한 사항도 「행정조사기본법」에 의한 행정조사의 대상에 포함된다.

05 「행정조사기본법」상 조사기본원칙에 대한 설명으로 옳지 않은 것은?

① 행정조사는 다른 목적 등을 위하여 조사권을 남용하여서는 아니 된다.

② 행정기관은 유사하거나 동일한 사안에 대하여는 공동조사 등을 실시함으로써 행정조사가 중복되지 아니하도록 하여야 한다.

③ 행정조사는 법령 등의 위반에 대한 처벌 위주의 조사를 목적으로 한다.

④ 다른 법률에 따르지 아니하고는 행정조사의 대상자 또는 행정조사의 내용을 공표하거나 직무상 알게 된 비밀을 누설하여서는 아니 된다.

⑤ 행정기관은 행정조사를 통하여 알게 된 정보를 원래의 조사목적 이외의 용도로 이용하거나 타인에게 제공하여서는 아니 된다.

06 **「행정조사기본법」상의 행정조사에 대한 설명으로 옳지 않은 것은?**

① 행정조사는 법령 등 또는 행정조사 운영계획으로 정하는 바에 따라 정기적으로 실시함을 원칙으로 한다.

② 조사대상자가 조사에 응할 것인지에 대한 응답을 하지 아니하는 경우에는 법령 등에 특별한 규정이 없는 한 그 조사를 거부한 것으로 본다.

③ 원칙적으로 행정조사를 실시하고자 하는 행정기관의 장은 출석요구서, 보고요구서 · 자료제출요구서 및 현장출입조사서를 조사개시 7일 전까지 조사대상자에게 서면으로 통지하여야 한다.

④ 행정기관은 유사하거나 동일한 사안에 대하여는 가급적 공동조사 등을 실시하지 않도록 노력해야 한다.

⑤ 조사원이 현장조사 중에 자료 등을 영치하는 때에는 조사대상자 또는 그 대리인을 입회시켜야 한다.

04 ⑤ 조세 · 형사 · 행형 및 보안처분에 관한 사항에 대하여는 「행정조사기본법」을 적용하지 아니한다(「행정조사기본법」 제3조 제2항). 따라서 조세에 관한 사항은 「행정조사기본법」에 의한 행정조사의 대상에서 제외된다.

05 ③ 행정조사는 법령 등의 위반에 대한 처벌보다는 법령 등을 준수하도록 유도하는 데 중점을 두어야 한다(「행정조사기본법」 제4조 제4항).

06 ④ 행정기관은 유사하거나 동일한 사안에 대하여는 공동조사 등을 실시함으로써 행정조사가 중복되지 아니하도록 하여야 한다(「행정조사기본법」 제4조 제3항).
② 자발적인 협조에 따라 실시하는 행정조사는 조사대상자가 조사에 응할 것인지에 대한 응답을 하지 아니하는 경우에는 법령 등에 특별한 규정이 없는 한 그 조사를 거부한 것으로 본다(「행정조사기본법」 제20조 제2항).

Answer 04. ⑤ 05. ③ 06. ④

07 **「행정조사기본법」의 내용으로 옳지 않은 것은?**

① 현장조사는 해가 뜨기 전이나 해가 진 뒤에는 할 수 없지만 사업장 등의 업무시간에 행정조사를 실시하는 경우에는 예외가 인정된다.
② 시료채취를 하는 경우에는 정상적인 경제활동을 방해하지 않는 범위 안에서 최소한도로 하여야 한다.
③ 현장조사 중에 자료・서류・물건 등을 영치하는 때에는 증거인멸의 우려가 있는 자료 등은 사진으로 촬영하거나 사본을 작성하는 등의 방법으로 영치에 갈음할 수 있다.
④ 원칙적으로 정기조사 또는 수시조사를 실시한 행정기관의 장은 동일한 사안에 대하여 동일한 조사대상자를 재조사하여서는 아니 된다.
⑤ 행정기관의 장은 조사대상자에 대한 조사만으로는 당해 행정조사의 목적을 달성할 수 없는 경우 제3자에 대한 보충조사를 할 수 있다.

08 **「행정조사기본법」상의 행정조사에 대한 설명으로 옳은 것은?**

① 금융감독기관의 감독・검사・조사 및 감리에 관한 사항에는 「행정조사기본법」이 전면적으로 직접 적용된다.
② 행정기관이 유사한 사안이라고 하여 공동조사 등을 실시하는 것은 국민의 권익을 침해할 수 있으므로 허용되지 않는다.
③ 임의조사를 제외하고 행정기관은 법령 등에서 행정조사를 규정한 경우에 한하여서만 행정조사를 실시할 수 있다.
④ 행정기관은 행정조사를 통하여 알게 된 정보를 임의로 다른 국가기관에 제공할 수 있다.
⑤ 행정기관의 장은 매년 12월 말까지 다음 연도의 행정조사운영계획을 수립하여 행정안전부장관에게 제출하여야 한다.

09 **다음 「행정조사기본법」상 행정조사에 대한 설명으로 가장 적절하지 않은 것은?**

① 행정조사는 수시로 실시함을 원칙으로 한다.

② 행정기관의 장은 원칙적으로 행정조사의 결과를 확정한 날부터 7일 이내에 그 결과를 조사대상자에게 통지하여야 한다.

③ 임의조사를 제외하고 행정기관은 법령 등에서 행정조사를 규정하고 있는 경우에 한하여 행정조사를 실시할 수 있다.

④ 당해 행정기관 내의 2 이상의 부서가 동일한 업무분야에 대하여 동일한 조사대상자에게 행정조사를 실시하는 경우 행정기관의 장은 공동조사를 하여야 한다.

⑤ 당해 행정기관 내의 2 이상의 부서가 유사한 업무분야에 대하여 동일한 조사대상자에게 행정조사를 실시하는 경우 행정기관의 장은 공동조사를 하여야 한다.

07 ③ 조사원이 자료 등을 영치하는 경우에 조사대상자의 생활이나 영업이 사실상 불가능하게 될 우려가 있는 때에는 조사원은 자료 등을 사진으로 촬영하거나 사본을 작성하는 등의 방법으로 영치에 갈음할 수 있다. 다만, 증거인멸의 우려가 있는 자료 등을 영치하는 경우에는 그러하지 아니하다(「행정조사기본법」 제13조 제2항).

08 ③ 행정기관은 법령 등에서 행정조사를 규정하고 있는 경우에 한하여 행정조사를 실시할 수 있다. 다만, 조사대상자의 자발적인 협조를 얻어 실시하는 행정조사의 경우에는 그러하지 아니하다(「행정조사기본법」 제5조).
① 금융감독기관의 감독·검사·조사 및 감리에 관한 사항은 「행정조사기본법」이 적용되지 않는 적용제외 사항이다(「행정조사기본법」 제3조 제2항 제6호).
② 행정기관은 유사하거나 동일한 사안에 대하여는 공동조사 등을 실시함으로써 행정조사가 중복되지 아니하도록 하여야 한다(「행정조사기본법」 제4조 제3항).
④ 행정기관은 행정조사를 통하여 알게 된 정보를 다른 법률에 따라 내부에서 이용하거나 다른 기관에 제공하는 경우를 제외하고는 원래의 조사목적 이외의 용도로 이용하거나 타인에게 제공하여서는 아니 된다(「행정조사기본법」 제4조 제6항).
⑤ 국무조정실장에게 제출하여야 한다(「행정조사기본법」 제6조).

09 ① 행정조사는 정기적으로 실시함을 원칙으로 한다. 다만, i) 법률에서 수시조사를 규정하고 있는 경우, ii) 법령 등의 위반에 대하여 혐의가 있는 경우 등에는 수시조사를 할 수 있다(「행정조사기본법」 제7조).

Answer 07. ③ 08. ③ 09. ①

10 행정조사에 관한 설명으로 옳지 않은 것은?

① 「근로기준법」상 근로감독관의 직무에 관한 사항에 대하여는 「행정조사기본법」이 적용되지 아니한다.

② 「행정조사기본법」이 정하고 있는 행정조사의 방법에 현장조사, 문서열람, 시료채취, 보고요구, 자료제출요구, 진술요구는 포함되지만 출석요구는 포함되지 않는다.

③ 위법한 행정조사에 기초하여 내려진 행정처분은 위법한 처분이라 봄이 판례의 태도이다.

④ 조사대상자는 행정기관의 장의 승인이 없어도 조사원의 교체신청을 할 수 있다.

⑤ 행정기관의 장은 법령 등에 특별한 규정이 있는 경우를 제외하고는 행정조사의 결과를 확정한 날부터 7일 이내에 그 결과를 조사대상자에게 통지하여야 한다.

11 행정조사에 대한 설명으로 옳지 않은 것은? (다툼이 있는 경우 판례에 의함)

① 압수・수색영장 없이 우편물의 개봉, 시료채취, 성분분석 등 검사가 진행되었다면 특별한 사정이 없는 한 위법하다고 볼 것이다.

② 세무조사가 과세자료의 수집 또는 신고내용의 정확성 검증이라는 본연의 목적이 아니라 부정한 목적을 위하여 행하여진 것이라면 이러한 세무조사에 의하여 수집된 과세자료를 기초로 한 과세처분 역시 위법하다.

③ 납세자에 대한 부가가치세부과처분이, 종전의 부가가치세 경정조사와 같은 세목 및 같은 과세기간에 대하여 중복하여 실시된 위법한 세무조사에 기초하여 이루어진 것이어서 위법하다.

④ 위법한 행정조사로 손해를 입은 국민은 「국가배상법」에 따른 손해배상을 청구할 수 있다.

⑤ 국민의 신체나 재산에 대한 실력행사에 대해서는 「행정조사기본법」에 규정이 없다.

12 **「행정조사기본법」에 대한 설명으로 옳지 않은 것은? (다툼이 있는 경우 판례에 의함)**

① 행정기관은 조사목적에 적합하도록 조사대상자를 선정하여 행정조사를 실시하는 것을 원칙으로 하나 필요한 경우 제3자에 대하여도 조사할 수 있다.

② 행정기관은 법령 등에서 행정조사를 규정하고 있는 경우가 아니라도 조사대상자의 자발적인 협조를 얻어 행정조사를 실시할 수 있다.

③ 행정기관은 조사대상자의 자발적인 협조를 얻어 실시하는 행정조사인 경우 「행정조사기본법」 제17조 제1항 본문에 따른 사전통지를 하지 않을 수 있다.

④ 당해 행정기관 내의 2 이상의 부서가 동일하거나 유사한 업무분야에 대하여 동일한 조사대상자에게 행정조사를 실시하는 경우에는 공동조사를 할 수 있다.

⑤ 행정기관의 장은 법령 등에 특별한 규정이 있는 경우를 제외하고는 행정조사의 결과를 확정한 날부터 7일 이내에 그 결과를 조사대상자에게 통지하여야 한다.

10 ② 「행정조사기본법」은 행정조사의 방법으로 현장조사, 문서열람, 시료채취, 자료 등의 영치, 보고요구와 자료제출요구, 출석·진술요구를 규정하고 있다(「행정조사기본법」 제9조~제13조).
① 「행정조사기본법」 제3조 제2항
④ 조사대상자는 조사원에게 공정한 행정조사를 기대하기 어려운 사정이 있다고 판단되는 경우에는 행정기관의 장에게 그 이유를 명시한 서면으로 해당 조사원의 교체를 신청할 수 있고, 교체 신청을 받은 행정기관의 장은 즉시 이를 심사하여 교체 신청이 타당하다고 인정되는 경우에는 다른 조사원으로 하여금 행정조사를 하게 하여야 한다(「행정조사기본법」 제22조). 따라서 교체신청은 자유이며, 교체는 교체신청이 타당하다고 인정되는 경우에만 허용된다.
⑤ 「행정조사기본법」 제24조

11 ① 우편물 통관검사절차에서 이루어지는 우편물의 개봉, 시료채취, 성분분석 등의 검사는 수출입물품에 대한 적정한 통관 등을 목적으로 한 행정조사의 성격을 가지는 것으로서 수사기관의 강제처분이라고 할 수 없으므로, 압수·수색영장 없이 우편물의 개봉, 시료채취, 성분분석 등 검사가 진행되었다 하더라도 특별한 사정이 없는 한 위법하다고 볼 수 없다(대판 2013. 9. 26. 2013도7718).

12 ④ 당해 행정기관 내의 2 이상의 부서가 동일하거나 유사한 업무분야에 대하여 동일한 조사대상자에게 행정조사를 실시하는 경우에는 공동조사를 하여야 한다(「행정조사기본법」 제14조 제1항).

Answer 10. ② 11. ① 12. ④

Chapter

02 행정벌과 새로운 의무이행확보수단

제1절 행정벌

01 행정벌에 대한 설명으로 옳지 않은 것은? (다툼이 있는 경우 판례에 의함)

① 어떤 행정법규 위반행위에 대해 과태료를 과할 것인지 행정형벌을 과할 것인지는 기본적으로 입법재량에 속한다.

② 지방공무원이 자치사무를 수행하던 중 「도로법」을 위반한 경우 지방자치단체는 「도로법」의 양벌규정에 따라 처벌대상이 된다.

③ 「도로교통법」에 따른 경찰서장의 통고처분에 대하여 항고소송을 제기할 수 있다.

④ 「질서위반행위규제법」상 고의 또는 과실이 없는 질서위반행위는 과태료를 부과하지 아니한다.

⑤ 명문의 규정이 없더라도 관련 행정형벌법규의 해석에 따라 과실행위도 처벌한다는 뜻이 명확한 경우에는 과실행위를 처벌할 수 있다.

02 행정벌에 대한 설명으로 틀린 것은?

① 과태료는 죄형법정주의가 적용되지 않는다는 것이 헌법재판소의 입장이다.

② 행정질서벌과 형사벌은 일사부재리의 원칙이 적용된다는 것이 대법원의 입장이다.

③ 통고처분은 통고처분이 아니었으면 정식 형사소송으로 나아가는 성질의 것이다.

④ 행정벌은 과거의 의무위반에 대한 제재수단이나, 집행벌(이행강제금)은 장래의 의무이행강제수단이다.

⑤ 행정질서벌에는 형법총칙이 적용되지 않는다.

03 행정벌에 대한 다음 설명 중 가장 옳지 않은 것은?

① 행정형벌에 대하여는 원칙적으로 형법총칙이 적용된다.
② 행정범의 경우 법인의 책임을 인정하는 경우가 많다.
③ 행정형벌의 과벌절차는 원칙적으로 「형사소송법」에 의한다.
④ 행정벌과 징계벌은 일사부재리의 원칙이 적용되지 않으므로 병과가 가능하다.
⑤ 「질서위반행위규제법」상 과태료를 부과하는 경우 고의·과실을 필요로 하지 않는다.

04 다음은 행정법상의 양벌규정에 대한 설명이다. 타당하지 않은 것은? (다툼이 있으면 판례에 의함)

① 행정법규는 현실적인 행위자 외에 법인에 대해서도 재산형에 의한 처벌을 규정(양벌규정)하는 예가 많다.
② 종업원이 무죄인 경우에는 양벌규정에 의해 영업주를 처벌할 수는 없다.
③ 지방자치단체 소속 공무원이 고유의 자치사무를 수행하다가 법규를 위반한 경우, 지방자치단체는 양벌규정의 적용대상이 된다.
④ 기관위임사무의 경우 지방자치단체는 양벌규정에 의한 처벌대상이 되는 법인에 해당한다고 볼 수 없다.
⑤ 종업원 등의 범죄행위와 관련하여 선임·감독상의 주의의무를 다하여 아무런 잘못이 없는 영업주도 처벌하도록 규정하고 있는 양벌규정은 책임주의 등에 반하여 위헌이다.

01 ③ 통고처분에 대해 상대방이 불이행하면 통고처분의 효력은 소멸한다. 따라서 통고처분은 행정쟁송의 대상이 되는 처분이 아니다. 통고처분을 불이행하면 관계기관장의 고발에 의해 통상의 형사소추절차로 넘어간다(단, 도로교통사범에 대한 통고처분을 불이행하면 경찰서장의 청구에 의해 즉결심판절차로 넘어간다).

02 ② 행정법상의 질서벌인 과태료의 부과처분과 형사처벌은 그 성질이나 목적을 달리하는 별개의 것이므로 행정법상의 질서벌인 과태료를 납부한 후에 형사처벌을 한다고 하여 이를 일사부재리의 원칙에 반하는 것이라고 할 수 없다는 것이 대법원의 입장이다. 반대로 헌법재판소는 양자를 병과하는 것은 이중처벌에 해당하여 금지된다는 입장이다.

03 ⑤ 「질서위반행위규제법」이 시행되기 전에는 고의 또는 과실이 없는 위반행위라도 과태료를 부과할 수 있다는 것이 판례의 입장이었지만, 현행 「질서위반행위규제법」은 고의 또는 과실이 없는 질서위반행위에 대해서는 과태료를 부과하지 않는다고 규정하고 있다(「질서위반행위규제법」 제7조).

04 ② 양벌규정에 의한 영업주의 처벌은 금지위반행위자인 종업원의 처벌에 종속하는 것이 아니라 독립하여 그 자신의 종업원에 대한 선임감독상의 과실로 인하여 처벌되는 것이므로 종업원의 범죄성립이나 처벌이 영업주 처벌의 전제조건이 될 필요는 없다(대판 2006. 2. 24. 2005도7673).

Answer 01. ③ 02. ② 03. ⑤ 04. ②

05 통고처분에 관한 설명 중 옳지 않은 것은?

① 일정한 벌금 또는 과료에 상당하는 금액의 납부를 명하는 준사법적 행정작용이다.
② 통고처분의 상대방은「행정소송법」상 취소소송을 제기할 수 없다는 것이 판례의 입장이다.
③ 통고처분의 부과권자는 관할 행정청이다.
④ 통고처분을 받은 자가 법정기한 내에 이행하지 않으면 강제집행이 개시된다.
⑤ 의무위반자가 통고처분상의 의무를 이행하면 과형절차가 종료되고, 형사소추되지 않는다.

06 통고처분에 대한 설명으로 옳지 않은 것은?

① 통고처분을 받은 자가 통고처분의 내용을 이행하지 아니하면 권한행정청은 일정 기간 내에 고발할 수 있고, 그에 따라 형사소송절차로 이행되게 된다.
② 헌법재판소는 통고처분에 대해 행정심판이나 행정소송의 대상에서 제외하고 있는 구「관세법」 제38조 제3항 제2호가 법관에 의해 재판을 받을 권리를 침해한다든가 적법절차의 원칙을 위반하지 않는다고 보았다.
③ 범칙자가 범칙금을 납부하면 과형절차는 종료되고, 범칙자는 다시 형사소추되지 아니한다.
④ 법률의 규정에 의하여 통고처분을 할 수 있음에도 불구하고 법률이 정한 즉시고발사유의 존재를 이유로 통고처분을 하지 않고 고발하였다면 그 고발 및 이에 기한 공소의 제기는 부적법한 것이다.
⑤ 통고처분은 행정형벌에서만 인정되고 행정질서벌에서는 인정되지 않는다.

07 통고처분에 대한 다음 설명 중 옳지 않은 것은?

① 경찰서장이 범칙행위에 대하여 통고처분을 한 이상, 통고처분에서 정한 범칙금 납부기간까지는 원칙적으로 경찰서장은 즉결심판을 청구할 수 없고, 검사도 동일한 범칙행위에 대하여 공소를 제기할 수 없다.
② 통고처분에 대해서는 불복사유가 있더라도 그 취소를 구하는 행정쟁송을 제기할 수 없다.
③ 통고내용을 이행하면 일사부재리의 원칙이 적용된다.
④ 통고처분의 이행기간이 경과하여도 고발하기 전에는 상대방은 범칙금 납부가 가능하다.
⑤ 지방국세청장이 조세범칙행위에 대하여 고발을 한 후에 동일한 조세범칙행위에 대하여 통고처분을 하는 경우 조세범칙행위자가 이를 이행하였다면 일사부재리의 원칙이 적용된다.

08 **「질서위반행위규제법」상 과태료 부과에 대한 설명으로 틀린 것은? (다툼이 있는 경우에는 판례에 의함)**

① 자신의 행위가 위법하지 아니한 것으로 오인하고 행한 질서위반행위는 그 오인에 정당한 이유가 있는 때에 한해서만 과태료를 부과하지 아니한다.
② 심신장애로 인하여 능력이 미약한 자의 질서위반행위는 과태료를 부과하지 아니한다.
③ 14세가 되지 아니한 자의 질서위반행위는 과태료를 부과하지 아니한다. 다만, 다른 법률에 특별한 규정이 있는 경우에는 그러하지 아니하다.
④ 행정청이 질서위반행위에 대해 과태료를 부과하고자 하는 때에는 미리 당사자에게 10일 이상의 기간을 정하여 의견을 제출할 기회를 주어야 한다.
⑤ 행정청의 과태료 부과에 불복하는 자는 과태료 부과통지를 받은 날부터 60일 이내에 해당 행정청에 서면으로 이의제기를 할 수 있다.

PART 03

05 ④ 행정청의 통고처분을 법정기한 내에 이행하지 않는 경우 행정청의 통고처분은 효력을 상실하고 행정청의 고발에 의해 검사공소제기에 의한 정식 형사소송절차로 이행된다. 따라서 강제집행이 개시되는 것이 아니다.

06 ④ 고발 없는 공소제기는 무효이지만, 통고처분 여부는 행정청의 재량행위이므로 통고처분 없이 이루어진 고발 및 공소제기가 부적법하게 되는 것은 아니라는 것이 판례이다.
⑤ 통고처분에 대한 불복은 정식 형사소송절차에 의하므로 행정소송의 대상이 되지 않더라도 재판청구권을 침해하지 않는 합헌이라는 것이 헌법재판소의 입장이다.

07 ⑤ 조세범칙행위에 대하여 고발을 한 후에 동일한 조세범칙행위에 대하여 통고처분을 하였더라도 이는 무효이고 조세범칙행위자가 이러한 통고처분을 이행하였더라도 일사부재리의 원칙이 적용될 수 없다(대판 2016. 9. 28. 2014도1078).
① 경찰서장이 범칙행위에 대하여 통고처분을 한 이상, 범칙자의 절차적 지위를 보장하기 위하여 통고처분에서 정한 범칙금 납부기간까지는 원칙적으로 경찰서장은 즉결심판을 청구할 수 없고, 검사도 동일한 범칙행위에 대하여 공소를 제기할 수 없다고 보아야 한다(대판 2020. 4. 29. 2017도13409).

08 ② 심신장애로 인하여 행위의 옳고 그름을 판단할 능력이 없는 경우 또는 판단에 따른 행위를 할 능력이 없는 경우에는 과태료를 부과하지 않으나, 능력이 미약한 경우에는 과태료를 감경한다(「질서위반행위규제법」 제10조 제1항·제2항).

Answer 05. ④ 06. ④ 07. ⑤ 08. ②

09 **다음 「질서위반행위규제법」의 규정 내용으로 적절하지 않은 것은?**

① 질서위반행위가 종료된 날부터 5년이 경과한 경우에는 해당 질서위반행위에 대하여 과태료를 부과할 수 없다.

② 법원은 검사의 청구에 따라 결정으로 15일의 범위 이내에서 과태료의 납부가 있을 때까지 체납자를 감치(監置)에 처할 수 있다.

③ 당사자와 검사는 과태료 재판에 대하여 즉시항고를 할 수 있다. 이 경우 항고는 집행정지의 효력이 있다.

④ 당사자와 검사의 과태료 재판에 대한 즉시항고에는 집행정지의 효력이 있다.

⑤ 법원은 상당하다고 인정하는 때에는 심문 없이 과태료 재판을 할 수 있다.

10 **「질서위반행위규제법」상의 과태료에 대한 설명으로 옳지 않은 것은?**

① 과태료의 부과 · 징수, 재판 및 집행 등에 관한 다른 법률의 규정은 「질서위반행위규제법」에 우선하여 적용한다.

② 행정청의 과태료 부과처분에 대해 이의를 제기하면 그 처분은 효력을 상실한다.

③ 과태료를 부과하고자 하는 때에는, 10일 이상의 기간을 정하여 의견제출을 할 기회를 부여하여야 한다.

④ 행정청은 질서위반행위가 종료된 날부터 5년이 경과하면 과태료를 부과할 수 없다.

⑤ 과태료는 부과처분 후 5년간 징수하지 아니하거나 집행하지 아니하면 시효로 인하여 소멸한다.

11 「질서위반행위규제법」의 내용에 대한 설명으로 옳지 않은 것은?

① 행정청의 과태료 부과에 불복하는 당사자는 과태료 부과통지를 받은 날부터 60일 이내에 해당 행정청에 서면으로 이의제기를 할 수 있고, 이 경우 행정청의 과태료 부과처분은 그 효력을 상실한다.

② 질서위반행위란 '법률(조례 포함)상의 의무를 위반하여 과태료를 부과하는 행위'를 말하고, 이에는 대통령령으로 정하는 법률에 따른 징계사유에 해당하여 과태료를 부과하는 행위가 포함된다.

③ 신분에 의하여 성립하는 질서위반행위에 신분이 없는 자가 가담한 때에는 신분이 없는 자에 대하여도 질서위반행위가 성립한다.

④ 하나의 행위가 2 이상의 질서위반행위에 해당하는 경우에는 각 질서위반행위에 대하여 정한 과태료 중 가장 중한 과태료를 부과한다.

⑤ 과태료 부과에 대해서는 상대방이 「행정소송법」상 항고소송으로 이를 다툴 수 없다는 것이 판례이다.

09 ② 법원은 15일의 범위 이내가 아니라 30일의 범위 이내에서 감치결정을 할 수 있다(「질서위반행위규제법」 제54조 제1항).

10 ① 과태료의 부과 · 징수, 재판 및 집행 등의 절차에 관한 다른 법률의 규정 중 「질서위반행위규제법」의 규정에 저촉되는 것은 이 법으로 정하는 바에 따른다(「질서위반행위규제법」 제5조).
② 행정청의 과태료 부과처분에 대해 이의를 제기하면 행정청의 과태료 부과처분은 효력을 상실한다. 법원에 송부되어 법원의 재판에 의해 부과된다.

11 ② 대통령령으로 정하는 사법(私法)상 · 소송법상 의무를 위반하여 과태료를 부과하는 행위, 대통령령으로 정하는 법률에 따른 징계사유에 해당하여 과태료를 부과하는 행위는 질서위반행위에서 제외된다(「질서위반행위규제법」 제2조 제1호).

Answer 09. ② 10. ① 11. ②

12 **「질서위반행위규제법」에 규정된 과태료에 대한 설명으로 옳은 것은?**

① 대통령령으로 정하는 사법(私法)상 · 소송법상 의무를 위반하여 과태료를 부과하는 행위는 「질서위반행위규제법」상 질서위반행위에 포함된다.

② 신분에 의하여 성립하는 질서위반행위에 신분이 없는 자가 가담한 때에는 신분이 없는 자에 대하여도 질서위반행위가 성립한다.

③ 행정청의 과태료처분이나 법원의 과태료 재판이 확정된 후 법률이 변경되어 그 행위가 질서위반행위에 해당하지 아니하게 되더라도 변경된 법률에 특별한 규정이 없는 한 과태료의 징수 또는 집행은 면제되지 않는다.

④ 행정청으로부터 과태료 부과처분을 받은 자가 행정소송을 제기하면 과태료 부과처분의 집행이 정지된다.

⑤ 행정청은 당사자가 납부기한까지 과태료를 납부하지 아니한 때에는 납부기한을 경과한 날부터 체납된 과태료에 대하여 100분의 5에 상당하는 가산금을 징수한다.

13 **질서위반행위와 과태료처분에 관한 설명으로 옳지 않은 것은?**

① 「질서위반행위규제법」은 과태료 부과의 제척기간과 과태료 징수의 소멸시효를 각각 5년으로 규정하고 있다.

② 행정청의 과태료 부과에 불복하는 당사자는 과태료 부과통지를 받은 날부터 60일 이내에 해당 행정청에 서면으로 이의제기를 할 수 있다.

③ 행정청은 당사자가 이의제기를 하지 아니하고 납부하지 아니한 때에는 국세 또는 지방세 체납처분의 예에 따라 징수한다.

④ 과태료는 당사자가 사망한 경우에는 그 상속재산에 대하여 집행할 수 있다.

⑤ 법인의 대표자, 법인 또는 개인의 대리인 · 사용인 및 그 밖의 종업원이 업무에 관하여 법인 또는 그 개인에게 부과된 법률상의 의무를 위반한 때에는 행위자에게 과태료를 부과한다.

14 **「질서위반행위규제법」상 과태료 재판과 집행에 대한 설명으로 틀린 것은?**

① 과태료 부과에 대해 이의제기를 받은 행정청은 이의제기를 받은 날부터 14일 이내에 이에 대한 의견 및 증빙서류를 첨부하여 관할 법원에 통보하여야 한다.

② 법원은 원칙적으로 심문기일을 열어 당사자의 진술을 들어야 한다.

③ 과태료 재판은 법원의 명령으로써 집행한다.

④ 과태료 재판은 결정으로써 하며 이에 대한 즉시항고는 집행정지의 효력이 있다.

⑤ 법원의 약식재판에 대해 당사자와 검사가 이의신청을 한 경우 법원이 이의신청이 적법하다고 인정하는 때에는 약식재판은 그 효력을 잃고 법원은 심문을 거쳐 다시 재판하여야 한다.

12 ② 「질서위반행위규제법」 제12조 제2항
① 질서위반행위에 포함되지 아니한다(「질서위반행위규제법」 제2조 제1호).
③ 행정청의 과태료처분이나 법원의 과태료 재판이 확정된 후 법률이 변경되어 그 행위가 질서위반행위에 해당하지 아니하게 된 때에는 변경된 법률에 특별한 규정이 없는 한 과태료의 징수 또는 집행을 면제한다(「질서위반행위규제법」 제3조 제3항).
④ 행정청의 과태료 부과처분은 행정소송의 대상이 아니다(판례).
⑤ 행정청은 당사자가 납부기한까지 과태료를 납부하지 아니한 때에는 납부기한을 경과한 날부터 체납된 과태료에 대하여 100분의 3에 상당하는 가산금을 징수한다(「질서위반행위규제법」 제24조 제1항).

13 ⑤ 법인의 대표자, 법인 또는 개인의 대리인·사용인 및 그 밖의 종업원이 업무에 관하여 법인 또는 그 개인에게 부과된 법률상의 의무를 위반한 때에는 법인 또는 그 개인에게 과태료를 부과한다(「질서위반행위규제법」 제11조).

14 ③ 과태료 재판은 검사의 명령으로써 집행한다(「질서위반행위규제법」 제42조 제1항).
⑤ 법원은 상당하다고 인정하는 때에는 심문 없이 과태료 재판을 할 수 있고 당사자와 검사는 약식재판의 고지를 받은 날부터 7일 이내에 이의신청을 할 수 있다. 법원이 이의신청이 적법하다고 인정하는 때에는 법원은 심문을 거쳐 다시 재판하여야 한다.

12. ② 13. ⑤ 14. ③

15 「질서위반행위규제법」의 내용에 대한 설명으로 옳은 것은?

① 과태료 사건은 다른 법령에 특별한 규정이 있는 경우를 제외하고는 당사자의 주소지의 지방법원 또는 그 지원의 관할로 한다.

② 신분에 의하여 과태료를 감경 또는 가중하거나 과태료를 부과하지 아니하는 때에는 그 신분의 효과는 신분이 없는 자에게도 미친다.

③ 과태료는 행정청의 과태료 부과처분이 있은 후 3년간 징수하지 아니하면 시효로 인하여 소멸한다.

④ 행정청의 과태료 부과에 대한 이의제기가 있더라도 과태료 부과처분은 그 효력을 상실하지 않는다.

⑤ 행정청은 당사자가 납부기한까지 과태료를 납부하지 아니한 때에는 납부기한을 경과한 날부터 체납된 과태료에 대하여 100분의 5에 상당하는 가산금을 징수한다.

15 ② 신분에 의하여 과태료를 감경 또는 가중하거나 과태료를 부과하지 아니하는 때에는 그 신분의 효과는 신분이 없는 자에게는 미치지 않는다(「질서위반행위규제법」 제12조 제3항).

③ 과태료는 행정청의 과태료 부과처분이 있은 후 5년간 징수하지 아니하면 시효로 인하여 소멸한다(「질서위반행위규제법」 제15조 제1항).

④ 이의제기가 있는 경우에는 행정청의 과태료 부과처분은 그 효력을 상실한다(「질서위반행위규제법」 제20조 제2항).

⑤ 행정청은 당사자가 납부기한까지 과태료를 납부하지 아니한 때에는 납부기한을 경과한 날부터 체납된 과태료에 대하여 100분의 3에 상당하는 가산금을 징수한다(「질서위반행위규제법」 제24조 제1항).

Answer 15. ①

제2절 새로운 의무이행확보수단

01 과징금에 관한 다음 설명 중 옳지 않은 것은?

① 일정한 행정법상의 의무위반에 대하여 과하는 금전상의 제재이다.
② 의무위반행위에 대한 인·허가의 철회·정지에 갈음하여 부과될 경우가 있다.
③ 과징금과 과태료는 병과할 수 있다.
④ 과징금의 부과에 대하여 불복이 있는 경우에는 「비송사건절차법」에 의하여 법원이 결정한다.
⑤ 과징금을 부과받은 자가 사망한 경우에는 과징금 채무는 상속인에게 승계된다는 것이 판례의 입장이다.

02 과징금에 관한 설명 중 옳지 않은 것은? (다툼이 있으면 판례에 의함)

① 부과관청이 추후에 부과금 산정 기준이 되는 새로운 자료가 나올 경우 과징금액이 변경될 수도 있다고 유보하며 과징금을 부과했다면, 새로운 자료가 나온 것을 이유로 새로이 부과처분을 할 수 있다.
② 「부동산 실권리자명의 등기에 관한 법률」상 명의신탁자에 대한 과징금의 부과 여부는 행정청의 기속행위이다.
③ 행정청은 법령 등에 따른 의무를 위반한 자에 대하여 법률로 정하는 바에 따라 그 위반행위에 대한 제재로서 과징금을 부과할 수 있다.
④ 영업정지에 갈음하는 과징금을 변형된 과징금이라 하며 변형된 과징금제도는 일반 공중의 이용편의를 도모하기 위한 것이다.
⑤ 변형된 과징금의 경우 영업정지에 갈음하는 과징금을 부과할 것인가 영업정지처분을 내릴 것인가는 통상 행정청의 재량에 속한다.

01 ④ 과징금의 부과처분에 대하여 불복은 특별한 규정이 없는 한 「행정심판법」과 「행정소송법」에 의한 행정쟁송에 의한다.

02 ① 과징금부과는 그 부과처분 당시까지 부과관청이 확인한 사실을 기초로 일의적으로 확정되어야 할 것이고, 그렇지 아니하고 부과관청이 과징금을 부과하면서 추후에 부과금 산정 기준이 되는 새로운 자료가 나올 경우에는 과징금액이 변경될 수도 있다고 유보한다든지, 실제로 추후에 새로운 자료가 나왔다고 하여 새로운 부과처분을 할 수는 없다(대판 1999. 5. 28. 99두1571).
② 「부동산 실권리자명의 등기에 관한 법률」 제3조 제1항, 제5조 제1항, 같은 법 시행령 제3조 제1항의 규정을 종합하면, 명의신탁자에 대하여 과징금을 부과할 것인지 여부는 기속행위에 해당하므로, 명의신탁이 조세를 포탈하거나 법령에 의한 제한을 회피할 목적이 아닌 경우에 한하여 그 과징금을 일정한 범위 내에서 감경할 수 있을 뿐이지 그에 대하여 과징금 부과처분을 하지 않거나 과징금을 전액 감면할 수 있는 것은 아니다(대판 2007. 7. 12. 2005두17287).

Answer 01. ④ 02. ①

03 여객자동차운송사업을 하는 甲은 관련법규 위반을 이유로 사업정지 처분에 갈음하는 과징금 부과처분을 받았다. 이에 대한 설명으로 옳지 않은 것은? (다툼이 있는 경우 판례에 의함)

① 甲이 현실적인 위반행위자가 아닌 법령상 책임자인 경우에도 甲에게 과징금을 부과할 수 있다.
② 甲에게 고의·과실이 없는 경우에는 과징금을 부과할 수 없다.
③ 과징금 부과처분에 대해 甲은 취소소송을 제기하여 다툴 수 있다.
④ 甲에게 부과된 과징금이 법이 정한 한도액을 초과하여 위법한 경우, 법원은 그 초과부분에 대하여 일부 취소할 수 없고 그 전부를 취소하여야 한다.
⑤ 의무위반자의 의무해태를 탓할 수 없는 정당한 사유가 있는 경우에는 과징금을 부과할 수 없다.

04 행정의 실효성 확보수단에 대한 설명으로 옳지 않은 것은? (다툼이 있는 경우에는 판례에 의함)

① 과징금 부과·징수에 하자가 있는 경우, 납부의무자는 행정쟁송절차에 따라 다툴 수 있다.
② 공정거래위원회의 과징금 부과는 재량행위적 성질을 가진다.
③ 세법상 가산세는 정당한 이유 없이 법에 규정된 신고·납세의무 등을 이행하지 않은 경우에 부과되는 행정상 제재로서 고의·과실 또한 중요한 고려요소가 된다.
④ 행정재산의 사용·수익 허가에 따른 사용료에 대하여는 가산금과 중가산금을 징수할 수 있고, 이는 미납분에 관한 지연이자의 의미로 부과되는 부대세의 일종이다.
⑤ 행정청이 위법건축물의 시정명령을 위반한 자에게 전기·전화 공급자에게 공급거부를 요청한 행위는 항고소송의 대상이 되는 처분성이 부정된다.

05 이행강제금과 과징금에 관한 다음 설명 중 옳지 않은 것은? (다툼이 있으면 판례에 의함)

① 「청소년보호법 시행령」으로 정한 과징금기준은 정액이 아니라 최고한도액이다.

② 행정청은 「청소년보호법 시행령」으로 정한 과징금기준액의 범위에서 과징금액수에 대한 재량을 갖는다.

③ 「국토의 계획 및 이용에 관한 법률」 및 「국토의 계획 및 이용에 관한 법률 시행령」이 정한 이행강제금의 부과기준은 정액이 아니라 최고한도액이다.

④ 영업정지에 갈음하는 과징금을 변형된 과징금이라 하며 변형된 과징금제도는 공익적 측면에서 도입되어 있다.

⑤ 「독점규제 및 공정거래에 관한 법률」은 매출액이 없거나 매출액의 산정이 곤란한 경우에도 과징금을 부과할 수 있도록 규정하고 있다.

03 ② [×], ① [○] 구 「여객자동차 운수사업법」 제88조 제1항의 과징금부과처분은 제재적 행정처분으로서 여객자동차 운수사업에 관한 질서를 확립하고 여객의 원활한 운송과 여객자동차 운수사업의 종합적인 발달을 도모하여 공공복리를 증진한다는 행정목적의 달성을 위하여 행정법규 위반이라는 객관적 사실에 착안하여 가하는 제재이므로 반드시 현실적인 행위자가 아니라도 법령상 책임자로 규정된 자에게 부과되고 원칙적으로 위반자의 고의·과실을 요하지 아니하나, 위반자의 의무 해태를 탓할 수 없는 정당한 사유가 있는 등의 특별한 사정이 있는 경우에는 이를 부과할 수 없다(대판 2014. 10. 15 2013두5005).

04 ③ 세법상 가산세는 납세자의 고의·과실을 고려하지 않고 개별 세법이 정하는 바에 따라 부과된다.
④ 가산금과 중가산금은 위 사용료가 납부기한까지 납부되지 않은 경우 미납분에 관한 지연이자의 의미로 부과되는 부대세의 일종이다(대판 2006. 3. 9. 2004다31074).
⑤ 단순한 권고적 성격에 그치는 것으로 항고소송의 대상이 아니라는 것이 판례이다(대판 1996. 3. 22. 96누433).

05 ③ 「국토의 계획 및 이용에 관한 법률」 및 「국토의 계획 및 이용에 관한 법률 시행령」이 정한 이행강제금의 부과기준은 단지 상한을 정한 것에 불과한 것이 아니라, 위반행위 유형별로 계산된 특정 금액을 규정한 것이므로 행정청에 이와 다른 이행강제금액을 결정할 재량권이 없다(대판 2014. 11. 27. 2013두8653).

Answer 03. ② 04. ③ 05. ③

06 **행정법상 의무이행확보수단에 대한 설명으로 옳지 않은 것은?(다툼이 있는 경우 판례에 의함)**

① 과징금 부과처분을 한 후 그 부과처분의 하자를 이유로 과징금의 액수를 감액하는 경우 그 감액처분에 의하여 감액된 부분에 대한 부과처분 취소청구는 소의 이익이 인정된다.

② 과징금 부과처분에 대해 취소심판재결이 있는 경우 경쟁업자는 이를 다툴 소의 이익이 인정되지 않는다.

③ 가산세는 형벌이 아니므로 행위자의 고의 또는 과실 · 책임능력 · 책임조건 등을 고려하지 아니하며, 조세의 부과절차에 따라 과징할 수 있다.

④ 행정재산의 사용 · 수익 허가에 따른 사용료에 대하여는 구 「국세징수법」에 따라 가산금과 중가산금을 징수할 수 있고, 이는 미납분에 관한 지연이자의 이미로 부과되는 부대세의 일종이다.

⑤ 공정거래위원회가 부당한 공동행위를 한 사업자들 중 자진 신고자에 대하여 구 독점규제 및 공정거래에 관한 법령에 따라 과징금 부과처분(선행처분)을 한 뒤, 다시 자진 신고자에 대한 사건을 분리하여 자진 신고를 이유로 과징금 감면처분(후행처분)을 한 경우 선행처분의 취소를 구하는 소는 부적법하다.

07 **행정의 실효성 확보수단의 하나인 '공급거부'와 '명단공표'에 관한 설명 중 가장 옳지 않은 것은?**

① 의무위반 또는 불이행과 공급거부 사이에 실질적 관련성이 필요하다.

② 판례는 단수처분에 대해 「행정소송법」상 처분에 해당하는 것으로 인정하고 있다.

③ 「국세기본법」은 고액조세체납자의 명단공표에 관하여 규정하고 있다.

④ 위법한 명단공표로 손해가 발생한 자는 국가배상청구가 가능하다.

⑤ 병무청장이 「병역법」에 따라 병역의무 기피자의 인적사항을 인터넷 홈페이지에 공개하는 결정은 항고소송의 대상이 되는 행정처분이 아니다.

08 **「행정절차법」상 위반사실 등의 공표에 대한 설명으로 옳지 않은 것은?**

① 행정청은 법령에 따른 의무를 위반한 자의 성명·법인명, 위반사실, 의무 위반을 이유로 한 처분사실 등을 법률로 정하는 바에 따라 일반에게 공표할 수 있다.

② 행정청은 위반사실 등의 공표를 할 때에는 미리 당사자에게 그 사실을 통지하고 의견제출의 기회를 주어야 한다.

③ 위반사실 등의 공표는 관보, 공보 또는 인터넷 홈페이지 등을 통하여 한다.

④ 행정청은 위반사실 등의 공표를 하기 전에 당사자가 공표와 관련된 의무의 이행, 원상회복, 손해배상 등의 조치를 마친 경우에는 위반사실 등의 공표를 하지 아니할 수 있다.

⑤ 행정청은 공표된 내용이 사실과 다른 것으로 밝혀지거나 공표에 포함된 처분이 취소된 경우에는 그 내용을 정정하여, 당사자가 원하지 아니하더라도 정정한 내용을 지체 없이 해당 공표와 같은 방법으로 공표된 기간 이상 공표하여야 한다.

06 ① 감액처분에 의하여 감액된 부분에 대한 부과처분 취소청구는 이미 소멸하고 없는 부분에 대한 것으로서 소의 이익이 없어 부적법하다는 것이 판례이다(대판 2017. 1. 12. 2015두2352). 감액되고 남은 원처분을 대상으로 소송을 제기하여야 한다.

⑤ 공정거래위원회가 부당한 공동행위를 한 사업자들 중 자진 신고자에 대하여 구 독점규제 및 공정거래에 관한 법령에 따라 과징금 부과처분(선행처분)을 한 뒤, 다시 자진 신고자에 대한 사건을 분리하여 자진 신고를 이유로 과징금 감면처분(후행처분)을 한 경우 선행처분은 후행처분에 흡수되어 소멸하므로 선행처분의 취소를 구하는 소는 부적법하다.

07 ⑤ 병무청장이 「병역법」 제81조의2 제1항에 따라 병역의무 기피자의 인적사항 등을 인터넷 홈페이지에 게시하는 등의 방법으로 공개한 경우 병무청장의 공개결정을 항고소송의 대상이 되는 행정처분으로 보아야 한다(대판 2019. 6. 27. 2018두49130).

08 ⑤ 행정청은 공표된 내용이 사실과 다른 것으로 밝혀지거나 공표에 포함된 처분이 취소된 경우에는 그 내용을 정정하여, 정정한 내용을 지체 없이 해당 공표와 같은 방법으로 공표된 기간 이상 공표하여야 한다. 다만, 당사자가 원하지 아니하면 공표하지 아니할 수 있다(「행정절차법」 제40조의3 제8항).

Answer 06. ① 07. ⑤ 08. ⑤

09 **병무청장이 하는 병역의무 기피자의 인적사항 공개에 대한 설명으로 옳은 것만을 〈보기〉에서 모두 고르면? (다툼이 있는 경우 판례에 의함)**

> ㉠ 병무청장이 하는 병역의무 기피자의 인적사항 공개는 특정인을 병역의무 기피자로 판단하여 그 사실을 일반 대중에게 공표함으로써 그의 명예를 훼손하고 그에게 수치심을 느끼게 하여 병역의무 이행을 간접적으로 강제하려는 조치로서 공권력의 행사에 해당한다.
> ㉡ 관할 지방병무청장이 1차로 공개 대상자 공개결정을 하고, 그에 따라 병무청장이 같은 내용으로 최종적 공개결정을 하였더라도, 공개 대상자는 관할 지방병무청장의 공개 대상자 결정을 별도로 다툴 소의 이익이 있다.
> ㉢ 병무청장의 인적사항 공개처분이 취소되면 병무청장은 취소판결의 기속력에 따라 위법한 결과를 제거하는 조치를 할 의무가 있다.

① ㉠
② ㉢
③ ㉠, ㉡
④ ㉠, ㉢
⑤ ㉡, ㉢

10 **행정의 실효성 확보수단에 대한 설명으로 옳은 것만을 모두 고르면? (다툼이 있는 경우 판례에 의함)**

> ㉠ 시정명령이란 행정법령의 위반행위로 초래된 위법상태의 제거 내지 시정을 명하는 행정행위를 말하는 것으로서, 그 위법행위의 결과가 더 이상 존재하지 않는다면 시정명령을 할 수 없다.
> ㉡ 납세의무자가 세무공무원의 잘못된 설명을 믿고 신고납부의무를 이행하지 아니하였다 하더라도 그것이 관계 법령에 어긋나는 것임이 명백한 때에는 그러한 사유만으로는 가산세를 부과할 수 없는 정당한 사유가 있는 경우에 해당한다고 할 수 없다.
> ㉢ 행정법규 위반에 대하여 가하는 제재조치(영업정지처분)는 반드시 현실적인 행위자가 아니라도 법령상 책임자로 규정된 자에게 부과되고, 특별한 사정이 없는 한 위반자에게 고의나 과실이 없더라도 부과할 수 있다.
> ㉣ 행정청의 재량권이 부여되어 있는 과징금 부과처분이 법이 정한 한도액을 초과하여 위법할 경우, 법원으로서는 그 한도액을 초과한 부분이나 법원이 적정하다고 인정되는 부분을 초과한 부분만을 취소할 수 있다.

① ㉠, ㉢
② ㉡, ㉣
③ ㉠, ㉡, ㉢
④ ㉠, ㉢, ㉣
⑤ ㉡, ㉢, ㉣

09 ㉠ [○] 병무청장이 하는 병역의무 기피자의 인적사항 공개는 특정인을 병역의무 기피자로 판단하여 그 사실을 일반 대중에게 공표함으로써 그의 명예를 훼손하고 그에게 수치심을 느끼게 하여 병역의무 이행을 간접적으로 강제하려는 조치로서 공권력의 행사에 해당한다(대판 2019. 6. 27. 2018두49130).
㉢ [○] 어떤 행정처분을 위법하다고 판단하여 취소하는 판결이 확정되면 행정청은 취소판결의 기속력에 따라 그 판결에서 확인된 위법사유를 배제한 상태에서 다시 처분을 하거나 그 밖에 위법한 결과를 제거하는 조치를 할 의무가 있다(대판 2020. 4. 9. 2019두49953).
㉡ [×] 관할 지방병무청장이 1차로 공개 대상자 결정을 하고, 그에 따라 병무청장이 같은 내용으로 최종적 공개결정을 하였다면, 공개 대상자는 병무청장의 최종적 공개결정만을 다투는 것으로 충분하고, 관할 지방병무청장의 공개 대상자 결정을 별도로 다툴 소의 이익은 없어진다(대판 2019. 6. 27. 2018두49130).

10 ㉠ [○] 공정거래위원회가 「하도급거래 공정화에 관한 법률」 제25조 제1항에 의한 시정명령을 하는 경우에는 단순히 하도급대금의 발생 및 지급지연과 같은 제13조 등의 위반행위가 있었는가를 확인함에 그쳐서는 안 되고, 나아가 그 위반행위로 인한 결과가 그 당시까지 계속되고 있는지를 확인하여 비록 법 위반행위가 있었더라도 하도급대금 채무의 불발생 또는 변제, 상계, 정산 등 사유 여하를 불문하고 위반행위의 결과가 더 이상 존재하지 아니한다면, 그 결과의 시정을 명하는 내용의 시정명령을 할 여지는 없다고 보아야 한다(대판 2010. 1. 14. 2009두11843).
㉡ [○] 세법상 가산세는 납세자의 고의·과실은 고려되지 아니하는 것이고, 법령의 부지 또는 오인은 그 정당한 사유에 해당한다고 볼 수 없으며, 또한 납세의무자가 세무공무원의 잘못된 설명을 믿고 그 신고납부의무를 이행하지 아니하였다 하더라도 그것이 관계 법령에 어긋나는 것임이 명백한 때에는 그러한 사유만으로는 정당한 사유가 있는 경우에 해당한다고 할 수 없다(대판 2002. 4. 12, 2000두5944).
㉢ [○] 행정제재처분은 처벌이 아니므로 반드시 현실적인 행위자가 아니라도 법령상 책임자로 규정된 자에게 부과되고, 특별한 사정이 없는 한 위반자에게 고의나 과실이 없더라도 부과할 수 있다(대판 2017. 5. 11. 2014두8773).
㉣ [×] 자동차운수사업면허조건 등을 위반한 사업자에 대하여 행정청이 행정제재수단으로 사업 정지를 명할 것인지, 과징금을 부과할 것인지, 과징금을 부과키로 한다면 그 금액은 얼마로 할 것인지에 관하여 재량권이 부여되었다 할 것이므로 과징금부과처분이 법이 정한 한도액을 초과하여 위법할 경우 법원으로서는 그 전부를 취소할 수밖에 없고, 그 한도액을 초과한 부분이나 법원이 적정하다고 인정되는 부분을 초과한 부분만을 취소할 수 없다(대판 1998. 4. 10. 98두2270).

Answer 09. ④ 10. ③

행정사
임병주 행정법

PART

04

행정구제법

Chapter

01 국가배상

제1절 손해전보제도 개설

01 손해전보제도에 대한 설명으로 틀린 것은?

① 불법행위에 의한 침해는 손해배상, 적법한 공권력 행사에 대한 희생은 손실보상제도가 적용된다.

② 손해배상제도는 단체주의적 · 배분적 정의에 입각한 데 반해, 손실보상제도는 개인주의적 · 평균적 정의에 입각하고 있다.

③ 손해배상제도는 고의 · 과실에 의한 손해전보제도이나, 손실보상은 고의 · 과실에 의한 침해를 요건으로 하지 않는다.

④ 손해배상제도는 발생된 손해의 종류를 불문하나, 손실보상은 재산권의 침해에 대한 보상에 국한된다.

⑤ 손해배상제도와 손실보상제도는 사후적 구제수단이라는 공통점이 있다.

02 「국가배상법」 내지 국가배상책임에 관한 설명으로 옳지 않은 것은?

① 행정상 손해배상에 관하여는 「국가배상법」이 일반법적 지위를 가진다.

② 「국가배상법」은 공무원의 직무행위로 인한 행정상 손해배상에 대하여 무과실책임을 명시하고 있다.

③ 「국가배상법」은 외국인이 피해자인 경우에는 해당 국가와 상호 보증이 있을 때에만 적용한다.

④ 국가배상책임을 공법적 책임으로 보는 견해는 국가배상청구소송은 당사자소송으로 제기되어야 한다고 보나, 재판실무에서는 민사소송으로 다루고 있다.

⑤ 「국가배상법」은 국가배상책임의 주체를 국가 또는 지방자치단체로 규정하고 있다.

03 **다음 중 행정상 손해전보에 관한 설명으로 가장 옳지 않은 것은?**

① 손해배상은 개인주의적인 사상에 기초를 두고 있는 반면에 손실보상은 단체주의적인 사상에 기초를 두고 있다.
② 재산권에 내재하는 사회적 제약의 범위 내의 침해에 대해서는 손실보상을 해주지 않아도 된다.
③ 손실보상은 비재산상의 손해에 대해서도 보상을 하여야 한다.
④ 공용제한으로 인해 발생한 손실은 보상해 주지 않아도 되는 경우가 많다.
⑤ 재산권에 대한 손실보상 외에 생활보상도 인정하고 있다.

01 ② 손해배상제도는 불법행위에 대한 원상회복을 통해 평균적 정의를 회복시키려는 개인주의적 책임제도임에 반해, 손실보상제도는 '공적부담 앞의 평등'원칙하에 사회전체의 책임에 의한 조절적 보상을 통해 배분적 정의를 달성하려는 단체주의적 시각에 입각한다.

02 ② 「국가배상법」 제2조는 공무원의 직무상 불법행위에 대해 공무원의 고의·과실을 요구하고 있다.
③ 「국가배상법」 제7조
④ 다수 학설은 「국가배상법」은 공법으로 보고 이에 대한 소송은 당사자소송에 의하여야 한다고 보지만, 판례는 「국가배상법」은 「민법」의 특별법으로 이에 대한 소송은 민사소송에 의한다고 보고 있다.

03 ③ 손실보상은 적법한 공권력 행사에 의한 재산상의 손해를 보상하는 제도이다. 비재산상의 손해는 손해배상이나 희생보상이라는 별도의 제도가 존재한다.
④ 공용제한은 재산권 행사에 대한 제한에 그치는 것으로 개별법상 손실보상규정이 없는 경우가 많다. 다만 특별한 희생으로 보이는 경우 수용과 유사하게 봐서 보상을 하여야 한다는 이론이 수용유사침해이론이다.
⑤ 손실보상에 대한 보완으로 생활보상도 개별법에 의해 인정되고 있다.

Answer 01. ② 02. ② 03. ③

제2절 국가배상

01 「국가배상법」 제2조의 공무원에 대한 학설과 판례의 내용 중 옳지 않은 것은?

① 지방자치단체가 선정한 교통할아버지의 위탁범위를 넘은 교통정리로 인한 교통사고에 대해서는 지방자치단체는 배상책임이 없다.
② 판례에 의하면 소집 중인 향토예비군은 「국가배상법」상의 공무원이다.
③ 판례에 의하면 시영버스 운전사는 「국가배상법」상의 공무원이 아니다.
④ 의용소방대원은 「국가배상법」상 공무원에 해당하지 않는다는 것이 판례이다.
⑤ 공무원으로 임용된 후 무효사유가 발견되더라도 그때까지 위탁받아 행한 직무행위에 대해서는 공무원의 행위로 본다.

02 「국가배상법」 제2조 제1항의 '직무를 집행하면서'에 관한 설명으로 가장 옳은 것은? (다툼이 있는 경우 판례에 의함)

① 직접적인 공무원의 직무집행행위만을 의미한다.
② 행위자는 주관적으로 공무집행의 의사가 있어야 한다.
③ 판례는 공무원이 통상적으로 근무하는 근무지로 출근하기 위하여 자기 소유의 자동차를 운행하는 경우는 특별한 사정이 없는 한 직무행위에 해당되지 아니한다고 하였다.
④ 비록 직무와 밀접한 관련이 있다 할지라도 직무행위에 부수하여 행하여지는 행위는 직무행위에서 제외된다.
⑤ 현실적으로 정당한 권한 내의 행위이어야 한다.

03 「국가배상법」 제2조에 의한 국가배상책임의 요건에 관한 설명으로 가장 옳지 않은 것은?

① 신분상의 공무원에 국한하지 않는다.
② 직무의 범위에는 권력적 작용만이 아니라 비권력적 작용도 포함된다.
③ 직무집행관련성은 행위 자체의 객관적 외관을 기준으로 판단한다.
④ 외국인이 피해자인 경우에는 해당 국가와 상호 조약을 체결한 경우에만 적용한다.
⑤ 반사적 이익의 침해는 포함되지 않는다.

04 **행정상 손해배상에 관한 설명 중 옳지 않은 것은? (다툼이 있는 경우에는 판례에 의함)**

① 생명·신체의 침해로 인한 국가배상을 받을 권리는 양도하거나 압류하지 못한다.
② 법령에 의해 대집행 권한을 위탁받은 한국토지주택공사는 「국가배상법」 제2조에서 말하는 공무원에 해당하지 아니한다.
③ 법령에 의해 대집행 권한을 위탁받은 한국토지주택공사의 임·직원이 위탁사무를 처리하는 경우 「국가배상법」 제2조에서 말하는 공무원에 해당한다.
④ 「국가배상법」은 행정작용뿐만 아니라 입법작용 및 사법(司法)작용에도 적용된다.
⑤ 입법행위로 인한 손해에 대한 국가배상청구에서 법률이 위헌인 경우 그러한 입법행위는 곧바로 「국가배상법」상의 위법한 직무행위가 된다.

01 ① 지방자치단체가 선정한 교통할아버지도 「국가배상법」상 공무원에 해당하고 교통할아버지로 선정된 노인이 위탁받은 업무범위를 넘어 교차로 중앙에서 교통정리를 하다가 교통사고를 발생시킨 경우, 지방자치단체가 「국가배상법」 제2조 소정의 배상책임을 부담한다.
④ 「국가배상법」상 공무원은 신분상 공무원 외에 널리 공무를 위탁받아 이에 종사하는 모든 자를 포함하는 넓은 의미의 공무원을 뜻한다. 의용소방대원은 국가기관이라 할 수 없고, 군에 예속된 기관이라고 할 수도 없다고 하여 「국가배상법」상 공무원성을 부정하는 것이 판례이다.
⑤ 사실상 공무원이론에 의하여 공무원임용이 무효였더라도 무효가 발견되기 전까지의 행위는 효력이 발생할 수 있으므로 위법한 행위는 「국가배상법」상 불법행위를 구성한다는 것이 판례이다.

02 ③ 판례는 공무원이 통상적으로 근무하는 근무지로 출근하기 위하여 자기 소유의 자동차를 운행하는 경우 객관적으로 직무가 개시된 것도 아니므로 직무관련성을 부정한다. 현실적으로 정당한 권한 행사인가 여부도 불문한다.
①·④ 직접적인 공무원의 직무집행행위뿐만 아니라 객관적으로 직무의 범위 내에 속하는 행위라고 인정되거나 직무와 밀접하게 관련된 행위라고 인정되는 경우를 포함한다.
② 직무관련성은 다수설과 판례가 객관설에 입각해서 가해자의 주관적인 공무집행의 의사는 요하지 않고 외형상 직무집행 중의 행위로 인정될 수 있는가로 판단한다.

03 ④ 외국인이 피해자인 경우에는 해당 국가와 상호 보증이 있을 때에만 적용한다(「국가배상법」 제7조). 여기서 상호 보증은 그 외국의 법령이나 판례 등에 비추어 우리나라 국민에 대한 배상 가능성이 인정되는 경우를 뜻하고 상호 조약이 체결되어야만 되는 것은 아니라는 것이 판례이다.

04 ⑤ 입법행위도 「국가배상법」상의 직무행위에 해당한다. 그러나 입법행위로 인한 손해에 대한 국가배상청구에서 법률이 위헌인 경우에도 그것만으로 곧바로 입법행위가 「국가배상법」상의 직무상 위법행위가 된다고 할 수는 없다. 입법기관의 고의 또는 과실이 입증되어야 인정된다.

Answer 01. ① 02. ③ 03. ④ 04. ⑤

05 **「국가배상법」 제2조에 대한 다음 설명 중 타당하지 않은 것은? (다툼이 있으면 판례에 의함)**

① 과실이란 '공무원이 그 직무를 수행함에 있어 당해 직종과 지위에 있는 평균적 공무원이 보통(통상) 갖추어야 할 주의의무를 게을리한 것'이라고 본다.

② '가해공무원을 특정할 것'은 「국가배상법」 제2조에 의한 책임의 성립요건이 아니다.

③ 피해자가 직무집행행위가 아니라는 것을 안 경우에는 「국가배상법」 제2조에 의한 책임은 성립할 수 없다.

④ 공무원이 「자동차손해배상 보장법」상 운행자성이 인정되는 경우 고의 또는 중과실에 의한 것인지 경과실에 의한 것인지 가리지 않고 배상책임이 인정된다.

⑤ '반사적 이익'의 침해는 손해에 포함되지 않는다.

06 **「국가배상법」 제2조의 배상책임에 관한 설명으로 옳지 않은 것은? (다툼이 있는 경우에는 판례에 의함)**

① 공무원에는 널리 공무를 위탁받아 실질적으로 공무에 종사하고 있는 일체의 자가 포함되지만, 공무의 위탁이 일시적이고 한정적인 사항에 관한 활동을 위한 것인 경우에는 공무원에 해당하지 않는다.

② 국가 또는 공공단체라 할지라도 사경제의 주체로 활동하였을 경우에는 그 손해배상의 책임에 「국가배상법」의 규정이 적용될 수 없고 「민법」이 적용된다.

③ 공무원의 직무상 의무는 명문의 규정이 없는 경우에도 관련규정에 비추어 조리상 인정될 수 있다.

④ 법령 위반에는 엄격한 의미의 법령 위반뿐만 아니라 인권존중, 권력남용금지, 신의성실, 공서양속 등의 위반도 포함된다.

⑤ 항고소송에서 처분이 취소되었다는 것만으로 곧바로 공무원의 고의 또는 과실로 인한 것으로 불법행위를 구성한다고 단정할 수 없다.

07 **「국가배상법」 제2조의 배상책임에 관한 설명으로 옳지 않은 것은?**

① 국회의원의 입법행위는 그 입법 내용이 헌법의 문언에 명백히 위배됨에도 불구하고 국회가 굳이 당해 입법을 한 것과 같은 특수한 경우가 아닌 한 「국가배상법」상 위법행위에 해당한다고 볼 수 없다.

② 헌법재판관이 청구기간 내에 제기된 헌법소원심판청구사건에서 청구기간을 오인하여 각하결정을 한 경우, 이에 대한 불복절차 내지 시정절차가 없는 때에는 국가배상책임이 인정된다.

③ 공무원의 고의 또는 과실을 요건으로 하며, 과실에는 중과실은 물론 경과실도 포함된다.

④ 피해자가 받은 손해에는 적극적 손해와 소극적 손해는 물론 위자료도 포함된다.

⑤ 경과실로 불법행위를 한 공무원이 피해자에게 손해를 배상하였다면 이는 타인의 채무를 변제한 경우에 해당하므로 피해자는 공무원에게 이를 반환할 의무가 있다.

05 ③ '직무를 집행하면서' 행한 행위인지의 여부는 행위의 외관·외형을 기준으로 판단하여야 한다는 외형설(외관설)이 통설·판례이다. 통설·판례에 의할 때 '직무를 집행하면서' 행한 행위인지의 여부는 공무원의 정당한 권한 내의 행위인지 아닌지 또는 공무원이 직무집행의 의사를 가지고 있었는지 그렇지 아니한지와는 관계없이, 객관적으로 직무행위의 외관을 갖추고 있느냐 아니냐에 따라 판단된다. 따라서 객관적으로 직무행위의 외관을 갖추고 있다면, 공무원의 권한 밖의 행위라 하더라도 그리고 공무원에게 직무집행의 의사가 없었다 하더라도 직무관련성이 인정된다. 또한 객관적으로 직무행위의 외관을 갖추고 있다면 피해자가 직무집행행위가 아니라는 것을 알았다 하더라도 직무관련성이 인정되고 따라서 국가배상책임이 성립할 수 있게 된다.

06 ① 「국가배상법」상 공무원에 대해 판례는 공무원으로서의 신분을 가진 자에 국한하지 않고, 널리 공무를 위탁받아 실질적으로 공무에 종사하고 있는 일체의 자를 가리키는 것으로서, 공무의 위탁이 일시적이고 한정적인 사항에 관한 활동을 위한 것도 포함한다는 입장이었다. 「국가배상법」은 공무수탁사인을 「국가배상법」상 가해자로 명시하고 있다.

07 ⑤ 경과실이 있는 공무원이 피해자에 대하여 손해배상책임을 부담하지 아니함에도 피해자에게 손해를 배상하였다면 그것은 채무자 아닌 사람이 타인의 채무를 변제한 경우에 해당하고, 이는 「민법」 제469조의 '제3자의 변제' 또는 「민법」 제744조의 '도의관념에 적합한 비채변제'에 해당하여 피해자는 공무원에 대하여 이를 반환할 의무가 없다(대판 2014. 8. 20. 2012다54478).

Answer 05. ③ 06. ① 07. ⑤

08 **국가배상제도에 대한 설명으로 적절한 것끼리 짝지어진 것은? (다툼이 있는 경우에는 판례에 따름)**

> ㉠ 국회의원은 입법에 관하여 국민 전체에 대한 관계에서 정치적 책임을 질 뿐 국민 개개인의 권리에 대해 법적 의무를 지는 것은 아니므로 국회의원이 입법작용과 관련하여 국가배상책임을 지는 경우는 발생할 여지가 없다.
> ㉡ 공무원의 직무행위에 해당하기 위해서는 객관적으로 직무행위로 보여지면 족하고, 실질적으로 직무행위가 아니었다거나 주관적으로 공무집행의 의사가 존재하여야 하는 것은 아니다.
> ㉢ 지방자치단체가 관할 동장으로 하여금 '교통할아버지' 봉사원을 선정하여 어린이 보호, 교통안내 등의 공무를 위탁하여 이를 집행하게 하였다면 '교통할아버지'는 「국가배상법」 제2조에 규정된 공무원에 해당한다.
> ㉣ 법령에 대한 해석이 복잡한 경우 공무원이 주의의무를 다하여 어느 한 견해를 취하였다 하더라도 결과적으로 잘못된 해석이었다면 그에 따른 처리에 대하여 배상책임이 있다.

① ㉠, ㉡
② ㉠, ㉢
③ ㉡, ㉢
④ ㉡, ㉣
⑤ ㉠, ㉣

09 **「국가배상법」 제2조의 국가배상책임 요건에 대한 설명으로 옳은 것은?**

① 공무원의 직무집행이 법령이 정한 요건과 절차에 따라 이루어진 것이라도, 그 과정에서 개인의 권리가 침해되면 법령 위반에 해당한다.
② '직무행위'의 범위에는 원칙적으로 공법상 권력작용을 중심으로 하여 공법상 비권력적 작용을 포함하는 것이므로 준법률행위적 행정행위나 사실행위, 부작위는 포함되지 않는다.
③ 해당 공무원이 관계 법규를 알지 못하거나 필요한 지식을 갖추지 못하고 법규의 해석을 그르쳐 행정처분을 하였다 하더라도 그가 법률전문가가 아닌 한 고의나 과실이 있다고 볼 수는 없다.
④ 판례에 의하면 어떠한 행정처분이 항고소송에서 취소가 확정되었다 할지라도 그 자체만으로 해당 처분이 공무원의 고의 또는 과실로 인한 불법행위를 구성한다고 단정할 수 없다.
⑤ 법관의 재판은 법령의 규정을 따르지 아니한 잘못이 있는 경우 곧바로 그 재판상 직무행위가 「국가배상법」상의 위법한 행위가 되어 국가의 손해배상책임이 발생한다.

10 **「국가배상법」 제2조의 '공무원의 직무행위로 인한 손해배상책임'에 대한 설명으로 옳지 않은 것은? (다툼이 있는 경우에는 판례에 의함)**

① 행위 자체의 외관을 객관적으로 관찰하여 직무행위로 보여질 때에는 행위자가 주관적으로 직무집행의 의사가 없었다고 하여도 그 행위는 직무행위에 해당한다.

② 가해공무원의 과실 여부에 대한 입증책임은 원고에게 있다.

③ 공무원의 직무집행이 법령이 정한 요건과 절차에 따라 이루어진 것이라면 특별한 사정이 없는 한 공무원의 행위는 법령에 적합한 것이나, 그 과정에서 개인의 권리가 침해된 경우에는 법령 적합성이 곧바로 부정된다.

④ 국회가 「헌법」에 의해 부과되는 구체적인 입법의무를 부담하고 있음에도 불구하고 입법에 필요한 상당한 기간이 경과하도록 고의 또는 과실로 입법의무를 이행하지 아니하는 경우에는 국가배상책임이 인정된다.

⑤ 성폭력범죄의 수사를 담당하거나 수사에 관여하는 경찰관이 직무상 의무에 위반하여 피해자의 인적 사항 등을 공개 또는 누설한 경우, 그로 인하여 피해자가 입은 손해에 대하여 국가는 배상책임을 진다.

08 ㉠ [×] 국회의원의 입법작용에 대해서는 원칙적으로 국회의원은 국민 전체에 대한 관계에서 정치적 책임을 질 뿐 국민 개개인의 권리에 대응하여 법적 의무를 지지 않는 것이지만, 그 입법 내용이 「헌법」의 문언에 명백히 위반됨에도 불구하고 국회가 굳이 해당 입법을 한 것과 같은 특수한 경우에는 위법행위를 인정할 여지도 있다는 것이 판례이다.
㉣ [×] 일반행정직 공무원이 법령해석을 잘못한 경우 원칙적으로 과실이 인정되나 법령에 대한 해석이 복잡하여 이에 대한 선례나 학설 또는 판례가 없고 어느 한 견해를 취해서 판단한 것이 결과적으로 잘못된 해석이 된 경우에는 과실이 없다는 것이 판례이다.

09 ④ [○] 대판 2000. 5. 12. 99다70600
① [×] 공무원의 직무집행이 법령이 정한 요건과 절차에 따라 이루어진 것이라면 특별한 사정이 없는 한 이는 법령에 적합한 것이고 그 과정에서 개인의 권리가 침해되는 일이 생긴다고 하여 그 법령 적합성이 곧바로 부정되는 것은 아니다(대판 1997. 7. 25. 94다2480).
② [×] 직무범위에는 사경제작용을 제외한 모든 공행정작용이 포함되고 이에는 권력작용, 비권력작용, 사실행위와 부작위가 모두 포함된다.
③ [×] 공무원이 직무를 집행함에 있어서 관계법규를 알지 못하거나 필요한 지식을 갖추지 못하여 법규의 해석을 그르쳐 잘못된 행정처분을 한 경우 그가 법률전문가가 아닌 행정직 공무원이라고 하여도 과실이 인정된다는 것이 판례이다.
⑤ [×] 법관의 재판에 대한 국가배상이 인정되기 위해서는 법관의 위법 또는 부당한 목적을 가지고 재판을 하였다는 등의 그에게 부여된 권한의 취지에 명백히 어긋나게 권한을 행사하였다고 인정할 만한 특별한 사정이 있어야 한다.

10 ③ 공무원의 직무집행이 법령이 정한 요건과 절차에 따라 이루어진 것이라면 특별한 사정이 없는 한 공무원의 행위는 법령에 적합한 것이고, 그 과정에서 개인의 권리가 침해된 경우라도 그 법령 적합성이 곧바로 부정되는 것은 아니다(판례).

Answer 08. ③ 09. ④ 10. ③

11 **국가배상에 관한 설명으로 옳지 않은 것은? (다툼이 있으면 판례에 따름)**

① 국가가 국가배상책임을 이행한 경우 공무원에게 경과실이 있으면 국가는 그 공무원에게 구상할 수 없다.
② 「국가배상법」 제5조에는 점유자에게 과실이 없는 경우 점유자의 책임이 면책되는 규정이 없다.
③ 국가배상청구소송은 배상심의회에 배상신청을 하지 아니하고도 제기할 수 있다.
④ 부작위에 의한 국가배상책임은 조리상 작위의무를 위반한 경우에는 성립하지 않는다.
⑤ 공무원의 고의·중과실에 의한 불법행위로 국가배상책임이 성립하는 경우 가해 공무원 개인은 그로 인한 손해배상책임을 부담한다.

12 **행정상 손해배상에 관한 설명으로 옳지 않은 것은 몇 개인가? (다툼이 있는 경우 판례에 의함)**

㉠ 법령해석에 여러 견해가 있어 관계 공무원이 신중한 태도로 어느 일설을 취하여 처분한 경우, 위법한 것으로 판명되었다 하더라도 그것만으로 배상책임을 인정할 수 없다.
㉡ 법령에 명시적으로 공무원의 작위의무가 규정되어 있지 않은 경우라 할지라도 공무원의 부작위로 인한 국가배상을 인정할 수 있다.
㉢ 실질적으로 직무행위가 아니거나 또는 직무행위를 수행한다는 행위자의 주관적 의사가 없는 공무원의 행위는 「국가배상법」상 공무원의 직무행위가 될 수 없다.
㉣ 「국가배상법」상 과실을 판단할 경우 보통 일반의 공무원을 그 표준으로 하고 반드시 누구의 행위인지 가해공무원을 특정하여야 한다.
㉤ 재판행위로 인한 국가배상에 있어서 위법은 판결 자체의 위법이 아니라 법관의 공정한 재판을 위한 직무수행상 의무의 위반으로서의 위법이다.
㉥ 헌법재판소 재판관이 청구기간 내에 제기된 헌법소원심판청구 사건에서 청구기간을 오인하여 각하결정을 한 경우, 이에 대한 불복절차 내지 시정절차가 없는 때에는 국가배상책임을 인정할 수 있다.

① 2개　② 3개
③ 4개　④ 5개
⑤ 6개

13 이중배상금지의 원칙에 대한 설명으로 옳지 않은 것은?

① 군인・군무원・경찰공무원 또는 예비군대원이 직무집행과 관련하여 받은 손해에 대해 다른 법령규정에 의해 보상을 지급받을 수 있는 경우 국가배상청구가 금지된다.

② 예비군을 이중배상제도의 대상자로 규정한 것은 합헌이라는 것이 헌법재판소의 입장이다.

③ 공익근무요원은 이중배상금지가 적용되는 군인에 해당된다.

④ 경비교도로 임용된 자는 「국가배상법」 소정의 군인 또는 경찰공무원에 해당하지 않는다.

⑤ 전투경찰순경으로 임용된 자는 이중배상금지가 적용되는 경찰공무원에 해당한다.

11 ④ 법령상의 작위의무뿐만 아니라 조리상의 작위의무를 위반한 경우에도 부작위에 의한 국가배상책임이 성립할 수 있다.
공무원의 부작위로 인한 국가배상책임을 인정하기 위한 요건인 '법령에 위반하여'라고 하는 것은 엄격하게 형식적 의미의 법령에 명시적으로 공무원의 작위의무가 규정되어 있는데도 이를 위반하는 경우만을 의미하는 것은 아니고, 국민의 생명, 신체, 재산 등에 대하여 절박하고 중대한 위험상태가 발생하였거나 발생할 우려가 있어서 국민의 생명, 신체, 재산 등을 보호하는 것을 본래적 사명으로 하는 국가가 그 위험 배제에 나서지 아니하면 국민의 생명, 신체, 재산 등을 보호할 수 없는 경우에는 형식적 의미의 법령에 근거가 없더라도 국가나 관련 공무원에 대하여 그러한 위험을 배제할 작위의무를 인정할 수 있다(대판 2004. 6. 25. 2003다69652).
① 피해자에게 배상을 한 국가 또는 지방자치단체는 공무원에게 고의 또는 중과실이 있을 경우 구상권을 행사할 수 있다(「국가배상법」 제2조 제2항).
② 「국가배상법」 제5조는 「민법」과 달리 점유자의 면책규정을 두고 있지 않다.
③ 「국가배상법」 제9조
⑤ 대판(전합) 1996. 2. 15. 95다3867

12 ① 틀린 지문은 ⓒ・ⓡ이다.
ⓒ [×] 직무행위는 객관적・외형적으로 판단하므로 실질적으로 직무행위가 아니거나 가해자인 공무원에게 직무집행의사가 없더라도 「국가배상법」상 공무원의 직무행위가 될 수 있다.
ⓡ [×] 가해공무원이 누구인가가 판명되지 않더라도 손해의 발생상황으로 보아 공무원의 행위에 의한 것이 인정되면 국가는 배상책임을 지게 된다. 과실을 증명함에 있어 가해공무원의 특정이 필수적인 것은 아니다.

13 ③・④・⑤ 공익근무요원은 그 소속이 국방부나 행정안전부 소속이 아니므로 이중배상금지가 적용되는 군인 또는 경찰공무원에 해당하지 않는다는 것이 판례의 입장이다. 경비교도대원도 그 소속이 법무부에 속하는 것으로 군인 또는 경찰공무원이 아니라는 입장이다. 전투경찰대원은 경찰공무원의 지휘를 받는 자이므로 이중배상금지가 적용되는 경찰공무원에 해당한다.

Answer 11. ④ 12. ① 13. ③

14 **「국가배상법」 제2조 제1항 단서의 이중배상금지에 관한 설명으로 옳지 않은 것은? (다툼이 있으면 판례에 따름)**

① 피해자가 군인·군무원·경찰공무원 또는 예비군대원이어야 한다.

② 「국가배상법」에 따라 손해배상을 받았다는 점을 들어 보상금 등 보훈급여금의 지급을 거부할 수 있다.

③ 전투·훈련 또는 이에 준하는 직무집행 뿐만 아니라 일반 직무집행에 관하여도 적용된다.

④ 전투훈련 중 민간인이 군인과 공동불법행위를 한 경우 민간인은 자신의 부담 부분만을 피해 군인에게 배상하면 된다는 것이 대법원판례의 입장이다.

⑤ 공익근무요원은 이중배상금지가 적용되는 군인 등에 해당하지 않는다.

15 **운전병인 군인 甲은 전투훈련 중 같은 부대 소속 군인 丙을 태우고 군용차량을 운전하여 훈련지로 이동하다가 민간인 乙이 운전하던 차량과 쌍방과실로 충돌하였고, 이로 인해 군인 丙이 사망하였다. 이 경우 손해배상책임 및 구상권에 관한 설명 중 옳지 않은 것은? (단, 자동차손해보험과 관련된 법적 책임은 고려하지 않음)**

① 현행법상 丙의 유족이 다른 법령에 따라 유족연금 등 보상을 받은 경우에는 국가배상청구를 할 수 없다.

② 대법원은 甲이 고의·중과실이 있는 경우에만 丙의 유족에 대한 손해배상책임을 부담하고, 甲에게 경과실만 인정되는 경우에는 丙의 유족에 대한 손해배상책임을 부담하지 않는다고 보았다.

③ 대법원은 공동불법행위의 일반적인 경우와 달리 乙은 자신의 부담부분만을 丙의 유족에게 배상하면 된다고 하였다.

④ 대법원은 만일 乙이 손해배상액 전부를 丙의 유족에게 배상한 경우에는 자신의 귀책부분을 넘는 금액에 대해 국가에 구상청구를 할 수 있다고 하였다.

⑤ 헌법재판소는 乙이 공동불법행위자로서 丙의 유족에게 전액 손해배상한 후에 甲의 부담부분에 대해 국가에 구상청구하는 것을 부인하는 것은 「헌법」상 국가배상청구권 규정과 평등의 원칙을 위반하는 것이며, 비례의 원칙에 위배하여 재산권을 침해하는 것이라고 판시하였다.

16 **다음 중 「국가배상법」상 영조물에 해당하지 않는 것은?**

① 국립병원
② 공립학교교사(校舍)
③ 일반재산
④ 경찰마
⑤ 경찰견

17 **영조물의 설치 · 관리 하자에 의한 국가배상책임에 관한 설명으로 옳지 않은 것은?**

① 「국가배상법」상의 영조물은 학문상 공물과 같은 의미로 해석하는 것이 통설이다.
② 영조물의 설치 · 관리 하자 유무를 객관적 견지에서 본 안전성의 문제로 판단하는 객관설이 종래의 판례 입장이다.
③ 안전성의 결여에 관하여 관리자의 과실은 요하지 않으나, 하자의 존재 자체는 필요하다.
④ 배상의 범위는 영조물의 하자와 상당인과관계에 있는 모든 손해이다.
⑤ 영조물의 설치 · 관리 하자로 인한 손해배상의 경우 피해자의 위자료청구는 포함되지 않는다.

14 ② 「국가배상법」에 따라 손해배상을 받았다는 점을 들어 보상금 등 보훈급여금의 지급을 거부할 수 없다(대판 2017. 2. 3. 2015두60075).

15 ④ · ③ · ⑤ 대법원은 乙의 배상책임은 자신의 귀책비율에 따른 부분만큼으로 한정된다고 보고, 만일 乙이 손해배상액 전부를 丙의 유족에게 배상한 경우에는 자신의 귀책부분을 넘는 금액에 대해 국가에 구상청구를 할 수 없다고 하였다. 한편 이와 달리 헌법재판소는 乙이 손해배상액 전부를 丙의 유족에게 배상한 경우 자신의 귀책부분을 넘는 금액에 대해 국가에 구상청구를 할 수 있다는 입장이다.
① 「국가배상법」 제2조 제1항 단서

16 ③ 「국가배상법」 제5조상의 영조물은 행정주체에 의해 공공의 목적으로 사용되는 유체물 및 관리할 수 있는 자연력인 공물을 의미한다. 국가 또는 지방자치단체의 소유의 물건이라도 공물이 아닌 사물은 영조물에 해당하지 않는다. 국유재산 중 일반재산은 사경제작용의 물건으로 공물에 포함되지 않는다.

17 ⑤ 영조물 하자로 인한 책임도 「국가배상법」에 의한 책임이 발생하는 것이므로 재산상 · 비재산상 손해가 모두 포함된다. 정신적 피해에 대한 위자료도 포함된다.
② 종래 판례는 영조물 하자에 대해 관리자의 관리의무를 요하지 않는다는 객관설적 입장이었으나 최근에는 관리자의 손해발생에 대한 객관적 예견가능성 및 회피가능성이라는 주관적 요소를 개입시켜 판단하고 있다.

Answer 14. ② 15. ④ 16. ③ 17. ⑤

18 **「국가배상법」 제5조의 손해배상책임에 관한 설명으로 옳지 않은 것은? (다툼이 있는 경우에는 판례에 의함)**

① 영조물의 설치·관리의 하자라 함은 공공의 영조물이 일반적으로 갖추어야 할 안전성을 결한 상태를 말한다.

② 공공의 영조물이라 함은 국가 또는 지방자치단체에 의하여 특정 공공의 목적에 공여된 유체물 내지 물적 설비를 말하며, 국가 또는 지방자치단체가 소유권, 임차권 그 밖의 권한에 기하여 관리하고 있는 경우뿐만 아니라 사실상 관리하고 있는 경우도 포함된다.

③ 「국가배상법」 제5조의 손해배상책임은 동법 제2조의 책임과 같이 과실책임주의로 규정되어 있다.

④ 불가항력 등 영조물 책임의 감면사유가 있는 경우에도 공무원의 과실로 피해가 확대된 경우에는 그 한도 내에서 「국가배상법」 제2조의 배상책임이 인정된다.

⑤ 영조물의 하자로 인한 손해의 원인에 대하여 책임을 질 자가 따로 있을 때에는 국가 또는 지방자치단체는 그 자에 대하여 구상할 수 있다.

19 **「국가배상법」 제5조상의 영조물 하자 책임에 대한 설명으로 옳지 않은 것은? (다툼이 있는 경우 판례에 의함)**

① 「국가배상법」 제5조 제1항의 '공공의 영조물'이라 함은 국가 또는 지방자치단체에 의하여 특정 공공의 목적에 공여된 유체물 내지 물적 설비라고 보는 것이 판례의 입장이다.

② 판례는 사격장에서 발생하는 소음 등으로 지역주민들이 입은 피해가 수인한도를 넘는 경우 사격장의 설치 또는 관리에 하자가 있다고 한다.

③ 다른 자연적 사실이나 제3자의 행위 또는 피해자의 행위와 경합하여 손해가 발생하였더라도 영조물의 설치·관리상의 하자에 의하여 발생한 것이라고 보아야 한다.

④ 국가 또는 지방자치단체가 소유권, 임차권, 그 밖에 기하여 관리하고 있는 경우뿐만 아니라 사실상의 관리를 하고 있는 경우도 포함된다.

⑤ 지방자치단체장이 설치하여 관할 지방경찰청장에게 관리권한이 위임된 교통신호기의 고장으로 교통사고가 발생한 경우에는 국가는 배상책임을 지지 않는다.

20 **다음 중 「국가배상법」상 영조물의 하자로 인한 배상책임에 관한 판례의 태도와 부합하지 않은 것은?**

① 공물 자체에 있는 물리적 · 외형적 흠결이나 불비로 인하여 그 이용자에게 위해를 끼칠 위험성이 있는 경우뿐만 아니라 그 영조물이 공공의 목적에 이용됨에 있어 그 이용 상태 및 정도가 일정한 한도를 초과하여 제3자에게 사회통념상 참을 수 없는 피해를 입히는 경우까지 포함된다.

② 재정사정은 참작사유에는 해당할지언정 안전성을 결정지을 절대적 요건에는 해당되지 않는다.

③ 집중호우로 제방도로가 유실되면서 그곳을 걸어가던 보행자가 강물에 휩쓸려 익사한 경우, 사고 당일의 집중호우가 50년 빈도의 최대강우량에 해당한다면 불가항력에 기인한 것으로 볼 수 있다.

④ 안전성의 구비 여부를 판단함에 있어서는 제반사정을 종합적으로 고려하여 설치 · 관리자가 그 영조물의 위험성에 비례하여 사회통념상 일반적으로 요구되는 정도의 방호조치 의무를 다하였는지 여부를 그 기준으로 삼아야 한다.

⑤ 가변차로에 설치된 2개의 신호등에서 서로 모순된 신호가 들어오는 오작동이 발생하였고 그 고장이 현재의 기술수준상 부득이하다는 사정만으로 영조물의 하자가 면책되는 것은 아니다.

18 ③ 「국가배상법」 제5조의 손해배상책임은 동법 제2조의 책임과 달리 영조물관리자의 고의 또는 과실을 요건으로 하고 있지 않으므로 무과실책임주의로 규정되어 있다(통설 및 판례). 다만, 판례는 영조물의 결함이 영조물의 설치 또는 관리자의 관리행위가 미칠 수 없는 상황 아래에 있었던 경우 그 하자를 인정할 수 없다고 보고 있다.

19 ⑤ 영조물의 설치 · 관리자와 비용부담자가 다른 경우에 그 비용을 부담하는 자도 손해를 배상하여야 한다. 교통신호기를 관리하는 지방경찰청장 산하 경찰관들에 대한 봉급을 부담하는 국가도 「국가배상법」 제6조 제1항에 의한 배상책임을 부담한다(대판 1999. 6. 25. 99다11120).
③ 다른 자연적 사실이나 제3자의 행위 또는 피해자의 행위와 경합하여 손해가 발생하였더라도 영조물의 설치 · 관리상의 하자에 의한 손해가 인정된다면 국가나 지방자치단체는 배상책임을 져야 한다.

20 ③ 집중호우로 제방도로가 유실되면서 그곳을 걸어가던 보행자가 강물에 휩쓸려 익사한 경우, 사고 당일의 집중호우가 50년 빈도의 최대강우량에 해당한다는 사실만으로 불가항력에 기인한 것으로 볼 수 없으므로 제방도로의 설치 · 관리상의 하자를 인정해야 한다(대판 2000. 5. 26. 99다53247).
⑤ 가변차로에 설치된 두 개의 신호기에서 서로 모순되는 신호가 들어오는 고장을 예방할 방법이 없음에도 그와 같은 신호기를 설치하여 그와 같은 고장을 발생하게 한 것이라면 면책되지 않는다(대판 2001. 7. 27. 2000다56822).

Answer 18. ③ 19. ⑤ 20. ③

21 **「국가배상법」 제5조 책임에 대한 설명으로 옳지 않은 것은? (다툼이 있는 경우 판례에 의함)**

① 지방자치단체가 옹벽시설공사를 업체에게 주어 공사를 시행하다가 사고가 일어난 경우, 옹벽이 공사 중이고 아직 완성되지 아니하여 일반 공중의 이용에 제공되지 않았다면 「국가배상법」 제5조 소정의 영조물에 해당한다고 할 수 없다.

② 김포공항을 설치·관리함에 있어 항공법령에 따른 항공기소음기준 및 소음대책을 준수하려는 노력을 하였더라도, 공항이 항공기 운항이라는 공공의 목적에 이용됨에 있어 그와 관련하여 배출하는 소음 등의 침해가 인근 주민들에게 통상의 수인한도를 넘는 피해를 발생하게 하였다면 공항의 설치·관리상에 하자가 있다고 보아야 한다.

③ 「국가배상법」상 '공공의 영조물'은 지방자치단체가 소유권, 임차권 그 밖의 권한에 기하여 관리하고 있는 경우는 포함하지만, 사실상의 관리를 하고 있는 경우는 포함하지 않는다.

④ 소음 등을 포함한 공해 등의 위험지역으로 이주하여 들어가 거주하는 경우와 같이 위험의 존재를 과실로 인식하지 못하고 이주한 경우, 이를 손해배상액의 산정에 있어 형평의 원칙상 과실상계에 준하여 감경 또는 면제사유로 고려하여야 한다.

⑤ 하천정비기본계획 등에서 정한 계획홍수량 및 계획홍수위를 충족하여 하천이 관리되고 있다면 특별한 사정이 없는 한, 그 하천은 용도에 따라 통상 갖추어야 할 안전성을 갖추고 있다고 봄이 상당하다.

22 **국가배상에 대한 설명 중 옳지 않은 것은? (다툼이 있는 경우 판례에 의함)**

① 영조물의 설치·관리를 맡은 자와 영조물의 설치·관리 비용을 부담하는 자가 동일하지 아니하면 그 비용을 부담하는 자도 손해를 배상하여야 한다.

② 영조물이 안전성을 갖추었는지 여부를 판단할 때 그 설치자 또는 관리자의 재정적·인적·물적 제약 등은 고려하지 않는다.

③ 공무원이 직무상 자동차를 운전하다가 사고를 일으킨 경우 그 공무원이 「자동차손해배상 보장법」상 운행자에 해당하는 경우 경과실이라도 손해배상의 책임이 있다.

④ 「국가배상법」 제5조에는 국가나 지방자치단체에 대해 점유자로서 면책사유에 대한 명문의 규정이 없다.

⑤ 국가의 철도운행사업과 관련하여 발생한 사고로 인한 손해배상청구에 관해 공무원의 직무상 과실이 인정되는 경우 일반 「민법」이 적용되지만, 철도 시설물의 하자로 인한 불법행위의 경우 「국가배상법」이 적용된다.

23 행정상 손해배상에 관한 판례의 내용 중 옳은 것은?

① 고속도로의 관리상 하자가 인정되는 이상 고속도로의 점유관리자는 그 하자가 불가항력에 의한 것이거나 손해의 방지에 필요한 주의를 해태하지 아니하였다는 점을 주장·입증하여야 비로소 그 책임을 면할 수 있다.

② 어떠한 행정처분이 후에 항고소송에서 취소된 경우에는 그 기판력에 의하여 당해 행정처분이 공무원의 고의 또는 과실로 인한 것으로서 불법행위를 구성한다.

③ 재판에 대하여 불복절차 내지 시정절차 자체가 없더라도 부당한 재판으로 인하여 불이익 내지 손해를 입은 사람에게 국가배상청구는 허용되지 않는다.

④ 세관공무원들의 공무원증 및 재직증명서 발급업무를 하는 공무원이 세관의 다른 공무원의 공무원증 등을 위조하는 행위는 실질적으로 직무행위에 속하지 아니하므로, 「국가배상법」 제2조 제1항 소정의 '공무원이 직무를 집행하면서'에 해당하는 직무행위로 인정되지 않는다.

⑤ 현역병으로 입영한 후 군사교육을 마치고 경비교도로 전임되어 근무하는 자는 「국가배상법」 제2조 제1항 단서 소정의 군인 또는 경찰공무원에 해당하므로 국가배상청구권에 제한을 받는다.

PART 04

21 ③ 국가 또는 지방자치단체가 소유권, 임차권 그밖의 권한에 기하여 관리하고 있는 경우뿐만 아니라 사실상의 관리를 하고 있는 경우도 포함한다(대판 1995. 1. 24. 94다45302).

22 ② 영조물이 안전성을 갖추었는지 여부는 영조물의 설치자 또는 관리자가 그 영조물의 위험성에 비례하여 사회통념상 일반적으로 요구되는 정도의 방호조치의무를 다하였는지를 기준으로 판단하여야 하고, 그 설치자 또는 관리자의 재정적·인적·물적 제약 등을 고려하여야 한다는 것이 판례이다.

23 ① 고속도로 관리상의 하자는 점유관리자가 손해방지에 필요한 주의를 해태하지 않았다는 것을 입증하여야 면책된다.
② 어떤 처분이 항고소송에서 취소되었다고 하여 곧바로 공무원의 고의 또는 과실에 의한 불법행위를 인정할 수는 없다는 것이 판례이다.
③ 재판에 대하여 불복절차 내지 시정절차 자체가 없는 경우에는 부당한 재판으로 인하여 불이익 내지 손해를 입은 사람은 국가배상 이외의 방법으로는 자신의 권리 내지 이익을 회복할 방법이 없으므로, 이와 같은 경우에는 배상책임의 요건이 충족되는 한 국가배상책임을 인정하지 않을 수 없다.
④ 세관공무원들의 공무원증 및 재직증명서 발급업무를 하는 공무원이 세관의 다른 공무원의 공무원증 등을 위조하는 행위는 실질적으로 직무행위에 속하는 행위로 국가배상책임이 인정된다.
⑤ 경비교도로 전임되어 근무하는 자는 「국가배상법」 제2조 제1항 단서 소정의 군인 또는 경찰공무원에 해당하지 않는다는 것이 판례이다.

Answer 21. ③ 22. ② 23. ①

24 국가배상책임에 관한 설명으로 옳은 것은?

① 「국가배상법」이 정하는 배상기준의 성격에 대하여 판례는 한정액설을 취함으로써 「국가배상법」이 정하는 배상금액 이상의 배상을 인정하지 아니한다.

② 피해자가 손해를 입은 동시에 이익을 얻은 경우 이를 공제할 수 없으며, 이것은 「국가배상법」이 가지는 생계보장적 성격에서 타당하다.

③ 사실상 군민의 통행에 제공되고 있던 도로는 「국가배상법」 소정의 공공의 영조물에 해당하지 않는다.

④ 국가배상청구권의 소멸시효기간은 피해자나 그 법정대리인이 손해 및 가해자를 안 날로부터 10년이다.

⑤ 판례에 따르면 「국가배상법」상 배상심의회에 의한 배상결정은 항고소송의 대상이 되는 행정처분에 해당한다.

25 「국가배상법」상 배상청구에 대한 설명으로 옳지 않은 것은?

① 공무원의 선임·감독을 맡은 자와 공무원의 봉급·급여, 그 밖의 비용을 부담하는 자가 동일하지 아니하면 그 비용을 부담하는 자는 손해배상책임을 지지 않는다.

② 공무원이 고의 또는 중대한 과실이 있는 때에는 국가 또는 지방자치단체는 그 공무원에게 구상할 수 있다.

③ 「국가배상법」 제3조상의 배상기준은 배상액의 상한을 제한한 것으로 볼 수 없다는 것이 판례이다.

④ 「국가배상법」상 손해배상의 소송은 배상심의회에 배상신청을 하지 아니하고도 이를 제기할 수 있다.

⑤ 배상심의회의 배상결정을 받은 신청인은 지체 없이 그 결정에 대한 동의서를 첨부하여 국가 또는 지방자치단체에 대하여 배상금지급을 청구하여야 한다.

26 다음 중 국가배상에 대한 설명으로 타당한 것은? (다툼이 있는 경우 판례에 의함)

① 피해자는 법원에 손해배상청구소송을 제기하기에 앞서, 배상심의회에 배상신청을 하여야 한다.

② 공무원이 관계법규를 알지 못하였다거나 필요한 지식을 갖추지 못하여 법규의 해석을 그르쳐 어떤 행정처분을 하였더라도 특별한 사정이 없는 한, 공무원의 과실은 인정되지 않는다.

③ 영업허가취소처분이 행정심판에 의하여 재량권을 일탈한 위법한 처분임이 판명되어 취소되었다고 하더라도 그 처분이 당시 시행되던 「공중위생법 시행규칙」에 정하여진 행정처분의 기준에 따른 것인 이상, 그 영업허가취소처분을 한 공무원에게 그와 같은 위법한 처분을 한 데 직무집행상의 과실이 있다고 할 수는 없다.

④ 행정처분이 후에 항고소송에서 취소되었다면 당해 행정처분은 곧바로 공무원의 고의 또는 과실로 인한 불법행위를 구성하게 된다.

⑤ 규제권한을 행사하지 않은 것이 직무상 의무를 위반하여 위법으로 되는 경우에도 특별한 사정이 없는 한, 과실은 인정되지 않는다.

24 ③ 사실상 군민의 통행에 제공되던 도로는 노선인정 기타 공용개시가 없었으면 이를 「국가배상법」상 영조물이라 할 수 없다(대판 1981. 7. 7. 80다2478).
① 「국가배상법」이 정하는 배상기준의 성격에 대해서는 기준액설에 따라 「국가배상법」이 정하는 배상금액 이상의 배상을 인정할 수 있다는 것이 판례이다.
② 피해자가 손해를 입은 동시에 이익을 얻은 경우에는 손해배상액에서 그 이익에 상당하는 금액을 빼야 한다(「국가배상법」 제3조의2 제1항).
④ 국가배상청구권의 소멸시효는 「민법」 규정을 준용하여 피해자나 그 법정대리인이 손해 및 가해자를 안 날로부터 3년이면 소멸시효가 완성된다(「국가배상법」 제8조, 「민법」 제766조 제1항).
⑤ 판례는 배상심의회의 결정은 당사자를 구속하는 법적 효과가 없으므로 행정소송의 대상이 되는 행정처분이 될 수 없다고 한다.

25 ① 국가나 지방자치단체가 손해를 배상할 책임이 있는 경우에 공무원의 선임·감독 또는 영조물의 설치·관리를 맡은 자와 공무원의 봉급·급여, 그 밖의 비용 또는 영조물의 설치·관리 비용을 부담하는 자가 동일하지 아니하면 그 비용을 부담하는 자도 손해를 배상하여야 한다.

26 ① 과거에는 법원에 손해배상청구소송을 제기하기에 앞서, 배상심의회에 배상신청을 해야 했지만(배상심의회의 결정전치주의), 현재는 배상심의회에 배상신청을 하지 않고도 법원에 손해배상청구소송을 제기할 수 있다(배상심의회 결정의 임의적 전치).
② 특별한 사정이 없는 한, 공무원의 과실이 인정된다. 다만, 법령에 대한 해석이 명백하지 아니하여 이에 대한 선례나 학설·판례도 귀일(歸一)된 바 없는 등의 특별한 사정이 있는 경우에 관계공무원이 그 나름대로 신중을 다하여 그중 어느 한 견해를 취한 경우라면, 설령 그것이 후에 대법원이 내린 입장과 같지 않아 결과적으로 그 해석이 잘못된 해석에 돌아간다 하더라도 공무원의 과실을 인정할 수는 없다.
④ 행정처분이 후에 항고소송에서 취소된 사실만으로 당해 행정처분이 곧바로 공무원의 고의 또는 과실로 인한 불법행위를 구성한다고 단정할 수 없다.
⑤ 규제권한을 행사하지 않은 것이 직무상 의무를 위반하여 위법으로 되는 경우에는 특별한 사정이 없는 한, 과실도 인정된다.

Answer 24. ③ 25. ① 26. ③

Chapter

02 손실보상제도

제1절 손실보상

01 행정상 손실보상에 관한 설명으로 옳지 않은 것은?

① 적법한 공권력의 행사로 인한 손해의 전보제도이다.
② 현행 「헌법」은 정당한 보상을 지급하도록 규정하고 있다.
③ 손실보상은 원칙적으로 재산·생명·신체의 침해에 대한 보상이다.
④ 손실보상은 당해 재산권 자체에 내재하는 사회적인 제약에 해당하는 경우에는 인정되지 않는다.
⑤ 공용수용은 공공필요에 부합하면 되므로, 수용 등의 주체를 국가 등의 공적 기관에 한정하는 것은 아니다.

02 행정상 손실보상의 요건에 대한 설명으로 가장 타당하지 아니한 것은?

① 공공필요를 위한 재산권에 대한 공권적 침해이어야 한다.
② 침해로 인하여 개인에게 특별한 희생이 발생하였을 것을 요한다.
③ 재산적 가치가 있는 모든 공권과 사권이 침해의 대상이 된다.
④ 현존하는 구체적인 재산가치는 물론 기대이익도 보호대상이 된다.
⑤ 법률에 근거한 공권력의 행사로 인한 것이어야 한다.

03 손실보상에 있어서 이른바 생활보상과 관련이 없는 것은?

① 토지에 대한 객관적 가치의 보상
② 이주 농민에 대한 이농비의 보상
③ 정착지의 직업훈련
④ 배후지 상실로 인한 영업보상
⑤ 이주자에 대한 고용 또는 고용알선

04 다음은 이주대책에 관한 서술이다. 타당하지 않은 것은? (다툼이 있으면 판례에 의함)

① 이주대책은 「헌법」 제23조 제3항의 '정당한 보상'에 포함되지 않고 이주대책의 실시 여부는 입법자의 입법정책적 재량에 속한다.

② 이주대책대상자에서 세입자를 제외하는 것은 세입자의 재산권 및 평등권을 침해하는 것이다.

③ 현재 토지보상법령은 이주정착지에 이주를 희망하는 자가 10호 이상인 경우, 사업시행자가 이주대책을 수립·실시하도록 규정하고 있다.

④ 사업시행자는 이주대책의 구체적 내용·방법에 대해 재량을 갖는다.

⑤ 이주대책은 사업시행자가 지방자치단체장과 협의하여 수립·실시하고 이주대책에 소요되는 비용은 사업시행자가 부담한다.

01 ③ 손실보상의 대상은 재산권에 대한 침해의 보상을 말하며 생명·신체 등 비재산적 침해는 대상으로 하지 않는다. 「헌법」상 손실보상은 재산권의 수용·사용·제한이라는 재산적 침해에 국한하고 있다.
⑤ 공공필요에 의해 법률의 근거에 의한다면 사인도 공용수용의 주체가 될 수 있다.

02 ④ 손실보상의 대상이 되는 재산적 가치는 현존하는 구체적 재산가치를 의미하며 토지의 가격상승에 대한 기대와 같은 기대이익은 포함되지 않는다.

03 ① 생활보상이란 공공사업에 의하여 생활의 기초를 박탈당한 사람들에게 재산권보상만으로 전보되지 않는 생활기초의 박탈에 대해 부여되는 보상을 뜻한다. 토지에 대한 객관적 가치의 보상은 공익사업의 직접적인 대상이 되는 대물적 보상으로 생활보상으로 볼 수 없다.

04 ② 이주대책은 「헌법」 제23조 제3항의 '정당한 보상'에 포함되지 않고 따라서 이주대책의 실시 여부는 입법자의 입법정책적 재량에 속하며 이주대책대상자에서 세입자를 제외하더라도 세입자의 재산권이나 평등권을 침해하는 것이 아니다(헌재 2006. 2. 23. 2004헌마19).

Answer 01. ③ 02. ④ 03. ① 04. ②

05 **「공익사업을 위한 토지 등의 취득 및 보상에 관한 법률」상 보상원칙이 아닌 것은?**

① 사업시행자보상의 원칙
② 선급보상의 원칙
③ 금전보상의 원칙
④ 사업시행 이익과의 상계의 원칙
⑤ 개인별보상의 원칙

06 **다음 손실보상에 대한 설명으로 가장 적절한 것은? (다툼이 있으면 판례에 의함)**

① 지장물인 건물은 적법한 건축허가를 받아 건축된 건물이 아니면 손실보상의 대상이 되지 않는다.
② 손실보상이 인정되기 위해서는 재산권에 대한 침해가 현실적으로 발생하여야 하는 것은 아니다.
③ 「헌법」 제23조 제3항은 '공공필요에 의한 재산권의 수용·사용 또는 제한 및 그에 대한 보상은 법률로써 하되, 정당한 보상을 지급하여야 한다.'라고 규정하고 있다.
④ 개발제한구역지정으로 인하여 토지를 종래의 목적으로 사용할 수 없거나 또는 더 이상 법적으로 허용된 토지 이용의 방법이 없기 때문에 실질적으로 토지의 사용·수익의 길이 없는 경우에도 토지소유자가 수인해야 하는 사회적 제약의 한계를 넘는 것으로 볼 수 없다.
⑤ 수용되는 토지의 보상액은 개별공시지가를 기준으로 산정한다.

07 **행정상 손실보상에 대한 설명으로 옳은 것은? (다툼이 있는 경우에는 판례에 의함)**

① 「헌법」은 손실보상청구권의 근거만 규정하고 있고 보상의 기준과 방법에 관해서는 법률에 유보하고 있다.
② 하천구역 편입토지에 대한 손실보상청구권은 사법상의 권리라는 것이 판례의 입장이다.
③ 개발제한구역의 지정으로 인한 지가의 하락은 토지소유자가 수인해야 하는 사회적 제약의 한계를 넘는 것으로, 아무런 보상 없이 이를 감수하도록 하고 있는 한, 「헌법」에 위반된다.
④ 손실보상은 금전(현금)보상을 원칙으로 하고 채권보상은 인정되지 않는다.
⑤ 정당한 보상에서 개발이익은 배제되며, 당해 공공사업과 무관한 다른 사업의 시행으로 인한 개발이익도 배제된다.

08 **손실보상에 대한 설명으로 옳지 않은 것은? (다툼이 있는 경우에는 판례에 의함)**

① 손실보상이 인정되기 위하여 재산권에 대한 침해가 현실적으로 발생하여야 하는 것은 아니다.

② 토지의 문화적·학술적 가치는 특별한 사정이 없는 한 손실보상의 대상이 되지 않는다.

③ 공익사업의 시행으로 인한 개발이익을 손실보상액에서 배제하는 것은 「헌법」에 위반되지 않는다.

④ 손실보상의 지급에서는 개인별 보상의 원칙이 적용된다.

⑤ 손실보상액의 산정을 공시지가를 기준으로 하도록 하더라도 합헌이라고 봐야 한다.

05 ④ 사업시행자는 동일한 소유자에 속하는 일단의 토지의 일부를 취득하거나 사용하는 경우 해당 공익사업의 시행으로 인하여 잔여지의 가격이 증가하거나 그 밖의 이익이 발생한 경우에도 그 이익을 그 취득 또는 사용으로 인한 손실과 상계할 수 없다(「공익사업을 위한 토지 등의 취득 및 보상에 관한 법률」 제66조).

06 ① 손실보상의 대상이 되는 건물인지의 여부는 적법한 건축허가를 받아 건축된 건물이냐 아니냐에 의해 결정되는 것이 아니라 사업인정고시일 이전에 존재하는 건물이냐 아니냐에 의해 결정된다. 사업인정고시일 이전에 존재하는 건물이라면 불법건축물이라 하더라도 보상의 대상이 된다.
② 손실보상이 인정되기 위해서는 재산권에 대한 침해가 현실적으로 발생하여야 한다.
④ 개발제한구역지정으로 인하여 토지를 종래의 목적으로도 사용할 수 없거나 또는 더 이상 법적으로 허용된 토지 이용의 방법이 없기 때문에 실질적으로 토지의 사용·수익의 길이 없는 경우에는 토지소유자가 수인해야 하는 사회적 제약의 한계를 넘는 것으로 보아야 한다(헌재 1998. 12. 24. 89헌마214·90헌바16·97헌바78 병합).
⑤ 수용되는 토지의 보상액은 표준공시지가를 기준으로 산정한다.

07 ① 공공필요에 의한 재산권의 수용·사용 또는 제한 및 그에 대한 보상은 법률로써 하되, 정당한 보상을 지급하여야 한다(「헌법」 제23조 제3항).
② 하천구역 편입토지에 대한 손실보상청구권은 「하천구역 편입토지 보상에 관한 특별조치법」상 인정되는 권리이고, 공법상 권리라는 것이 판례이다.
③ 개발제한구역의 지정으로 인한 지가의 하락은 토지소유자가 수인해야 하는 사회적 제약 범위 내의 침해이므로, 보상규정이 없다 해서 곧바로 「헌법」에 위반되지 않는다.
④ 손실보상은 금전(현금)보상을 원칙으로 하되 예외적 채권보상도 인정하고 있다. 채권보상의 경우 5년 내에 상환하여야 한다.
⑤ 해당 공익사업으로 인한 개발이익은 배제되나 해당 공공사업과 무관한 다른 사업의 시행으로 인한 개발이익은 배제되지 않는다.

08 ① 손실보상은 재산권에 대한 침해가 현실적으로 발생하여야 하며 기대이익이나 예상이익은 손실보상의 대상이 되지 않는다.
⑤ 손실보상액의 산정을 공시지가를 기준으로 하되 개발이익을 배제하도록 규정한 것은 당시의 표준지의 객관적 가치를 정당하게 반영하는 것이므로, 「헌법」상의 정당보상의 원칙에 위배되는 것은 아니다(헌재 1995. 4. 20. 93헌바20).

Answer 05. ④ 06. ③ 07. ① 08. ①

09 행정상 손실보상에 관한 기술로 타당한 것은?

① 공공용물에 관하여 적법한 개발행위 등이 이루어져 일정범위의 사람들의 일반사용이 종전에 비하여 제한받는 것은 특별한 사정이 없는 한 특별한 손실에 해당한다.
② 헌법재판소의 결정례에 따르면 개발제한구역의 설정으로 인한 지가의 하락은 토지소유자가 감수해야 하는 사회적 제약의 범주에 속하는 것으로 볼 수 없다.
③ 손실보상제도의 이론에 따르면 재산권의 사회적 제약으로 인한 침해는 감수해야 한다고 하는데, 이것은 개인주의에 기반을 둔 것이라 할 수 있다.
④ 수산업협동조합이 관계 법령에 의하여 대상지역에서의 독점적 지위가 부여되어 있던 위탁판매사업을 공유수면매립으로 인해 중단하게 되어 입은 위탁판매수수료 수입손실에 대하여 판례는 보상을 인정한 바 있다.
⑤ 손실보상이 인정되기 위해서는 재산권에 대한 침해가 현실적으로 발생하여야 하는 것은 아니다.

10 「공익사업을 위한 토지 등의 취득 및 보상에 관한 법률」상 손실보상의 원칙에 관한 내용으로 옳지 않은 것은?

① 공익사업에 필요한 토지 등의 취득 또는 사용으로 인하여 토지소유자나 관계인이 입은 손실은 사업시행자가 보상하여야 한다.
② 손실보상은 토지소유자나 관계인에게 개인별로 하여야 한다. 다만, 개인별로 보상액을 산정할 수 없을 때에는 그러하지 아니하다.
③ 사업시행자는 동일한 소유자에게 속하는 일단의 토지의 일부를 취득하거나 사용하는 경우, 해당 공익사업의 시행으로 인하여 잔여지의 가격이 증가하거나 그 밖의 이익이 발생한 경우에도 그 이익을 취득 또는 사용으로 인한 손실과 상계할 수 없다.
④ 토지에 대한 보상액은 가격시점에서의 현실적인 이용상황, 일반적인 이용방법에 의한 객관적 상황, 일시적인 이용상황 및 토지소유자나 관계인이 갖는 주관적 가치 및 특별한 용도에 사용할 것을 전제로 한 경우 등을 고려한다.
⑤ 영업을 폐지하거나 휴업함에 따라 휴직하거나 실직하는 근로자의 임금손실에 대하여는 「근로기준법」에 따른 평균임금 등을 고려하여 보상하여야 한다.

11 손실보상의 보상액의 결정방법과 불복절차에 관한 설명으로 틀린 것은?

① 토지수용위원회의 재결에 불복할 때에는 재결서를 받은 날부터 90일 이내에, 이의신청을 거친 경우에는 이의신청에 대한 재결서를 받은 날부터 60일 이내에 각각 행정소송을 제기할 수 있다.

② 행정소송이 보상금의 증감에 관한 소송인 경우 당해 소송을 제기하는 자는 토지수용위원회를 피고로 소송을 제기하여야 한다.

③ 사업시행자가 행정소송을 제기하기 전에 이의신청에 따라 늘어난 보상금을 공탁하여야 하며, 보상금을 받을 자는 공탁된 보상금을 소송이 종결될 때까지 수령할 수 없다.

④ 토지수용위원회의 재결은 사업시행자·토지소유자 또는 관계인이 신청한 범위 안에서 재결하여야 하지만 손실보상에 있어서는 증액재결을 할 수 있다.

⑤ 「하천법」상 국유로 된 제외지 안의 토지에 대한 손실보상을 구하는 소송은 행정소송절차에 의하여야 한다.

09 ④ 공유수면매립사업의 시행으로 그 사업대상지역에서 어업활동을 하던 조합원들의 조업이 불가능하게 되어 일부 위탁판매장에서의 위탁판매사업을 중단하게 된 경우 위 위탁판매수수료 수입손실은 「헌법」 제23조 제3항에 규정한 손실보상의 대상이 된다는 것이 판례이다.
① 공공용물에 관하여 적법한 개발행위 등이 이루어짐으로 말미암아 이에 대한 일정범위의 사람들의 일반사용이 종전에 비하여 제한받게 되었다 하더라도 특별한 사정이 없는 한 그로 인한 불이익은 손실보상의 대상이 되는 특별한 손실에 해당한다고 할 수 없다(대판 2002. 2. 26. 99다35300).
② 개발제한구역의 지정으로 인한 개발가능성의 소멸과 그에 따른 지가의 하락이나 지가상승률의 상대적 감소는 토지소유자가 감수해야 하는 사회적 제약의 범주에 속하는 것으로 보아야 한다.
⑤ 손실보상은 재산권에 대한 침해가 현실적으로 발생하여야 하며 기대이익이나 예상이익은 손실보상의 대상이 되지 않는다.

10 ④ 우리 헌법재판소는 헌법 제23조 제2항이 규정하는 '정당한 보상'이란 원칙적으로 피수용재산의 객관적인 재산가치를 완전하게 보상하는 것이어야 한다는 완전보상을 의미하며 토지의 경우에는 그 특성상 인근유사토지의 거래가격을 기준으로 하여 토지의 가격형성에 미치는 제 요소를 종합적으로 고려한 합리적 조정을 거쳐서 객관적인 가치를 평가할 수밖에 없는데, 이때 소유자가 갖는 주관적인 가치, 투기적 성격을 띠고 우연히 결정된 거래가격 또는 흔히 불리는 호가, 객관적 가치의 증가에 기여하지 못한 투자비용이나 그 토지 등을 특별한 용도에 사용할 것을 전제로 한 가격 등에 좌우되어서는 안 되며, 개발이익은 그 성질상 완전보상의 범위에 포함되지 아니한다(헌재 1995. 4. 20. 93헌바20).
① 「공익사업을 위한 토지 등의 취득 및 보상에 관한 법률」 제61조
② 「공익사업을 위한 토지 등의 취득 및 보상에 관한 법률」 제64조
③ 「공익사업을 위한 토지 등의 취득 및 보상에 관한 법률」 제66조
⑤ 「공익사업을 위한 토지 등의 취득 및 보상에 관한 법률」 제77조 제3항

11 ② 행정소송이 보상금증감에 관한 소송인 경우 해당 소송을 제기하는 자가 토지소유자 또는 관계인인 때에는 사업시행자를, 사업시행자인 때에는 토지소유자 또는 관계인을 각각 피고로 한다(「공익사업을 위한 토지 등의 취득 및 보상에 관한 법률」 제85조 제2항).

Answer 09. ④ 10. ④ 11. ②

12 **손실보상에 대한 설명으로 옳은 것은? (다툼이 있는 경우 판례에 의함)**

① 「공익사업을 위한 토지 등의 취득 및 보상에 관한 법률」에 의한 잔여지 수용청구를 받아들이지 않은 토지수용위원회의 재결에 대하여 토지소유자가 불복하여 제기하는 소송은 항고소송에 해당한다.

② 「공익사업을 위한 토지 등의 취득 및 보상에 관한 법률」에 따른 사업폐지 등에 대한 보상청구권은 사법상 권리로서 그에 관한 소송은 민사소송절차에 의하여야 한다.

③ 「공익사업을 위한 토지 등의 취득 및 보상에 관한 법률」에 의한 보상합의는 공공기관이 사경제주체로서 행하는 사법상 계약의 실질을 가진다.

④ 공유수면매립면허의 고시가 있는 경우 그 사업이 시행되고 그로 인하여 직접 손실이 발생한다고 할 수 있으므로, 관행어업권자는 공유수면매립면허의 고시를 이유로 손실보상을 청구할 수 있다.

⑤ 공공사업 시행으로 사업시행지 밖에서 발생한 간접손실은 손실발생을 쉽게 예견할 수 있고 손실 범위도 구체적으로 특정할 수 있더라도, 사업시행자와 협의가 이루어지지 않고 그 보상에 관한 명문의 근거 법령이 없는 경우에는 보상의 대상이 아니다.

13 **「공익사업을 위한 토지 등의 취득 및 보상에 관한 법률」상 손실보상에 대한 설명으로 옳지 않은 것은? (다툼이 있는 경우 판례에 의함)**

① 잔여지 수용청구권은 그 요건을 구비한 때에는 잔여지를 수용하는 토지수용위원회의 재결이 없더라도 그 청구에 의하여 수용의 효과가 발생하는 형성권적 성질을 가진다.

② 공익사업에 영업시설 일부가 편입됨으로 인하여 잔여 영업시설에 손실을 입은 자는 재결절차를 거치지 않은 채 곧바로 사업시행자를 상대로 잔여 영업시설의 손실에 대한 보상을 청구할 수 있다.

③ 국가 등의 공적 기관이 직접 수용의 주체가 되는 것이든 그러한 공적 기관의 최종적인 허부판단과 승인결정하에 민간기업이 수용의 주체가 되는 것이든, 양자 사이에 공공필요에 대한 판단과 수용의 범위에 있어서 본질적인 차이가 있는 것은 아니다.

④ 손실보상금 산정을 위한 감정평가 중 어느 한 가지 점이라도 위법사유가 있으면 그것으로써 감정평가결과는 위법하게 되나, 법원은 그 감정내용 중 위법하지 않은 부분을 추출하여 판결에서 참작할 수 있다.

⑤ 어떤 보상항목이 손실보상대상에 해당함에도 관할 토지수용위원회가 사실이나 법리를 오해하여 손실보상대상에 해당하지 않는다고 잘못된 내용의 재결을 한 경우 피보상자는 사업시행자를 상대로 보상금증감소송을 제기해야 한다는 것이 판례이다.

14 **「공익사업을 위한 토지 등의 취득 및 보상에 관한 법률」상 손실보상에 대한 설명으로 옳지 않은 것은?**

① 사업시행자는 동일한 소유자에게 속하는 일단의 토지의 일부를 취득하거나 사용하는 경우, 해당 공익사업의 시행으로 인하여 잔여지의 가격이 증가하거나 그 밖의 이익이 발생한 경우 그 이익을 취득 또는 사용으로 인한 손실과 상계할 수 있다.

② 사업시행자는 동일한 사업지역 안에 보상시기를 달리하는 동일인 소유의 토지 등이 수개 있는 경우 토지소유자 또는 관계인의 요구가 있는 때에는 일괄하여 보상금을 지급하도록 하여야 한다.

③ 사업시행자와 토지소유자 간에 협의가 성립되어 관할 토지수용위원회의 확인을 받게 되면 그 확인은 토지수용위원회의 재결로 보고 사업시행자와 토지소유자는 그 확인된 협의의 성립이나 내용을 다툴 수 없다.

④ 사업시행자, 토지소유자 또는 관계인은 재결에 불복할 때에는 재결서를 받은 날부터 90일 이내에, 이의신청을 거쳤을 때에는 이의신청에 대한 재결서를 받은 날부터 60일 이내에 각각 행정소송을 제기할 수 있다.

⑤ 재결에 대해 제기하려는 것이 보상금의 증감에 관한 소송인 경우 그 소송을 제기하는 자가 토지소유자 또는 관계인일 때에는 사업시행자를 피고로 한다.

12 ③ 「공익사업을 위한 토지 등의 취득 및 보상에 관한 법률」에 의한 보상합의는 공공기관이 사경제주체로서 행하는 사법상 계약에 해당한다는 것이 판례이다.
① 잔여지 수용청구를 받아들이지 않은 토지수용위원회의 재결에 대하여 토지소유자가 불복하여 제기하는 소송은 보상금증감청구소송(형식적 당사자소송)에 해당하여 토지수용위원회가 아닌 사업자를 피고로 하여야 한다는 것이 판례이다.
② 「공익사업을 위한 토지 등의 취득 및 보상에 관한 법률」에 따른 사업폐지 등에 대한 보상청구권은 공법상 권리로서 그에 관한 소송은 당사자소송절차에 의하여야 한다는 것이 판례이다.
④ 공유수면매립면허의 고시가 있는 경우 그 사업이 시행되고 그로 인하여 직접 손실이 발생한다고 할 수 있으므로, 관행어업권자는 공유수면매립면허의 고시가 아닌 그 사업이 시행되고 그로 인한 손실이 발생한 경우 이에 대한 손실보상을 민사소송으로 제기할 수 있다는 것이 판례이다.
⑤ 공공사업의 시행으로 인하여 사업지구 밖에서 수산제조업에 대한 간접손실이 발생하리라는 것을 쉽게 예견할 수 있고 그 손실의 범위도 구체적으로 특정할 수 있는 경우라면, 그 손실의 보상에 관하여 같은 법 시행규칙의 간접보상 규정을 유추적용할 수 있다(대판 1999. 12. 24. 98다57419 · 57426).

13 ② 공익사업에 영업시설 일부가 편입됨으로 인하여 잔여 영업시설에 손실을 입은 자는 「토지보상법」 제34조, 제50조 등에 규정된 재결절차를 거친 다음 그 재결에 대해 불복이 있는 때에 비로소 「토지보상법」 제83조 내지 제85조에 따라 구제를 받을 수 있을 뿐이다(대판 2018. 7. 20. 2015두4044).

14 ① 사업시행자는 동일한 소유자에게 속하는 일단의 토지의 일부를 취득하거나 사용하는 경우, 해당 공익사업의 시행으로 인하여 잔여지의 가격이 증가하거나 그 밖의 이익이 발생한 경우 그 이익을 취득 또는 사용으로 인한 손실과 상계할 수 없다(「공익사업을 위한 토지 등의 취득 및 보상에 관한 법률」 제66조).

Answer 12. ③ 13. ② 14. ①

15 **「공익사업을 위한 토지 등의 취득 및 보상에 관한 법률」상 토지수용절차 및 보상에 대한 설명으로 옳지 않은 것은? (다툼이 있는 경우 판례에 의함)**

① 토지수용위원회가 토지에 대하여 사용재결을 하는 경우 사용할 토지의 위치와 면적, 권리자, 손실보상액, 사용 개시일뿐만 아니라 사용방법, 사용기간도 구체적으로 재결서에 특정하여야 한다.

② 사업인정기관은 어떠한 사업이 외형상 토지 등을 수용 또는 사용할 수 있는 사업에 해당한다 하더라도, 사업시행자에게 해당 공익사업을 수행할 의사와 능력이 없다면 사업인정을 거부할 수 있다.

③ 협의취득으로 인한 사업시행자의 토지에 대한 소유권 취득은 승계취득이므로 관할 토지수용위원회에 의한 협의 성립의 확인이 있었더라도 사업시행자는 수용재결의 경우와 동일하게 그 토지에 대한 원시취득의 효과를 누릴 수 없다.

④ 사업시행자의 이주대책 수립 · 실시의무 및 이주대책의 내용에 관한 규정은 당사자의 합의 또는 사업시행자의 재량에 의하여 적용을 배제할 수 없는 강행법규이다.

⑤ 손실보상금 산정을 위한 감정평가 중 어느 한 가지 점이라도 위법사유가 있으면 그것으로써 감정평가결과는 위법하게 되나, 법원은 그 감정내용 중 위법하지 않은 부분을 추출하여 판결에서 참작할 수 있다.

15 ③ 「공익사업을 위한 토지 등의 취득 및 보상에 관한 법률」상 수용은 일정한 요건 하에 그 소유권을 사업시행자에게 귀속시키는 행정처분으로서 이로 인한 효과는 소유자가 누구인지와 무관하게 사업시행자가 그 소유권을 취득하게 하는 원시취득이다. 반면, 같은 법 '협의취득'의 성격은 사법상 매매계약이므로 그 이행으로 인한 사업시행자의 소유권 취득도 승계취득이다. 그런데 같은 법 제29조 제3항에 따른 신청이 수리됨으로써 협의 성립의 확인이 있었던 것으로 간주되면, 같은 법 제29조 제4항에 따라 그에 관한 재결이 있었던 것으로 재차 의제되고, 그에 따라 사업시행자는 사법상 매매의 효력만을 갖는 협의취득과는 달리 확인대상 토지를 수용재결의 경우와 동일하게 원시취득하는 효과를 누리게 된다(대판 2018. 12. 13. 2016두51719).
⑤ 손실보상금 산정을 위한 감정평가 중 어느 한 가지 점이라도 위법사유가 있으면 그것으로써 감정평가결과는 위법하게 되나, 법원은 그 감정내용 중 위법하지 않은 부분을 추출하여 판결에서 참작할 수 있다(대판 2014. 12. 11. 2012두1570).

Answer 15. ③

제2절 결과제거청구권

01 공법상 결과제거청구권에 관한 설명으로 가장 옳지 않은 것은?

① 공행정작용으로 인한 침해의 존재를 전제로 한다.
② 위법 상태의 계속이 필요하다.
③ 가해행위의 위법 및 가해자의 과실이 필요하다.
④ 타인의 권리 또는 법률상 이익의 침해가 있어야 한다.
⑤ 원상회복이 법적·사실적으로 가능하여야 한다.

02 공법상 결과제거청구권에 대한 설명으로 틀린 것은?

① 결과제거청구권이 발생하는 경우 상대방에게 손해가 발생하였다면 국가나 지방자치단체를 상대로 「국가배상법」에 따른 손해배상청구권도 청구할 수 있다.
② 공행정작용으로 야기된 직접적인 결과의 제거 외에 제3자의 개입으로 생긴 결과의 제거인 간접적 결과까지 제거청구할 수 없다.
③ 위법한 상태의 원인된 행위가 사후에 합법화된 경우에는 인정되지 않는다.
④ 국가 등의 사법적 활동으로 인한 침해는 제외된다는 것이 다수설이다.
⑤ 처분 등에 관한 취소소송에서 관련청구 병합으로 제기할 수는 없다.

01 ③ 공법상 결과제거청구권은 공행정작용으로 인한 위법한 결과의 제거를 요구하는 권리이다. 위법한 상태가 존재해야 하며 이에 대한 가해행위자의 고의·과실은 요하지 않는다.

02 ⑤ 취소소송의 계속 중에 해당 처분 등과 관련되는 손해배상·부당이득반환·원상회복 등의 청구소송을 관련청구 병합으로 제기할 수 있으므로 결과제거청구를 병합하여 제기할 수 있다.
③ 결과제거청구는 위법한 상태가 계속되어야 하므로 위법한 상태의 원인된 행위가 사후에 합법화된 경우에는 인정되지 않는다.

Answer 01. ③ 02. ⑤

행정사
임병주 행정법

PART

05

행정쟁송제도

Chapter

01 행정심판

제1절 행정심판 개설

01 다음 중 현행 「행정심판법」상의 행정심판의 종류를 정확히 열거한 것은?

① 취소심판, 당사자심판, 의무이행심판

② 취소심판, 무효등확인심판, 의무이행심판

③ 취소심판, 무효등확인심판, 부작위위법확인심판

④ 취소심판, 예방적 부작위심판, 의무이행심판

⑤ 당사자심판, 의무이행심판, 예방적 부작위심판

02 행정심판과 행정소송에 대한 설명으로 옳지 않은 것은? (다툼이 있는 경우 판례에 의함)

① 「행정심판법」에서는 당사자심판에 관한 규정은 두지 않고 있으며, 개별법에서 행정상 법률관계의 형성 또는 존부에 관하여 다툼이 있는 경우에 대해서 재정 등 분쟁해결절차를 두는 경우가 있다.

② 「행정심판법」에서는 의무이행심판제도를 두고 있지만, 「행정소송법」에서는 의무이행소송제도를 두고 있지 않다.

③ 「행정소송법」에서는 행정소송 제기기간을 법령보다 긴 기간으로 잘못 알린 경우에 대해 이를 구제할 수 있는 규정을 두고 있지 않으나 「행정심판법」의 준용을 통해 구제가 가능하다.

④ 「행정심판법」에서는 거부처분에 대한 이행명령재결에 따르지 않을 경우 직접 처분에 관한 규정을 두고 있으나, 「행정소송법」에서는 이에 관한 규정을 두지 않고 있다.

⑤ 「행정심판법」에서는 거부처분에 대한 취소심판에서 인용재결이 내려진 경우 재결의 취지에 따라 다시 이전의 신청에 대한 처분을 해야 할 재처분의무에 관한 규정을 두고 있다.

03 행정심판에 대한 설명 중 옳지 않은 것은?

① 행정심판의 대상은 처분의 위법성만이다.

② 인용재결은 피청구인인 행정청과 그 밖의 관계행정청을 기속한다.

③ 위원회는 필요하다고 인정할 때에는 당사자가 주장하지 아니한 사실에 대하여도 심리할 수 있다.

④ 중앙행정심판위원회의 회의는 위원장과 상임위원 및 위원장이 회의마다 지정하는 비상임위원을 포함하여 총 9명으로 구성한다.

⑤ 처분의 효력정지는 처분의 집행 또는 절차의 속행을 정지함으로써 그 목적을 달성할 수 있는 때에는 허용되지 아니한다.

01 ② 현행 「행정심판법」은 항고심판으로 취소심판, 무효등확인심판, 의무이행심판을 규정하고 있다(「행정심판법」 제5조). 당사자심판은 규정되어 있지 않다.

02 ③ 행정청이 법정 심판청구기간보다 긴 기간으로 잘못 알린 경우에 그 잘못 알린 기간 내에 심판청구가 있으면 그 심판청구는 법정 심판청구기간 내에 제기된 것으로 본다는 취지의 「행정심판법」 제18조 제5항의 규정은 행정심판 제기에 관하여 적용되는 규정이지, 행정소송 제기에도 당연히 적용되는 규정이라고 할 수는 없다(대판 2001. 5. 8. 2000두6916).

03 ① 행정심판의 대상은 처분의 위법 또는 부당이다. 처분의 위법성만을 심리하는 행정소송과 달리 부당도 심판의 대상이 되며 인용재결을 할 수 있다.

Answer 01. ② 02. ③ 03. ①

04 행정심판위원회의 구성과 권한에 관한 설명으로 옳지 않은 것은?

① 중앙행정심판위원회의 위원장은 국민권익위원회의 부위원장 중 1명이 되며, 상임위원은 위원장의 제청으로 대통령이 임명하고, 그 임기는 3년이며, 연임할 수 없다.
② 행정심판위원회는 취소심판의 청구가 이유 있다고 인정할 때에는 처분을 취소 또는 변경하거나 처분청에게 변경할 것을 명한다.
③ 중앙행정심판위원회는 심판청구를 심리・의결함에 있어서 처분 또는 부작위의 근거가 되는 명령 등이 법령에 근거가 없거나 상위법령에 위반되거나 국민에게 과도한 부담을 주는 등 불합리하다고 인정되는 경우에는 적절한 시정조치를 요청할 수 있다.
④ 행정심판위원회는 집행정지 또는 집행정지의 취소에 관하여 심리・결정한 때에는 지체 없이 결정서를 당사자에게 송달하여야 한다.
⑤ 행정심판위원회는 심판청구의 대상이 되는 처분보다 청구인에게 불이익한 재결을 하지 못한다.

05 행정심판에 관한 다음 서술 중 타당하지 않은 것은? (다툼이 있으면 판례에 의함)

① 행정심판위원회는 취소심판의 청구가 이유 있다고 인정할 때에는 처분을 취소 또는 변경하거나 처분청에게 취소 또는 변경할 것을 명한다.
② 행정심판위원회는 피청구인이 처분의 이행을 명하는 재결에도 불구하고 처분을 하지 아니하는 경우에는 당사자의 신청에 따라 직접 처분을 할 수 있다.
③ 사정재결은 부작위에 대한 의무이행심판에서도 가능하다.
④ 의무이행심판에서 행정심판위원회는 처분명령재결도 가능하다.
⑤ 의무이행심판에서 행정심판위원회는 처분재결도 가능하다.

06 **다음 중 국민권익위원회에 두는 중앙행정심판위원회가 심리 · 재결하는 행정처분이 아닌 것은?**

① 대구광역시 교육감의 행정처분
② 서울특별시 의회의 행정처분
③ 국가정보원장의 행정처분
④ 행정안전부장관의 처분
⑤ 세종특별자치시장의 행정처분

04 ① 중앙행정심판위원회의 위원장은 국민권익위원회의 부위원장 중 1명이 되며, 상임위원은 위원장의 제청으로 대통령이 임명하고 그 임기는 3년이며 1차에 한하여 연임할 수 있다(「행정심판법」 제8조, 제9조).

05 ① 취소심판에서의 인용재결에 취소명령재결은 허용되지 않는다. 행정심판위원회는 취소심판의 청구가 이유 있다고 인정할 때에는 처분을 취소 또는 변경하거나 처분청에게 변경할 것을 명한다.

06 ③ 감사원, 국가정보원장, 그 밖에 대통령령으로 정하는 대통령 소속기관의 장의 처분 또는 부작위에 대한 행정심판의 청구에 대하여는 해당 행정청에 두는 행정심판위원회에서 심리 · 재결한다(「행정심판법」 제6조 제1항 제1호). 따라서 국가정보원장의 행정처분에 대하여는 국가정보원장 소속으로 두는 행정심판위원회에서 심리 · 재결한다.
①·②·④·⑤ 「행정심판법」 제6조 제2항 제2호에 따라 중앙행정심판위원회에서 심리 · 재결한다.

Answer 04. ① 05. ① 06. ③

제2절 행정심판법

01 「행정심판법」상 청구인에 대한 설명으로 옳지 않은 것은?

① 원칙적으로 자연인 또는 법인이어야 하고 동물은 청구인 적격이 없다.
② 청구인이 다수일 경우 3인 이하의 선정대표자를 선정할 수 있다.
③ 취소심판은 처분의 취소 또는 변경을 구할 법률상 이익이 있는 자가 청구할 수 있다.
④ 처분의 직접적 상대방이 아닌 제3자도 청구인 적격을 갖는다.
⑤ 선정대표자는 당해 사건에 관한 모든 행위를 할 수 있으므로 다른 청구인들의 동의 없이도 심판청구를 취하할 수 있다.

02 「행정심판법」상 피청구인에 관한 다음 설명 중 잘못된 것은?

① 행정처분을 한 행정청이 피청구인이 된다.
② 행정청의 권한이 위임 또는 위탁된 경우에는 위임 또는 위탁을 받은 자가 피청구인이 된다.
③ 피청구인을 잘못 지정하여 심판청구를 한 경우, 행정심판위원회는 당사자의 신청 또는 직권에 의한 결정으로 피청구인을 경정할 수 있다.
④ 행정처분을 한 후에 해당 처분에 대한 권한이 다른 행정청에 승계된 경우에도 원래의 처분청이 피청구인이 된다.
⑤ 피청구인에 대한 경정결정이 있은 때에는 종전의 피청구인에 대한 심판청구는 취하되고, 새로운 피청구인에 대한 심판청구가 처음에 심판청구를 한 때에 제기된 것으로 본다.

03 **행정심판에 관한 설명 중 옳지 않은 것은?**

① 행정심판 당사자는 행정심판위원회의 위원에 대한 기피신청을 할 수 있고 이러한 신청에 대해 위원장은 위원회의 의결을 거쳐 기피 여부를 결정한다.

② 의무이행심판은 처분을 신청한 자로서 행정청의 거부처분 또는 부작위에 대하여 일정한 처분을 구할 법률상 이익이 있는 자가 청구할 수 있다.

③ 「행정심판법」상 임시처분은 당사자의 신청 또는 행정심판위원회의 직권으로 결정할 수 있으나 집행정지로 목적을 달성할 수 있는 경우에는 허용되지 않는다.

④ 행정심판위원회는 제기된 행정심판을 심리·재결하는 합의제 행정기관이며 국민권익위원회에 설치되는 중앙행정심판위원회는 위원장 1명을 포함한 70명 이내의 위원으로 구성하되 위원 중 상임위원은 4명 이내로 한다.

⑤ 중앙행정심판위원회의 상임위원의 임기는 3년으로 하며, 1차에 한하여 연임할 수 있다.

01 ⑤ 선정대표자는 다른 청구인들을 위하여 그 사건에 관한 모든 행위를 할 수 있다. 다만, 심판청구를 취하하려면 다른 청구인들의 동의를 받아야 하며, 이 경우 동의받은 사실을 서면으로 소명하여야 한다(「행정심판법」 제15조 제3항).

02 ④ 처분이나 부작위가 있은 후 그에 관한 권한이 다른 행정청에 이전되거나 승계된 경우 새로이 그 권한을 양수하거나 승계한 행정청이 피청구인이 된다.

03 ① 위원장은 제척신청이나 기피신청을 받으면 제척 또는 기피 여부에 대한 결정을 하고, 지체 없이 신청인에게 결정서 정본(正本)을 송달하여야 한다(「행정심판법」 제10조 제6항). 기피결정은 위원회의 의결을 거치지 않고 위원장의 직권에 의한다.

Answer 01. ⑤ 02. ④ 03. ①

04 행정심판에 관한 다음 서술 중 타당하지 않은 것은? (다툼이 있으면 판례에 의함)

① 심판청구의 대상과 관계되는 권한이 다른 행정청에 승계된 경우에는 권한을 승계한 행정청을 피청구인으로 하여야 한다.
② 피청구인의 경정결정이 있으면 종전의 피청구인에 대한 심판청구는 취하된다.
③ 피청구인의 경정결정이 있으면 종전의 피청구인에 대한 행정심판이 청구된 때에 새로운 피청구인에 대한 행정심판이 청구된 것으로 본다.
④ 심판청구의 대상과 관계되는 권리나 이익을 양수한 자는 행정심판위원회의 허가를 받아 청구인의 지위를 승계할 수 있다.
⑤ 행정심판위원회는 거부처분을 취소하는 재결이 있었음에도 당해 행정청이 재결의 취지에 따른 재처분을 하지 아니하는 때에는 당사자의 신청에 의하여 직접 당해 처분을 할 수 있다.

05 행정심판의 청구기간에 관한 다음 설명 중 틀린 것은?

① 행정심판청구기간은 무효등확인심판청구와 부작위에 대한 의무이행심판청구에는 적용되지 아니한다.
② 원칙적으로 처분이 있음을 알게 된 날부터 90일 이내에 제기하여야 하며 이 기간은 불변기간이다.
③ 판례는 처분이 있음을 안 날이라 함은 해당 처분이 있었다는 사실을 추상적으로 알 수 있었던 날을 의미한다고 한다.
④ 행정청이 행정심판청구기간을 실제보다 긴 기간으로 잘못 알린 경우에는 그 잘못된 긴 기간 내에 행정심판을 제기하면 된다.
⑤ 불가항력으로 인하여 기간 내에 심판청구를 할 수 없었을 때에는, 그 사유가 소멸한 날부터 14일 이내에 심판청구를 할 수 있다.

06 **「행정심판법」상 가구제에 대한 설명으로 옳지 않은 것은?**

① 「행정심판법」상 가구제는 집행정지와 임시처분이 있다.

② 집행정지결정의 내용은 처분의 효력이나 그 집행 또는 절차의 속행의 전부 또는 일부의 정지이다.

③ 임시처분의 대상은 적극적 처분에 한하고 부작위에 대해서는 임시처분이 부정된다.

④ 임시처분은 집행정지로 목적을 달성할 수 있는 경우에는 허용되지 않는다.

⑤ 임시처분으로 인하여 공공복리에 중대한 영향을 미칠 우려가 있는 경우 임시처분은 부정된다.

04 ⑤ 재결의 기속력 확보수단에 관한 내용이다. 행정심판에서의 재결의 기속력 확보수단으로서의 직접처분은 의무이행심판에서만 인정된다. 취소심판의 경우는 직접처분은 인정되지 않는다.

05 ③ 처분이 있음을 '안 날'이란 현실적으로 안 날을 의미하는 것이고 추상적으로 알 수 있었던 날을 뜻하는 것이 아니라는 것이 판례이다.

06 ③ 위원회는 처분 또는 부작위가 위법·부당하다고 상당히 의심되는 경우로서 처분 또는 부작위 때문에 당사자가 받을 우려가 있는 중대한 불이익이나 당사자에게 생길 급박한 위험을 막기 위하여 임시지위를 정하여야 할 필요가 있는 경우에는 직권으로 또는 당사자의 신청에 의하여 임시처분을 결정할 수 있다(「행정심판법」 제31조 제1항).

Answer 04. ⑤ 05. ③ 06. ③

07 **행정심판에 관한 설명으로 옳은 것은? (다툼이 있으면 판례에 따름)**

① 행정심판 재결에는 특별한 사유가 없는 한 불가변력이 발생하지 않는다.
② 취소심판에는 처분사유의 추가·변경이 허용되지 않는다.
③ 「행정심판법」은 무효등확인심판에서는 사정재결을 할 수 없음을 명문으로 규정하고 있다.
④ 행정심판의 재결에도 판결에서와 같은 기판력이 인정되는 것이어서 재결이 확정되면 처분의 기초가 된 사실관계나 법률적 판단이 확정되는 것이므로 당사자는 이와 모순되는 주장을 할 수 없게 된다.
⑤ 「행정심판법」상 처분의 부존재확인심판은 허용되지 않는다.

08 **「행정심판법」에 관한 설명으로 옳은 것은?**

① 행정심판위원회는 당사자의 동의가 없더라도 심판청구의 신속하고 공정한 해결을 위하여 조정을 할 수 있다.
② 행정심판위원회는 사정재결 시 그 재결의 주문에서 그 처분 또는 부작위가 위법하거나 부당하다는 것을 구체적으로 밝혀야 한다.
③ 집행정지로 목적을 달성할 수 있는 경우에도 임시처분이 허용된다.
④ 처분청이 심판청구기간을 법정기간보다 긴 기간으로 잘못 고지한 경우, 심판청구기간은 당해 처분이 있은 날부터 180일이 된다.
⑤ 행정심판위원회는 심판청구의 대상이 되는 처분보다 청구인에게 불리한 재결을 할 수 있다.

09 「행정심판법」상 행정심판에 대한 설명으로 옳지 않은 것은? (다툼이 있는 경우 판례에 의함)

① 대통령의 처분 또는 부작위에 대하여는 다른 법률에서 행정심판을 청구할 수 있도록 정한 경우 외에는 행정심판을 청구할 수 없다.

② 당사자의 신청에 대한 행정청의 부당한 거부처분에 대하여 일정한 처분을 하도록 하는 행정심판의 청구는 현행법상 허용되고 있다.

③ 「행정심판법」에 따른 서류의 송달에 관하여는 「행정절차법」 중 송달에 관한 규정을 준용한다.

④ 행정심판 청구인이 경제적 능력으로 인해 대리인을 선임할 수 없는 경우에는 행정심판위원회에 국선대리인을 선임하여 줄 것을 신청할 수 있다.

⑤ 청구인은 행정심판위원회의 간접강제 결정에 불복하는 경우 그 결정에 대하여 행정소송을 제기할 수 있다.

07 ③ 사정재결은 취소심판과 의무이행심판에서 인정되며, 무효등확인심판에는 적용하지 아니한다(「행정심판법」 제44조 제3항).
① 행정심판의 재결은 준사법적(準司法的) 행위로서 불가변력(자박력)이 인정된다.
② 처분사유의 추가·변경은 행정소송뿐만 아니라 행정심판에서도 인정된다.
④ 재결에는 기판력이 인정되지 않으므로 당사자들이나 법원이 이에 기속되어 모순되는 주장이나 판단을 할 수 없게 되는 것은 아니다(대판 2015. 11. 27. 2013다6759).
⑤ 무효등확인심판은 행정청의 처분의 효력 유무 또는 존재 여부를 확인하는 행정심판이다. 즉, 처분의 존재 확인심판뿐만 아니라 부존재확인심판도 인정된다.

08 ② 「행정심판법」 제44조 제1항
① 조정은 당사자의 동의를 받아 행해진다(「행정심판법」 제43조의2 제1항).
③ 집행정지로 목적을 달성할 수 없는 경우여야 임시처분이 가능하다. 즉, 집행정지로 목적을 달성할 수 있는 경우에는 임시처분은 허용되지 않는다(「행정심판법」 제31조 제3항).
④ 처분청이 심판청구기간을 법정기간보다 긴 기간으로 잘못 고지한 경우, 그 고지된 기간 내에 심판청구를 할 수 있다(「행정심판법」 제27조 제5항).
⑤ 행정심판위원회는 심판청구의 대상이 되는 처분보다 청구인에게 불리한 재결을 하지 못한다(불이익변경금지의 원칙)(「행정심판법」 제47조 제2항).

09 ③ 「행정심판법」상 서류의 송달에 관해서는 「민사소송법」 중 송달에 관한 규정을 준용한다(「행정심판법」 제57조).
① 「행정심판법」 제3조 제2항
② 「행정심판법」 제5조 제3호에 의해 의무이행심판이 인정된다. 의무이행심판은 당사자의 신청에 대한 행정청의 위법 또는 부당한 거부처분이나 부작위에 대하여 일정한 처분을 하도록 하는 행정심판을 뜻한다.
④ 「행정심판법」 제18조의2 제1항
⑤ 「행정심판법」 제50조의2 제4항

Answer 07. ③ 08. ② 09. ③

10 **행정심판의 재결에 관한 설명으로 틀린 것은?**

① 재결은 각하재결, 기각재결, 인용재결, 사정재결로 구분된다.
② 행정청에 대한 기속력이 인정되는 재결은 인용재결이다.
③ 사정재결은 청구가 이유가 있음에도 이를 인용하는 것이 현저히 공공복리에 반할 때 인정되는 재결이다.
④ 행정청의 부작위가 위법·부당한 경우 의무이행명령재결이 가능하다.
⑤ 의무이행재결에 대해 행정심판위원회가 부작위 일수대로 손해배상을 명하는 방식으로 간접강제를 할 수는 없다.

11 **「행정심판법」상 인용재결에 해당하지 않는 것은?**

① 취소심판에서의 처분취소명령재결
② 취소심판에서의 처분변경명령재결
③ 의무이행심판에서의 처분재결
④ 의무이행심판에서의 처분명령재결
⑤ 무효등확인심판에서의 무효등확인재결

12 **사정재결에 대한 설명으로 옳지 않은 것은?**

① 사정재결은 취소심판과 의무이행심판에 적용되고, 무효등확인심판에는 적용되지 아니한다.
② 사정재결을 할 때에는 재결의 이유에서 그 처분이 위법 또는 부당함을 명시하여야 한다.
③ 위원회는 사정재결을 할 때에는 청구인에 대하여 상당한 구제방법을 취하거나 상당한 구제방법을 취할 것을 피청구인에게 명할 수 있다.
④ 사정재결은 청구가 이유 있음에도 이를 인용하는 것이 현저히 공공복리에 적합하지 않을 때에 인정되는 것이다.
⑤ 사정재결의 대상이 되는 처분은 적법한 처분이나 위법 또는 부당한 처분을 가리지 않고 인정된다.

13 **「행정심판법」에 대한 설명으로 옳지 않은 것은?**

① 재결에 의하여 취소되는 처분이 당사자의 신청을 거부하는 것을 내용으로 하는 경우에는 그 처분을 한 행정청은 재결의 취지에 따라 다시 이전의 신청에 대한 처분을 하여야 한다.

② 행정심판위원회는 피청구인이 의무이행재결의 취지에 따른 처분을 하지 아니하면 청구인의 신청에 의하여 결정으로 상당한 기간을 정하고 피청구인이 그 기간 내에 이행하지 아니하는 경우에는 그 지연기간에 따라 일정한 배상을 하도록 명하거나 즉시 배상을 할 것을 명할 수 있다.

③ 행정심판위원회는 심판청구된 행정청의 부작위가 위법・부당하다고 상당히 의심되는 경우로서 당사자가 받을 우려가 있는 중대한 불이익이나 당사자에게 생길 급박한 위험을 막기 위하여 임시지위를 정할 필요가 있는 경우 직권 또는 당사자의 신청에 의하여 임시처분을 결정할 수 있다.

④ 행정심판위원회는 공공복리에 적합하지 아니하거나 해당 처분의 성질에 반하는 경우가 아니라면 당사자의 권리 및 권한의 범위에서 당사자의 동의를 받아 조정을 할 수 있다.

⑤ 행정심판위원회는 피청구인이 거부처분의 취소재결에도 불구하고 처분을 하지 아니하는 경우에는 당사자가 신청하면 기간을 정하여 서면으로 시정을 명하고, 그 기간에 이행하지 아니하면 직접처분을 할 수 있다.

10 ⑤ 「행정심판법」은 재결의 기속력의 확보방안으로 간접강제와 직접처분을 인정하고 있다. 재결의 기속력에 의해 재처분의무가 있음에도 행정청이 재처분을 하지 아니하는 경우 행정심판위원회는 당사자가 신청하면 직접처분, 간접강제결정을 할 수 있다.

11 ① 취소심판에서의 인용재결에는 ⅰ) 처분취소재결, ⅱ) 처분변경재결, ⅲ) 처분변경명령재결이 있다. 「행정심판법」이 개정되어 처분취소명령재결은 현재는 인정되지 않는다(「행정심판법」 제43조 제3항).

12 ⑤ 사정재결은 심판청구가 이유 있다고 인정하는 경우에도 이를 인용하는 것이 공공복리에 크게 위배된다고 인정하면 그 심판청구를 기각하는 재결을 말한다. 처분이 적법한 경우 처음부터 기각재결을 하는 것이므로 사정재결의 대상이 되지 않는다.
③ 사정재결은 사정판결과 달리 위원회가 상당한 구제방법을 취하거나 행정청에 명할 수 있다.

13 ⑤ 행정심판위원회는 행정청의 거부나 부작위에 대해 이행명령재결이 있는 경우 행정청이 재결의 취지에 따르지 않는 경우 직접처분을 할 수 있다(「행정심판법」 제50조 제1항). 거부처분에 대한 취소심판이나 무효등확인심판청구에서 인용재결이 있었음에도 불구하고 피청구인인 행정청이 재결의 취지에 따른 처분을 하지 아니한 경우에는 행정심판위원회가 간접강제를 할 수 있고 직접처분을 할 수 없다.

Answer 10. ⑤ 11. ① 12. ⑤ 13. ⑤

14 **「행정심판법」상 간접강제에 대한 설명으로 옳지 않은 것은?**

① 행정심판위원회는 피청구인이 재결에 따른 재처분의무를 이행하지 않으면 청구인의 신청에 의하여 결정으로 상당한 기간을 정하고 피청구인이 그 기간 내에 이행하지 아니하는 경우에는 그 지연기간에 따라 일정한 배상을 하도록 명하거나 즉시 배상을 할 것을 명할 수 있다.

② 행정심판위원회는 사정의 변경이 있는 경우에는 당사자의 신청에 의하여 간접강제결정의 내용을 변경할 수 있으며, 변경결정을 하기 전에 신청 상대방의 의견을 들어야 한다.

③ 간접강제결정은 청구인의 신청이 있어야 한다.

④ 청구인은 행정심판위원회의 간접강제결정에 불복하는 경우 그 결정에 대하여 행정소송을 제기할 수 있다.

⑤ 간접강제의 결정서 정본은 「민사집행법」에 따른 강제집행에 관하여는 집행권원과 같은 효력을 가진다. 다만, 청구인이 해당 결정에 불복하는 소송을 제기한 경우에는 이러한 효력이 인정될 수 없다.

15 **심판청구의 고지제도에 대한 설명으로 옳지 않은 것은?**

① 고지제도란 행정청이 처분을 하는 경우 상대방 등에게 심판청구의 가부, 심판기관・청구기간 등 당해 처분에 대한 행정심판제기에 필요한 사항을 알려주는 제도를 말한다.

② 고지는 「행정심판법」에 규정된 심판청구에 필요한 사항을 구체적으로 알려주는 비권력적 사실행위로서 고지 자체는 아무런 법적 효과를 발생하지 않는다.

③ 행정청이 처분을 하는 경우에는 그 상대방에게 처분에 관하여 행정심판을 제기할 수 있는지의 여부, 제기하는 경우의 심판청구절차 및 청구기간을 알려야 한다.

④ 여기서 말하는 처분은 「행정심판법」에 의한 처분에 한하지 않고, 「행정심판법」 이외의 다른 법령에 의한 심판청구의 대상이 되는 처분도 포함한다는 것이 다수설이다.

⑤ 「행정심판법」상의 오고지규정은 행정소송을 제기하는 경우에도 적용되므로 당사자가 행정심판의 청구기간을 잘못 고지받아 행정소송의 제기기간을 경과한 경우에는 행정소송의 제기는 적법하다.

14 ⑤ 간접강제결정서 정본은 제4항에 따른 소송제기와 관계없이 「민사집행법」에 따른 강제집행에 관하여는 집행권원과 같은 효력을 가진다. 이 경우 집행문은 위원장의 명에 따라 위원회가 소속된 행정청 소속 공무원이 부여한다(「행정심판법」 제50조의2 제5항). ⇨ 소송제기와 관계없이 집행권원과 같은 효력을 가진다.

15 ⑤ 「행정심판법」상 오고지규정은 행정심판을 제기한 경우에 한하는 것이지 행정소송을 제기한 경우까지 확대되는 것은 아니므로 당사자가 행정심판 청구기간보다 긴 기간으로 잘못 통지받아 「행정소송법」상의 법정 제소기간을 도과하였다면 당사자의 책임질 수 없는 사유로 인한 것이 아니므로 소 제기는 각하된다(대판 2001. 5. 8. 2000두6916).

Answer 14. ⑤ 15. ⑤

Chapter

02 행정소송

제1절 항고소송

01 행정소송의 한계에 대한 내용으로 옳은 것은?

① 과거의 역사적 사실관계의 존부를 확인의 대상으로 하는 것도 항고소송의 대상이 됨이 원칙이다.
② 국가보훈처장은 잘못 기술된 독립운동가의 활동상을 고쳐 독립운동사 등의 책자를 다시 편찬·보급할 작위의무가 있음의 확인을 구하는 청구는 허용되지 않는다.
③ 국민건강보험공단은 고시를 적용하여 요양급여비용을 결정하여서는 아니 된다는 내용의 부작위를 구하는 청구도 항고소송으로 가능하다.
④ 일정한 요건이 구비된 경우 행정청이 일정한 행정처분을 행한 것과 같은 효과가 있는 행정처분을 직접 행하도록 하는 형성판결을 구하는 소송도 허용된다.
⑤ 검사에게 압수물 환부를 이행하라는 청구는 항고소송으로 제기할 수 있다.

02 다음 중 「행정소송법」상 인정되지 않는 것은?

① 의무이행소송
② 부작위위법확인소송
③ 무효등확인소송
④ 당사자소송
⑤ 민중소송

03 다음 중 현행법상 허용되지 않는 행정쟁송수단으로 옳게 짝지어진 것은?

㉠ 의무이행심판	㉡ 예방적부작위소송
㉢ 의무이행소송	㉣ 당사자소송
㉤ 재결취소소송	

① ㉠, ㉡
② ㉣, ㉤
③ ㉢, ㉣
④ ㉡, ㉢
⑤ ㉠, ㉢

04 행정소송의 재판관할에 대한 설명으로 옳지 않은 것은?

① 취소소송의 제1심 관할법원은 피고의 소재지를 관할하는 행정법원으로 한다. 다만, 중앙행정기관 또는 그 장을 피고로 취소소송을 제기하는 경우에는 대법원 소재지를 관할하는 행정법원에 제기할 수 있다.

② 토지의 수용, 기타 부동산 또는 특정의 장소에 관계되는 처분 등에 대한 취소소송은 그 부동산 또는 장소의 소재지를 관할하는 행정법원에 제기해야 하므로, 「민사소송법」상의 합의관할 및 변론관할에 관한 규정은 적용되지 않는다.

③ 국가 또는 공공단체가 당사자소송의 피고인 경우에는 관계행정청의 소재지를 피고의 소재지로 본다.

④ 취소소송의 사물관할은 판사 3인으로 구성된 합의부에서 한다.

⑤ 원고의 고의 또는 중대한 과실 없이 행정소송이 심급을 달리하는 법원에 잘못 제기된 경우에 수소법원은 관할법원에 이송한다.

01 ②·④·⑤ 대법원은 무명항고소송으로 의무이행소송, 적극적 형성소송, 작위의무확인소송, 예방적 부작위청구소송 등을 일체 인정하지 않고 있다.
① 과거의 역사적 사실관계의 존부를 확인의 대상으로 하는 것은 구체적 법률관계에 관한 것이 아니므로 항고소송의 대상이 되지 않는다(대판 1990. 11. 23. 90누3553).

02 ① 현행 「행정소송법」상 항고소송으로 취소소송·무효등확인소송·부작위위법확인소송이 인정되고, 당사자소송, 민중소송, 기관소송이 인정된다. 무명항고소송으로 논의되는 의무이행소송은 명문의 규정이 없다는 이유로 판례는 부정하고 있다.

03 ④ ㉡ 예방적부작위소송, ㉢ 의무이행소송은 현행법상 인정되지 않는다.

04 ② 「행정소송법」에 특별한 규정이 없는 경우 「민사소송법」이 준용되고(「행정소송법」 제8조 제2항), 「행정소송법」상 토지관할은 전속관할이 아니기 때문에 「민사소송법」상의 합의관할·변론관할에 관한 규정이 준용된다.

Answer 01. ② 02. ① 03. ④ 04. ②

05 다음 중 항고소송의 대상인 행정처분에 해당하지 않는 것은?

① 행정재산에 대한 사용·수익허가의 취소
② 국가인권위원회의 성희롱 결정 및 시정조치권고
③ 국유일반재산 대부행위 및 그 사용료의 납입고지
④ 「하천법」 및 「공유수면관리법」에 규정된 하천 또는 공유수면의 점용료 부과처분
⑤ 문화재보호구역 내 토지소유자의 문화재보호구역 지정해제 신청에 대한 행정청의 거부행위

06 항고소송의 대상에 관한 다음 서술 중 타당하지 않은 것은? (다툼이 있으면 판례에 의함)

① 행정규칙에 의한 '불문경고조치'는 법률상의 징계처분은 아니지만 항고소송의 대상이 되는 행정처분에 해당한다.
② 금융감독원장으로부터의 문책경고는 그 상대방의 권리의무에 직접 영향을 미치는 행위이므로 행정처분에 해당한다.
③ 국세 과오납금의 환급 여부에 관한 과세관청의 결정은 처분으로 볼 수 없다.
④ 과세관청의 환급거부결정에 대해서는 거부처분취소소송으로 다툴 수 있다.
⑤ 「도시 및 주거환경정비법」에 의한 주택재개발정비사업조합의 관리처분계획은 행정처분이다.

07 다음 중 판례상 처분으로 인정되지 않는 것은?

① 농지개량조합 임직원의 근무관계
② 어업권면허에 선행하는 우선순위결정
③ 「원자력 안전법」 제10조 제3항 소정의 부지사전승인제도
④ 건축주명의변경신고 거부처분
⑤ 「산업재해보상보험법」상 장해보상금 결정의 기준이 되는 장해등급결정

08 판례에 의할 때 항고소송의 대상인 것을 모두 고른 것은?

㉠ 어업권면허에 선행하는 우선순위결정
㉡ 「농지법」상 이행강제금 부과처분
㉢ 구 「청소년보호법」상 청소년유해매체물 결정 및 고시처분
㉣ 두밀분교를 폐교하는 경기도의 조례

① ㉠, ㉡
② ㉠, ㉢
③ ㉡, ㉢
④ ㉡, ㉣
⑤ ㉢, ㉣

05 ③ 「국유재산법」 제31조, 제32조 제3항, 「산림법」 제75조 제1항의 규정 등에 의하여 국유잡종재산에 관한 관리 · 처분의 권한을 위임받은 기관이 국유잡종재산을 대부하는 행위는 국가가 사경제 주체로서 상대방과 대등한 위치에서 행하는 사법상의 계약이고, 행정청이 공권력의 주체로서 상대방의 의사 여하에 불구하고 일방적으로 행하는 행정처분이라고 볼 수 없으며, 국유잡종재산에 관한 대부료의 납부고지 역시 사법상의 이행청구에 해당하고, 이를 행정처분이라고 할 수 없다(대판 2000. 2. 11. 99다61675).

06 ④ 국세환급금결정이나 그 결정을 구하는 신청에 대한 환급거부결정은 항고소송의 대상이 되는 처분이 아니다. 구 「국세기본법」 제51조의 오납액과 초과납부액은 조세채무가 처음부터 존재하지 않거나 그 후 소멸되었음에도 불구하고 국가가 법률상 원인 없이 수령하거나 보유하고 있는 부당이득에 해당하고, 그 국세환급금결정에 관한 규정은 이미 납세의무자의 환급청구권이 확정된 국세환급금에 대하여 내부적 사무처리절차로서 과세관청의 환급절차를 규정한 것에 지나지 않고 위 규정에 의한 국세환급금결정에 의하여 비로소 환급청구권이 확정되는 것은 아니므로, 위 국세환급금결정이나 이 결정을 구하는 신청에 대한 환급거부결정은 납세의무자가 갖는 환급청구권의 존부나 범위에 구체적이고 직접적인 영향을 미치는 처분이 아니어서 항고소송의 대상이 되는 처분이라고 볼 수 없다(대판 2009. 11. 26. 2007두4018).

07 ② 어업권면허에 선행하는 우선순위결정은 강학상 확약에 불과하고 항고소송의 대상이 되는 처분성이 인정되지 않는다는 것이 판례이다.

08 ㉠ 어업권면허에 선행하는 우선순위결정은 확약에 불과하고 처분성을 부정한다.
㉡ 「농지법」상 이행강제금 부과처분은 별도의 불복절차가 존재하므로 항고소송의 대상인 처분에 해당하지 않는다.

Answer 05. ③ 06. ④ 07. ② 08. ⑤

09 대법원 판례가 「행정소송법」상의 처분으로 인정하지 않고 있는 것은?

① 지방의회의 의원징계의결
② 도시(관리)계획결정
③ 수도요금체납자에 대한 단수조치
④ 공정거래위원회의 고발조치
⑤ 토지대장상 지목변경신청에 대한 거부

10 항고소송의 대상이 되는 것을 모두 고른 것은? (다툼이 있는 경우 판례에 의함)

> ㉠ 관리청이 「국유재산법」에 따라 행정재산의 무단점유자에 대하여 변상금을 부과하는 행위
> ㉡ '국방전력발전업무훈령'에 따른 연구개발확인서 발급
> ㉢ 근로복지공단이 사업주에 대하여 하는 개별 사업장의 사업종류 변경결정
> ㉣ 과세관청이 행한 국세환급금결정 또는 이 결정을 구하는 신청에 대한 환급거부결정
> ㉤ 「교육공무원법」상 승진후보자 명부에 의한 승진심사 방식으로 행해지는 승진임용에서 승진후보자 명부에 포함되어 있던 후보자를 승진임용인사발령에서 제외

① ㉠, ㉢
② ㉠, ㉡, ㉤
③ ㉡, ㉢, ㉣
④ ㉠, ㉡, ㉢, ㉤
⑤ ㉠, ㉡, ㉢, ㉣, ㉤

11 신청에 대한 거부처분에 관한 설명으로 옳은 것은? (다툼이 있으면 판례에 따름)

① 거부처분에 대하여는 「행정소송법」상 명문의 규정으로 의무이행소송이 허용된다.
② 거부처분에 대하여는 「행정소송법」상 집행정지를 구할 이익이 있어 집행정지가 허용된다.
③ 거부처분의 취소판결의 취지에 따라 행정청이 처분을 하지 않는 경우, 당사자는 수소법원에 직접처분을 신청할 수 있다.
④ 거부처분이 성립되려면 신청인에게 그 행위발동을 요구할 법규상 또는 조리상 신청권이 있어야 한다.
⑤ 판례가 말하는 신청권이란 신청의 인용이라는 만족적 결과를 얻을 권리를 의미한다.

12 **행정심판의 재결에 대한 취소소송에 관한 설명으로 옳지 못한 것은?**

① 제3자효적 행정행위에 있어서 인용재결은 제3자가 소송을 제기하는 경우 재결취소소송에 해당한다.

② 일부인용재결이나 수정재결의 경우 재결 자체가 소송대상이 되고 원처분이 소송대상이 되는 것이 아니다.

③ 재결 자체에 고유한 위법이 없음에도 불구하고 제기한 재결취소의 소는 기각된다.

④ 「공익사업을 위한 토지 등의 취득 및 보상에 관한 법률」에 의한 토지수용위원회의 수용재결에 대해서는 중앙토지수용위원회의 이의재결을 거친 경우에도 원처분주의에 따라 수용재결이 소송대상이 된다.

⑤ 수리를 요하지 않는 신고에서 수리는 행정심판의 대상인 처분이 아니므로 각하재결해야 함에도 인용재결한 경우는 재결 자체에 고유한 위법이 있는 경우에 해당한다.

09 ④ 공정거래위원회의 고발조치는 사직 당국에 대하여 형벌권 행사를 요구하는 행정기관 상호 간의 행위에 불과하여 항고소송의 대상이 되는 처분이라 할 수 없다(대판 1995. 5. 12. 94누13794).

10 ㉠ [○] 관리청이 「국유재산법」에 따라 행정재산의 무단점유자에 대하여 변상금을 부과하는 행위는 제재처분에 해당한다.
㉡ [○] 방위사업법령 및 '국방전력발전업무훈령'에 따른 연구개발확인서 발급은 사업관리기관이 개발업체에게 해당 품목의 양산과 관련하여 수의계약의 방식으로 국방조달계약을 체결할 수 있는 지위가 있음을 인정해주는 확인적 행정행위로서 처분에 해당한다는 것이 판례이다.
㉢ [○] 근로복지공단이 사업주에 대하여 하는 개별 사업장의 사업종류 변경결정은 사업종류 결정의 주체, 내용과 결정기준을 고려할 때 확인적 행정행위로서 처분에 해당한다.
㉤ [○] 「교육공무원법」상 승진후보자 명부에 의한 승진심사 방식으로 행해지는 승진임용에서 승진후보자 명부에 포함되어 있던 후보자를 승진임용인사발령에서 제외하는 행위는 승진기회의 박탈이라는 직접적 효과가 발생하는 것으로 항고소송의 대상인 처분에 해당한다.
㉣ [×] 과세관청이 행한 국세환급금결정 또는 이 결정을 구하는 신청에 대한 환급거부결정은 이미 법률에 의하여 성립한 환급청구권에 아무런 영향을 주는 것이 아니며 과세관청의 신청에 따른 결정은 환급청구권의 행사에 따른 처리절차에 불과하므로 항고소송의 대상인 처분이 아니다. 거부결정의 상대방은 곧바로 국가를 상대로 공법상 당사자소송으로 환급청구소송을 제기하면 된다는 것이 판례이다.

11 ④・⑤ 거부처분이 성립되려면 신청인에게 그 행위발동을 요구할 법규상 또는 조리상 신청권이 있어야 한다. 여기서 신청권이란 신청의 인용이라는 만족적 결과를 얻을 권리를 의미하는 것이 아니라 단순한 응답을 받을 권리를 의미한다.
① 의무이행소송에 관한 「행정소송법」상의 명문규정은 없다.
② 거부처분은 원칙적으로 집행정지를 구할 이익이 없어 집행정지가 허용되지 않는다.
③ 직접처분은 행정심판(의무이행심판)에 대한 재결의 기속력 확보수단으로 인정된다. 행정소송에서는 인정되지 않는다.

12 ② 일부인용재결이나 수정재결도 원처분주의가 적용되므로 원칙적으로 재결은 소송의 대상이 되지 않고 일부취소되고 남은 또는 수정되고 남은 원처분이 소송의 대상이 된다.
④ 종래 「공익사업을 위한 토지 등 취득에 관한 법률」은 재결주의를 취하였지만 현행법은 원처분주의를 따르고 있으므로 옳은 지문이다.

Answer 09. ④ 10. ④ 11. ④ 12. ②

13 대법원 판례에 의할 때 원고적격이 부인된 사례에 해당하는 것은?

① 「도시계획법」상 주거지역에 설치할 수 없는 연탄공장건축허가처분에 대한 지역주민의 원고적격
② 공설화장장설치를 내용으로 하는 도시계획결정에 대한 지역주민의 원고적격
③ 전원개발사업실시계획승인처분을 다투는 환경영향평가 대상지역 내의 주민의 원고적격
④ 상수원보호구역의 변경을 다투는 그 상수원으로부터 급수를 받는 인근 주민의 원고적격
⑤ 원자력부지사전승인처분을 다투는 환경영향평가 대상지역 내의 주민의 원고적격

14 항고소송의 원고적격에 관하여 판례와 다른 설명은?

① 행정처분의 직접 상대방이 아닌 제3자에게 원고적격이 인정되는 경우도 있다.
② 법률상 이익의 침해를 요하므로 반사적 이익이 침해되었어도 원고적격이 인정되지 않는다.
③ 처분의 근거법규 또는 관련법규에서 사익을 보장하는 취지로 규정하는 경우에 법률상 이익이 인정될 수 있다.
④ 수익적 행정처분을 신청한 자는 그 거부에 대하여 거부처분 취소소송을 제기할 원고적격이 당연히 인정된다.
⑤ 강학상 허가업이라도 처분의 근거법령 등이 보호하는 사익이 있는 경우 법률상 이익이 인정된다.

15 다음 중 「행정소송법」 제12조상의 '법률상 이익'에 대한 설명으로 틀린 것은? (다툼이 있는 경우에는 판례에 따름)

① 처분 등의 효과가 기간의 경과 등으로 소멸된 뒤에도 그 처분 등의 취소로 인하여 회복되는 법률상 이익이 있는 경우 소의 이익이 인정된다.

② 건물의 철거명령에 대해 취소소송이 제기된 경우에도 해당 건물이 이미 철거되었다면 원칙적으로 소의 이익이 부정된다.

③ 인·허가의 수익적 행정처분을 신청한 사람이 여러 사람이고 서로 경쟁관계에 있어 일방이 허가를 받으면 타방이 허가를 받지 못하는 때에 허가 등의 처분을 받지 못한 사람이 허가를 받은 사람의 해당 처분의 취소를 구하는 경우 소의 이익이 인정된다.

④ 효력기간이 정해져 있는 제재적 행정처분이 그 후 다른 제재적 행정처분의 가중요건이 되어 있고 이 가중요건이 그 법 시행규칙에 의해 규정된 경우, 그 효력기간이 경과한 제재적 행정처분의 취소를 구하는 경우 소의 이익이 부정된다.

⑤ 대학입학고사 불합격처분의 취소를 구하는 소송의 계속 중에 해당 연도의 입학시기가 지난 경우에도 불합격처분의 취소를 구할 소의 이익은 인정된다.

13 ④ 상수원보호구역 설정의 근거가 되는 「수도법」이 보호하고자 하는 것은 상수원의 확보와 수질보전일 뿐이고, 그 상수원에서 급수를 받고 있는 지역주민들이 가지는 상수원의 오염을 막아 양질의 급수를 받을 이익은 직접적이고 구체적으로 보호하고 있지 않음이 명백하여 위 지역주민들이 가지는 이익은 상수원의 확보와 수질보호라는 공공의 이익이 달성됨에 따라 반사적으로 얻게 되는 이익에 불과하다는 것이 판례이다(대판 1995. 9. 26. 94누14544).

14 ④ 수익적 행정처분의 거부에 대해 취소소송을 제기하기 위해서는 신청을 했다 해서 모두 원고적격이 인정되는 것은 아니고 공권력행사를 요구할 법규상·조리상의 신청권이 인정되어야 한다.

15 ④ 변경 전 판례는 가중적 제재처분기준이 시행규칙에 규정된 경우 그 법적 성질을 행정규칙으로 봐서 소의 이익을 부정했으나, 판례를 변경하여 그러한 시행규칙의 법규성 여부를 불문하고 현실적 가중제재의 위험성이 있는 경우 소의 이익을 인정하고 있다(대판 2006. 6. 22. 2003두1684).

Answer 13. ④ 14. ④ 15. ④

16 판례상 항고소송의 원고적격이 인정되는 경우만을 모두 고르면?

> ㉠ 중국 국적자인 외국인이 사증발급 거부처분의 취소를 구하는 경우
> ㉡ 소방청장이 처분성이 인정되는 국민권익위원회의 조치요구에 불복하여 조치요구의 취소를 구하는 경우
> ㉢ 지방법무사회가 법무사의 사무원 채용승인 신청을 거부하여 사무원이 될 수 없게 된 자가 지방법무사회를 상대로 거부처분의 취소를 구하는 경우
> ㉣ 개발제한구역 중 일부 취락을 개발제한구역에서 해제하는 내용의 도시관리계획변경 결정에 대하여 개발제한구역 해제대상에서 누락된 토지의 소유자가 위 결정의 취소를 구하는 경우

① ㉠, ㉡
② ㉡, ㉢
③ ㉢, ㉣
④ ㉠, ㉢, ㉣
⑤ ㉡, ㉢, ㉣

17 협의의 소익에 관한 다음 서술 중 타당하지 않은 것은? (다툼이 있으면 판례에 의함)

① 행정처분의 효력기간이 경과한 후에는 그 처분이 외형상 잔존함으로 인하여 어떠한 법률상 이익이 침해되고 있다고 볼 사정이 없는 한 그 처분의 취소를 구할 법률상 이익이 없다.
② 지방의회의원이 제명의결 취소소송 계속 중 임기가 만료되었다면 제명의결의 취소로 의원 지위를 회복할 수 없으므로 그 제명의결의 취소를 구할 법률상 이익이 인정되지 않는다.
③ 한국방송공사 사장에 대한 해임처분의 무효확인 또는 취소소송 계속 중 임기가 만료되었더라도 해임처분일부터 임기만료일까지 기간에 대한 보수 지급을 구할 수 있는 경우에는 해임처분의 무효확인 또는 취소를 구할 법률상 이익이 있다.
④ 무효등확인소송은 처분 등의 효력 유무 또는 존재 여부의 확인을 구할 법률상 이익이 있는 자가 제기할 수 있다.
⑤ 직위해제처분이 있은 후 다시 직위해제처분이 행해졌다면 종전 직위해제처분의 취소를 구할 소익은 없다.

16 ㉡ 처분성이 인정되는 국민권익위원회의 조치요구에 불복하고자 하는 소방청장으로서는 조치요구의 취소를 구하는 항고소송을 제기하는 것이 유효·적절한 수단으로 볼 수 있으므로 소방청장은 예외적으로 당사자능력과 원고적격을 가진다(대판 2018. 8. 1. 2014두35379).

㉢ 지방법무사회가 법무사의 사무원 채용승인 신청을 거부하거나 채용승인을 얻어 채용 중인 사람에 대한 채용승인을 취소하면, 상대방인 법무사로서도 그 사람을 사무원으로 채용할 수 없게 되는 불이익을 입게 될 뿐만 아니라, 그 사람도 법무사 사무원으로 채용되어 근무할 수 없게 되는 불이익을 입게 된다. 따라서 지방법무사회의 사무원 채용승인 거부처분 또는 채용승인 취소처분에 대해서는 처분 상대방인 법무사뿐만 아니라 그 때문에 사무원이 될 수 없게 된 사람도 이를 다툴 원고적격이 인정되어야 한다(대판 2020. 4. 9. 2015다34444).

㉠ 사증발급의 법적 성질, 「출입국관리법」의 입법 목적, 사증발급 신청인의 대한민국과의 실질적 관련성, 상호주의원칙 등을 고려하면, 우리 「출입국관리법」의 해석상 외국인에게는 사증발급 거부처분의 취소를 구할 법률상 이익이 인정되지 않는다(대판 2018. 5. 15. 2014두42506).

㉣ 개발제한구역 중 일부 취락을 개발제한구역에서 해제하는 내용의 도시관리계획변경결정에 대하여, 개발제한구역 해제대상에서 누락된 토지의 소유자는 위 결정의 취소를 구할 법률상 이익이 없다(대판 2008. 7. 10. 2007두10242).

17 ② 지방의회의원이 제명의결 취소소송 계속 중 임기가 만료되어 제명의결의 취소로 의원 지위를 회복할 수 없다고 할지라도 제명의결 시부터 임기만료일까지의 기간에 대한 월정수당의 지급을 구할 수 있으므로 그 제명의결의 취소를 구할 법률상 이익이 인정된다.

Answer 16. ② 17. ②

18 다음 중 판례에 의해 소의 이익이 부정된 것의 조합만으로 묶인 것은?

㉠ 환지처분 공고 후 환지예정지지정처분의 취소를 구하는 소송
㉡ 현역병 대상자로 현실적으로 입영을 한 자가 현역병입영통지처분의 취소를 구하는 소송
㉢ 공장건물의 멸실 후 공장등록취소처분의 취소를 구하는 소송
㉣ 현역병 대상자로 병역처분을 받은 자가 그 취소소송 중 모병에 응하여 현역병으로 자진입대한 경우의 병역처분의 취소를 구하는 소송
㉤ 일반사면이 있은 후 파면처분의 위법을 주장하여 취소를 구하는 소송
㉥ 치과의사국가시험 불합격처분 이후 새로 실시된 국가시험에 합격한 자의 불합격취소를 구하는 소송

① ㉠, ㉡, ㉢
② ㉠, ㉣, ㉥
③ ㉠, ㉣, ㉤
④ ㉠, ㉢, ㉣
⑤ ㉡, ㉢, ㉣

19 행정소송 제기기간에 관한 다음 설명 중 틀린 것은?

① 취소소송은 처분 등이 있음을 안 날로부터 90일 이내에 제기하여야 한다.
② 부작위위법확인소송에도 제소기간의 제한이 준용되고 있다.
③ 판례는 불특정 다수인에 대한 고시 또는 공고에 의한 처분은 고시 또는 공고가 효력을 발생하는 날에 행정처분이 있음을 알았다고 보아야 한다.
④ 처분 등이 있은 날로부터 180일을 경과하면 취소소송을 제기하지 못한다.
⑤ 무효확인소송에는 제소기간의 제한이 없다.

20 다음 중 항고소송의 피고적격에 관한 설명 중 틀린 것은?

① 중앙노동위원회의 처분에 대한 소는 중앙노동위원회를 피고로 하여 제기하여야 한다.
② 공정거래위원회의 처분에 대한 소는 공정거래위원회를 피고로 하여 제기하여야 한다.
③ 처분적 조례에 대한 항고소송의 경우 지방자치단체장이 피고가 된다.
④ 지방의회의원에 대한 지방의회의 의원징계에 대하여 항고소송을 제기하는 경우 지방의회가 피고가 된다.
⑤ 국회의장이 행한 처분에 대한 불복의 소는 국회사무총장을 피고로 한다.

21 행정소송과 그 피고에 대한 연결이 옳은 것만을 모두 고르면?

> ㉠ 권한의 위임이 있는 경우 – 수임청
> ㉡ 권한의 내부위임이 있는 경우 – 위임청
> ㉢ 권한을 내부위임 받은 행정청이 자신의 명의로 처분을 한 경우 – 수임청
> ㉣ 권한의 대리의 경우 – 피대리청
> ㉤ 대통령에 의한 서훈취소의 경우 – 국가보훈부장관

① ㉠, ㉡
② ㉢, ㉣
③ ㉠, ㉢, ㉣
④ ㉠, ㉡, ㉢, ㉣
⑤ ㉠, ㉡, ㉢, ㉣, ㉤

PART 05

18 ② 소의 이익이 부정된 경우는 ㉠ · ㉣ · ㉥이다.
㉠ 환지처분 후에는 환지예정지 지정처분은 환지처분에 흡수되므로 환지처분을 다투어야 하고 별도로 환지예정지 지정처분을 다툴 소의 이익이 없다.
㉣ 현역병대상처분 후 현실적으로 입영한 자는 여전히 현역병대상처분을 다툴 수 있으나 자진입대한 자는 이를 다툴 소의 이익이 없다.
㉥ 새로 실시된 국가시험에 합격한 자는 이미 자격을 취득하였으므로 종전의 불합격취소를 구할 소의 이익이 없다.
㉢ 공장건물이 비록 멸실되었다고 하더라도 공장을 이전하는 경우에 세제상의 감면해택이 있고 간이한 이전절차 및 우선 입주의 해택이 있다는 이유로 공장등록취소처분의 취소를 구할 법률상 이익을 인정하였다.

19 ④ 취소소송은 처분 등이 있음을 안 날로부터 90일 이내에 제기하여야 하고, 처분 등이 있은 날부터 1년을 경과하면 제기하지 못한다. 1년은 정당한 사유가 있는 경우 예외가 인정되지만 90일은 인정되지 않는 불변기간이다.

20 ① 합의제기관의 처분은 원칙적으로 합의제기관이 피고가 되지만, 법률에 규정이 있으면 합의제기관의 대표가 피고가 되는 경우가 있다. 중앙노동위원회의 처분에 대한 소는 중앙노동위원회위원장을 피고로 하여 처분의 통지를 받은 날부터 15일 이내에 이를 제기하여야 한다(「노동위원회법」 제27조 제1항).

21 ㉠ · ㉡ · ㉢ · ㉣ [○]
㉤ [×] 피고는 대통령이 된다.

Answer 18. ② 19. ④ 20. ① 21. ④

22 취소소송의 피고경정으로 옳지 못한 것은?

① 「행정소송법」 제14조 제1항의 피고를 잘못 지정한 때에는 법원은 원고의 신청에 의하여 결정으로 피고의 경정을 허가할 수 있다.
② 피고를 경정하는 것에 대한 허가결정이 있을 때는 새로운 피고에 대한 소송을 처음 소를 제기한 때에 제기된 것으로 본다.
③ 종전 피고에 대한 소는 취하된 것으로 본다.
④ 피고경정이 있는 경우 변경 전 소송자료는 승계되지 않는다.
⑤ 피고경정은 법원의 직권에 의한 결정으로 이루어지는 경우도 있다.

23 항고소송의 피고에 관한 설명으로 옳지 않은 것은? (다툼이 있으면 판례에 따름)

① 처분이 있은 뒤에 그 처분에 관계되는 권한이 다른 행정청에 승계된 때에는 이를 승계한 행정청을 피고로 한다.
② 공정거래위원회의 처분에 대한 항고소송의 피고는 공정거래위원회가 된다.
③ 조례에 대한 무효확인소송의 경우 해당 지방의회의 의장이 피고가 된다.
④ 원고가 피고를 잘못 지정한 때에는 법원은 원고의 신청에 의하여 결정으로써 피고의 경정을 허가할 수 있다.
⑤ 소의 종류의 변경 시에도 피고의 경정이 인정된다.

24 행정심판전치주의에 대한 예외로서 행정심판 자체를 제기할 필요가 없는 경우가 아닌 것은?

① 동종사건에 대하여 이미 행정심판의 기각 재결이 있는 경우
② 서로 내용상 관련되는 처분 또는 같은 목적을 위하여 단계적으로 진행되는 처분 중 어느 하나가 이미 행정심판의 재결을 거친 때
③ 행정청이 사실심의 변론종결 후 소송의 대상인 처분을 변경하여 해당 변경된 처분에 관하여 소를 제기하는 때
④ 처분을 행한 행정청이 행정심판을 거칠 필요가 없다고 잘못 알린 때
⑤ 처분의 집행 또는 절차의 속행으로 생길 중대한 손해를 예방하여야 할 긴급한 필요가 있는 때

25 **「행정소송법」상 가구제에 대한 설명 중 틀린 것은? (다툼이 있을 경우에는 판례에 의함)**

① 「행정소송법」은 가처분에 관한 규정을 두고 있지 않다.

② 판례는 원칙상 거부처분의 집행정지를 인정하지 않는다.

③ 집행정지가 인정되기 위하여는 적법한 본안소송이 계속 중이어야 한다.

④ 금전납부로 인한 손해는 회복되기 어려운 손해에 해당할 수 없다.

⑤ 처분의 효력정지는 처분의 집행 또는 절차의 속행을 정지함으로써 목적을 달성할 수 있는 경우에는 허용되지 아니한다.

22 ④ 피고경정이 있는 경우 변경 전 소송자료는 승계된다.

23 ③ 조례에 대한 무효확인소송의 경우 피고는 지방의회의 의장이 아니라 공포권자인 지방자치단체의 장이 된다.
① 「행정소송법」 제13조 제1항
② 합의제 행정청이 처분청인 경우 원칙적으로 위원장이 아니라 '합의제 행정청' 자체가 피고가 된다.
④ 「행정소송법」 제14조 제1항
⑤ 소의 변경은 항고소송 사이에서뿐만 아니라 항고소송과 당사자소송 사이에서도 인정된다. 따라서 소의 종류의 변경으로 당사자인 피고의 변경이 야기될 수 있다.

24 ⑤ 처분의 집행 또는 절차의 속행으로 생길 중대한 손해를 예방하여야 할 긴급한 필요가 있는 때에는 행정심판의 재결을 기다릴 필요없이 소송을 제기할 수 있다. 행정심판 자체를 제기할 필요가 없는 경우의 예외가 아니다.

25 ④ 금전부과처분도 회복하기 힘든 손해에 포함될 수 있다. 회복하기 힘든 손해란 특별한 사정이 없는 한 금전으로 보상할 수 없는 손해로서 이는 금전보상이 불능인 경우 내지는 금전보상으로는 사회관념상 행정처분을 받은 당사자가 참고 견딜 수 없거나 또는 참고 견디기가 현저히 곤란한 경우의 유형·무형의 손해를 일컫는다. 금전납부로 사업자의 자금사정이나 경영전반에 미치는 파급효과가 매우 중대하여 사업자체를 계속할 수 없거나 중대한 경영상의 위기를 맞게 될 것으로 보이는 등의 사정이 존재하는 경우 이에 해당한다는 것이 판례이다.

Answer 22. ④ 23. ③ 24. ⑤ 25. ④

26 취소소송에서의 집행정지에 관한 다음 설명 중 가장 옳지 않은 것은?

① 집행정지의 대상은 처분의 효력, 처분의 집행, 절차의 속행으로 이 경우 처분은 본안의 취소소송의 대상인 처분이다.
② 집행정지는 「민사소송법」상의 가처분에서와 같이 본안소송이 법원에 계속되어 있을 것을 요건으로 하지 않는다.
③ 불허가처분 · 거부처분 등과 같은 소극적 처분에 대하여는 집행정지를 할 수 없다는 것이 통설이다.
④ 집행정지결정은 해당 사건에 관하여 당사자인 행정청과 그 밖의 관계행정청을 기속한다.
⑤ 판례는 집행정지의 요건과 관련하여 본안청구가 이유 없음이 명백할 때에는 집행정지를 명할 수 없다고 판시한 바 있다.

27 「행정소송법」상 집행정지에 대한 설명으로 옳지 않은 것은? (다툼이 있는 경우 판례에 의함)

① 「행정소송법」은 처분의 일부에 대한 집행정지도 가능하다고 규정하고 있다.
② 접견허가 신청에 대한 교도소장의 거부처분은 그 효력에 대해 집행정지의 대상이 된다.
③ 집행정지의 소극적 요건으로서 '공공복리'는 그 처분의 집행과 관련된 구체적이고 개별적인 공익으로서 이러한 소극적 요건에 대한 주장 · 소명 책임은 행정청에게 있다.
④ 처분의 취소가능성이 없음에도 처분의 효력이나 집행의 정지를 인정한다는 것은 집행정지제도의 취지에 반하므로 집행정지 사건 자체에 의하여도 신청인의 본안청구가 이유 없음이 명백하지 않아야 한다는 것도 집행정지의 요건이다.
⑤ 집행정지의 대상은 처분의 효력, 처분의 집행, 절차의 속행으로 이 경우 처분은 본안의 취소소송의 대상인 처분이다.

28 사정판결에 대해 틀린 것은?

① 취소소송과 무효등확인소송에 적용된다.
② 손해배상 등의 병합제소가 가능하다.
③ 판결문의 주문에 처분 등의 위법을 명시한다.
④ 비례원칙 · 이익형량원칙이 적용된다.
⑤ 사정판결의 소송비용은 피고인 행정청이 부담해야 한다.

29 **사정판결의 요건으로 옳지 않은 것은? (다툼이 있는 경우에는 판례에 의함)**

① 처분이 위법하여야 한다.
② 처분을 취소하는 것이 현저히 공공복리에 적합하지 아니하다고 인정되어야 한다.
③ 사정판결의 경우 처분 등의 위법성은 판결 시를 기준으로 판단하여야 한다.
④ 공공복리를 위한 사정판결의 필요성은 변론종결 시를 기준으로 판단하여야 한다.
⑤ 법원의 직권에 의한 사정판결도 허용된다는 것이 판례이다.

26 ② 집행정지는 적법한 본안소송이 계속된 법원이 처분 등이나 그 집행 또는 절차의 속행으로 인하여 생길 회복하기 어려운 손해를 예방하기 위하여 긴급한 필요가 있다고 인정할 때에 처분 등의 효력이나 그 집행 또는 절차의 속행의 전부 또는 일부의 정지를 결정하는 것이다. 적법한 본안소송의 계속은 집행정지의 요건이므로 집행정지결정 후에 소송요건결여로 각하판결이 있는 경우 집행정지는 실효된다.

27 ② 거부처분이 집행정지의 대상이 될 것인가에 대해서는 견해대립이 있지만 판례는 신청에 대한 거부처분의 효력을 정지하더라도 거부처분이 없었던 것과 같은 상태, 즉 거부처분이 있기 전인 신청 시의 상태로 되돌아가는 데에 불과하므로 신청인에게 아무런 보탬이 되지 않는다고 하여 거부처분의 효력정지를 구할 법률상 이익을 부정하였다.

28 ① 사정판결은 취소소송에서만 인정되고, 무효확인소송과 부작위위법확인소송에는 인정되지 않는다. 무효확인소송에 대해서 인정 여부에 대한 견해대립이 있지만 판례는 이를 부정하고 있다.

29 ③ 사정판결은 원고의 청구가 이유 있다고 인정하는 경우에도 처분 등을 취소하는 것이 현저히 공공복리에 적합하지 아니하다고 인정하는 때에 원고의 청구를 기각하는 판결이다. 처분 등의 위법성은 처분 시를 기준으로 판단하나, 사정판결의 필요성은 판결 시를 기준으로 한다.

Answer 26. ② 27. ② 28. ① 29. ③

30 **취소소송의 판결의 효력에 관한 다음 설명 중 옳지 않은 것은?**

① 처분을 취소하는 확정판결은 피고 행정청뿐 아니라, 그 밖의 관계행정청도 기속한다.
② 처분을 취소하는 확정판결은 제3자에 대하여는 효력이 없다.
③ 거부처분을 취소하는 확정판결이 있는 경우, 처분청은 판결의 취지에 따라 재처분을 하여야 한다.
④ 취소판결이 확정되면, 행정상 법률관계는 행정청의 별도의 집행행위 없이 당연히 형성의 효과를 발생한다.
⑤ 취소판결의 기속력과 형성력은 청구기각판결의 경우에는 발생하지 아니한다.

31 **항고소송에서 판결의 기속력에 대한 설명으로 옳지 않은 것은?**

① 기속력은 일단 판결이 확정된 때에는 동일한 사항이 다시 소송상 문제되었을 때 당사자와 법원은 이에 저촉되는 주장이나 판단을 할 수 없는 효력을 의미한다.
② 현행 「행정소송법」은 취소판결에 대하여 기속력 있음을 규정하고 무효등확인소송과 부작위위법확인소송 및 당사자소송에 이를 준용하고 있다.
③ 기속력은 취소판결 등의 실효성을 도모하기 위하여 인정된 효력이므로, 판결주문 및 그 전제가 된 요건사실의 인정과 효력의 판단에만 미친다.
④ 취소판결이 확정된 후에 그 기속력에 위반하여 같은 사유에 의한 동일한 내용의 처분은 그 하자가 중대하고도 명백하여 당연무효이다.
⑤ 판례에 의하면 거부처분에 대한 취소판결이 확정된 경우에도 처분 시 이후 법령변경에 따라 신법상의 사유를 들어 재차 거부처분한 것은 기속력에 반하지 않는다.

32 **항고소송의 판결효력에 대한 설명으로 틀린 것은? (다툼이 있는 경우 판례에 의함)**

① 거부처분이 실체법상 이유로 판결에 의해 취소된 경우 원칙적으로 신청에 따른 처분을 해야 할 재처분의무가 발생한다.
② 무효확인판결의 효력은 취소판결과 달리 소송의 당사자 외에 제3자에게는 미치지 않는다.
③ 간접강제결정에서 정한 의무이행기한이 경과한 후라도 확정판결의 취지에 따른 재처분의 이행이 있으면 더 이상 배상금을 추심하는 것은 허용되지 않는다.
④ 판례는 간접강제 이외의 「민사소송법」상 가처분을 인정하지 않는다.
⑤ 취소소송에서 소 각하판결이 있더라도 대상처분의 적법성이 확정된 것은 아니므로 원고가 그 처분의 효력을 다시는 다툴 수 없는 것은 아니다.

33 **처분을 취소하는 확정판결의 기속력에 대한 설명으로 옳지 않은 것은? (다툼이 있는 경우 판례에 의함)**

① 기속력은 주로 판결의 실효성 확보를 위하여 인정되는 효력으로서 판결의 주문뿐만 아니라 그 전제가 되는 처분 등의 구체적 위법사유에 관한 이유 중의 판단에 대하여도 인정된다.

② 취소된 처분의 사유와 기본적 사실관계가 동일하지 않으면 종전 처분 당시에 존재하였던 사유일지라도 그를 이유로 하여 동일한 재처분을 할 수 있다.

③ 취소된 처분의 사유와 기본적 사실관계에서 동일하지 않다 하더라도, 종전 처분 당시에 이미 존재하고 있었고 당사자가 이를 알고 있었던 사유라면 그러한 사유로 동일한 재처분을 할 수 없다.

④ 거부처분이 취소된 경우 취소된 처분 이후에 발생한 새로운 사유로 다시 거부처분을 할 수 있다.

⑤ 기속력은 기각판결에는 인정되지 않는다.

30 ②·④ 처분 등을 취소하는 확정판결은 제3자에 대하여도 효력이 있다(「행정소송법」 제29조 제1항). 취소판결이 확정되면 처분은 행정청의 별도의 취소행위가 없더라도 당연히 효력을 상실한다. 이를 판결의 형성력이라 한다. 판결의 제3자효는 이 형성력을 기초로 인정되는 것이다.
⑤ 청구기각판결은 처분이 적법하여 취소하지 않고 종전 처분의 효력이 유지되는 것이므로 청구기각판결에는 기속력과 형성력이 인정되지 않는다.

31 ① 이는 판결의 효력으로서 기판력에 관한 설명이다.
⑤ 기속력은 처분 시를 기준으로 처분 시와 동일한 사유로 동일한 처분을 하여서는 안 된다는 것이므로 처분 시 이후 신법에 따라 재차 거부하는 것은 기속력에 반하지 않는다는 것이 판례이다.

32 ② 무효확인판결은 취소판결과 같은 형성력이 인정되지는 않지만 소송의 당사자 외에 제3자에게도 처분이 무효라는 것은 영향을 미친다. 대세효에 관한 취소소송의 제29조 제1항은 무효등확인소송에도 준용된다.

33 ③ 당사자가 알고 있었던 사유라 하더라도 취소된 처분의 사유와 기본적 사실관계가 동일하지 않다면 그러한 사유로 동일한 재처분을 할 수 있다.

Answer 30. ② 31. ① 32. ② 33. ③

34 **무효등확인소송에 대한 설명으로 옳은 것은?**

① 제소기간이 상대적으로 단기이다.
② 행정심판전치주의가 적용된다.
③ 사정판결이 허용된다.
④ 취소소송의 집행정지제도가 준용된다.
⑤ 행정행위의 부존재확인을 청구하는 것은 허용되지 않는다.

35 **취소소송에 적용되는 「행정소송법」 규정 중 무효등확인소송에 준용되지 않는 것은?**

① 행정심판기록의 제출명령
② 관련청구소송의 병합
③ 집행정지
④ 처분변경으로 인한 소의 변경
⑤ 간접강제

36 **무효등확인소송에 대한 설명으로 옳지 않은 것은? (다툼이 있는 경우에는 판례에 의함)**

① 행정처분의 당연무효를 주장하여 그 무효확인을 구하는 행정소송에 있어서는 처분이 무효임을 원고가 입증하여야 한다는 것이 판례의 입장이다.
② 사정판결에 관한 「행정소송법」 규정은 무효등확인소송에는 준용되지 않는다.
③ 취소소송에서 인정되는 집행정지에 관한 「행정소송법」 규정은 무효등확인소송에 대하여도 준용된다.
④ 행정처분의 근거 법률에 의하여 보호되는 직접적이고 구체적인 이익이 있는 경우에는 「행정소송법」 제35조에 규정된 '무효확인을 구할 법률상 이익'이 있다고 보아야 하고, 이와 별도로 무효확인소송의 보충성이 요구되는 것은 아니라는 것이 판례의 입장이다.
⑤ 거부처분에 대한 무효확인판결에 대해서도 행정청은 재처분의무를 지므로 행정청이 부작위하는 경우 법원은 이에 대한 간접강제가 가능하다.

37 **다음 중 부작위위법확인소송에 관한 설명으로 옳지 않은 것은?**

① 부작위가 성립하였지만 소송계속 중 처분이 내려지면 기각판결을 내린다.
② 본안심리의 결과 원고의 청구가 이유 있다고 인정하는 경우에는 인용판결을 내린다.
③ 신청사실 및 신청권의 존재는 소송요건으로 원고에게 입증책임이 있다.
④ 부작위의 정당화사유에 대해서는 행정청이 주장 · 입증책임을 진다.
⑤ 부작위가 성립하기 위해서는 법규상 또는 조리상 신청권이 있어야 한다.

34 ④ 무효등확인소송은 취소소송의 집행정지제도가 준용된다(「행정소송법」 제38조).
① 무효등확인소송은 제소기간의 제한이 없다.
② 무효등확인소송에는 행정심판전치주의가 적용되지 않는다.
③ 사정판결은 취소소송에서만 인정되고 무효등확인소송이나 부작위위법확인소송에는 적용되지 않는다.
⑤ 무효등확인소송은 행정청의 처분 등의 효력 유무 또는 존재 여부를 확인하는 소송을 말한다. 부존재확인소송도 포함된다.

35 ⑤ 취소소송의 간접강제 규정은 무효등확인소송에 준용되지 않는다(「행정소송법」 제38조 제1항).

36 ⑤ 현행 「행정소송법」은 간접강제 규정을 부작위위법확인소송에는 준용하고 있지만, 무효등확인소송에는 준용하고 있지 않다. 판례는 「행정소송법」이 이를 준용하는 규정을 두고 있지 않은 이상 간접강제는 무효확인소송에는 인정되지 않는다는 입장이다.

37 ① 판결 시를 기준으로 부작위상태가 해소된 경우이므로 각하판결을 하게 된다.
③ · ④ 부작위위법확인소송은 일정한 처분의 신청을 한 자만이 원고적격을 가지므로 신청사실 및 신청권의 존재는 소송요건으로 원고에게 입증책임이 있고, 상당한 기간의 경과를 정당화할 만한 특별한 사유에 대한 입증책임은 행정청이 부담한다.
⑤ 부작위위법확인소송은 처분의 신청을 구할 법규상 또는 조리상 신청권이 없는 자에 의한 소 제기라면 허용되지 않는다는 것이 판례이다.

Answer 34. ④ 35. ⑤ 36. ⑤ 37. ①

38 **부작위위법확인소송에 관한 내용으로 옳지 않은 것은? (다툼이 있는 경우 판례에 따름)**

① 부작위의 직접 상대방이 아닌 제3자는 해당 행정처분의 부작위위법확인을 구할 법률상의 이익이 있는 경우 원고적격이 인정된다.

② 행정청이 행한 공사중지명령의 상대방이 그 명령 이후에 그 원인사유가 소멸하였음을 들어 공사중지명령의 철회를 신청하였으나 행정청이 아무런 응답을 하지 않고 있는 경우 행정청의 부작위는 그 자체로 위법하다.

③ 위법판단의 기준시점은 처분 시가 아니라 사실심변론종결 시로 보아야 한다.

④ 부작위가 성립하기 위해서는 당사자의 신청이 있어야 하며 여기서 신청이란 법규상 또는 조리상 신청권의 행사로서의 신청을 말한다.

⑤ 부작위위법확인소송에 대해서는 「행정소송법」상 처분변경으로 인한 소의 변경에 관한 규정이 준용된다.

39 **무효등확인소송 및 부작위위법확인소송에 관한 설명으로 옳은 것은?**

① 무효등확인소송에서는 사정판결이 인정되지 않는다.

② 취소소송의 제소기간에 관한 규정은 무효등확인소송과 부작위위법확인소송에서는 준용되지 않는다.

③ 부작위위법확인소송에서의 위법판단의 기준 시는 처분 시이다.

④ 부작위위법확인소송에서 '부작위'라 함은 행정청이 당사자의 신청에 대하여 상당한 기간 내에 일정한 처분을 하여야 할 법률상 의무가 있음에도 불구하고 처분을 하지 않는다는 의사를 통지하는 것을 말한다.

⑤ 무효등확인소송은 확인소송의 일종이므로 무효등확인소송을 제기하기 위해서는 '확인의 이익' 내지 '보충성'이 요구된다.

38 ⑤ 부작위위법확인소송에 대해서는 「행정소송법」상 처분변경으로 인한 소의 변경에 관한 규정이 준용되지 않는다.
② 행정청이 행한 공사중지명령의 상대방이 그 명령 이후에 그 원인사유가 소멸하였음을 들어 공사중지명령의 철회를 신청한 경우 행정청은 이에 대한 응답의무가 있고 이를 위반한 경우 그 자체가 위법이라는 것이 판례이다.
③ 부작위위법확인소송은 판결 시까지의 부작위상태가 위법임을 확인하는 것이므로 위법판단의 기준 시점은 처분 시가 아니라 사실심변론종결 시로 보아야 한다는 것이 판례의 입장이다.
④ 부작위가 성립하기 위해서는 당사자의 신청만으로 성립되지 않고 처분을 구할 법규상 또는 조리상 신청권이 있어야 한다.

39 ① 무효등확인소송에는 사정판결의 준용규정이 없고 판례도 무효등확인소송에서 사정판결을 부정하고 있다.
② 무효등확인소송에는 제소기간의 준용규정이 없지만 부작위위법확인소송에는 제소기간의 준용규정이 있다.
⑤ 종래 판례는 무효확인소송에 대해 확인을 구할 법률상 이익 외에 확인의 이익, 보충적 이익, 즉시확정이익을 요한다고 하였으나, 판례를 변경하여 무효확인을 구할 법률상 이익만 있으면 되고 별도의 확인의 이익은 요하지 않는다고 본다.

Answer 38. ⑤ 39. ①

제2절 당사자소송

01 판례가 당사자소송으로 본 것은?

① 전문직공무원의 채용계약해지에 대한 소송
② 공법상 부당이득반환청구소송
③ 공무원연금관리공단의 급여결정에 대한 소송
④ 국유임야 대부 시 대부료부과처분에 대한 소송
⑤ 지방자치단체의 물품구입에 대한 대금지급청구소송

02 다음 중 판례상 당사자소송이 아닌 것은?

① 석탄가격 안정지원금의 지급을 구하는 소송
② 공무원 연금법령 개정으로 퇴직연금 중 일부금액의 지급이 정지되어서 미지급된 퇴직연금의 지급을 구하는 소송
③ 무효인 과세처분을 원인으로 하는 부당이득반환청구소송
④ 광주민주화운동 관련 보상금지급과 관련한 소송
⑤ 구 「도시재개발법」에 의한 재개발조합에 대하여 조합원 자격확인을 구하는 소송

03 공법상의 당사자소송에 대한 설명으로 옳지 않은 것은? (다툼이 있는 경우 판례에 따름)

① 당사자소송은 국가·공공단체 및 그 밖의 권리주체를 피고로 한다.
② 「행정소송법」은 국가를 상대로 하는 당사자소송의 경우에는 가집행선고를 할 수 없다고 규정하고 있으므로 국가를 상대로 재산권의 청구를 인용하는 판결을 하는 경우에는 가집행선고를 할 수 없다.
③ 청구의 기초에 변경이 없는 한 당사자소송을 취소소송으로 변경하거나 무효등확인소송으로 변경할 수 있다.
④ 당사자소송에 관하여 법령에 제소기간이 정하여져 있는 때에는 그 기간은 불변기간으로 한다.
⑤ 당사자소송의 제1심 재판관할에 있어서 국가 또는 공공단체가 피고인 경우에는 관계행정청의 소재지를 피고의 소재지로 본다.

04 **취소소송의 규정이 당사자소송에 준용되는 것은?**

① 필수적 심판전치주의
② 집행정지
③ 사정판결
④ 원고적격
⑤ 직권심리주의

01 ① 판례는 전문직공무원채용계약과 같은 신분설정계약에 대해서는 공법상 계약으로 봐서 이에 대한 쟁송은 당사자소송에 의한다.
②·④·⑤ 판례는 사법관계에 관한 것으로 민사소송으로 분쟁을 해결해야 한다는 입장이다.
③ 처분으로 항고소송의 대상이다(판례).

02 ③ 무효인 과세처분을 원인으로 하는 부당이득반환청구소송은 민사소송에 의한다는 것이 판례이다.
①·②·④·⑤ 공법상 발생되는 청구권에 관한 소송이거나 공법상 법률관계에 관한 소송으로, 당사자소송으로 이를 해결한다는 것이 판례의 입장이다.

03 ② 국가를 상대로 하는 당사자소송의 경우 가집행선고를 할 수 없도록 한 「행정소송법」 제43조는 헌법재판소의 위헌결정으로 효력을 상실하였다. 대법원은 당사자소송에서 국가를 상대로 재산권의 청구를 인용하는 판결을 하는 경우 가집행 선고가 가능하다는 입장이다(대판 2000. 1. 28. 99두3416).

04 ⑤ 취소소송의 직권심리에 관한 제26조는 당사자소송에도 준용되고 있다(「행정소송법」 제44조).
①·②·③ 예외적 행정심판전치주의, 집행정지, 사정판결 등은 취소소송의 특유한 절차로 당사자소송에는 준용되지 아니한다.
④ 취소소송의 소송요건에 관한 것은 당사자소송에 준용되지 않는다.

Answer 01. ① 02. ③ 03. ② 04. ⑤

제3절 객관적 소송

01 공법상 객관적 소송의 성질이 가장 강한 것은?

① 취소소송
② 처분의 상대방에 의한 이의신청
③ 「지방자치법」상 주민소송
④ 민주화운동 관련 보상을 위한 당사자소송
⑤ 무효확인소송

02 행정소송 중 기관소송에 대한 설명으로 옳지 않은 것은?

① 국가 또는 공공단체의 행정기관 상호 간에 권한의 존부 또는 권한행사에 관한 분쟁이 있는 경우 이에 관한 소송을 기관소송이라고 한다.
② 지방자치단체 상호 간의 권한쟁의는 행정법원의 관할에 속한다.
③ 개별법률에 특별한 규정이 있는 경우에 인정되고 그 법률에서 정한 자만이 제기할 수 있다.
④ 기관소송으로서 처분 등의 취소를 구하는 소송에는 그 성질에 반하지 아니하는 한 취소소송에 관한 규정이 준용된다.
⑤ 주무부장관의 시정명령이나 취소・정지처분에 대해 이의가 있는 경우 지방자치단체장은 대법원에 이의소송을 제기할 수 있다.

03 **지방자치단체인 A광역시가 부과하는 지방세의 징수를 담당하는 소속 공무원인 B는 납세 의무자인 D의 허위신고를 묵인하고 해당 지방세를 징수하지 않았다. 이에 감사청구를 한 주민 C가 60일이 경과해도 감사가 종료되지 않았을 때 제기할 수 있는 소송의 유형은?**

① 「민법」상 손해배상청구소송
② 「민법」상 당사자소송
③ 항고소송
④ 민중소송으로서 주민소송
⑤ 기관소송

PART 05

01 ③ 주민소송은 지방자치단체의 위법한 재무회계행위를 시정하고자 하는 공익목적을 가지고 제기되는 소송으로서 민중소송(공익소송)이며 구체적인 권익의 침해가 없어도 제기되고 적법한 통제를 목적으로 하는 소송으로서 객관적 소송이다. 주민소송은 「행정소송법」상 민중소송에 해당한다.

02 ②·① 기관소송이란 국가 또는 공공단체의 행정기관 상호 간에 있어서의 권한의 존부 또는 그 행사에 관한 다툼이 있을 때에 이에 대하여 제기하는 소송이다. 다만, 「헌법재판소법」 제2조의 규정에 의하여 헌법재판소의 관장사항으로 되는 소송은 제외한다(「행정소송법」 제3조 제4호). 이 때문에 「헌법」과 「헌법재판소법」에 의하여 국가기관 상호 간, 국가기관과 지방자치단체 간 및 지방자치단체 상호 간의 권한쟁의심판은 헌법재판소의 관장사항으로 행정소송으로서의 기관소송에서 제외된다.

03 ④ C는 「지방자치법」 제17조 제1항 제1호에 의해 주민소송을 제기할 수 있다[주무부장관이나 시·도지사가 감사청구를 수리한 날부터 60일(제16조 제3항 단서에 따라 감사기간이 연장된 경우에는 연장기간이 끝난 날을 말한다)이 지나도 감사를 끝내지 아니한 경우]. 주민소송은 지방자치단체의 위법한 재무회계행위를 시정하고자 하는 공익목적을 가지고 제기되는 소송으로서 민중소송(공익소송)이며, 구체적인 권익의 침해 없이도 제기되고 적법한 통제를 목적으로 하는 소송으로서 객관적 소송이다.

Answer 01. ③ 02. ② 03. ④

MEMO

행정법 각론

행정사
임병주 행정법

행정사

임병주 행정법

PART

01

행정조직법

PART

01 행정조직법

제1절 행정조직과 권한행사

01 행정기관 중 합의제 행정기관 혹은 위원회에 관한 설명으로 옳지 않은 것은?

① 중앙행정기관인 위원회의 설치와 직무범위는 법률로 정한다.

② 지방자치단체는 그 소관사무의 범위에서 조례로 위원회 등의 자문기관을 설치 · 운영할 수 있다.

③ 심의기관의 결정에는 특별한 규정이 없는 한 법적 구속력이 없다.

④ 「헌법」에 따라 설치되는 위원회에 대하여는 「행정기관 소속 위원회의 설치 · 운영에 관한 법률」을 적용한다.

⑤ 의결권만을 갖는 의결기관인 위원회는 결정된 의사의 대외적 표시권한을 갖지 못한다.

02 행정관청 간의 관계에 관한 설명으로 옳은 것은? (다툼이 있으면 판례에 따름)

① 상급관청의 훈령권에는 법령상 근거가 요구된다.

② 대외적 구속력이 없는 훈령을 위반한 조치는 위법하다.

③ 하급행정관청의 권한행사에 대한 상급행정관청의 내부적인 승인 · 인가는 행정처분이 아니다.

④ '동의'를 의미하는 관계기관의 '협의' 의견은 주무관청을 구속하지 않는다.

⑤ 상급관청의 하급관청에 대한 감시권에는 개별적인 법령상 근거를 요한다.

03 **행정기관에 관한 설명으로 옳지 않은 것은? (다툼이 있으면 판례에 따름)**

① 법령에 따라 행정권한을 위탁받은 사인은 행정청이 될 수 없다.
② 행정에 관한 의사를 결정하여 표시하는 국가 또는 지방자치단체의 기관은 행정청이다.
③ 지방자치단체는 그 소관사무의 일부를 독립하여 수행할 필요가 있으면 법령이나 그 지방자치단체의 조례로 정하는 바에 따라 합의제행정기관을 설치할 수 있다.
④ 행정기관의 장은 소관사무를 통할하고 소속공무원을 지휘·감독한다.
⑤ 「정부조직법」은 합의제행정기관의 설치에 관한 법적 근거를 두고 있다.

04 **행정관청의 권한의 위임에 대한 설명으로 옳지 않은 것은?**

① 권한의 위임은 법적 근거를 요하나, 위임의 범위에는 제한이 없는 것이 원칙이다.
② 권한의 대리는 권한의 이전이 없다는 점에서 권한의 위임과 차이가 있다.
③ 공무수탁사인은 행정에 관한 위임된 사인이고, 대결은 행정관청 내부에서 보조기관이 대신 결재하는 것이다.
④ 국가행정사무의 권한을 지방자치단체에 위임하는 것을 단체위임이라 한다.
⑤ 권한위임이 행해지면 항고소송의 피고는 수임기관이 된다.

01 ④ 「헌법」에 따라 설치되는 위원회에 대하여는 「행정기관 소속 위원회의 설치·운영에 관한 법률」이 적용되지 않는다(「행정기관 소속 위원회의 설치·운영에 관한 법률」 제3조 제2항).

02 ③ 상급행정기관의 하급행정기관에 대한 승인·동의·지시 등은 행정기관 상호 간의 내부행위로서, 국민의 권리 의무에 직접 영향을 미치는 것이 아니므로 행정처분이 아니다(대판 1997. 9. 26. 97누8540).
① 훈령권은 상급관청의 감독권에 당연히 내포된 것으로 법적 근거를 요하지 않는다.
② 훈령은 행정조직 내부규범으로 대외적 구속력이 없는바 훈령에 위반된 행위라 하더라도 그것만으로 위법이 되는 것은 아니다.
④ 관계기관의 '협의' 의견은 원칙적으로 주무관청을 구속하지 않지만 '동의' 의견은 주무관청을 구속한다. 다만, 법령상 '협의'로 표현되어 있다 하더라도 그것이 '동의'를 의미하는 경우에는 '협의'가 주무관청을 구속한다.
⑤ 감시권의 발동에는 법적 근거가 필요 없다.

03 ① 법령에 따라 행정권한을 위탁받은 사인도 행정청이 될 수 있다.

04 ① 권한의 위임은 반드시 법률의 근거를 요하며, 권한의 위임은 행정관청의 권한의 일부에 대해서만 인정되고 전부위임은 인정되지 않는다는 점에서 위임의 범위에 제한이 있다.

01. ④ 02. ③ 03. ① 04. ①

05 행정권한의 위임 등에 관한 설명으로 옳지 않은 것은? (다툼이 있으면 판례에 따름)

① 행정권한의 위임은 법률에 규정된 행정기관의 장의 권한 중 일부를 그 보조기관 또는 하급행정기관의 장이나 지방자치단체의 장에게 맡겨 그의 권한과 책임 아래 행사하도록 하는 것이다.

② 행정권한의 내부위임은 법률이 위임을 허용하고 있지 아니한 경우에도 행정관청의 내부적인 사무처리의 편의를 도모하기 위하여 그의 보조기관 또는 하급행정관청으로 하여금 그의 권한을 사실상 행사하게 하는 것이다.

③ 위임기관은 수임기관의 수임사무 처리에 대하여 지휘·감독하고, 그 처리가 위법하거나 부당하다고 인정될 때에는 이를 취소하거나 정지시킬 수 있다.

④ 수임사무의 처리에 관하여 위임기관은 수임기관에 대하여 사전승인을 받거나 협의를 할 것을 요구할 수 없다.

⑤ 행정기관은 위임을 받은 사무의 전부 또는 일부를 보조기관 또는 하급행정기관에 재위임할 수 없다.

06 행정관청의 임의대리와 법정대리에 관한 비교 중 틀린 것은?

① 양자 모두 일부대리만이 가능하다.

② 임의대리는 피대리관청의 지휘·감독이 허용되는 반면, 법정대리는 허용되지 않는다.

③ 임의대리는 복대리가 허용되지 않는 반면, 법정대리는 허용된다.

④ 임의대리는 피대리관청이 책임을 지는 반면, 법정대리는 대리관청이 책임을 진다.

⑤ 임의대리는 피대리관청의 수권이 있으나 법정대리는 수권을 요하지 않는다.

07 **행정권한의 대리에 관한 설명으로 옳은 것은?**

① 임의대리를 인정하는 법적 근거가 없는 경우에도 임의대리가 허용되는지 여부에 관하여 반드시 법적 근거가 필요하다고 보는 것이 일반적 견해이다.

② 임의대리는 행정청이 임의로 하는 것이므로 그 성격상 권한의 전부에 대한 수권이 가능하다.

③ 사고 등 법정사실이 발생하였을 때 일정한 자가 대리자를 지정함으로써 대리관계가 발생하는 것을 협의의 법정대리라고 한다.

④ 법정대리의 경우 대리권의 범위는 법령에서 특별한 규정이 없는 한 피대리청 권한의 전부에 미친다.

⑤ 법정대리의 경우는 복대리가 허용되지 않으나 임의대리의 경우는 원칙적으로 복대리가 허용된다.

05 ⑤ 수임기관은 위임받은 권한을 재위임할 수도 있다.

06 ① 임의대리는 피대리관청의 수권에 의하는 대리이므로 수권은 권한의 일부에 국한된다. 법정대리는 법률규정에 의해 인정되는 대리이므로 피대리관청의 권한의 일부 또는 전부에 대해 가능하다는 점에서 구별된다.

07 ④ 임의대리의 대리권의 범위는 수권행위에 정하는 것이 원칙이나, 법정대리의 대리권은 피대리관청의 권한의 전부에 미친다. 법정대리는 대리자의 지정방법에 따라 협의의 법정대리와 지정대리로 구분할 수 있다. 협의의 법정대리는 법정사실이 발생하면 당연히 대리관계가 발생하는 것이나 지정대리는 법정사실의 발생 시에 일정한 자가 대리자를 지정함으로써 대리관계가 발생하는 것이다.

Answer 05. ⑤ 06. ① 07. ④

08 행정조직상의 권한에 관한 설명으로 옳지 않은 것은?

① 훈령은 수명기관의 기관구성원이 사망·교체 등으로 변경된 경우에 실효되지 아니한다.

② 판례는 내부위임이나 대리권을 수여받은 데 불과하여 원행정청 명의나 대리관계를 밝히지 아니하고는 그의 명의로 처분 등을 할 권한이 없는 행정청이 권한 없이 그의 명의로 한 처분에 대하여도 처분명의자인 행정청이 피고가 되어야 한다고 본다.

③ 협의의 법정대리란 법정사실이 발생하였을 때 일정한 자가 대리자를 지정함으로써 비로소 대리관계가 발생하는 경우를 말하며, 「정부조직법」에서 그 근거를 찾을 수 있다.

④ 임의대리의 수권은 권한의 일부에 대해서만 인정될 수 있고 권한 전부에 대한 대리는 인정되지 않는다.

⑤ 상급행정청이 자기권한의 일부를 하급행정청에 위임한 경우 하급행정청은 위임받은 권한을 위임의 범위 내에서 수임행정청의 이름과 책임으로 행사한다.

09 행정권한의 위임과 대리에 대한 설명으로 옳지 않은 것은? (다툼이 있는 경우 판례에 의함)

① 행정권한의 위임은 개별법률에 근거가 있는 경우뿐만 아니라 「정부조직법」 등 일반법적 근거가 있는 경우에도 허용된다.

② 수임사무의 처리에 관하여 위임기관은 수임기관에 대하여 사전승인을 받거나 협의를 할 것을 요구할 수 있다.

③ 행정권한을 내부위임 받은 행정청은 위임행정청의 이름으로 권한을 행사하여야 하며 자신의 이름으로 한 처분은 위법한 것이 된다.

④ 행정권한을 내부위임 받은 하급행정청이 자신의 명의로 처분을 한 경우, 그에 대한 항고소송의 피고는 수임기관인 하급행정청이 된다.

⑤ 행정권한을 대리하는 대리기관이 대리관계를 표시하고 피대리행정청을 대리하여 처분을 한 경우, 그에 대한 항고소송의 피고는 피대리행정청이 된다.

08 ③ 법정대리는 대리관청의 결정방법과 관련하여 다시 협의의 법정대리와 지정대리로 구분할 수 있다. 협의의 법정대리란 법정사실이 발생하면 법상 당연히 특정한 자에게 대리권이 부여되어 대리관계가 성립되는 경우를 말한다. 법정사실의 발생 시에 일정한 자가 다른 일정한 자를 대리관청으로 지정함으로써 대리관계가 발생하는 경우를 지정대리라 한다.

09 ② 수임 및 수탁사무의 처리에 관하여 위임 및 위탁기관은 수임 및 수탁기관에 대하여 사전승인을 받거나 협의를 할 것을 요구할 수 없다(「행정권한의 위임 및 위탁에 관한 규정」 제7조).

Answer 08. ③ 09. ②

제2절 지방자치행정

01 **지방자치단체에 관한 설명 중 틀린 것은?**

① 지방자치단체는 법인에 해당한다.

② 지방자치단체를 분리하기 위하여 주민투표를 실시한 경우에도 지방의회의 의견을 들어야 한다.

③ 광역시와 도의 구역의 변경은 반드시 법률로써만 할 수 있다.

④ 지방자치단체의 명칭을 변경하고자 하는 경우에도 법률로써 정하여야 한다.

⑤ 조례가 직접 기본권을 침해한 경우에는 조례 자체에 대해 헌법소원이 가능하다.

02 **지방자치단체의 구역에 관한 설명으로 옳지 않은 것은? (다툼이 있는 경우 판례에 의함)**

① 「공유수면 관리 및 매립에 관한 법률」에 따른 매립지가 속할 지방자치단체는 행정안전부장관이 결정한다.

② 헌법재판소는 현재 국가기본도상의 해상경계선을 공유수면에 대한 불문법상의 해상경계선으로 인정하고 있다.

③ 지방자치단체의 구역을 바꿀 때에는 법률로 정하되, 관할 구역의 경계변경은 대통령령으로 정한다.

④ 「지방자치법」 조항에 따라 지방자치단체를 폐지하거나 설치할 때에 「주민투표법」상의 주민투표를 한 경우라면 관계된 지방자치단체의 의회의 의견을 듣지 않을 수 있다.

⑤ 지방자치단체를 나누거나 합하여 새로운 지방자치단체가 설치되거나 지방자치단체의 격이 변경되면 그 지방자치단체의 장은 필요한 사항에 관하여 새로운 조례나 규칙이 제정·시행될 때까지 종래 그 지역에 시행되던 조례나 규칙을 계속 시행할 수 있다.

01 ② 지방자치단체를 폐지하거나 설치하거나 나누거나 합칠 때 또는 그 명칭이나 구역을 변경할 때에는 관계 지방자치단체의 의회(이하 '지방의회'라 한다)의 의견을 들어야 한다. 다만, 「주민투표법」 제8조에 따라 주민투표를 한 경우에는 그러하지 아니하다(「지방자치법」 제5조 제3항).

02 ② 국가기본도상의 해상경계선이 그 작성된 시기별로 서로 상이한 모습으로 그어져 있는데, 과연 이들 중에서 어느 국가기본도상의 해상경계선을 공유수면의 해상경계 기준으로 결정해야 하는지 불분명하다는 점에서 국가기본도상의 해상경계선을 공유수면에 대한 불문법상의 해상경계선으로 인정할 수 없다는 것이 판례이다(헌재 2015. 7. 30. 2010헌라2).

Answer 01. ② 02. ②

03 지방자치단체의 사무에 대한 설명으로 옳지 않은 것은?

① 자치사무나 단체위임사무에 관한 조례는 국가법에 적용되는 일반적인 위임입법의 한계가 원칙적으로 적용되지 않는다.
② 기관위임사무의 경우 사무의 관리와 집행을 명백히 게을리하고 있다고 인정되면 주무부장관 및 광역자치단체장은 직무이행명령의 발령과 대집행을 할 수 있다.
③ 기관위임사무는 국가의 적법성 통제뿐만 아니라 합목적성의 통제도 받는다.
④ 자치사무는 그 효과가 자치단체에 귀속되나, 기관위임사무는 그 효과가 국가 등에 귀속된다.
⑤ 기관위임사무에 대해서 국회가 직접 감사하기로 한 사무를 지방의회가 행정감사를 할 수 있다.

04 지방자치단체의 조례에 대한 설명으로 틀린 것은?

① 조례에 대한 법률의 위임은 포괄위임도 허용된다는 것이 판례이다.
② 조례가 항고소송의 대상이 되는 행정처분에 해당되는 경우 피고는 지방자치단체의 장이다.
③ 지방자치단체가 조례를 제정할 수 있는 사항은 자치사무와 단체위임사무에 한하고, 기관위임사무는 원칙적으로 조례의 제정범위에 속하지 않는다.
④ 조례가 규정하는 특정의 사안에 대해 그것을 규율하는 국가의 법령이 이미 존재하는 경우에는 예외 없이 조례를 제정할 수 없다는 것이 판례이다.
⑤ 지방자치단체가 주민의 권리제한 또는 의무부과에 관한 사항이나 벌칙을 정할 때에는 법률의 위임이 있어야 한다.

05 조례에 관한 설명으로 옳지 않은 것은?

① 시・군 및 자치구의 조례나 규칙은 시・도의 조례나 규칙을 위반해서는 안 된다.

② 세 자녀 이상의 세대 중 세 번째 이후의 자녀에게 양육비 등을 지원하는 조례제정에 개별적 법률위임이 따로 필요하지는 않다.

③ 조례나 규칙을 제정하거나 개정하거나 폐지할 경우 시・도지사나 시장・군수 및 자치구의 구청장은 그 내용을 관계 중앙행정기관의 장에게 통보하여야 한다.

④ 지방자치단체의 장은 이송받은 조례안에 대하여 이의가 있으면 지방의회의 재의(再議)를 요구할 수 있으나 조례안의 일부에 대하여 또는 조례안을 수정하여 재의를 요구할 수 없다.

⑤ 지방자치단체의 장은 지방의회가 재의결한 사항이 법령에 위반된다고 판단한 경우 대법원에 소를 제기할 수 있다.

03 ⑤ 지방자치단체 및 그 장이 위임받아 처리하는 국가사무와 시・도의 사무에 대하여 국회와 시・도의회가 직접 감사하기로 한 사무 외에는 그 감사를 각각 해당 시・도의회와 시・군 및 자치구의회가 할 수 있다(「지방자치법」 제49조 제3항).

04 ④ 조례가 규정하는 특정의 사안에 대하여 그것을 규율하는 국가의 법령이 이미 존재하는 경우에도 국가의 법령이 반드시 그 규정에 의하여 전국에 걸쳐 일률적으로 동일한 내용을 규율하려는 취지가 아니라면 지방자치단체가 그 지방의 실정에 맞게 별도로 규율하는 조례를 제정할 수 있다는 것이 판례이다.

05 ③ 조례나 규칙을 제정하거나 개정하거나 폐지할 경우 조례는 지방의회에서 이송된 날부터 5일 이내에, 규칙은 공포 예정일 15일 전에 시・도지사는 행정안전부장관에게, 시장・군수 및 자치구의 구청장은 시・도지사에게 그 전문(全文)을 첨부하여 각각 보고하여야 하며, 보고를 받은 행정안전부장관은 그 내용을 관계 중앙행정기관의 장에게 통보하여야 한다(「지방자치법」 제35조).

Answer 03. ⑤ 04. ④ 05. ③

06 **조례에 대한 설명 중 옳지 않은 것은?**

① 판례는 지방자치단체의 사무에 관한 조례와 규칙 중 조례가 상위규범이라고 한다.
② 지방자치단체의 장은 조례안에 대해 이의가 있으면 이유를 붙여 일부환부나 수정환부를 할 수 있다.
③ 지방의회는 새로운 재정부담을 수반하는 조례나 안건을 의결하려면 미리 지방자치단체의 장의 의견을 들어야 한다.
④ 판례는 「헌법」 제117조 제1항에서 규정하는 법령에는 법규명령으로서 기능하는 행정규칙이 포함된다고 한다.
⑤ 판례는 기관위임사무에 있어서도 그에 관한 개별 법령에서 일정한 사항을 조례로 정하도록 위임하고 있는 경우에는 그 범위 내에서 위임조례를 제정할 수 있다고 한다.

07 **지방자치단체의 조례에 대한 설명으로 옳은 것은? (다툼이 있는 경우 판례에 의함)**

① 지방자치단체는 조례를 위반한 행위에 대하여 조례로써 3천만 원 이하의 과태료를 정할 수 있다.
② 기관위임사무에 있어서 그에 관한 개별법령에서 일정한 사항을 조례로 정하도록 위임하고 있는 경우 위임받은 사항에 관하여 개별법령의 취지에 부합하는 범위 내에서라도 위임조례를 정할 수는 없다.
③ 법령에서 조례로 정하도록 위임한 사항은 그 법령의 하위 법령에서 그 위임의 내용과 범위를 제한하거나 직접 규정할 수 없다.
④ 지방자치단체 사무의 민간위탁에 관하여 지방의회의 사전 동의를 받도록 한 조례안은 민간위탁의 권한을 지방자치단체장으로부터 박탈하려는 것으로 지방자치단체장의 집행권한을 본질적으로 침해하는 것이다.
⑤ 조례안에 대한 군의회의 의결이 법령에 위반된다고 판단됨에도 불구하고 도지사가 군수에게 재의를 요구하게 하지 아니한 경우, 주무부장관이 직접 군수에게 재의를 요구하게 할 수는 없다.

08 지방자치단체의 장이 갖는 선결처분권에 관한 기술 중 틀린 것은?

① 지방자치단체장의 선결처분은 지방의회의 의결을 요하지 않고 미리 처분하는 것이다.
② 지방의회의 의결사항 중 주민의 생명과 재산보호를 위하여 긴급하게 필요한 사항으로서 지방의회를 소집할 시간적 여유가 없을 때 선결처분할 수 있다.
③ 지방의회의 의결사항 중 주민의 생명과 재산보호를 위하여 긴급하게 필요한 사항으로서 지방의회에서 의결이 지체되어 의결되지 아니할 때에는 선결처분을 할 수 있다.
④ 지방의회가 성립되지 아니한 때 선결처분을 할 수 있다.
⑤ 선결처분을 이미 한 경우라면 지방의회에 보고하여 승인을 받을 필요가 없다.

06 ② 지방자치단체의 장은 조례안의 일부에 대하여 또는 조례안을 수정하여 재의를 요구할 수 없다(「지방자치법」 제32조 제3항).
① 지방자치단체의 사무에 관한 조례와 규칙은 조례가 보다 상위규범이다(대판 1995. 8. 22. 94누5694).
③ 지방의회는 새로운 재정부담을 수반하는 조례나 안건을 의결하려면 미리 지방자치단체의 장의 의견을 들어야 한다(「지방자치법」 제148조).
⑤ 기관위임사무에 있어서도 그에 관한 개별 법령에서 일정한 사항을 조례로 정하도록 위임하고 있는 경우에는 위임받은 사항에 관하여 개별 법령의 취지에 부합하는 범위 내에서 이른바 위임조례를 정할 수 있다(대법원 2000. 5. 30. 99추85).

07 ③ 「지방자치법」 제28조 제2항
① 지방자치단체는 조례를 위반한 행위에 대하여 조례로써 1천만 원 이하의 과태료를 정할 수 있다(「지방자치법」 제34조 제1항).
② 지방자치단체가 자치조례를 제정할 수 있는 사항은 지방자치단체의 고유사무인 자치사무와 개별법령에 의하여 지방자치단체에 위임된 단체위임사무에 한하는 것이고, 국가사무가 지방자치단체의 장에게 위임된 기관위임사무는 원칙적으로 자치조례의 제정범위에 속하지 않는다 할 것이고, 다만 기관위임사무에 있어서도 그에 관한 개별법령에서 일정한 사항을 조례로 정하도록 위임하고 있는 경우에는 위임받은 사항에 관하여 개별법령의 취지에 부합하는 범위 내에서 이른바 위임조례를 정할 수 있다(대판 2000. 5. 30. 99추85).
④ 이 사건 조례안이 지방자치단체사무의 민간위탁에 관하여 지방의회의 사전 동의를 받도록 한 것은 지방자치단체장의 민간위탁에 대한 일방적인 독주를 제어하여 민간위탁의 남용을 방지하고 그 효율성과 공정성을 담보하기 위한 장치에 불과하고, 민간위탁의 권한을 지방자치단체장으로부터 박탈하려는 것이 아니므로, 지방자치단체장의 집행권한을 본질적으로 침해하는 것으로 볼 수 없다(대판 2011. 2. 10. 2010추11).
⑤ 「지방자치법」과 「지방재정법」 등의 국가 법령에서 위와 같이 중요재산의 취득과 처분에 관하여 지방의회의 의결을 받도록 규정하면서 공유재산의 관리행위에 관하여는 별도의 규정을 두고 있지 아니하더라도 이는 공유재산의 관리행위를 지방의회의 의결사항으로 하는 것을 일률적으로 배제하고자 하는 취지는 아니고 각각의 지방자치단체에서 그에 관하여 조례로써 별도로 정할 것을 용인하고 있는 것이라고 보아야 한다(대판 2000. 11. 24. 2000추29).

08 ⑤ 선결처분은 지체 없이 지방의회에 보고하여 승인을 받아야 한다. 지방의회에서 승인을 받지 못하면 그 선결처분은 그때부터 효력을 상실한다(「지방자치법」 제122조 제2항 · 제3항).

Answer 06. ② 07. ③ 08. ⑤

09 **「지방자치법」상 주민의 권리의무에 대한 설명으로 옳은 것은? (다툼이 있는 경우 판례에 의함)**

① 선거일 현재 계속하여 90일 이상 해당 지방자치단체의 관할구역 안에 주민등록이 되어 있는 주민으로서 25세 이상의 국민은 지방의회의원 및 지방자치단체의 장의 피선거권이 있다.

② 공공시설의 설치를 반대하는 사항에 대해서는 조례제정개폐청구를 할 수 없다.

③ 지방자치단체의 장은 주민에게 과도한 부담을 주거나 중대한 영향을 미치는 지방자치단체의 주요 결정사항 등에 대하여 주민투표에 부칠 수 없다.

④ 자치사무와 단체위임사무는 주민감사청구의 대상이 되나 기관위임사무는 주민감사청구의 대상이 되지 않는다.

⑤ 주민이 지방의회에 청원하는 경우에는 지방의회의원의 소개를 받아 청원서를 제출하거나 말로 할 수 있다.

10 **「지방자치법」상의 주민소송에 관한 설명으로 옳지 않은 것은? (다툼이 있는 경우 판례에 의함)**

① 공금의 부과·징수의 해태와 관련이 있는 위법한 행위나 업무를 게을리한 사실도 주민소송의 대상이 된다.

② 주민소송의 계속 중에 소송을 제기한 주민이 사망한 경우에도 소송절차는 중단되지 아니한다.

③ 주민소송이 계속 중인 때에는 다른 주민은 동일한 사항에 대하여 별도의 소송을 제기할 수 없다.

④ 주민소송의 관할법원은 당해 지방자치단체의 사무소 소재지를 관할하는 행정법원이다.

⑤ 주민감사청구를 한 주민에 한해 원고적격이 인정된다.

11 **「지방자치법」상 주민소송에 관한 설명으로 옳지 않은 것은? (다툼이 있으면 판례에 따름)**

① 주민소송을 제기하기 전에 주민감사청구를 거쳐야 한다.

② 지방의회의원에게 손해배상청구를 할 것을 요구하는 주민소송은 인정되지 않는다.

③ 공금의 부과 · 징수 업무를 게을리한 사실의 위법 확인을 요구하는 주민소송은 인정된다.

④ 행정처분인 해당 행위의 취소를 요구하는 주민소송은 인정된다.

⑤ 주민소송의 대상이 되는 위법한 행위나 해태사실은 감사청구한 사항과 동일할 필요는 없고 관련성이 있으면 된다.

09 ② 조례제정개폐청구의 대상이 되는 것은 지방의회의 조례제정권이 미치는 모든 조례규정사항이 대상이 되나 ⅰ) 법령을 위반하는 사항, ⅱ) 지방세 · 사용료 · 수수료 · 부담금의 부과 · 징수 또는 감면에 관한 사항, ⅲ) 행정기구를 설치하거나 변경하는 것에 관한 사항이나 공공시설의 설치를 반대하는 사항은 청구대상에서 제외된다(「주민조례발안에 관한 법률」 제4조).
① 선거일 현재 계속하여 60일 이상 해당 지방자치단체의 관할구역에 주민등록이 되어 있는 주민으로서 18세 이상의 국민은 그 지방의회의원 및 지방자치단체의 장의 피선거권이 있다(「공직선거법」 제16조 제3항).

10 ② 소송의 계속 중에 소송을 제기한 주민이 사망하거나 「지방자치법」 제16조에 따른 주민의 자격을 잃으면 소송절차는 중단된다. 소송대리인이 있는 경우에도 또한 같다(「지방자치법」 제22조 제6항).
③ 주민소송이 진행 중이면 다른 주민은 같은 사항에 대하여 별도의 소송을 제기할 수 없다.

11 ② 주민소송에는 해당 지방자치단체의 장 및 직원, 지방의회의원, 해당 행위와 관련이 있는 상대방에게 손해배상청구 또는 부당이득반환청구를 할 것을 요구하는 소송이 포함된다(「지방자치법」 제22조 제2항 제4호).

Answer 09. ② 10. ② 11. ②

12 **지방자치에 대한 설명으로 가장 옳지 않은 것은? (다툼이 있는 경우 판례에 의함)**

① 지방자치단체는 침익적 조례를 제외하고는 법률의 위임이 없어도 조례(자치조례)를 제정할 수 있다.

② 지방자치단체는 개별 법령에서 특별히 위임하고 있을 경우에도 기관위임사무에 관하여는 조례를 제정할 수 없다.

③ 재의요구에 따라 지방의회가 재의결한 내용 일부만이 위법한 경우에도 대법원은 의결 전부의 효력을 부인하여야 한다.

④ 조례 자체로 인하여 직접 그리고 현재 자기의 기본권을 침해받은 자는 그 권리구제의 수단으로서 조례에 대한 헌법소원을 제기할 수 있다.

⑤ 지방자치단체의 의결기관인 의회는 기본권의 주체가 될 수 없고 따라서 헌법소원을 제기할 수 있는 적격이 없다.

13 **「지방자치법」상 주민에 대한 설명으로 옳지 않은 것은? (다툼이 있는 경우 판례에 의함)**

① 「지방자치법」은 주민이 지방자치단체로부터 행정적 혜택을 균등하게 받을 수 있는 권리를 규정하고 있다.

② 「지방자치법」상의 행정적 혜택을 균등하게 받을 수 있는 권리 규정으로부터 주민에게 지방자치단체에 대한 구체적 권리가 발생하는 것은 아니다.

③ 지방세 · 사용료 · 수수료 · 부담금의 부과 · 징수 또는 감면에 관한 사항은 주민의 조례제정개폐청구 대상에서 제외된다.

④ 주민감사청구의 상대방은 시 · 도에서는 행정안전부장관, 시 · 군 및 자치구에서는 시 · 도지사이다.

⑤ 지방자치단체의 자치사무라도 당해 지방자치단체에 내부적인 효과만을 발생시키는 것이 아니라 그 사무로 인하여 다른 지방자치단체의 주민의 보호할 만한 가치가 있는 이익을 침해하는 경우에는 「지방자치법」상 분쟁조정 대상이 될 수 있다.

14 지방자치단체의 사무에 대한 설명으로 옳은 것은? (다툼이 있는 경우 판례에 의함)

① 기관위임사무에 대해서는 지방의회가 조례로 제정하여 수행하는 것이 원칙이다.

② 지방의회의 의결이 법령에 위반되거나 공익을 현저히 해친다고 판단되면 시·도에 대하여는 주무부장관이, 시·군 및 자치구에 대하여는 시·도지사가 서면으로 시정을 명할 수 있다.

③ 감독청은 자치사무와 단체위임사무에 대한 지방자치단체의 장의 위법·부당한 명령이나 처분에 대해 그 시정을 요구할 수 있지만 기관위임사무는 그 대상이 아니다.

④ 자치사무에 대해 감독청이 시정명령을 한 후 이를 이행하지 아니하면 자치사무에 관한 명령이나 처분이 법령에 위반하거나 현저히 부당하여 공익을 해하는 경우 감독청은 취소·정지할 수 있다.

⑤ 직무이행명령에 이의가 있는 지방자치단체의 장은 그 이행명령에 대해 취소소송의 형식으로 불복할 수 없다.

12 ② 지방자치단체는 원칙적으로 기관위임사무에 관하여는 조례를 제정할 수 없다. 단, 개별 법령에서 특별히 위임하고 있을 경우에는 기관위임사무에 관하여도 조례(위임조례)를 제정할 수 있다.
① 조례(자치조례)의 제정에는 원칙적으로 법률유보원칙이 적용되지 않는다.
③ 전부무효설이 통설·판례(대판 2017. 12. 5. 2016추5162)이다.
④ 조례는 지방자치단체가 그 자치입법권에 근거하여 자주적으로 지방의회의 의결을 거쳐 제정한 법규이기 때문에 조례 자체로 인하여 기본권을 침해받은 자는 그 권리구제의 수단으로서 조례에 대한 헌법소원을 제기할 수 있다고 할 것이다. 다만 이 경우에 그 적법요건으로서 조례가 별도의 구체적인 집행행위를 기다리지 아니하고 직접 그리고 현재 자기의 기본권을 침해하는 것이어야 함을 요한다(헌재 2003. 9. 25. 2003헌마338).
⑤ 헌재 1998. 3. 26. 96헌마345

13 ④ 주민감사청구의 상대방은 시·도에서는 주무부장관, 시·군 및 자치구에서는 시·도지사이다(「지방자치법」 제21조 제1항).
①·② 헌재 2015. 4. 14. 2015헌마325
③ 「주민조례발안에 관한 법률」 제4조 제2호
⑤ 대판 2016. 7. 22. 2012추121

14 ③ 시정명령은 자치사무와 단체위임사무를 대상으로 하며, 기관위임사무는 그 대상이 아니다.
① 기관위임사무는 원칙적으로 지방의회가 관여하지 아니하므로 조례가 아닌 단체장의 규칙에 의한다. 다만 예외적으로 개별적 위임이 있는 경우 가능하다.
② 시정명령은 위법·부당한 지방자치단체장의 명령이나 처분을 대상으로 하고 지방의회의 의결에 대해서는 감독청이 이의를 제기하고 재의를 단체장에 요구한다.
④ 자치사무는 법령에 위반한 경우에 취소·정지의 대상이 되고, 단체위임사무의 경우에는 법령위반 외에 현저히 부당하여 공익을 해하는 명령이나 처분도 감독청의 취소·정지의 사유가 된다.
⑤ 직무이행명령에 이의가 있는 지방자치단체의 장은 그 이행명령에 대해 취소소송의 형식으로 불복할 수 있다.

Answer 12. ② 13. ④ 14. ③

15 **「지방자치법」상 국가의 지도 · 감독에 대한 설명으로 옳지 않은 것은?**

① 중앙행정기관의 장이나 시 · 도지사는 지방자치단체의 사무에 관하여 조언 또는 권고하거나 지도할 수 있다.

② 시장 · 군수가 법령에 따라 그 의무에 속하는 시 · 도위임사무의 관리와 집행을 게을리하고 있다고 의심되면 행정안전부장관은 기간을 정하여 서면으로 이행할 사항을 명령할 수 있다.

③ 주무부장관은 지방자치단체의 자치사무에 관한 군수 및 자치구의 구청장의 처분이 법령에 위반됨에도 불구하고 시 · 도지사가 시정명령을 하지 아니하면 시 · 도지사에게 기간을 정하여 시정명령을 하도록 명할 수 있다.

④ 행정안전부장관이나 시 · 도지사는 지방자치단체의 자치사무에 관하여 보고를 받거나 서류 · 장부 또는 회계를 감사할 수 있으나, 감사는 법령 위반사항에 대해서만 한다.

⑤ 지방자치단체나 그 장이 위임받아 처리하는 국가사무에 관하여 시 · 도에서는 주무부장관, 시 · 군 및 자치구에서는 1차로 시 · 도지사, 2차로 주무부장관의 지도 · 감독을 받는다.

16 **지방자치제도에 관한 설명으로 옳지 않은 것은? (다툼이 있으면 판례에 따름)**

① 제주특별자치도와 세종특별자치시는 「지방자치법」상 특별지방자치단체에 해당한다.

② 외국인도 지방자치단체의 주민의 지위를 가질 수 있다.

③ 「지방자치법」상 주민소송은 객관적 소송으로서 민중소송에 해당한다.

④ 비례대표 지방의회의원에 대해서는 주민소환을 할 수 없다.

⑤ 이행강제금의 부과 · 징수를 게을리한 행위는 주민소송의 대상이 되는 공금의 부과 · 징수를 게을리한 행위에 해당한다.

17 「지방자치법」에 대한 설명으로 옳지 않은 것은? (다툼이 있는 경우 판례에 의함)

① 2개 이상의 지방자치단체가 사무를 공동으로 처리할 목적으로 설립하는 지방자치단체조합은 법인으로 한다.

② 지방의회와 집행기관의 구성을 따로 법률로 정하는 경우에는 「지방자치법」의 규정과 달리할 수 있으며, 이 경우 「주민투표법」에 따른 주민투표를 거쳐야 한다.

③ 시 · 군 · 자치구의 장에 대한 시 · 도지사의 직무이행명령이 기간 내 이행되지 아니하면 시 · 도지사는 대집행을 할 수 있고, 이 경우 「행정대집행법」을 준용한다.

④ 행정안전부장관이나 시 · 도지사는 지방자치단체의 자치사무에 관하여 보고를 받을 수 있으며, 법령 위반사항에 대해서는 서류 · 장부 또는 회계를 감사할 수 있다.

⑤ 2개 이상의 시 · 군 또는 자치구가 공동으로 특정한 목적을 위하여 광역적으로 사무를 처리할 필요가 있을 때에는 상호협의에 따른 규약을 정하여 구성 지방자치단체의 지방의회의결을 거쳐 시 · 도지사의 승인을 받아 특별지방자치단체를 설치할 수 있다.

15 ② 지방자치단체의 장이 법령에 따라 그 의무에 속하는 국가위임사무나 시 · 도위임사무의 관리와 집행을 명백히 게을리하고 있다고 인정되면 시 · 도에 대해서는 주무부장관이, 시 · 군 및 자치구에 대해서는 시 · 도지사가 기간을 정하여 서면으로 이행할 사항을 명령할 수 있다(「지방자치법」 제189조 제1항).

16 ① 지방자치단체는 보통지방자치단체와 특별지방자치단체(지방자치단체조합)로 구분된다. 제주특별자치도와 세종특별자치시는 보통지방자치단체에 해당한다.
② 외국인도 지방자치단체의 구역 안에 주소를 가지고 있다면 주민에 해당한다.
④ 지방자치단체의 주민은 주민소환투표권을 가진다. 다만, 비례대표 지방의회의원은 주민소환의 대상자에서 제외된다(「지방자치법」 제25조 제1항).
⑤ 주민소송의 대상은 재무회계사항이다. 그리고 이행강제금은 지방자치단체의 재정수입을 구성하는 재원 중 하나이다. 따라서 이행강제금의 부과 · 징수를 게을리한 행위는 주민소송의 대상이 되는 공금의 부과 · 징수를 게을리한 사항에 해당한다(대판 2015. 9. 10. 2013두16746).

17 ⑤ 2개 이상의 지방자치단체가 공동으로 특정한 목적을 위하여 광역적으로 사무를 처리할 필요가 있을 때에는 특별지방자치단체를 설치할 수 있다. 이 경우 특별지방자치단체를 구성하는 지방자치단체(이하 "구성 지방자치단체"라 한다)는 상호 협의에 따른 규약을 정하여 구성 지방자치단체의 지방의회 의결을 거쳐 행정안전부장관의 승인을 받아야 한다(「지방자치법」 제199조 제1항).
① 지방자치단체의 조합은 법인으로 한다(「지방자치법」 제176조 제2항).
② 지방의회와 집행기관의 구성을 달리하려는 경우에는 「주민투표법」에 따른 주민투표를 거쳐야 한다(「지방자치법」 제4조 제2항).
③ 「지방자치법」 제189조 제2항
④ 행정안전부장관이나 시 · 도지사는 지방자치단체의 자치사무에 관하여 보고를 받거나 서류 · 장부 또는 회계를 감사할 수 있다. 이 경우 감사는 법령 위반사항에 대해서만 한다(「지방자치법」 제190조 제1항).

Answer 15. ② 16. ① 17. ⑤

제3절 공무원법

01 공무원의 임용에 대한 설명으로 틀린 것은? (다툼이 있는 경우에는 판례에 의함)

① 임용 당시 임용결격사유가 있는 경우 국가가 이를 밝혀내지 못하고 임용을 하였더라도 그 임용행위는 당연무효이다.

② 공무원임용결격사유가 있는지의 여부는 채용후보자명부에 등록한 때가 아닌 임용 당시에 시행되던 법률을 기준으로 판단하여야 한다.

③ 국가가 공무원임용결격사유가 있는 자에 대하여 당초의 임용처분을 취소함에 있어서는 신의칙 내지 신뢰보호의 원칙을 적용할 수 없고, 그러한 의미의 취소권은 시효로 소멸되는 것도 아니다.

④ 임용결격자가 공무원으로 임용되어 사실상 근무하여 왔다면 피임용자는 퇴직급여청구권을 행사할 수 있다.

⑤ 공무원이 한 사직의 의사표시의 철회나 취소는 그에 터 잡은 의원면직처분이 있을 때까지 가능하다는 것이 판례의 입장이다.

02 공무원관계의 소멸에 해당하지 않는 것은?

① 임기만료
② 강임
③ 사망
④ 의원면직
⑤ 파면

03 공무원에 대한 다음 설명 중 타당하지 않은 것은?

① 재직 중인 공무원에게 결격사유가 있는 점이 확인되면 당연퇴직사유가 된다.

② 공무원은 퇴직 후에도 직무상 비밀을 준수하여야 한다.

③ 공무원의 징계처분을 행정소송으로 다투려면 먼저 소청심사위원회의 결정을 경유하여야 한다.

④ 공무원의 의무위반행위는 징계벌의 대상이 됨과 동시에 형벌의 대상이 될 수 있다.

⑤ 공무원에 대한 징계절차와 형사소추절차의 관계는 징계절차가 형사소추절차에 우선한다.

04 국가공무원의 법률관계에 관한 설명으로 옳지 않은 것은? (다툼이 있으면 판례에 따름)

① 공무원임용에 결격사유가 있는지의 여부는 임용 당시에 시행되던 법률을 기준으로 판단하여야 한다.
② 공무원은 임용장이나 임용통지서에 적힌 날짜에 임용된 것으로 본다.
③ 공무원임용결격사유가 있는 자를 공무원에 임명하는 행위는 당연무효이다.
④ 「국가공무원법」상의 직위해제처분에는 사전통지에 관한 행정절차법 규정이 적용된다.
⑤ 당연퇴직의 사실을 알리는 통지행위는 「행정소송법」상 처분에 해당하지 않는다.

01 ④ 「공무원연금법」이나 「근로기준법」에 의한 퇴직금은 적법한 공무원으로서의 신분취득 또는 근로고용관계가 성립되어 근무하다가 퇴직하는 경우에 지급되는 것이고, 당연무효인 임용결격자에 대한 임용행위에 의하여서는 공무원의 신분을 취득하거나 근로고용관계가 성립될 수 없는 것이므로 임용결격자가 공무원으로 임용되어 사실상 근무하여 왔다고 하더라도 퇴직급여를 청구할 수 없다(대판 1987. 4. 14. 86누459).

02 ② 공무원관계의 소멸사유에는 당연퇴직과 면직이 있다. 강임은 공무원관계의 변경사유에 해당한다.
①·③ 당연퇴직 사유에 해당
④·⑤ 면직에 해당

03 ⑤ 현행 「국가공무원법」은 명시적으로 형사소추선행의 원칙을 취하지는 않지만 수사 중인 사건에 대해서는 징계절차를 중지할 수 있도록 하고 있다(「국가공무원법」 제83조).

04 ④ 「국가공무원법」상 직위해제처분은 「행정절차법」에 의하여 당해 행정작용의 성질상 행정절차를 거치기 곤란하거나 불필요하다고 인정되는 사항 또는 행정절차에 준하는 절차를 거친 사항에 해당하므로, 처분의 사전통지 및 의견청취 등에 관한 「행정절차법」의 규정이 별도로 적용되지 않는다(대판 2014. 5. 16. 2012두26180).
① 공무원임용결격사유가 있는지의 여부는 채용후보자 명부에 등록한 때가 아닌 임용 당시에 시행되던 법률을 기준으로 하여 판단하여야 한다(대판 1987. 4. 14. 86누459).
② 공무원은 임용장이나 임용통지서에 적힌 날짜에 임용된 것으로 보며, 임용일자를 소급해서는 아니 된다(「공무원임용령」 제6조 제1항).
③ 임용 당시 공무원임용결격사유가 있었다면 비록 국가의 과실에 의하여 임용결격자임을 밝혀내지 못하였다 하더라도 그 임용행위는 당연무효이다(대판 1998. 1. 23. 97누16985).
⑤ 당연퇴직의 인사발령은 법률상 당연히 발생하는 퇴직사유를 공적으로 확인하여 알려주는 이른바 관념의 통지에 불과하고 공무원의 신분을 상실시키는 새로운 형성적 행위가 아니므로 행정소송의 대상이 되는 독립한 행정처분이라고 할 수 없다(대판 1995. 11. 14. 95누2036).

Answer 01. ④ 02. ② 03. ⑤ 04. ④

05 **공무원의 권리와 의무에 관한 설명으로 옳지 않은 것은? (다툼이 있으면 판례에 따름)**

① 「지방공무원법」에 따라 공무원은 직무수행 시 소속 상사의 직무상 명령에 복종하여야 하지만, 이에 대한 의견을 진술할 수 있다.
② 공무원이 보수에 해당하는 금원지급을 구할 경우 해당 보수항목이 국가예산에 계상되어 있어야만 하는 것은 아니다.
③ 「지방공무원법」에 따른 고충심사의 결정은 행정처분이 아니다.
④ 지급결정된 연금의 지급청구소송은 공법상 당사자소송으로 제기되어야 한다.
⑤ 「공무원연금법」상 연금수급권은 사회보장수급권과 재산권의 성격을 함께 가진다.

06 **공무원의 의무에 관한 설명으로 옳지 않은 것은?**

① 공무원이 성실의무를 위반한 것만으로도 징계사유가 된다.
② 「국가공무원법」상의 성실의무는 근무시간 외의 근무지 밖에까지 미친다.
③ 상관의 위법한 직무명령에 대하여 법령준수의무를 내세워 이를 거부하지 못한다.
④ 공무원은 직무상 또는 직무와 관련된 비밀에 대하여 비밀유지의무를 지며, 퇴직 후에도 비밀유지의무를 엄수하여야 한다.
⑤ 품위유지의무는 직무집행뿐만 아니라 직무집행과 관계가 없는 경우에도 존재한다.

07 **공무원의 권리 · 의무에 대한 설명으로 틀린 것은? (다툼이 있는 경우에는 판례에 의함)**

① 「공무원법」상의 고충심사제도는 공무원의 권익을 보장하기 위한 절차로서 그 결정은 행정쟁송의 대상이 되는 처분에 해당한다.
② 공무원은 소속기관의 장의 허가가 있다고 하더라도 공무 이외의 영리를 목적으로 하는 업무에 종사할 수 없다.
③ 공무원이 국민 전체에 대한 봉사자로서 친절 · 공정히 집무하여야 함은 윤리적 의무가 아닌 법적 의무로서 이를 위반한 경우 징계책임을 물을 수 있다.
④ 「국가공무원법」상 공무원의 성실의무는 근무시간 외의 근무지 밖에까지 미칠 수 있다.
⑤ 소청심사위원회가 징계처분을 받은 자의 청구에 따라 소청을 심사할 경우에는 원징계처분보다 무거운 징계를 부과하는 결정을 하지 못한다.

08 **「국가공무원법」상 공무원의 의무에 대한 설명으로 옳지 않은 것은? (다툼이 있는 경우 판례에 의함)**

① 공무원의 성실의무는 경우에 따라 근무시간 외에 근무지 밖에까지 미칠 수도 있다.

② 공무원의 성실의무는 단순한 도덕적 의무가 아니라 「국가공무원법」상의 의무이다.

③ 공무원의 품위유지의무는 공무원이 직무의 내외를 불문하고, 국민의 수임자로서의 직책을 맡아 수행해 나가기에 손색이 없는 인품에 걸맞게 본인은 물론 공직사회에 대한 국민의 신뢰를 실추시킬 우려가 있는 행위를 하지 않아야 할 의무를 말한다.

④ 실제 여럿이 모이는 형태로 의사표현을 하는 것은 아니지만 발표문에 서명날인을 하는 등의 수단으로 여럿이 가담한 행위임을 표명하는 경우는 「국가공무원법」이 금지하는 '집단행위'에 해당한다.

⑤ 행정조직의 개선과 발전에 도움이 되고, 궁극적으로 행정청의 권한행사의 적정화에 기여하는 면이 있다면, 공무원이 외부에 자신의 상사 등을 비판하는 의견을 발표하는 행위는 공무원으로서의 체면이나 위신을 손상시키는 행위에 해당하지 아니한다.

05 ② 공무원이 국가를 상대로 실질이 보수에 해당하는 금원의 지급을 구하려면 공무원의 '근무조건 법정주의'에 따라 국가공무원법령 등 공무원의 보수에 관한 법률에 그 지급근거가 되는 명시적 규정이 존재하여야 하고, 나아가 해당 보수항목이 국가예산에도 계상되어 있어야만 한다(대판 2018. 2. 28. 2017두64606).

06 ③ 법령준수의무와 복종의무가 충돌되는 경우 법치주의의 관점에서 법령준수의무가 우선된다고 보는 것이 일반적인 견해이다. 따라서 직무명령의 위법성이 명백한 경우에는 수명공무원은 그에 대한 복종을 거부할 수 있을 뿐만 아니라 거부할 의무가 있다고 본다. 판례도 마찬가지이다.

07 ① 소청심사는 행정소송에 대한 전심절차로서 특별행정심판에 해당하나 고충심사는 법률적 쟁송절차가 아니라 사실상의 절차에 의해 그 시정을 구하는 것이다. 판례는 고충심사결정 자체에 의하여는 어떠한 법률관계의 변동이나 이익의 침해가 직접적으로 생기는 것은 아니므로 고충심사의 결정은 행정상 쟁송의 대상이 되는 행정처분이라고 할 수 없다고 본다.

08 ⑤ 공무원으로서의 체면이나 위신을 손상시키는 행위에 해당한다.
공무원이 외부에 자신의 상사 등을 비판하는 의견을 발표하는 행위는 그것이 비록 행정조직의 개선과 발전에 도움이 되고, 궁극적으로 행정청의 권한행사의 적정화에 기여하는 면이 있다고 할지라도, 국민들에게는 그 내용의 진위나 당부와는 상관없이 그 자체로 행정청 내부의 갈등으로 비춰져, 행정에 대한 국민의 신뢰를 실추시키는 요인으로 작용할 수 있는 것이고, 특히 그 발표 내용 중에 진위에 의심이 가는 부분이 있거나 그 표현이 개인적인 감정에 휩쓸려 지나치게 단정적이고 과장된 부분이 있는 경우에는 그 자체로 국민들로 하여금 공무원 본인은 물론 행정조직 전체의 공정성, 중립성, 신중성 등에 대하여 의문을 갖게 하여 행정에 대한 국민의 신뢰를 실추시킬 위험성이 더욱 크다고 할 것이므로, 그러한 발표행위는 공무원으로서의 체면이나 위신을 손상시키는 행위에 해당한다 할 것이다(대판 2007. 7. 13. 2006두12364).

Answer 05. ② 06. ③ 07. ① 08. ⑤

09 **「국가공무원법」상 소청에 관한 설명으로 옳은 것은?**

① 소청을 통해 위법한 거부처분에 대하여 의무이행을 구하는 심사청구를 할 수 없다.
② 징계처분에 대해 소청심사위원회의 심사·결정을 거치지 아니하면 행정소송을 제기할 수 없다.
③ 소청심사위원회가 소청인에게 진술 기회를 주지 아니하고 내린 결정은 취소사유의 하자가 있다.
④ 징계처분에 대한 소청에 대하여는 불이익변경금지원칙이 적용되지 아니한다.
⑤ 행정기관 소속 공무원의 소청을 심사하는 소청심사위원회는 법제처에 둔다.

10 **「국가공무원법」상 징계처분과 소청 등에 관한 설명으로 옳지 않은 것은? (다툼이 있으면 판례에 따름)**

① 공무원에 대한 직위해제처분은 징계처분이다.
② 직위해제처분과 그 후속 직권면직처분은 별개 독립의 처분으로 일사부재리원칙에 위배되지 않는다.
③ 소청심사위원회가 소청 사건을 심사할 때 소청인에게 진술 기회를 주지 아니한 결정은 무효이다.
④ 소청심사위원회의 결정은 처분행정청을 기속한다.
⑤ 소청심사위원회의 결정은 그 이유를 구체적으로 밝힌 결정서로 하여야 한다.

11 공무원의 징계에 관한 「국가공무원법」의 내용으로 옳은 것은?

① 공무원에 대한 징계의 종류로는 파면, 해임, 정직, 감봉, 견책의 다섯 가지가 있다.
② 징계처분권자는 법령의 적용, 증거 및 사실 조사에 명백한 흠이 있음을 이유로 소청심사위원회 또는 법원에서 징계처분의 무효 또는 취소결정이나 판결을 받은 경우에는 다시 징계의결을 요구하여야 한다.
③ 징계의결의 요구는 징계사유가 발생한 날부터 2년, 특히 금품 및 향응 수수와 공금의 횡령·유용의 경우에는 3년이 지나면 하지 못한다.
④ 감사원이 조사나 수사를 시작한 때에는 30일 내에 소속 기관의 장에게 그 사실을 통보하여야 하며, 감사원에서 조사 중인 사건에 대하여는 조사개시통보를 받은 날부터 징계의결의 요구나 그 밖의 징계절차를 진행하지 못한다.
⑤ 검찰·경찰, 그 밖의 수사기관에서 수사 중인 사건에 대하여는 수사개시 통보를 받은 날부터 징계의결의 요구나 그 밖의 징계절차를 진행하지 못한다.

09 ② 공무원에 대한 불이익처분은 행정심판의 필요적 전치가 채택되어 있다(「국가공무원법」 제16조 제1항).
① 의무이행을 구하는 소청심사청구가 인정되고 있다. 「국가공무원법」은 "위법 또는 부당한 거부처분이나 부작위에 대하여 의무이행을 구하는 심사청구가 이유 있다고 인정되면 지체 없이 청구에 따른 처분을 하거나 이를 할 것을 명한다."라고 규정하고 있다(「국가공무원법」 제14조 제6항 제5호).
③ 소청심사위원회가 소청 사건을 심사할 때에는 소청인 또는 그의 대리인에게 진술 기회를 주어야 하며, 진술 기회를 주지 아니한 결정은 무효로 한다(「국가공무원법」 제13조).
④ 불이익변경금지원칙이 적용된다. 「국가공무원법」은 제14조 제8항에서 "소청심사위원회가 징계처분 또는 징계부가금 부과처분을 받은 자의 청구에 따라 소청을 심사할 경우에는 원징계처분보다 무거운 징계 또는 원징계부가금 부과처분보다 무거운 징계부가금을 부과하는 결정을 하지 못한다."라고 하여 불이익변경금지원칙을 규정하고 있다.
⑤ 행정기관 소속 공무원의 소청을 심사하는 소청심사위원회는 법제처가 아닌 '인사혁신처'에 둔다(「국가공무원법」 제9조 제1항).

10 ① 「국가공무원법」상 징계에는 파면, 해임, 강등, 정직, 감봉, 견책의 6가지가 있다. 공무원에 대한 직위해제처분은 징계가 아니다.

11 ② 「국가공무원법」 제78조의3 제1항
① 징계는 파면·해임·강등·정직·감봉·견책으로 구분한다(「국가공무원법」 제79조).
③ 징계의결의 요구는 징계사유가 발생한 날부터 3년(금품 및 향응 수수, 공금의 횡령·유용의 경우에는 5년)이 지나면 하지 못한다(「국가공무원법」 제83조의2 제1항).
④ 10일 이내에 통보하여야 한다(「국가공무원법」 제83조 제3항).
⑤ 검찰·경찰, 그 밖의 수사기관에서 수사 중인 사건에 대하여는 수사개시 통보를 받은 날부터 징계의결의 요구나 그 밖의 징계절차를 진행하지 아니할 수 있다(「국가공무원법」 제83조 제2항).

Answer 09. ② 10. ① 11. ②

12 **「국가공무원법」상 소청심사와 징계에 대한 설명으로 옳은 것은? (다툼이 있는 경우 판례에 의함)**

① 소청심사위원회는 소청심사를 할 때 필요하면 검증 · 감정, 그 밖의 사실조사를 할 수 있으나 증인을 소환할 수 없다.

② 소청심사위원회가 정직처분을 취소하려는 경우에는 재적위원 3분의 2 이상의 출석과 출석위원 과반수의 합의가 있어야 한다.

③ 본인의 의사에 반하여 파면처분을 하면 그 처분을 한 날부터 60일 이내에는 후임자의 보충발령을 하지 못한다.

④ 파면과 해임은 징계위원회의 의결을 거쳐 각 임용권자 또는 임용권을 위임한 상급 감독기관의 장이 한다.

⑤ 징계사유와 동일한 피의사실에 대하여 공소제기되어 공판이 계속 중이라면 징계절차를 진행하지 못한다.

12 ④ 공무원의 징계처분 등은 징계위원회의 의결을 거쳐 징계위원회가 설치된 소속 기관의 장이 하되, 국무총리 소속으로 설치된 징계위원회(국회 · 법원 · 헌법재판소 · 선거관리위원회에 있어서는 해당 중앙인사관장기관에 설치된 상급 징계위원회를 말한다. 이하 같다)에서 한 징계의결 등에 대하여는 중앙행정기관의 장이 한다. 다만, 파면과 해임은 징계위원회의 의결을 거쳐 각 임용권자 또는 임용권을 위임한 상급 감독기관의 장이 한다(「국가공무원법」 제82조 제1항).

① 소청심사위원회는 제1항에 따른 심사를 할 때 필요하면 검증(檢證) · 감정(鑑定), 그 밖의 사실조사를 하거나 증인을 소환하여 질문하거나 관계 서류를 제출하도록 명할 수 있다(「국가공무원법」 제12조 제2항).

② 파면 · 해임 · 강등 또는 정직에 해당하는 징계처분을 취소 또는 변경하려는 경우와 효력 유무 또는 존재 여부에 대한 확인을 하려는 경우에는 재적 위원 3분의 2 이상의 출석과 출석 위원 3분의 2 이상의 합의가 있어야 한다(「국가공무원법」 제14조 제2항).

③ 본인의 의사에 반하여 파면 또는 해임이나 제70조 제1항 제5호에 따른 면직처분을 하면 그 처분을 한 날부터 40일 이내에는 후임자의 보충발령을 하지 못한다(「국가공무원법」 제76조 제2항).

⑤ 징계사유와 동일한 피의사실에 대하여 공소제기되어 공판이 계속 중이라도 징계절차를 진행하지 못하는 것은 아니다(대판 1980. 3. 25, 79누375).

Answer 12. ④

ME
MO

행정사
임병주 행정법

PART

02

특별행정작용법

PART

02 특별행정작용법

제1절 경찰행정

01 경찰책임의 원칙에 관한 설명으로 옳지 않은 것은?

① 경찰책임 중 행위책임은 과실책임이며, 상태책임은 무과실책임이다.
② 자신의 보호·감독하에 있는 자의 행위에 대해서도 책임을 진다.
③ 위험을 직접 발생시킨 자 이외에 다른 사람이 책임을 지는 경우도 있다.
④ 상태책임을 지는 자는 반드시 물건에 대한 정당한 권원을 가지고 있는 자일 필요는 없다.
⑤ 긴급한 필요가 있는 경우에는 예외적으로 경찰책임이 없는 자에 대해서도 경찰권을 발동할 수 있다.

02 경찰책임에 대한 설명으로 옳지 않은 것은?

① 행위책임의 귀속기준에 대해서는 위해를 직접 야기시킨 자가 경찰권 발동의 대상이 된다는 직접적 원인설이 다수설이다.
② 상태책임은 위험을 야기한 물건 등에 대한 소유자나 현실적 지배권을 가지는 자에게 책임이 귀속한다.
③ 상태책임의 상대방은 물건에 대한 정당한 권원이 있는 자가 되며, 정당한 권원이 없는 자는 상태책임을 지지 않는다.
④ 상태책임과 행위책임이 경합하는 경우에는 일반적으로 행위책임이 상태책임에 우선한다고 한다.
⑤ 행위책임은 승계가 부정되나 상태책임은 물건의 상태와 관련된 책임으로 원칙적으로 승계가 허용된다.

03 경찰책임의 일반원칙으로 볼 수 없는 것은?

① 경찰비례의 원칙
② 경찰공공의 원칙
③ 사주소불가침의 원칙
④ 경찰적극의 원칙
⑤ 경찰책임의 원칙

04 **경찰책임에 대한 설명으로 옳지 않은 것은?**

① 다른 국가기관이 국고작용을 수행하는 경우에는 당해 국가기관에 경찰권이 발동될 수 있다.
② 자기 집 정원에서 그림을 그리는 화가를 구경하기 위하여 통행인이 모여들어 교통장애가 야기된 경우, 그 화가에게 행위책임을 귀속시킬 수 없다.
③ 타인의 행위를 관리하고 있는 자는 그 권한의 범위 안에서 피관리자의 행위로 인하여 발생한 경찰위반상태에 대하여 피관리자를 대신하여 책임을 진다.
④ 경찰상 위해를 야기하고 있는 물건의 소유자인 상태책임자가 경찰책임을 면하기 위하여 소유권을 포기한 경우에도 소유권자의 상태책임이 배제되지 아니한다.
⑤ 경찰책임 중 행위책임의 경우 행위자인 피감독자나 감독자의 고의 또는 과실은 원칙상 그 요건이 되지 않는다.

05 **경찰책임에 관한 설명으로 옳은 것은?**

① 경찰위험에 책임이 없는 제3자에게 경찰권을 발동하려면 경찰긴급상태의 요건을 갖추어야 한다.
② 물건으로 인한 위험이나 장해로부터 발생하는 경찰책임을 행위책임이라고 한다.
③ 행위책임은 공법적 책임이므로 고의나 과실을 요한다.
④ 사법상 법인은 경찰책임을 부담하지 아니한다.
⑤ 외국인은 경찰책임을 부담하지 아니한다.

01 ① 경찰책임은 경찰위반상태가 발생한 경우 그에 대한 고의 또는 과실과 무관하게 경찰책임을 진다. 행위책임이건 상태책임이건 구별하지 않고 무과실책임을 진다.

02 ③ 상태책임을 지는 자는 반드시 물건에 대한 정당한 권원을 가지고 있는 자일 필요는 없다. 정당한 권원을 떠나 물건에 대한 현실적 지배권을 가지는 자가 책임의 귀속자가 된다.

03 ④ 경찰권은 사회공공의 안녕·질서에 대한 위해의 방지·제거라는 소극적 목적을 위해서만 발동될 수 있고, 공공복리증진이라는 적극적 목적을 위해서는 발동될 수 없다.

04 ③ 타인의 행위를 관리하고 있는 자의 책임은 피관리자를 대신하여 책임을 지는 대위책임이 아니라 자신의 감독의무해태에 따른 자기책임이다.

05 ① 경찰비책임자에 대한 경찰권 발동에 관한 내용으로 타당하다.
②·③·④·⑤ 물건으로 인한 위험이나 장해로부터 발생하는 경찰책임은 모두 행위책임이 아니라 상태책임이다. 경찰 행위책임은 고의·과실 여부를 묻지 않으며, 그 행위자가 자연인·법인, 내국인·외국인을 불문하고, 성년자인지 미성년자인지도 가리지 않는다.

Answer 01. ① 02. ③ 03. ④ 04. ③ 05. ①

06 경찰권의 한계에 관한 기술로 타당하지 않은 것은?

① 경찰작용은 원칙적으로 공공의 안녕과 질서유지에 대한 위험의 방지와 장해의 제거라는 소극적 목적을 위해서만 행사되어야 한다.
② 자신이 관리하는 창고에서 화재가 난 경우, 고의나 과실과 무관하게 그리고 타인에 의해 화재가 야기된 경우에도 관리자는 책임을 진다.
③ 사생활불가침 원칙하에서도 미성년자의 음주 · 흡연에 대한 경찰권을 발동할 수는 있다.
④ 경찰관은 국립대학교수의 연구실에 정당한 이유 없이 출입할 수 있다.
⑤ 종업원의 행위에 대해 책임을 지는 사용자는 종업원의 행위에 대한 대위책임을 지는 것이 아니라 사용자 자신의 책임을 지는 것이다.

07 경찰권 발동에 대한 설명으로 옳지 않은 것은? (다툼이 있는 경우 판례에 의함)

① 자신의 보호 · 감독하에 있는 자의 행위에 의해서도 경찰책임을 질 수 있으며, 이 경우의 책임은 자기책임이다.
② 경찰책임은 책임의 주체가 책임능력이 있을 것을 요구한다.
③ 사실상의 지배권자에 대한 상태책임은 지배권행사의 적법성을 요구하지 않는다.
④ 옷가게 내의 TV에서 방영되는 축구시합을 보려고 모여든 군중이 도로의 통행을 방해한 경우, 모인 군중에게 경찰책임이 귀속될 수 있다.
⑤ 경찰책임의 성립에 경찰책임자의 고의 · 과실이라는 주관적 요건은 요하지 않는다.

08 경찰작용에 대한 설명으로 옳지 않은 것은? (다툼이 있는 경우에는 판례에 의함)

① 「경찰관 직무집행법」은 손실발생의 원인에 대하여 책임이 없는 자가 경찰관의 적법한 직무집행으로 인하여 재산상의 손실을 입은 경우 국가는 정당한 보상을 해야 한다고 명시적으로 규정하고 있다.

② 경찰관이 구체적 상황에서 그 인적·물적 능력의 범위 내에서의 적절한 조치라는 판단에 따라 범죄의 진압 및 수사에 관한 직무를 수행한 경우, 그것이 객관적 정당성을 상실하여 현저하게 불합리하다고 인정되지 않는 한 그와 다른 조치를 취하지 아니한 부작위를 내세워 국가배상책임의 요건인 법령위반에 해당한다고 할 수 없다.

③ 경찰공무원이 운전자의 음주 여부나 주취 정도를 측정함에 있어서 그 측정방법이나 측정횟수는 합리적인 필요한 한도에 그쳐야 하겠지만 그 한도 내에서는 어느 정도의 재량이 있다.

④ 경찰관은 수상한 행동이나 그 밖의 주위 사정을 합리적으로 판단하여 볼 때 어떠한 죄를 범하려 하고 있다고 의심할 만한 상당한 이유가 있는 사람을 정지시켜 질문할 수 있지만 그에 수반하여 흉기의 소지 여부를 조사할 수는 없다.

⑤ 경찰관은 응급의 구호를 요한다고 믿을 만한 상당한 이유가 있는 자를 발견한 때에는 경찰관서에 보호조치를 하거나 물건을 임시영치할 수 있으며, 이 경우 경찰관서에서의 보호는 24시간을, 임시영치는 10일을 초과할 수 없다.

06 ④ 경찰권의 한계로서 사주소불가침이 있다. 사주소는 공개되지 않은 특정인만이 사용하는 공간을 통칭하는 것으로, 국립대학교수의 연구실도 사주소에 해당하므로 정당한 이유 없이 출입할 수 없다.

07 ② 경찰책임은 경찰상의 의무를 발생시키는 것이지 형사처벌을 위한 것은 아니므로 책임능력의 존부가 문제되지는 않는다.

08 ④ 경찰관은 수상한 행동이나 그 밖의 주위 사정을 합리적으로 판단하여 볼 때 어떠한 죄를 범하였거나 범하려 하고 있다고 의심할 만한 상당한 이유가 있는 사람, 이미 행하여진 범죄나 행하여지려고 하는 범죄행위에 관한 사실을 안다고 인정되는 사람을 정지시켜 질문할 수 있으며, 질문을 할 때에 그 사람이 흉기를 가지고 있는지를 조사할 수 있다(「경찰관 직무집행법」 제3조 제1항·제3항).
① 「경찰관 직무집행법」 제11조의2
⑤ 「경찰관 직무집행법」 제4조 제7항

Answer 06. ④ 07. ② 08. ④

09 **경찰권의 행사에 대한 설명으로 옳지 않은 것은? (다툼이 있는 경우 판례에 의함)**

① 경찰관의 적법한 직무집행으로 인하여 손실발생의 원인에 대하여 책임이 있는 자가 자신의 책임에 상응하는 정도를 초과하는 재산상의 손실을 입은 경우, 국가는 그 자에 대하여 정당한 보상을 하여야 한다.

② 경찰관이 신분증을 제시하지 않고 불심검문을 한 경우, 검문하는 사람이 경찰관이고 검문하는 이유가 범죄행위에 관한 것임을 피고인이 충분히 알고 있었다고 보이더라도 그 불심검문은 위법한 공무집행이라 할 수 있다.

③ 경찰관은 위험한 사태가 발생한 장소에 있는 사람, 사물의 관리자, 그 밖의 관계인에게 위해를 방지하기 위하여 필요하다고 인정되는 조치를 하게 하거나 직접 그 조치를 할 수 있다.

④ 「경찰관 직무집행법」에 의거한 경찰관의 범죄예방을 위한 제지조치는 경찰 행정상 즉시강제이다.

⑤ 불심검문 대상자에 해당하는지 여부를 판단하는 때에는 당시의 구체적인 정황은 물론 사전에 얻은 정보나 전문적 지식 등에 기초하여 객관적 · 합리적으로 판단하여야 하나, 반드시 불심검문 대상자에게 「형사소송법」상 체포나 구속에 이를 정도의 혐의가 있을 것을 요한다고 할 수는 없다.

09 ② 불심검문을 하게 된 경위, 불심검문 당시의 현장상황과 검문을 하는 경찰관들의 복장, 피고인이 공무원증 제시나 신분 확인을 요구하였는지 여부 등을 종합적으로 고려하여, 검문하는 사람이 경찰관이고 검문하는 이유가 범죄행위에 관한 것임을 피고인이 충분히 알고 있었다고 보이는 경우에는 신분증을 제시하지 않았다고 하여 그 불심검문이 위법한 공무집행이라고 할 수 없다(대판 2014. 12. 11. 2014도7976).

Answer 09. ②

제2절 공물법

01 공물에 대한 설명으로 틀린 것은?

① 행정재산은 사인의 취득시효가 금지된다.
② 공용물의 성립에는 형체적 요소가 구비되면 되고 별도의 공용지정의 의사표시를 요하는 것은 아니다.
③ 공공용물의 성립에는 형체적 요소 외에 공용개시의 의사적 요소가 필요하다.
④ 행정주체가 타인 소유의 물건을 공물로 지정하기 위해서는 반드시 그 물건에 대한 권원을 취득하여야 한다.
⑤ 자연공물은 형체적 요소만 있으면 되고 별도의 의사적 요소는 요하지 않는다는 것이 종래 다수설이다.

02 공물경찰과 공물관리에 관한 설명으로 옳지 않은 것은?

① 공물관리의 의무위반자에 대해서는 원칙적으로 행정벌과 행정상 강제집행이 가능하다.
② 동일한 공물에 대하여 공물경찰권과 공물관리권이 경합적으로 행사되는 경우가 적지 않다.
③ 공물경찰은 공물사용관계의 질서를 유지하기 위한 일시적 사용의 허가만이 가능한 반면에, 공물관리는 공물의 계속적이고 독점적인 사용권의 설정이 가능하다.
④ 공물관리권을 다른 행정기관에 위임하는 경우, 사무수행에 소요되는 비용은 원칙적으로 위임기관이 부담한다.
⑤ 공물관리작용은 비권력적 수단인 것도 있고 권력적인 수단인 것도 있다.

03 다음 중 물적 공용부담에 해당하는 것은?

① 공용환지
② 부작위부담
③ 부담금
④ 부역 · 현품
⑤ 노역 · 물품

01 ④ 공물은 소유권의 귀속 여하와는 무관하게 공용주체, 관리주체에 착안하여 정립된 관념이다. 타인 소유 또는 사인 소유의 공물도 존재할 수 있다.

02 ① 공물관리관계의 의무위반자에 대해서는 원칙적 그 사용관계에서 배제할 수 있음에 그치고 법률에 특별한 규정이 없는 한 제재를 과하거나 행정상의 강제집행을 할 수 없다.

03 ① 물적 공용부담에는 공용제한, 공용수용, 공용환지, 공용환권이 있다. 부담금, 부역 · 현품, 노역 · 물품, 시설부담, 부작위부담은 인적 공용부담에 해당한다.

Answer 01. ④ 02. ① 03. ①

04 공물과 관련한 판례의 내용으로 옳지 않은 것은?

① 「도로법」의 규정에 의한 도로점용은 특정한 목적을 위하여 사용하는 이른바 특별사용을 뜻하며, 이러한 도로점용허가의 법적 성질은 공물관리자의 재량행위이다.

② 도로는 일반 국민이 이를 자유로이 이용할 수 있으므로 일반적인 시민생활에 있어 도로를 이용만 하는 사람이라도 그 도로의 용도폐지를 다툴 법률상의 이익이 있다.

③ 점용허가를 받음이 없이 도로부지를 점유하여 온 자는 행정청이 제3자에 대하여 한 같은 도로부지의 점용허가처분으로 인하여 어떠한 불이익을 입게 되었다고 하더라도 위 처분의 취소를 구할 원고적격이 없다.

④ 비관리청이 조성 또는 설치한 항만시설의 경우 총 사업비의 범위 안에서 해당 비관리청이 항만시설을 무상사용하는 것은 공물의 특허사용에 해당한다.

⑤ 공물에 대한 무단점유자에 대한 변상금부과는 항고소송의 대상이 되는 처분에 해당한다.

05 공물에 대한 설명으로 틀린 것은? (다툼이 있는 경우에는 판례에 의함)

① 판례에 따르면 국유 하천부지는 별도의 공용개시행위가 없더라도 행정재산이 된다고 한다.

② 간척에 의하여 사실상 갯벌로서의 성질을 상실하였더라도 공용폐지를 하지 않은 이상 당연히 일반재산이 되는 것은 아니라는 것이 판례이다.

③ 구체적으로 공물을 사용하지 않고 있다면 공물의 인접주민이라는 사정만으로 공물에 대한 고양된 일반사용권이 인정될 수 없다.

④ 국보지정의 경우 행정주체가 그 물건에 대한 권원을 가지고 있거나 그에 대한 소유자의 동의가 있어야 한다.

⑤ 공물의 자유사용관계는 공공용물의 경우에만 원칙적으로 인정되고, 공용물과 보존공물에 대하여는 공용에 지장이 없는 범위 안에서 예외적으로 인정될 뿐이다.

06 공물에 대한 설명으로 옳은 것은? (다툼이 있는 경우 판례에 의함)

① 하천의 점용허가권은 특허에 의한 공물사용권의 일종으로서 하천관리주체에 대하여 대세적 효력이 있는 물권에 해당한다.

② 국유 하천부지는 자연공물로서 공용개시행위 이후에 행정재산이 되고 그 후 본래의 용도에 공여되지 않는 상태에 놓이게 되면 국유재산법령에 의한 용도폐지 없이도 일반재산이 된다.

③ 토지의 지목이 도로이고 국유재산대장에 등재되어 있다는 사정만으로 바로 토지가 도로로서 행정재산에 해당한다고 할 수는 없다.

④ 공물의 공용폐지에 관하여 국가의 묵시적인 의사표시가 있다고 인정되려면 공물이 사실상 본래의 용도에 사용되고 있지 않다거나 행정주체가 점유를 상실하였다는 정도면 족하다.

⑤ 국유재산의 관리청이 행정재산의 사용·수익을 허가한 다음 그 사용·수익하는 자에 대하여 하는 사용료 부과는 사경제주체로서 행하는 사법상의 이행청구에 해당한다.

04 ② 일반적으로 도로는 국가나 지방자치단체가 직접 공중의 통행에 제공하는 것으로서 일반 국민은 이를 자유로이 이용할 수 있는 것이기는 하나, 그렇다고 하여 그 이용관계로부터 당연히 그 도로에 관하여 특정한 권리나 법령에 의하여 보호되는 이익이 개인에게 부여되는 것이라고까지는 말할 수 없으므로, 일반적인 시민생활에 있어 도로를 이용만 하는 사람은 그 용도폐지를 다툴 법률상의 이익이 있다고 말할 수 없다(대판 1992. 9. 22. 91누13212).

05 ④ 국보는 공적 보존물로서 주로 문화적 목적으로 해당 물건을 보전하고자 하는 것이고, 그에 대한 권리의 본질을 해치는 것은 아니므로, 그 지정에 있어서 행정주체가 반드시 그 물건에 대한 권원을 가지고 있어야 하는 것이 아님은 물론 그에 대한 소유자의 동의가 있어야 하는 것도 아니다.

06 ③ 토지대장상의 지목이 도로라는 것과 그 도로부지가 행정재산이냐는 것은 직접적 관련이 없다. 토지대장에 지목이 도로로 등재되어 있다고 하여 그 도로부지가 반드시 행정재산에 해당하는 것은 아니다.
① 하천의 점용허가권과 같은 공물사용권은 대세적 효력이 있는 물권이 아니라 채권에 해당한다(대판 2015. 1. 29. 2012두27404).
② 국유 하천부지는 자연공물로서 별도의 공용개시행위가 없더라도 행정재산이 되고 그 후 본래의 용도에 공여되지 않는 상태에 놓여 있더라도 국유재산법령에 의한 용도폐지를 하지 않은 이상 당연히 일반재산으로 된다고는 할 수 없다(대판 2007. 6. 1. 2005도7523).
④ 공물이 사실상 본래의 용도에 사용되고 있지 않다거나 행정주체가 점유를 상실하였다는 것만으로 공용폐지(묵시적 공용폐지)가 인정되는 것은 아니다.
⑤ 행정재산을 사용·수익하는 자에 대한 사용료 부과는 사법상의 이행청구가 아니라 행정처분이다.

Answer 04. ② 05. ④ 06. ③

07 **공물에 관한 설명으로 옳은 것은? (다툼이 있으면 판례에 따름)**

① 행정재산은 시효취득의 대상이 된다.
② 「국유재산법」상 행정재산의 사용허가는 사법상 계약의 성질을 가진다.
③ 국유공물은 「민사집행법」에 의한 강제집행의 대상이 될 수 있다.
④ 국유재산의 무단점유에 대한 변상금의 징수는 재량행위이다.
⑤ 도로부지에는 저당권을 설정할 수 있다.

08 **공물에 관한 설명으로 옳은 것은? (다툼이 있으면 판례에 따름)**

① 어떤 토지의 지목이 도로이고 국유재산대장에 등재되어 있다면 그 토지는 도로로서 행정재산에 해당한다고 보아야 한다.
② 공용폐지의 의사표시는 묵시적인 방법으로도 가능하므로 행정재산이 본래의 용도에 제공되지 않는 상태에 있다면 묵시적인 공용폐지가 있다고 보아야 한다.
③ 행정재산은 사법상 거래의 대상이 되지 아니하는 불융통물이므로 관재 당국이 이를 모르고 매각하였더라도 그 매매는 당연무효이다.
④ 적법한 개발행위로 인하여 공공용물의 일반사용이 종전에 비하여 제한을 받게 되었다면 특별한 사정이 없는 한 그로 인한 불이익은 손실보상의 대상이 된다.
⑤ 특허에 의한 공물사용권은 공물의 관리주체에 대해 특별사용을 청구할 수 있는 채권에 그치는 것이 아니라 대세적 효력이 있는 물권이다.

09 **공물법에 대한 설명으로 옳은 것은? (다툼이 있는 경우 판례에 의함)**

① 「도로법」상 도로점용허가는 도로의 일반사용을 위한 강학상 공물의 허가사용에 해당한다.

② 원래의 행정재산이 공용폐지되어 취득시효의 대상이 된다는 입증책임은 시효취득을 주장하는 자에게 있다.

③ 공용물은 그 성립에 있어서 공용개시행위를 필요로 하지 않으므로 그 소멸에 있어서도 별도의 공용폐지행위를 필요로 하지 아니한다.

④ 행정재산에 대해서 관재 당국이 이를 모르고 매각한 경우에 그 매매는 당연무효라고는 할 수 없고, 사인 간의 매매계약 역시 당연무효라고 할 수 없다.

⑤ 적법한 개발행위로 인한 공공용물에 대한 일반사용의 제한은 특별한 사정이 없는 한 손실보상의 대상이 되는 특별한 손실에 해당한다.

07 ⑤

「도로법」 제4조(사권의 제한) 도로를 구성하는 부지, 옹벽, 그 밖의 시설물에 대해서는 사권(私權)을 행사할 수 없다. 다만, 소유권을 이전하거나 저당권을 설정하는 경우에는 사권을 행사할 수 있다.

① 일반재산(구 잡종재산)은 시효취득의 대상이 되고 행정재산은 시효취득의 대상이 아니다.

② '행정재산의 사용허가'는 행정처분으로서 특정인에게 행정재산을 사용할 수 있는 권리를 설정하여 주는 강학상 '특허'에 해당한다(대판 2006. 3. 9. 2004다31074).

③ '사유공물'에 대해서는 강제집행이 가능하나, '국유공물'에 대해서는 강제집행이 불가능하다.

④ 국유재산의 무단점유에 대한 변상금의 징수는 기속행위이다.

08 ③ 행정재산은 공유물로서 이른바 사법상의 거래의 대상이 되지 아니하는 불융통물이므로 이러한 행정재산을 관재 당국이 모르고 매각처분하였다 할지라도 그 매각처분은 무효이다(대판 1967. 6. 27. 67다806).

① 토지의 지목이 도로인지와 그 토지가 행정재산인지는 직접적 관련이 없다. 즉, 토지의 지목이 도로라고 하여 당연히 행정재산이 되는 것은 아니다. 도로와 같은 인공적 공공용 재산은 법령에 의하여 지정되거나 행정처분으로써 공공용으로 사용하기로 결정한 경우 또는 행정재산으로 실제로 사용하는 경우의 어느 하나에 해당하여야 비로소 행정재산이 된다.

② 행정재산이 본래의 용도에 제공되지 않는 상태에 있다고 하여 당연히 묵시적인 공용폐지가 인정되는 것은 아니다(대판 1996. 5. 28. 95다52383).

⑤ 하천의 점용허가권은 특허에 의한 '공물사용권'의 일종으로서 하천의 관리주체에 대하여 일정한 특별사용을 청구할 수 있는 채권에 지나지 아니하고 대세적 효력이 있는 물권이라 할 수 없다(대판 1990. 2. 13. 89다카23022).

09 ① 「도로법」상 도로점용허가는 도로의 특별사용을 위한 강학상 공물의 특허사용에 해당한다.

③ 공용물은 그 성립에 있어서 공용개시행위를 필요로 하지 않으나, 그 소멸에 있어서는 별도의 공용폐지행위를 필요로 한다.

④ 공용폐지의 의사표시는 적법한 것이어야 하는바, 행정재산은 공용폐지가 되지 아니한 상태에서는 사법상 거래의 대상이 될 수 없으므로 행정재산에 대해서 관재 당국이 이를 모르고 매각한 경우에 그 매매는 당연무효이고, 사인 간의 매매계약 역시 당연무효이다(판례).

⑤ 적법한 개발행위로 인한 공공용물에 대한 일반사용의 제한은 특별한 사정이 없는 한 손실보상의 대상이 되는 특별한 손실에 해당하지 않는다.

Answer 07. ⑤ 08. ③ 09. ②

10 **공물경찰과 공물관리에 관한 설명으로 틀린 것은? (다툼이 있는 경우 판례에 의함)**

① 공물에 대한 계속적인 독점적 사용권은 공물관리권에 의해서만 설정될 수 있다.

② 의무위반자에 대하여 공물관리권에 의해서는 사용관계에서 배제할 수 있음에 그치나 공물경찰권에 의해서는 행정벌을 과할 수 있다.

③ 공물경찰은 공물사용관계의 질서를 유지하기 위한 일시적 사용의 허가만이 가능한 반면에, 공물관리는 공물의 계속적이고 독점적인 사용권의 설정이 가능하다.

④ 동일한 공물에 대하여 공물경찰권과 공물관리권이 충돌하는 경우 공물경찰권이 우선하고 공물관리권은 배제된다.

⑤ 공물관리권을 다른 행정기관에 위임하는 경우 사무수행에 소요되는 비용은 원칙적으로 위임기관이 부담한다.

10 ④ 동일한 공물에 대하여 공물경찰권과 공물관리권이 혼용되어 나타날 수 있다. 이 경우에는 서로 경합할 수 있는 것이지 공물경찰권이 우선하여 공물관리권을 배제하는 것은 아니다.

Answer 10. ④

제3절 국유재산

01 「국유재산법」에 관한 설명으로 옳지 않은 것은? (다툼이 있으면 판례에 따름)

① 행정재산의 사용허가기간은 원칙상 5년 이내로 한다.
② 일반재산은 「민법」상 시효취득의 대상이 되지 아니한다.
③ 행정재산에는 사권을 설정하지 못한다.
④ 보존용재산은 법령이나 그 밖의 필요에 따라 국가가 보존하는 재산이다.
⑤ 중앙관서의 장은 사용허가 한 행정재산을 국가가 직접 공용으로 사용하기 위하여 필요하게 된 경우에는 사용허가를 철회할 수 있다.

02 국 · 공유재산의 무단점유에 대한 다음 설명 중 타당하지 않은 것은? (다툼이 있으면 판례에 의함)

① 국 · 공유재산의 관재청은 무단점유자에 대해 변상금을 부과하여야 한다.
② 일반재산의 무단점유자가 반환하여야 할 부당이득의 범위는 대부료 상당액이다.
③ 관재청은 국유재산의 무단점유자에 대하여 민사상 부당이득반환청구의 소를 제기할 수는 없다.
④ 국유재산의 무단점유의 경우에 민사상 부당이득반환청구권이 만족을 얻어 소멸하면 그 범위 내에서 변상금 부과 · 징수권도 소멸한다.
⑤ 국 · 공유재산상의 불법시설물에 대해 행정대집행이 가능하다.

01 ② 행정재산은 시효취득의 대상이 아니지만 일반재산은 시효취득의 대상이 된다.

02 ③ 구 「국유재산법」 제51조 제1항, 제4항, 제5항에 의한 변상금 부과 · 징수권은 민사상 부당이득반환청구권과 법적 성질을 달리하므로, 국가는 무단점유자를 상대로 변상금 부과 · 징수권의 행사와 별도로 국유재산의 소유자로서 민사상 부당이득반환청구의 소를 제기할 수 있다(대판 2014. 7. 16. 2011다76402).

Answer 01. ② 02. ③

03 **「국유재산법」상 사용허가의 취소와 철회에 대한 설명으로 옳지 않은 것은? (다툼이 있는 경우 판례에 의함)**

① 중앙관서의 장은 행정재산의 사용허가를 받은 자가 거짓 진술하거나 부실한 증명서류를 제시하거나 부정한 방법으로 사용허가를 받은 경우 그 허가를 취소할 수 있다.

② 중앙관서의 장이 미리 행정재산의 원래 상태의 변경을 승인한 경우에도 허가기간이 끝나면 원래의 상태대로 반환하여야 한다.

③ 중앙관서의 장이 행정재산의 사용허가를 취소하거나 철회하려는 경우에는 청문을 하여야 한다.

④ 사용허가 받은 행정재산을 국가나 지방자치단체가 직접 공용이나 공공용으로 사용하기 위하여 필요하여 사용허가를 철회한 경우 이로 인하여 손실이 발생하면 대통령령이 정하는 바에 따라 보상한다.

⑤ 행정재산의 사용·수익에 대한 허가는 행정처분으로서 강학상 특허에 해당한다.

03 ② 사용허가를 받은 자는 허가기간이 끝나거나 제36조에 따라 사용허가가 취소 또는 철회된 경우에는 그 재산을 원래 상태대로 반환하여야 한다. 다만, 중앙관서의 장이 미리 상태의 변경을 승인한 경우에는 변경된 상태로 반환할 수 있다(「국유재산법」 제38조).

① 「국유재산법」 제36조 제1항

③ 「국유재산법」 제37조

④ 「국유재산법」 제36조 제3항

⑤ 국유재산의 관리청이 하는 행정재산의 사용·수익에 대한 허가는 관리청이 공권력을 가진 우월적 지위에서 행하는 행정처분으로서 특정인에게 행정재산을 사용할 수 있는 권리를 설정하여 주는 강학상 특허에 해당한다(대판 2014. 11. 13. 2011두30212).

Answer 03. ②

제4절 공용부담

01 공용부담에 대한 설명으로 틀린 것은? (다툼이 있는 경우에는 판례에 의함)

① 공공시설의 사용료 징수도 부담금의 일종이다.

② 재정목적을 위한 조세부담은 공용부담이 아니다.

③ 시설부담은 일정한 공사·시설을 자기 책임하에 완성할 의무를 진다는 점에서 개개의 노역의 급부의무인 노역부담과 다르다.

④ 노역·물품은 금전으로의 대체가 허용되지 않는다는 점에서 부역·현품과 구별된다.

⑤ 임의적 공용부담은 공법상 계약에 해당하므로 별도의 법적 근거가 요구되는 것은 아니다.

02 「공익사업을 위한 토지 등의 취득 및 보상에 관한 법률」에 관한 설명으로 옳지 않은 것은? (다툼이 있으면 판례에 따름)

① 사업인정처분이 당연무효이면 그것이 유효함을 전제로 이루어진 수용재결도 무효이다.

② 수용재결에 대한 이의신청은 행정소송을 하기 위한 필수적인 전심절차이다.

③ 수용재결에 대한 취소소송의 제기는 사업의 진행 및 토지의 수용 또는 사용을 정지시키지 아니한다.

④ 토지소유자가 보상금 증액청구소송을 제기할 경우 사업시행자를 피고로 하여야 한다.

⑤ 보상금증감청구소송의 제기기간은 이의신청을 거친 경우 이의신청에 대한 재결서를 받은 날부터 60일 이내이다.

01 ① 부담금은 특정 공익사업의 경비에 충당하기 위하여 당해 사업의 이용과 관계없이 부과되며, 수수료·사용료는 사업의 이용행위에 대한 대가로서 징수된다는 점에서 차이가 있다. 사용료 징수는 이용의 대가라는 점에서 부담금이 아니다.

02 ② 수용재결에 대해 이의신청 절차를 거치지 않고도 행정소송을 제기할 수 있다. 즉, 수용재결에 대한 이의신청은 행정소송을 하기 위한 필수적인 전심절차가 아니다.

Answer 01. ① 02. ②

03 **「공익사업을 위한 토지 등의 취득 및 보상에 관한 법률」에 대한 설명으로 옳지 않은 것은? (다툼이 있는 경우 판례에 의함)**

① 사업시행자가 공익사업에 필요한 토지를 협의취득하는 행위는 사경제주체로서 행하는 사법상의 법률행위이다.

② 환매의 목적물은 토지소유권에 한하지 않고 토지 이외의 물건이나 토지소유권 이외의 권리 역시 환매의 대상이 될 수 있다.

③ 사업인정이란 공익사업을 토지 등을 수용 또는 사용할 사업으로 결정하는 것이다.

④ 사업시행자에게 해당 공익사업을 수행할 의사와 능력이 있어야 한다는 것도 사업인정의 한 요건이다.

⑤ 해당 공익사업의 성격, 구체적인 경위나 내용, 원만한 시행을 위한 필요 등 제반 사정을 고려하여, 사업시행자는 법이 정한 이주대책대상자를 포함하여 그 밖의 이해관계인에게까지 넓혀 이주대책 수립 등을 시행할 수 있다.

03 ②「공익사업을 위한 토지 등의 취득 및 보상에 관한 법률」상 환매제도는 '토지'의 '소유권'에 대해서만 인정된다.

Answer 03. ②

제5절 재무행정과 그 밖의 행정

01 조세행정법에 대한 설명으로 옳은 것은? (다툼이 있는 경우 판례에 의함)

① 공공조합이 조합원으로부터 일정 경비를 부과·징수하는 것도 조세에 해당한다.
② 조세는 특정한 급부에 대한 반대급부로서 지급되는 것으로 보상성을 내포하고 있다.
③ 납세신고는 수리를 요하는 사인의 공법행위이므로 납세신고를 수리하는 행위는 조세부과처분에 해당한다.
④ 원천납세의무자들의 국세환급금청구신청에 대한 과세관청의 환급거부결정은 납세의무자가 갖는 환급청구권의 존부나 범위에 구체적이고 직접적인 영향을 미치는 처분이 아니어서 항고소송의 대상이 되는 처분이라고 볼 수 없다.
⑤ 과세처분이 무효가 아닌 경우 부당이득반환소송을 제기하면 민사법원이 독자적으로 과세처분을 취소하고 부당이득반환판결을 할 수 있다.

01 ④ 원천징수의무자가 원천납세의무자로부터 원천징수대상이 아닌 소득에 대하여 세액을 징수·납부하였거나 징수하여야 할 세액을 초과하여 징수·납부하였다면, 국가는 원천징수의무자로부터 이를 납부받는 순간 아무런 법률상의 원인 없이 보유하는 부당이득이 되고, 환급청구권은 원천납세의무자가 아닌 원천징수의무자에게 귀속되는 것이므로, 원천납세의무자들이 한 원천징수세액의 환급신청을 과세관청이 거부하였다고 하더라도, 이는 항고소송의 대상이 되는 처분에 해당하지 아니한다(대판 2002. 11. 8. 2001두8780).
① 과세 주체는 국가 또는 지방자치단체이다. 공공조합이 조합원으로부터 일정 경비를 부과·징수하는 것은 조세가 아니다.
② 조세는 특별급부에 대한 반대급부로서 지급되는 것이 아니라는 점에서 특정한 급부에 대한 반대급부로서 징수하는 수수료·사용료 등과 구별된다.
③ 신고납세방식에 의한 납세신고는 자기완결적 공법행위이며 원칙적으로 납세의무자가 과세표준과 세액을 과세관청에 신고함으로써 납세의무를 확정한다. 신고를 수리하는 행위가 조세부과처분이 되는 것이 아니며 판례도 과세관청이 납세의무자의 신고에 따라 세액을 수령하는 것은 사실행위이며 부과처분이 아니라고 본다(대판 1997. 7. 22. 96누8321).
⑤ 민사법원은 과세처분에 대한 취소권이 없으므로 부당이득반환판단이 부정된다.

Answer 01. ④

02 조세행정상 행정쟁송에 관한 설명 중 옳지 않은 것은?

① 「국세기본법」상 심사청구와 심판청구를 중복하여 제기할 수 없다.
② 국세환급거부결정은 취소소송의 대상이 된다.
③ 「국세기본법」은 과세전적부심사 제도를 규정하고 있다.
④ 「국세기본법」상 심판청구는 조세심판원장에게 하여야 한다.
⑤ 「국세기본법」상 이의신청은 임의적 절차이다.

03 「사회보장기본법」에 대한 설명으로 옳지 않은 것은?

① 사회보험은 국가와 지방자치단체의 책임으로 시행하고, 공공부조와 사회서비스는 지방자치단체의 책임으로 시행하는 것을 원칙으로 하며, 국가는 지방자치단체의 재정 형편 등을 고려하여 이를 협의·조정하여야 한다.
② 부담 능력이 있는 국민에 대한 사회서비스에 드는 비용은 그 수익자가 부담함을 원칙으로 하되, 관계 법령에서 정하는 바에 따라 국가와 지방자치단체가 그 비용의 일부를 부담할 수 있다.
③ 국가와 지방자치단체는 국민의 사회보장수급권의 보장 및 재정의 효율적 운용을 위하여 사회보장급여의 관리체계를 구축·운영하여야 한다.
④ 보건복지부장관은 관계 중앙행정기관, 지방자치단체 및 관련 기관·단체에 사회보장정보시스템의 운영에 필요한 정보의 제공을 요청하고 제공받은 목적의 범위에서 보유·이용할 수 있다.
⑤ 사회보험에 드는 비용은 사용자, 피용자(被傭者) 및 자영업자가 부담하는 것을 원칙으로 하되, 관계 법령에서 정하는 바에 따라 국가가 그 비용의 일부를 부담할 수 있다.

04 **재무행정에 대한 설명으로 옳지 않은 것은? (다툼이 있는 경우 판례에 의함)**

① 「지방세기본법」에 따르면, 지방자치단체의 장은 적절하고 공평한 과세의 실현을 위하여 필요한 최소한의 범위에서 세무조사를 하여야 하며, 다른 목적 등을 위하여 조사권을 남용해서는 아니 된다.

② 특별한 사정이 없는 한, 과세관청이 과세처분에 앞서 필수적으로 행하여야 할 과세예고 통지를 하지 아니함으로써 납세자에게 과세전적부심사의 기회를 부여하지 아니한 채 과세처분을 하였다면, 그 과세처분은 위법하다.

③ 하나의 납세고지서에 의하여 복수의 과세처분을 함께 하는 경우에는 과세처분별로 그 세액과 산출근거 등을 구분하여 기재함으로써 납세의무자가 각 과세처분의 내용을 알 수 있도록 해야 한다.

④ 지방국세청장이 조세범칙행위에 대하여 형사고발을 한 후에 동일한 조세범칙행위에 대하여 한 통고처분은 특별한 사정이 없는 한 위법하지만 무효는 아니다.

⑤ 통고처분은 행정쟁송의 대상이 되는 처분이 아니다.

02 ② 「국세기본법」상 세무서장의 국세환급금(국세환급가산금 포함)에 대한 결정은 이미 납세의무자의 환급청구권이 확정된 국세환급금에 대하여 내부적인 사무처리 절차로서 과세관청의 환급절차를 규정한 것에 지나지 않고 그 규정에 의한 국세환급금의 결정에 의하여 비로소 환급청구권이 확정되는 것이 아니므로, 국세환급금결정이나 그 결정을 구하는 신청에 대한 환급거부결정 등은 항고소송의 대상이 되는 처분이라고 볼 수 없다(대판 1994. 12. 2. 92누14250).

03 ① 사회보험은 국가의 책임으로 시행하고, 공공부조와 사회서비스는 국가와 지방자치단체의 책임으로 시행하는 것을 원칙으로 한다. 다만, 국가와 지방자치단체의 재정 형편 등을 고려하여 이를 협의·조정할 수 있다(「사회보장기본법」 제25조 제5항).

04 ④ 통고처분은 특별한 사정이 없는 한 위법·무효이다.
지방국세청장 또는 세무서장이 조세범칙행위에 대하여 고발을 한 후에 동일한 조세범칙행위에 대하여 통고처분을 하였다 하더라도, 이는 법적 권한 소멸 후에 이루어진 것으로서 특별한 사정이 없는 한 그 효력이 없다 (대판 2016. 9. 28. 2014도10748).

Answer 02. ② 03. ① 04. ④

05 환경행정에 대한 설명으로 옳은 것은?

① 환경권은 「헌법」상 기본권으로부터 직접 도출된다.

② 환경행정의 기본원칙인 사전배려의 원칙이 구체화된 것으로 환경영향평가제도를 들 수 있다.

③ 환경영향평가의 내용이 다소 부실한 경우 이를 기초로 한 개발사업승인은 원칙적 위법하다는 것이 판례이다.

④ 환경영향평가 대상지역 밖의 주민에게는 수인한도를 넘는 환경상의 침해가 입증된 경우에도 원고적격을 인정할 수 없다.

⑤ 국가정보원장이 국가안보를 위하여 필요하다고 인정하여 환경부장관과 협의한 사업도 환경영향평가 대상사업에 해당한다.

05 ② 환경영향평가제도는 사전배려의 원칙이 구체화된 것이다.
① 환경권은 「헌법」상 기본권으로부터 직접 도출되지 않고 이를 구체화하는 법률의 규정이 있어야 인정되는 권리이다.
③ 환경영향평가의 내용이 다소 부실하다 해도 그 부실은 당해 승인 등 처분에 재량권 일탈·남용의 위법이 있는지 여부를 판단하는 하나의 요소로 됨에 그칠 뿐, 그 부실로 인하여 당연히 당해 승인 등 처분이 위법하게 되는 것이 아니다(대판 2006. 3. 16. 2006두330).
④ 환경영향평가 대상지역 밖의 주민이라도 수인한도를 넘는 환경상의 침해가 입증된 경우에는 원고적격이 인정된다.
⑤ 국가정보원장이 국가안보를 위하여 필요하다고 인정하여 환경부장관과 협의한 사업은 환경영향평가 적용 제외 사업에 해당한다.

Answer 05. ②

ME
MO

행정사
임병주 행정법

부록

전범위 모의고사

부록 제1회 전범위 모의고사

• 정답 및 해설 p.342

01 법률유보의 원칙에 대한 설명으로 옳지 않은 것은? (다툼이 있는 경우 판례에 의함)

① 법률이 주민의 권리·의무에 관한 사항에 관하여 조례로 정하도록 위임하는 경우 포괄위임금지의 원칙은 적용되지 않는다.

② 법률유보의 원칙은 국민의 기본권실현과 관련된 영역에 있어서는 입법자가 그 본질적 사항에 대해서 스스로 결정하여야 한다는 요구까지 내포하고 있다.

③ 국회가 형식적 법률로 직접 규율하여야 하는 필요성은 규율 대상이 기본권 및 기본적 의무와 관련된 중요성을 가질수록, 그에 관한 공개적 토론의 필요성 또는 상충하는 이익 사이의 조정 필요성이 클수록 더 증대된다.

④ 행정작용은 법률에 위반되어서는 아니 되며, 국민의 권리를 제한하거나 의무를 부과하는 경우와 그 밖에 국민생활에 중요한 영향을 미치는 경우에는 법률에 근거하여야 한다.

⑤ 법률유보의 원칙에서 말하는 법률에는 예산도 포함된다.

02 「행정절차법」에 대한 설명으로 틀린 것은? (다툼이 있는 경우 판례에 의함)

① 「출입국관리법」 규정은 난민인정 거부처분에 그 근거와 이유의 제시에 관한 「행정절차법」 적용배제사유에 해당한다.

② 「행정절차법」상 행정청은 당사자 등이 대표자를 선정하지 않는 경우 직접 대표자를 선정할 수 없다.

③ 단순·반복적인 처분 또는 경미한 처분으로 당사자가 그 이유를 명백히 알 수 있는 경우에는 이유제시가 생략될 수 있지만 당사자가 요청하는 경우에는 그 근거와 이유를 제시하여야 한다.

④ 수익적 처분의 신청에 대한 거부처분은 「행정절차법」상 사전통지의 대상이 된다고 할 수 없다.

⑤ 당사자 등은 공표된 처분기준이 명확하지 아니한 경우 해당 행정청에 그 해석 또는 설명을 요청할 수 있다. 이 경우 해당 행정청은 특별한 사정이 없으면 그 요청에 따라야 한다.

03 준법률행위적 행정행위에 대한 판례의 설명으로 틀린 것은?

① 준공검사처분은 건축허가를 받아 건축한 건물이 건축허가사항대로 건축행정목적에 적합한가의 여부를 확인하는 것이므로 허가관청은 특별한 사정이 없는 한 건축물의 준공을 거부할 수 없다.

② 건축물대장 소관청의 작성신청 반려행위는 국민의 권리관계에 영향을 미치는 것으로 항고소송의 대상이 되는 행정처분에 해당한다.

③ 자동차운전면허대장상 일정한 사항의 등재행위는 당해 운전면허취득자에게 새로이 어떠한 권리가 부여되거나 변동 또는 상실되는 효력이 발생하므로 이는 행정처분으로 봄이 타당하다.

④ 법률상 사설강습소를 설립함에 있어서 주무관청이 등록하도록 한 경우 그 설립을 위한 등록을 수리하지 않고 있는 동안에 사설강습소를 설립·운영한 경우 위법한 행위가 된다.

⑤ 확인은 법률사실 또는 법률관계에 관하여 의문이나 다툼이 있는 경우 행정청이 이를 공적으로 판단 및 확정하는 행정행위이다.

04 부관에 대한 판례의 내용으로 옳지 않은 것은?

① 행정청이 종교단체에 대하여 기본재산전환인가를 함에 있어 인가조건을 부가하고 그 불이행 시 인가를 취소할 수 있도록 한 경우 인가조건의 의미는 철회권을 유보한 것이라 본다.

② 수익적 행정처분에 있어서는 법령에 특별한 규정이 없다고 하더라도 부담을 붙일 수 있고, 이는 상대방과 협의하여 부담의 내용을 미리 정한 다음 부가할 수도 있다.

③ 기부채납 받은 공원시설의 사용·수익허가에서 그 허가기간은 행정행위의 본질적 요소에 해당하는 것으로 허가기간에 위법사유가 있다면 사용·수익허가 전부가 위법이 된다.

④ 기부채납의 부관이 취소되지 아니했다고 하더라도 토지소유자는 위 부관으로 인하여 증여계약의 착오를 이유로 증여계약을 취소할 수 있다.

⑤ 부담은 그 자체로 독립한 행정행위이기 때문에 본체인 행정행위와 별도로 독립하여 취소소송의 대상이 된다.

05 **국가배상에 대한 판례의 설명으로 틀린 것은?**

① 유흥주점에서 화재로 종업원이 사망한 경우 지방자치단체의 담당 공무원이 「식품위생법」상 취하여야 할 조치를 게을리한 직무상 의무위반행위와 위 사망의 결과 사이의 상당인과관계가 인정된다.

② 항고소송에서 처분이 취소되었다고 할지라도 곧바로 공무원의 고의 또는 과실로 인한 것으로 불법행위를 구성한다고 단정할 수 없다.

③ 영업허가취소처분이 행정심판에서 재량권 일탈남용으로 취소된 경우 공무원이 행정규칙에 따라 취소처분을 한 이상 그 공무원에게 직무집행상의 과실이 인정되지 않는다.

④ 「국가배상법」상 공무원의 직무가 사익보호성이 인정되어야 하고 공공일반의 이익만을 보호하는 경우에는 직무집행상의 국가배상이 인정되지 않는다.

⑤ 법령에 의해 대집행 권한을 위탁받은 한국토지주택공사는 「국가공무원법」 제2조에서 말하는 공무원에 해당하지 아니한다.

06 **현행 「행정심판법」에 대한 설명으로 틀린 것은?**

① 대통령 소속 기관장의 처분은 해당 행정청 소속 행정심판위원회가 심리한다.

② 서울특별시장의 국가위임사무에 대한 처분은 해당 감독기관 소속 행정심판위원회가 심리・재결한다.

③ 행정심판위원회가 사정재결을 함에 있어서는 청구인에 대한 상당한 구제방법을 취하거나 피청구인에게 그러한 구제조치를 취하도록 명할 수 있다.

④ 행정청이 고지의무를 이행하지 않아도 당해 행정처분 자체의 효력에는 아무런 영향을 미치지 않는다는 것이 판례이다.

⑤ 당사자의 신청에 대한 행정청의 위법 또는 부당한 거부처분이나 부작위에 대하여 일정한 처분을 하도록 하는 행정심판도 현행 「행정심판법」상 허용된다.

07 **손실보상에 대한 설명 중 틀린 것은? (다툼이 있는 경우 판례에 의함)**

① 해당 공익사업으로 인한 개발이익은 손실보상의 대상이 되지 않지만 해당 공공사업과 무관한 다른 사업의 시행으로 인한 개발이익은 배제가 되지 않는다.

② 토지를 종래의 목적으로도 사용할 수 없거나 더 이상 법적으로 허용된 토지이용방법이 없어서 실질적으로 사용·수익을 할 수 없는 경우에 해당하지 않는 제약은 토지소유자가 수인하여야 하는 사회적 제약의 범주 내에 있는 것이다.

③ 사업시행자는 동일한 토지소유자에 속하는 일단의 토지의 일부를 취득 또는 사용하는 경우 당해 공익사업의 시행으로 인하여 잔여지의 가격이 증가하거나 그 밖의 이익이 발생한 때에는 그 이익을 그 취득 또는 사용으로 인한 손실과 상계할 수 있다.

④ 보상액의 산정은 협의에 의한 경우에는 협의성립 당시의 가격을, 재결에 의한 경우에는 수용 또는 사용의 재결 당시의 가격을 기준으로 한다.

⑤ 「헌법」 제23조 제3항은 '공공필요에 의한 재산권의 수용·사용 또는 제한 및 그에 대한 보상은 법률로써 하되, 정당한 보상을 지급하여야 한다.'라고 규정하고 있다.

08 **공공기관의 정보공개에 대한 설명으로 가장 옳지 않은 것은? (다툼이 있으면 판례에 의함)**

① 정보공개청구는 시민단체의 정보공개청구와 같이 개인적인 이해관계가 없는 공익을 위한 경우에도 인정된다.

② 공개를 거부한 정보에 비공개대상정보에 해당하는 부분과 공개가 가능한 부분이 혼합되어 있고 분리가 가능한 경우라면 법원은 정보공개거부처분 전부를 취소해야 한다.

③ 정보공개청구권자로서 국민에는 권리능력 없는 사단·재단도 포함되고 권리능력 없는 사단·재단의 경우 설립목적도 불문한다.

④ 판례에 의하면 공개대상정보는 공공기관이 직무상 작성 또는 취득하여 관리하고 있는 정보에 한정되는 것이기는 하나, 그 문서가 반드시 원본일 필요는 없다.

⑤ 법인 등이 거래하는 금융기관의 계좌번호에 관한 정보는 영업상 비밀에 관한 사항으로 비공개대상정보에 해당한다.

09 확약에 대한 설명으로 잘못된 것은? (다툼이 있으면 판례에 의함)

① 행정청이 상대방에게 장차 어떤 처분을 하겠다고 확약을 하였다고 하더라도, 그 자체에서 상대방으로 하여금 언제까지 처분의 발령을 신청 하도록 유효기간을 두었는데도 그 기간 내에 상대방의 신청이 없었다면 확약은 실효된다.
② 확약의 대상되는 행정행위는 기속행위인지 재량행위인지 구별할 필요가 없으므로 기속행위도 확약의 대상이 된다는 것이 일반적 견해이다.
③ 확약의 본처분이 일정한 사전절차를 요구하는 경우에는 그 사전절차를 거치지 않고 불이익한 확약을 하는 것은 위법하다.
④ 판례는 확약은 항고소송의 대상이 되는 처분성이 인정되지 않는다고 한다.
⑤ 확약을 허용하는 명문의 규정이 없는 경우에는 확약을 할 수 없다는 것이 일반적 견해이다.

10 행정벌에 관한 설명으로 옳지 않은 것은? (다툼이 있으면 판례에 의함)

① 행정형벌은 명문의 규정이 없더라도 해석상 과실범을 처벌하는 것으로 명백히 인정되는 경우 처벌가능하다는 것이 판례이다.
② 지방자치단체도 자치사무를 수행하는 경우에는 양벌규정에 따라 처벌되는 법인에 해당한다.
③ 행정청이 통고처분 없이 고발한 경우 그 고발 및 이에 기한 공소제기가 부적법하다는 것이 판례이다.
④ 통고처분은 항고소송의 대상되는 처분에 해당하지 않는다.
⑤ 양벌규정에 따라 영업주를 처벌하는 경우에는 책임주의가 적용되어야 한다.

11 다음 중 판례상 항고소송의 대상되는 처분에 해당하는 것(○)과 해당하지 않는 것(×)의 올바른 조합은?

> ㉠ 구「민원사무 처리에 관한 법률」에서 정한 사전심사결과 통보
> ㉡ 행정재산의 사용수익허가에 따른 사용료부과
> ㉢ 중소기업 정보화지원사업 지원에 관한 협약을 해지하고 정부지원금 반환을 통보
> ㉣ 국민건강보험공단에 의한 '직장가입자 자격상실 및 자격변동 안내' 통보 및 '사업장 직권탈퇴에 따른 가입자자격 상실 안내' 통보

	㉠	㉡	㉢	㉣
①	×	○	×	×
②	○	×	○	×
③	○	○	×	×
④	×	×	○	○
⑤	×	×	×	×

12 과세처분과 체납처분 후 그 근거 법률이 헌법재판소에 의해 위헌으로 결정된 후 종전에 과세처분에 기해 새로운 압류처분을 한 경우, ㉠ 새로운 압류처분의 하자의 유형과 ㉡ 취소소송의 제소 기간 내에 원고가 취소소송으로 이 사안을 다툰다고 할 때 법원은 어떤 판결을 하는지 바르게 연결한 것은? (다툼이 있는 경우 판례에 의함)

	㉠	㉡
①	무효	무효확인판결
②	무효	취소판결
③	취소	취소판결
④	취소	기각판결
⑤	무효	각하판결

13 **조례에 대한 설명으로 옳은 것은? (다툼이 있는 경우 판례에 의함)**

① 지방의회는 지방의회의원의 의정활동을 지원하기 위하여 지방의회에 지방공무원으로 보하는 정책지원 전문인력을 두는 것을 내용으로 하는 조례를 제정할 수 있다.
② 기관위임사무에 있어서 그에 관한 개별 법령에서 일정한 사항을 조례로 정하도록 위임하고 있는 경우 지방의회는 지방자치단체의 자치조례 제정권과 무관하게 위임조례를 정할 수 없다.
③ 조례안에 대한 군의회의 의결이 법령에 위반된다고 판단됨에도 불구하고 도지사가 군수에게 재의를 요구하게 하지 아니한 경우, 주무부장관이 직접 군수에게 재의를 요구하게 할 수는 없다.
④ 공유재산의 관리는 지방자치단체장의 고유권한에 속하는 것으로서 지방의회가 사전에 관여하여서는 아니 되는 사항이므로 그에 관하여 조례로써 별도로 정하는 것은 허용될 수 없다.
⑤ 지방자치단체는 조례를 위반한 행위에 대하여 조례로써 3천만 원 이하의 과태료를 정할 수 있다.

14 **「경찰관 직무집행법」에 따른 경찰권 행사에 대한 설명으로 옳지 않은 것은? (다툼이 있는 경우 판례에 의함)**

① 경찰관의 제지 조치가 적법한지는 제지 조치 당시의 구체적 상황을 기초로 판단하여야 하고 사후적으로 순수한 객관적 기준에서 판단할 것은 아니다.
② 술에 취한 상태로 인하여 자기 또는 타인의 생명·신체·재산에 위해를 미칠 우려가 있어 보호조치가 필요한 피구호자에 해당하는지는 구체적인 상황을 고려하여 경찰관 평균인을 기준으로 판단한다.
③ 범죄행위가 목전에 행하여지려고 하고 있고 그 행위로 인하여 사람의 생명·신체에 위해를 끼치거나 재산에 중대한 손해를 끼칠 우려가 있는 경우에 이를 예방하기 위하여 경찰관이 그 행위를 제지할 수 있도록 하고 있는 규정은 범죄 예방을 위한 경찰 행정상 즉시강제에 관한 근거조항이다.
④ 경찰관이 신분증을 제시하지 않고 불심검문을 하였다면, 검문하는 사람이 경찰관이고 검문하는 이유가 범죄행위에 관한 것임을 상대방이 충분히 알고 있었다고 하더라도 그 불심검문은 위법한 공무집행이다.
⑤ 경찰관의 직무수행의 범위에 국민의 생명·신체 및 재산의 보호는 명시적인 법률 규정이 있다.

15 법규명령에 관한 설명으로 틀린 것은? (다툼이 있는 경우 판례에 의함)

① 법규명령이 구법에 위임의 근거가 없어 무효였더라도 사후에 법개정으로 위임의 근거가 부여되면 그때부터는 유효한 법규명령이 된다.

② 조세법률주의의 원칙상 조세법규의 해석은 국민에게 유리한 것이건 불리한 것이건 합리적 이유 없이 확장해석하거나 유추해석하는 것은 허용되지 않는다.

③ 법률이 고시와 같은 형식으로 입법위임을 하는 경우에는 전문적·기술적 사항이나 경미한 사항으로서 업무의 성질상 위임이 불가피한 사항에 한정된다.

④ 법률상 직권면직절차에 관해 위임의 규정이 없다면 대통령령은 직권면직에 관한 같은 법의 규정을 집행하기 위하여 필요한 사항에 관하여 제정할 수 없다.

⑤ 법률 및 대통령령의 위임을 받아 중앙행정기관의 장이 정한 훈령·예규 및 고시는 "법령 등"에 해당한다.

16 영업자의 지위승계에 관한 판례의 태도로 옳지 않은 것은?

① 영업양도에 따른 지위승계신고를 수리하는 허가관청의 행위는 영업허가자의 변경이라는 법률효과를 발생시키는 행위로서 항고소송의 대상이 되는 처분이다.

② 공매 등의 절차로 영업시설의 전부를 인수함으로써 영업자의 지위를 승계한 자가 관계행정청에 이를 신고하여 관계행정청이 그 신고를 수리하는 처분에 대해 종전 영업자는 제3자로서 그 처분의 취소를 구할 법률상 이익이 인정되지 않는다.

③ 법령상 채석허가를 받은 자의 명의변경제도를 두고 있는 경우, 명의변경신고를 할 수 있는 양수인은 관할 행정청이 양도인의 허가를 취소하는 처분에 대해 취소를 구할 법률상 이익이 인정된다.

④ 대물적 영업양도의 경우, 명시적 규정이 없는 경우에도 양도 전에 존재하는 영업정지사유를 이유로 양수인에 대해서도 영업정지처분을 할 수 있다.

⑤ 영업양도에 따른 지위승계신고가 수리되기 전에는 영업허가자는 양도인이므로 행정적 책임의 상대방도 양도인이 된다.

17 다음 중 판례에서 공법상 법률관계로 본 것은 모두 몇 개인가?

> ㉠ 구 「도시 및 주거환경정비법」상 재개발조합과 조합장 또는 조합임원 사이의 선임·해임에 대한 법률관계
> ㉡ 국립의료원 부설주차장에 관한 위탁관리용역운영계약
> ㉢ 구 「도시 및 주거환경정비법」상 관리처분계획안에 대한 조합총회결의의 효력을 다투는 소송
> ㉣ 구 「귀속재산처리법」에 의한 귀속재산을 매각하는 행정청의 처분
> ㉤ 공무원의 직무상 불법행위로 손해를 받은 국민이 국가나 지방자치단체에 손해배상을 청구하는 소송
> ㉥ 공무원연금관리공단의 퇴직 공무원에 대한 급여결정

① 1개　　② 2개
③ 3개　　④ 4개
⑤ 5개

18 다음 사례와 가장 관련된 일반원칙은?

> 운전면허취소사유에 해당하는 음주운전을 적발한 경찰관의 소속 경찰서장이 사무착오로 위반자에게 운전면허정지처분을 한 상태에서 위반자의 주소지 관할 지방경찰청장이 위반자에게 운전면허취소처분을 한 것은 위법하다.

① 부당결부금지의 원칙
② 평등의 원칙
③ 신뢰보호의 원칙
④ 적법절차의 원칙
⑤ 비례의 원칙

19 행정청의 권한에 대한 설명으로 옳은 것만을 모두 고르면? (다툼이 있는 경우 판례에 의함)

> ㉠ 행정관청 내부의 사무처리규정에 불과한 전결규정에 위반하여 원래의 전결권자 아닌 보조기관 등이 처분권자인 행정관청의 이름으로 행정처분을 하였다고 하더라도 그 처분이 권한 없는 자에 의하여 행하여진 무효의 처분이라고는 할 수 없다.
> ㉡ 내부위임을 받은 데 불과하여 자신의 명의로 처분을 할 권한이 없는 행정청이 권한 없이 자신의 명의로 한 처분은 무효이다.
> ㉢ 시·도지사는 국가사무로서 그에게 위임된 기관위임사무를 위임기관의 장의 승인을 얻은 후 당해 시·도의 규칙에 의하여 시장·군수 및 자치구의 구청장에게 재위임할 수 있다.
> ㉣ 대리권을 수여받은 행정기관이 대리관계를 명시적으로 밝히지 않고 자신의 명의로 처분을 하였다면, 비록 처분명의자가 피대리 행정청 산하의 행정기관으로서 실제로 피대리 행정청으로부터 대리권한을 수여받아 피대리 행정청을 대리한다는 의사로 행정처분을 하였고 처분명의자는 물론 그 상대방도 그 행정처분이 피대리 행정청을 대리하여 한 것임을 알고서 이를 받아들였다 하더라도 그 처분의 취소소송에서의 피고는 처분명의자인 대리 행정기관이 되어야 한다.

① ㉠, ㉡　　② ㉠, ㉡, ㉢
③ ㉠, ㉢, ㉣　　④ ㉡, ㉢, ㉣
⑤ ㉢, ㉣

20 **공익사업을 위한 토지 등의 취득 및 보상에 관한 법령상 재결에 대한 설명으로 옳은 것은? (다툼이 있는 경우 판례에 의함)**

① 관할 토지수용위원회가 사실을 오인하여 어떤 보상항목이 손실보상대상에 해당하지 않는다고 잘못된 내용의 재결을 한 경우, 피보상자가 이를 다투려면 그 재결에 대한 항고소송을 제기하여야 한다.

② 사업시행자가 토지소유자 등의 재결신청의 청구를 거부하는 경우, 토지소유자 등은 민사소송의 방법으로 그 절차 이행을 구할 수 있다.

③ 토지수용위원회의 수용재결이 있은 후에는 토지소유자 등과 사업시행자가 다시 협의하여 토지 등의 취득이나 사용 및 그에 대한 보상에 관하여 임의로 계약을 체결할 수 없다.

④ 토지소유자 등이 손실보상대상에 해당한다고 주장하며 보상을 요구하는데도 사업시행자가 손실보상대상에 해당하지 아니한다며 보상대상에서 이를 제외한 채 협의를 하지 않아 결국 협의가 성립하지 않은 경우, 토지소유자 등에게는 재결신청청구권이 인정된다.

⑤ 지방토지수용위원회의 수용재결에 대하여 이의신청을 하고 중앙토지수용위원회가 이를 기각하는 재결을 한 경우 청구인은 원칙적 이의신청에 대한 기각재결을 대상으로 취소소송을 제기하여야 한다.

21 **행정조사에 대한 설명으로 옳지 않은 것은? (다툼이 있는 경우 판례에 의함)**

① 행정조사는 조사목적을 달성하는 데 필요한 최소한의 범위 안에서 실시하여야 한다.

② 위법한 행정조사로 손해를 입은 국민은 「국가배상법」에 따른 손해배상을 청구할 수 있다.

③ 위법한 세무조사를 통하여 수집된 과세자료에 기초하여 과세처분을 하였더라도 그러한 사정만으로 그 과세처분이 위법하게 되는 것은 아니다.

④ 우편물 통관검사절차에서 이루어지는 우편물 개봉 등의 검사는 압수·수색영장 없이 검사가 진행되었다 하더라도 특별한 사정이 없는 한 위법하다고 볼 수 없다.

⑤ 당해 행정기관 내의 2 이상의 부서가 동일하거나 유사한 업무분야에 대하여 동일한 조사대상자에게 행정조사를 실시하는 경우 공동조사를 하여야 한다.

22 **행정법의 법원(法源)에 대한 판례의 설명으로 옳은 것은?**

① 착오로 장기간 과세누락을 하였다면 비과세 관행이 성립되었다고 볼 수 있다.

② 비과세 관행은 불특정한 일반납세자가 아닌 특정한 납세자에게 이를 신뢰하는 것이 무리가 아니라고 인정될 정도가 되어야 한다.

③ 우리나라의 수도가 서울인 점은 헌법적 효력의 관습법이다.

④ 대법원의 판결은 사안이 서로 다른 사건을 재판하는 하급심법원을 직접 기속하는 효력이 있다.

⑤ 국가 간의 조약과 일반적으로 승인된 국제법규는 국내 행정법의 법원성이 인정되지 않는다.

23 **행정소송에 있어서 판결의 기속력에 관한 다음의 기술 중 옳지 않은 것은? (다툼이 있는 경우 판례에 의함)**

① 취소판결이 확정되면 관계 행정청은 동일한 사실관계 아래서 동일한 당사자에 관한 동일한 내용의 처분을 반복하여서는 안 된다.

② 확정판결에 따르면 반복금지효는 청구인용판결뿐만 아니라 청구기각판결에서도 인정된다.

③ 거부처분이 취소된 경우 행정청은 당초의 거부처분과는 다른 이유로 거부처분을 할 수도 있다.

④ 판례에 의하면 거부처분에 대한 취소판결이 확정되어 있어도 이후 법령변경에 따라 신법상의 사유를 들어 재차 거부처분한 것은 기속력에 반하지 않는다.

⑤ 거부처분의 취소판결에 대한 재처분의무를 이행하지 않는 경우 간접강제는 거부처분에 대한 무효확인판결에는 인정되지 않는다.

24 **행정행위의 불가변력과 불가쟁력에 관한 다음 설명 중 옳은 것은?**

① 불가변력은 절차법적 효력이고, 불가쟁력은 실체법적 효력이다.
② 불가변력이 발생한 행정행위의 상대방은 더 이상 그 효력을 취소쟁송으로 다툴 수 없다.
③ 무효인 행정행위도 쟁송기간이 경과하면 불가변력이 발생하지 않고 불가쟁력이 발생한다.
④ 행정행위의 하자승계는 선행 행정행위가 불가변력이 발생하는 경우에 논의된다.
⑤ 불가쟁력은 일정요건하에 모든 행정행위에 발생하고, 불가변력은 일정한 행정행위에만 발생한다.

25 **행정행위의 내용에 대한 설명으로 틀린 것은?**

① 출원 없는 허가도 가능하나 출원 없는 인가는 허용되지 않는다.
② 법규허가는 가능하나 법규특허는 허용되지 않는다.
③ 수정인가나 수정특허는 허용되지 않으나 수정허가는 가능하다.
④ 특허와 인가는 개인행위에 대한 효력요건이나 허가는 적법요건이다.
⑤ 무허가행위의 사법상의 효력은 원칙적 유효하나 무특허나 무인가의 행위는 원칙적 무효이다.

정답 및 해설

제1회 전범위 모의고사

Answer

• 본문 p.330

01. ⑤	02. ②	03. ③	04. ④	05. ①	06. ②	07. ③	08. ②	09. ⑤	10. ③
11. ①	12. ②	13. ①	14. ④	15. ④	16. ②	17. ④	18. ③	19. ②	20. ④
21. ③	22. ③	23. ②	24. ⑤	25. ②					

01

정답 ⑤

⑤ [X] 예산은 그 국가기관만 구속하고 대외적 구속력이 없으므로 법률유보의 원칙에서 말하는 법률에는 예산이 포함되지 않는다.

① [O] 지방자치단체의 자치법규인 조례로 위임을 하는 경우 포괄위임금지원칙이 적용되지 않고, 포괄위임도 허용된다.

② [O] 법률유보의 원칙은 법률의 근거가 있으면 된다는 것에 그치는 것이 아니라 국민의 기본권 실현과 관련된 영역에 있어서는 입법자가 그 본질적 사항에 대해서 스스로 결정하여야 한다는 요구까지 내포하고 있다.

③ [O] 국회가 형식적 법률로 직접 규율하여야 하는 필요성은 규율 대상이 기본권 및 기본적 의무와 관련된 중요성을 가질수록, 그에 관한 공개적 토론의 필요성 또는 상충하는 이익 사이의 조정 필요성이 클수록 더 증대된다.

④ [O] 「행정기본법」 제8조

02

정답 ②

② [X] 행정청은 당사자 등이 대표자를 선정하지 않는 경우 직접 대표자를 선정할 수 있다(「행정절차법」 제11조 제2항).

① [O] 「행정절차법」 제3조 제2항 제9호

③ [O] 「행정절차법」 제23조 제1항 · 제2항

④ [O] 신청에 대한 거부처분은 그 자체로 불이익 처분이 아니므로 「행정절차법」상 사전통지의 대상이 된다는 것이 판례이다.

⑤ [O] 「행정절차법」 제20조 제4항

03

정답 ③

③ [X] 자동차운전면허대장에 일정한 사항의 등재행위는 운전면허행정사무집행의 편의와 사실증명의 자료로 삼기 위한 것일 뿐 그 등재행위로 인하여 당해 운전면허 취득자에게 새로이 어떠한 권리가 부여되거나 변동 또는 상실되는 효력이 발생하는 것은 아니므로 이는 행정소송의 대상이 되는 독립한 행정처분으로 볼 수 없다(대판 1991. 9. 24. 91누1400).

① [○] 준공검사처분은 건축허가를 받아 건축한 건물이 건축허가사항대로 건축행정목적에 적합한가의 여부를 확인하고 준공검사필증을 교부하여 줌으로써 허가받은 자로 하여금 건축한 건물을 사용·수익할 수 있게 하는 법률효과를 발생시키는 것이다(대판 1999. 3. 23. 98다30285).

② [○] 건축물대장의 작성은 건축물의 소유권을 제대로 행사하기 위한 전제요건으로서 건축물 소유자의 실체적 권리관계에 밀접하게 관련되어 있으므로 건축물대장 소관청의 작성신청 반려행위는 국민의 권리관계에 영향을 미치는 것으로서 항고소송의 대상이 되는 행정처분에 해당한다(대판 2009. 2. 12. 2007두17359).

④ [○] 행정청이 등록을 수리하지 않고 있는 동안에는 신고의 효력이 발생하지 않으므로 사설강습소를 설립·운영한 경우 신고의무 위반으로 위법한 행위가 된다.

⑤ [○] 확인행위의 의의로 옳은 지문이다.

04

정답 ④

④ [×] 기부채납의 부관이 취소되지 아니한 이상 토지소유자는 위 부관으로 인하여 증여계약의 착오를 이유로 증여계약을 취소할 수 없다는 것이 판례이다.

① [○] 미리 인가를 취소할 수 있는 사유를 부가한 것으로 철회권 유보에 해당한다.

② [○] 부담은 행정청이 일방적 의사로 결정하여 부가할 수도 있고 미리 상대방과 협의하여 부담의 내용을 미리 정한 다음 부가할 수도 있다.

③ [○] 행정재산의 사용·수익허가에 있어서 허가기간은 행정행위의 본질적 요소에 해당하는 것으로 허가기간에 위법이 있다면 사용·수익허가 전부가 위법이 된다.

⑤ [○] 부관 중 부담만 독립해서 일부취소소송제기가 가능하다.

05

정답 ①

① [×] 「식품위생법」은 화재예방과 관련이 없는 내용으로 상당인과관계가 인정되지 않는다.

②·③ [○] 처분이 항고소송이나 행정심판에서 위법으로 판명되어 취소되었다고 하더라도 공무원이 정해진 기준에 따라 처분을 한 이상 곧바로 공무원의 고의 또는 과실로 인한 것으로 인정되지 않는다.

④ [○] 「국가배상법」상 공무원의 직무가 공공일반의 이익만을 보호하는 경우에는 직무집행상의 손해는 반사적 이익의 침해에 불과하여 국가배상이 인정되지 않는다.

⑤ [○] 대집행 권한을 위탁받은 한국토지주택공사는 행정주체의 지위에 있지 「국가공무원법」 제2조에서 말하는 공무원에 해당하지 아니한다.

06

정답 ②

② [×] 서울특별시장의 처분은 중앙행정심판위원회가 심리·재결한다(「행정심판법」 제6조 제2항 제2호).

① [○] 「행정심판법」 제6조 제1항 제1호

③ [○] 「행정심판법」 제44조 제2항

④ [○] 「행정심판법」상 고지는 행정심판에 대한 안내에 불과한 것으로 비권력적 사실행위에 해당하므로, 고지의무를 위반하였다고 하여 처분 자체에 어떠한 영향을 미치는 것은 아니다.

⑤ [○] 의무이행심판으로서 현행 「행정심판법」상 인정된다(「행정심판법」 제5조 제3호).

07 정답 ③

③ [X] 사업시행자는 동일한 소유자에게 속하는 일단의 토지의 일부를 취득하거나 사용하는 경우 해당 공익사업의 시행으로 인하여 잔여지의 가격이 증가하거나 그 밖의 이익이 발생한 경우에도 그 이익을 그 취득 또는 사용으로 인한 손실과 상계할 수 없다(「공익사업을 위한 토지 등의 취득 및 보상에 관한 법률」 제66조).

① [O] 개발이익은 손실보상의 대상이 되지 않지만 해당 공공사업과 무관한 다른 사업의 시행으로 인한 개발이익은 배제가 되지 않는다.

② [O] 토지를 종래의 목적으로도 사용할 수 없거나 더 이상 법적으로 허용된 토지이용방법이 없어서 실질적으로 사용·수익을 할 수 없는 경우에 해당하지 않는 제약은 토지소유자가 수인할 수 없는 사회적 제약의 범주 밖에 있는 제약이지만 이에 해당하지 않는 제약은 사회적 제약의 범주 내에 있는 것이다.

④ [O] 「공익사업을 위한 토지 등의 취득 및 보상에 관한 법률」 제67조 제1항

⑤ [O] 「헌법」 제23조 제3항

08 정답 ②

② [X] 공개를 거부한 정보에 비공개대상정보에 해당하는 부분과 공개가 가능한 부분이 혼합되어 있고 분리가 가능한 경우라면 법원은 공개가 가능한 부분만을 취소해야 한다.

① [O] 정보공개청구사유는 제한이 없으므로 개인적인 이해관계가 없는 공익을 위한 경우에도 공개청구가 가능하다.

③ [O] 모든 국민은 정보공개청구권을 가지며 권리능력 없는 사단·재단도 포함되고 권리능력 없는 사단·재단의 경우 설립목적도 불문한다.

④ [O] 정보공개의 대상은 공공기관이 보유·관리하고 있는 정보에 한정되지만 그 문서가 반드시 원본일 필요는 없다.

⑤ [O] 법인 등이 거래하는 금융기관의 계좌번호에 관한 정보는 타인에게 알려지는 것이 유리하지 않은 영업상 비밀에 관한 사항으로 비공개대상정보에 해당한다는 것이 판례이다.

09 정답 ⑤

⑤ [X] 확약을 허용하는 명문의 규정이 없는 경우에도 본처분의 권한 속에는 확약할 권한이 포함되어 있는 것으로 봐서 확약을 할 수 있다는 것이 판례이다.

① [O] 행정청이 상대방에게 장차 어떤 처분을 하겠다고 확약 또는 공적인 의사표명을 하였다고 하더라도, 그 자체에서 상대방으로 하여금 언제까지 처분의 발령을 신청하도록 유효기간을 두었는데도 그 기간 내에 상대방의 신청이 없었다면 확약은 실효된다(대판 1996. 8. 20. 95누10877).

② [O] 행정행위가 기속행위라도 확약의 대상이 된다는 것이 다수 학설이다.

③ [O] 확약의 본처분이 일정한 사전절차를 요구하는 경우에는 확약을 하는 경우에도 그 사전절차를 거쳐야 한다.

④ [O] 판례는 확약의 처분성을 부정한다.

10 정답 ③

③ [×] 행정청의 통고처분은 재량으로 행정청이 통고처분 없이 고발한 경우 그 고발 및 이에 기한 공소제기가 부적법하게 되는 것은 아니라는 것이 판례이다.

① [○] 행정법규 위반에 대해 형벌을 부과하는 경우에는 과실범처벌에 대한 명문의 규정이 없더라도 해석상 과실범처벌이 명백히 인정된다면 처벌할 수 있다는 것이 판례이다.

② [○] 지방자치단체가 자치사무를 수행하는 경우에는 국가와 별도의 법인으로 양벌규정에 따라 처벌의 대상이 된다.

④ [○] 통고처분은 행정소송의 대상이 아니므로 항고소송의 대상되는 처분에 해당하지 않는다.

⑤ [○] 양벌규정을 적용하는 경우에도 죄형법정주의의 원칙인 책임주의가 적용된다.

11 정답 ①

㉠ [×] 행정청의 사전심사결과 통보는 그 자체가 확정적 구속력이 없으므로 항고소송의 대상되는 처분에 해당하지 않는다는 것이 판례이다.

㉡ [○] 행정재산의 사용수익허가에 따른 사용료부과는 상대방에게 의무를 부과하는 처분이다.

㉢ [×] 공법상 계약관계로서 처분에 해당하지 않는다.

㉣ [×] 국민건강보험 직장가입자 또는 지역가입자 자격 변동은 법령이 정하는 사유가 생기면 별도 처분 등의 개입 없이 사유가 발생한 날부터 변동의 효력이 당연히 발생하므로 항고소송의 대상되는 처분에 해당하지 않는다(대판 2019. 2. 14. 2016두41729).

12 정답 ②

근거법률이 위헌결정된 이후 새로운 압류처분은 무효이고 이에 대해 제소기간 내에 취소소송을 제기하는 경우 무효선언의미의 취소판결을 한다는 것이 판례이다.

13 정답 ①

① [○] 지방의회의원의 의정활동을 지원하기 위하여 지방의회의원 정수의 2분의 1 범위에서 해당 지방자치단체의 조례로 정하는 바에 따라 지방의회에 정책지원 전문인력을 둘 수 있다(「지방자치법」 제41조 제1항).

② [×] 기관위임사무에 있어서도 그에 관한 개별 법령에서 일정한 사항을 조례로 정하도록 위임하고 있는 경우에는 지방자치단체의 자치조례 제정권과 무관하게 이른바 위임조례를 정할 수 있다고 하겠으나 이때에도 그 내용은 개별 법령이 위임하고 있는 사항에 관한 것으로서 개별 법령의 취지에 부합하는 것이라야만 하고, 그 범위를 벗어난 경우에는 위임조례로서의 효력도 인정할 수 없다(대판 1999. 9. 17. 99추30).

③ [×] 시·군 및 자치구의회의 의결이 법령에 위반된다고 판단됨에도 불구하고 시·도지사가 제1항에 따라 재의를 요구하게 하지 아니한 경우 주무부장관이 직접 시장·군수 및 자치구의 구청장에게 재의를 요구하게 할 수 있고, 재의 요구 지시를 받은 시장·군수 및 자치구의 구청장은 의결사항을 이송받은 날부터 20일 이내에 지방의회에 이유를 붙여 재의를 요구하여야 한다(「지방자치법」 제192조 제2항).

④ [X] 일반적으로 공유재산의 관리가 그 행위의 성질 등에 있어 그 취득이나 처분과는 달리 지방자치단체장의 고유권한에 속하는 것으로서 지방의회가 사전에 관여하여서는 아니 되는 사항이라고 볼 근거는 없다(대판 2000. 11. 24. 2000추29).

⑤ [X] 지방자치단체는 조례를 위반한 행위에 대하여 조례로써 1천만 원 이하의 과태료를 정할 수 있다(「지방자치법」 제34조 제1항).

14 정답 ④

④ [X] 불심검문을 하게 된 경위, 불심검문 당시의 현장상황과 검문을 하는 경찰관들의 복장, 피고인이 공무원증 제시나 신분 확인을 요구하였는지 여부 등을 종합적으로 고려하여, 검문하는 사람이 경찰관이고 검문하는 이유가 범죄행위에 관한 것임을 피고인이 충분히 알고 있었다고 보이는 경우에는 신분증을 제시하지 않았다고 하여 그 불심검문이 위법한 공무집행이라고 할 수 없다(대판 2014. 12. 11. 2014도7976).

① [O] 경찰관의 제지 조치가 적법한지는 제지 조치 당시의 구체적 상황을 기초로 판단하여야 하고 사후적으로 순수한 객관적 기준에서 판단할 것은 아니다(대판 2018. 12. 13. 2016도19417).

② [O] 이 사건 조항의 '술에 취한 상태'란 피구호자가 술에 만취하여 정상적인 판단능력이나 의사능력을 상실할 정도에 이른 것을 말하고, 이 사건 조항에 따른 보호조치를 필요로 하는 피구호자에 해당하는지는 구체적인 상황을 고려하여 경찰관 평균인을 기준으로 판단하되, 그 판단은 보호조치의 취지와 목적에 비추어 현저하게 불합리하여서는 아니 되며, 피구호자의 가족 등에게 피구호자를 인계할 수 있다면 특별한 사정이 없는 한 경찰관서에서 피구호자를 보호하는 것은 허용되지 않는다(대판 2012. 12. 13. 2012도11162).

③ [O] 위 조항 중 경찰관의 제지에 관한 부분은 범죄 예방을 위한 경찰 행정상 즉시강제, 즉 눈앞의 급박한 경찰상 장해를 제거할 필요가 있고 의무를 명할 시간적 여유가 없거나 의무를 명하는 방법으로는 그 목적을 달성하기 어려운 상황에서 의무불이행을 전제로 하지 않고 경찰이 직접 실력을 행사하여 경찰상 필요한 상태를 실현하는 권력적 사실행위에 관한 근거조항이다(대판 2018. 12. 13. 2016도19417).

⑤ [O] 「경찰관 직무집행법」 제2조 제1호에 명문화되어 있다.

15 정답 ④

④ [X] 집행명령으로 법률의 수권이 없더라도 대통령령으로 제정이 가능하다.

① [O] 판례 입장으로 옳은 지문 포인트는 '그때부터'이다.

② [O] 조세법규의 해석은 국민에게 유리한 것이건 불리한 것이건 합리적 이유 없이 유추·확장해석이 금지된다.

③ [O] 법률이 일반적으로 고시와 같은 형식으로 입법위임을 할 수 없고, 전문적·기술적 사항이나 경미한 사항으로서 업무의 성질상 위임이 불가피한 사항에 한정된다.

⑤ [O] 「행정기본법」 제2조 제1호

16 정답 ②

② [X] 관계행정청이 그 신고를 수리하는 처분에 대해 종전 영업자는 허가취소의 직접적 상대방이 되는 것이므로 그 처분의 취소를 구할 법률상 이익이 인정된다.

① [O] 영업양도에 따른 지위승계신고를 행정청이 수리하는 경우 종전 영업자의 허가가 취소되고 양수인이 새로운 허가자로서 적법하게 사업을 할 수 있는 지위가 부여되는 것으로 수리는 항고소송의 대상이 되는 처분이다.

③ [O] 명의변경신고를 할 수 있는 양수인은 양도인의 허가와 직접적 이해관계를 갖는 자이므로 관할 행정청이 양도인의 허가를 취소하는 처분에 대해 취소를 구할 법률상 이익이 인정된다.

④ [O] 대물적 영업양도의 경우, 양도인의 위반사유도 승계되므로 명시적 규정이 없는 경우에도 양도 전에 존재하는 영업정지 사유를 이유로 양수인에 대해서 영업정지처분을 할 수 있다.

⑤ [O] 영업양도에 따른 지위승계신고가 수리되기 전에는 영업허가자의 변경이 없으므로 영업허가자는 양도인이 되고, 행정적 책임의 상대방도 양도인이 된다.

17 정답 ④

판례상 공법관계로 본 사안은 ㉡, ㉢, ㉣, ㉥이고, 판례상 사법관계로 본 사안은 ㉠, ㉤이다.

18 정답 ③

운전면허 취소사유에 해당하는 음주운전을 적발한 경찰관의 소속 경찰서장이 사무착오로 위반자에게 운전면허정지처분을 한 상태에서 위반자의 주소지 관할 지방경찰청장이 위반자에게 운전면허취소처분을 한 것은 선행처분에 대한 당사자의 신뢰 및 법적 안정성을 저해하는 것으로서 허용될 수 없다(대판 2000. 2. 25. 99두10520).

19 정답 ②

㉠ [O] 설사 행정관청 내부의 사무처리규정에 불과한 전결규정에 위반하여 원래의 전결권자 아닌 보조기관 등이 처분권자인 행정관청의 이름으로 행정처분을 하였다고 하더라도 그 처분이 권한 없는 자에 의하여 행하여진 무효의 처분이라고는 할 수 없다(대판 1998. 2. 27. 97누1105).

㉡ [O] 권한위임의 경우에는 수임관청이 자기의 이름으로 그 권한행사를 할 수 있지만 내부위임의 경우에는 수임관청은 위임관청의 이름으로만 그 권한을 행사할 수 있을 뿐 자기의 이름으로는 그 권한을 행사할 수 없는 것이므로, 원심이 같은 취지에서 피고의 이 사건 처분이 권한 없는 자에 의하여 행하여진 위법무효의 처분이라고 판시한 것은 정당하다(대판 1995. 11. 28. 94누6475).

㉢ [O] 특별시장·광역시장·특별자치시장·도지사 또는 특별자치도지사나 시장·군수 또는 구청장(자치구의 구청장을 말한다. 이하 같다)은 행정의 능률향상과 주민의 편의를 위하여 필요하다고 인정될 때에는 수임사무의 일부를 그 위임기관의 장의 승인을 받아 규칙으로 정하는 바에 따라 시장·군수·구청장(교육장을 포함한다) 또는 읍·면·동장, 그 밖의 소속기관의 장에게 다시 위임할 수 있다(「행정권한의 위임 및 위탁에 관한 규정」 제4조).

㉣ [×] 대리권을 수여받은 데 불과하여 그 자신의 명의로는 행정처분을 할 권한이 없는 행정청의 경우 대리관계를 밝힘이 없이 그 자신의 명의로 행정처분을 하였다면 그에 대하여는 처분명의자인 당해 행정청이 항고소송의 피고가 되어야 하는 것이 원칙이지만, 비록 대리관계를 명시적으로 밝히지는 아니하였다 하더라도 처분명의자가 피대리 행정청 산하의 행정기관으로서 실제로 피대리 행정청으로부터 대리권한을 수여받아 피대리 행정청을 대리한다는 의사로 행정처분을 하였고 처분명의자는 물론 그 상대방도 그 행정처분이 피대리 행정청을 대리하여 한 것임을 알고서 이를 받아들인 예외적인 경우에는 피대리 행정청이 피고가 되어야 한다(대결 2006. 2. 23. 2005부4).

20 정답 ④

④ [○] 「공익사업을 위한 토지 등의 취득 및 보상에 관한 법률」(이하 '공익사업법'이라 한다) 제30조 제1항은 재결신청을 청구할 수 있는 경우를 사업시행자와 토지소유자 및 관계인 사이에 '협의가 성립하지 아니한 때'로 정하고 있을 뿐 손실보상대상에 관한 이견으로 협의가 성립하지 아니한 경우를 제외하는 등 그 사유를 제한하고 있지 않은 점, … '협의가 성립되지 아니한 때'에는 사업시행자가 토지소유자 등과 「공익사업법」 제26조에서 정한 협의절차를 거쳤으나 보상액 등에 관하여 협의가 성립하지 아니한 경우는 물론 토지소유자 등이 손실보상대상에 해당한다고 주장하며 보상을 요구하는데도 사업시행자가 손실보상대상에 해당하지 아니한다며 보상대상에서 이를 제외한 채 협의를 하지 않아 결국 협의가 성립하지 않은 경우도 포함된다고 보아야 한다(대판 2011. 7. 14. 2011두2309).

① [×] 어떤 보상항목이 토지보상법령상 손실보상대상에 해당하는데도 관할 토지수용위원회가 사실을 오인하거나 법리를 오해함으로써 손실보상대상에 해당하지 않는다고 잘못된 내용의 재결을 한 경우에는, 피보상자는 관할 토지수용위원회를 상대로 그 재결에 대한 취소소송을 제기할 것이 아니라 사업시행자를 상대로 「토지보상법」 제85조 제2항에 따른 보상금 증감의 소를 제기하여야 한다(대판 2020. 4. 9. 2017두275).

② [×] 「토지수용법」이 토지소유자 등에게 재결신청의 청구권을 부여한 이유는 협의가 성립되지 아니하는 경우 기업자는 사업인정의 고시가 있은 날로부터 1년 이내에는 언제든지 재결신청을 할 수 있는 반면에, 토지소유자는 재결신청권이 없으므로, 수용을 둘러싼 법률관계의 조속한 확정을 바라는 토지소유자 등의 이익을 보호함과 동시에 수용 당사자 사이의 공평을 기하기 위한 것이라고 해석되는 점, 위 청구권의 실효를 확보하기 위하여 가산금 제도를 두어 간접적으로 이를 강제하고 있는 점(「토지수용법」 제25조의3 제3항), 기업자가 위 신청기간 내에 재결신청을 하지 아니한 때에는 사업인정은 그 기간만료일의 익일부터 당연히 효력을 상실하고, 그로 인하여 토지소유자 등이 입은 손실을 보상하여야 하는 점 등을 종합해 보면, 기업자가 토지소유자 등의 재결신청의 청구를 거부한다고 하여 이를 이유로 민사소송의 방법으로 그 절차 이행을 구할 수는 없다(대판 1997. 11. 14. 97다13016).

③ [×] 수용재결이 있은 후에 사법상 계약의 실질을 가지는 협의취득 절차를 금지해야 할 별다른 필요성을 찾기 어려운 점 등을 종합해 보면, 토지수용위원회의 수용재결이 있은 후라고 하더라도 토지소유자 등과 사업시행자가 다시 협의하여 토지 등의 취득이나 사용 및 그에 대한 보상에 관하여 임의로 계약을 체결할 수 있다고 보아야 한다(대판 2017. 4. 13. 2016두64241).

⑤ [×] 이의신청에 대한 기각재결 자체에 고유한 위법이 없는 이상 청구인은 원칙적 원처분에 해당하는 지방토지수용위원회의 원처분을 대상으로 취소소송을 제기하여야 한다.

21 정답 ③

③ [X] 위법한 세무조사를 통하여 수집된 과세자료에 기초하여 과세처분을 하였다면 그 과세처분은 위법하게 된다.

① [O] 「행정조사기본법」 제4조 제1항

② [O] 행정조사도 「국가배상법」상 공무원의 직무집행에 들어가므로 위법한 행정조사로 손해를 입은 국민은 「국가배상법」에 따른 손해배상을 청구할 수 있다.

④ [O] 우편물 통관검사절차에서 이루어지는 우편물 개봉 등의 검사는 행정조사의 성격을 가지는 것으로서 수사기관의 강제처분이라고 할 수 없으므로, 압수·수색영장 없이 검사가 진행되었다 하더라도 특별한 사정이 없는 한 위법하다고 볼 수 없다.

⑤ [O] 「행정조사기본법」 제14조 제1항 제1호

22 정답 ③

③ [O] 우리나라의 수도가 서울인 점은 관습헌법에 해당한다.

① [X] 착오로 장기간 과세누락을 하였다면 비과세의 의사표명이 없으므로 비과세 관행이 성립되었다고 볼 수 없다.

② [X] 비과세 관행은 불특정한 일반납세자가 이를 신뢰하는 것이 무리가 아니라고 인정될 정도가 되어야 한다.

④ [X] 대법원의 판결은 사안이 서로 다른 사건을 재판하는 하급심법원을 직접 기속하는 효력이 없다.

⑤ [X] 헌법에 의해 체결·공포된 조약과 일반적으로 승인된 국제법규는 국내법의 효력이 인정된다.

23 정답 ②

② [X] 확정판결에 따르면 반복금지효는 청구기각판결에는 인정되지 않는다.

① [O] 기속력의 내용으로 반복처분금지에 대한 설명이다.

③ [O] 행정청은 당초의 거부처분과는 다른 이유로는 동일한 거부처분을 할 수 있다.

④ [O] 신법상의 사유를 들어 재차 거부처분한 것은 처분 당시와 새로운 사유이므로 기속력에 반하지 않는다.

⑤ [O] 거부처분의 취소판결에 대한 재처분의무를 이행하지 않는 경우 간접강제는 거부처분에 대한 무효확인판결에는 인정되지 않는다.

24 정답 ⑤

⑤ [O] 불가쟁력은 쟁송기간이 경과한 경우 모든 행정행위에 발생하고, 불가변력은 준사법적 행정행위에만 발생한다.

① [X] 불가변력은 실체법적 효력이고, 불가쟁력은 절차법적 효력이다.

② [X] 불가변력이 발생한 행정행위라도 행정행위의 상대방은 그 효력을 취소쟁송으로 다툴 수 있다.

③ [X] 무효인 행정행위는 제소기간의 제한이 없으므로 불가쟁력이 발생하지 않는다.

④ [X] 행정행위의 하자승계는 선행 행정행위에 불가쟁력이 발생한 경우에 논의된다.

25 정답 ②

② [X] 법규허가는 가능하나 법규특허는 허용되지 않는다.
① [O] 출원 없는 허가도 가능하나 출원 없는 인가는 허용되지 않는다.
③ [O] 수정인가나 수정특허는 허용되지 않으나 수정허가는 가능하다.
④ [O] 특허와 인가는 개인행위에 대한 효력요건이나 허가는 적법요건이다.
⑤ [O] 무허가행위의 사법상의 효력은 원칙적으로 유효하나 무특허나 무인가의 행위는 원칙적으로 무효이다.

부록 제2회 전범위 모의고사

• 정답 및 해설 p.362

01 「개인정보 보호법」상 개인정보 단체소송에 대한 설명으로 옳은 것은?

① 「개인정보 보호법」상 단체소송은 개인정보처리자가 집단분쟁조정을 거부하거나 집단분쟁조정의 결과를 수락하지 아니한 경우에 법원의 허가를 받아 제기할 수 있다.

② 개인정보 단체소송을 허가하거나 불허가하는 법원의 결정에 대하여는 불복할 수 없다.

③ 개인정보 단체소송에 관하여 「개인정보 보호법」에 특별한 규정이 없는 경우에는 「행정소송법」을 적용한다.

④ 「소비자기본법」에 따라 공정거래위원회에 등록한 소비자단체가 개인정보 단체소송을 제기하려면 그 단체의 정회원수가 1백 명 이상이어야 한다.

⑤ 원고의 청구를 기각하는 판결이 확정된 경우 이와 동일한 사안에 관하여 다른 단체에 의해 새로운 증거가 발견된 경우 다시 단체소송을 제기할 수 있다.

02 다음 중 행정법관계만으로 묶인 것의 조합은? (다툼이 있는 경우 판례에 의함)

> ㉠ 「초·중등교육법」상 사립중학교에 대한 중학교 의무교육의 위탁관계
> ㉡ 국책사업인 '한국형 헬기 개발사업'에 개발주관사업자 중 하나로 참여하여 국가 산하 중앙행정기관인 방위사업청과 '한국형헬기 민군겸용 핵심구성품 개발협약'을 체결하는 것
> ㉢ 「지방재정법」에 따라 지방자치단체가 당사자가 되어 체결하는 계약에 있어 계약보증금의 귀속조치
> ㉣ 「국가를 당사자로 하는 계약에 관한 법률」상 국가와 사인이 체결하는 '공공계약'

① ㉠, ㉢　　② ㉠, ㉡
③ ㉠, ㉡, ㉢　　④ ㉡, ㉢
⑤ ㉢, ㉣

03 「행정기본법」상 행정상 강제에 대한 설명으로 옳은 것(○)과 옳지 않은 것(×)의 올바른 조합은?

> ㉠ 「행정기본법」상 행정상 강제에는 행정대집행, 이행강제금의 부과, 직접강제, 강제징수, 즉시강제가 있다.
> ㉡ 「행정기본법」상 즉시강제는 행정청이 미리 행정상 의무 이행을 명할 시간적 여유가 없는 경우에만 가능하다.
> ㉢ 행정상 강제 조치에 관하여 이 법에서 정한 사항 외에 필요한 사항은 따로 대통령령으로 정한다.
> ㉣ 직접강제는 행정대집행이나 이행강제금 부과의 방법으로는 행정상 의무 이행을 확보할 수 없거나 그 실현이 불가능한 경우에 실시하여야 한다.

	㉠	㉡	㉢	㉣
①	○	×	○	×
②	×	○	○	×
③	○	×	×	○
④	×	○	×	○
⑤	○	○	×	×

04 행정행위의 하자에 대한 설명으로 옳지 않은 것은? (다툼이 있는 경우 판례에 의함)

① 기업자의 과실로 인하여 토지소유자나 관계인을 알지 못하여 그들로 하여금 참가케 하지 아니하고 한 수용재결이 당연무효라고 할 수 없다.

② 입지선정위원회의 구성방법과 절차가 주민대표나 주민대표 추천에 의한 전문가의 참여 없이 이루어지는 등 위법한 경우 그 의결에 터잡아 이루어진 폐기물처리시설 입지결정처분은 무효이다.

③ 적법한 권한 위임 없이 세관출장소장에 의하여 행하여진 관세부과처분은 그 하자가 중대하고 명백하여 당연무효라 할 수 없다.

④ 도지사의 인사교류안 작성과 그에 따른 인사교류의 권고가 전혀 이루어지지 않은 상태에서 인사교류처분은 무효이다.

⑤ 환경영향평가를 실시하여야 할 사업에 대하여 환경영향평가를 거치지 아니하였음에도 승인 등 처분을 한 경우 그 처분은 취소사유에 해당한다.

05 「행정심판법」에 규정된 행정심판의 종류가 아닌 것은?

① 행정청의 위법 또는 부당한 처분을 취소하거나 변경하는 행정심판
② 행정청의 처분의 효력 유무 또는 존재 여부를 확인하는 행정심판
③ 당사자의 신청에 대한 행정청의 위법 또는 부당한 거부처분에 대하여 일정한 처분을 하도록 하는 행정심판
④ 당사자의 신청에 대한 행정청의 위법 또는 부당한 부작위에 대하여 그 위법을 확인하는 행정심판
⑤ 당사자의 신청에 대한 행정청의 위법 또는 부당한 부작위에 대하여 일정한 처분을 하도록 하는 행정심판

06 「행정심판법」상 재결의 효력에 대한 설명으로 옳지 않은 것은? (다툼이 있는 경우 판례에 의함)

① 위원회가 처분을 취소하는 내용의 재결이 있는 경우 처분의 효력은 처분행정청의 별도의 행위를 기다릴 것 없이 처분 시에 소급하여 효력이 소멸된다.
② 취소재결의 효력은 행정심판의 당사자뿐만 아니라 제3자에게도 미친다.
③ 재결에 적시된 위법사유를 시정・보완하여 정당한 부담금을 산출한 다음 새로이 부담금을 부과하는 것은 재결의 기속력에 저촉되지 않는다.
④ 처분의 이행을 명하는 재결에 대해 처분행정청이 이행명령재결에 대해 재처분의무를 이행하지 않는 경우 위원회는 간접강제할 수 있고 직접처분도 가능하다.
⑤ 행정심판의 재결이 확정되면 피청구인인 행정청을 기속하는 효력이 있고 그 처분의 기초가 된 사실관계나 법률적 판단이 확정되므로 이후 당사자 및 법원은 이에 모순되는 주장이나 판단을 할 수 없다.

07 「공공기관의 정보공개에 관한 법률」의 적용과 관련하여 옳은 것은? (다툼이 있는 경우 판례에 의함)

① 정보공개거부처분을 받은 청구인은 그 정보의 열람에 관한 구체적 이익을 입증해야만 행정소송을 통하여 그 공개거부처분의 취소를 구할 법률상의 이익이 인정된다.

② 치과의사 국가시험은 문제은행 출제방식이어서 시험문제지 등의 공개가 시험업무의 공정한 수행 등에 현저한 지장을 초래한다고 인정할 만한 상당한 이유가 있으므로 공개하지 않을 수 있다.

③ 공개청구의 대상이 되는 정보가 이미 다른 사람에게 공개되어 널리 알려져 있다거나 인터넷 등을 통하여 공개되어 인터넷 검색 등을 통하여 쉽게 알 수 있는 경우에는 정보공개거부처분을 다툴 소의 이익이 인정되지 않는다.

④ 국가정보원이 그 직원에게 지급하는 현금급여 및 월초수당에 관한 정보는 공개대상이다.

⑤ 정보공개를 청구한 목적이 손해배상소송에 제출할 증거자료를 획득하기 위한 것이었고 그 소송이 이미 종결되었다면, 그러한 정보공개청구는 권리남용에 해당한다.

08 과징금 부과처분에 대한 설명으로 옳지 않은 것은? (다툼이 있는 경우 판례에 의함)

① 「독점규제 및 공정거래에 관한 법률」상의 과징금은 법이 규정한 범위 내에서 그 부과처분 당시까지 부과관청이 확인한 사실을 기초로 일의적으로 확정되어야 할 것이지, 추후에 부과금 산정기준이 되는 새로운 자료가 나왔다고 하여 새로운 부과처분을 할 수 있는 것은 아니다.

② 영업정지에 갈음하여 부과되는 이른바 변형된 과징금의 부과 여부는 통상 행정청의 재량행위이다.

③ 과징금은 행정상 제재금이고 범죄에 대한 국가 형벌권의 실행이 아니므로 행정법규 위반에 대해 벌금 이외에 과징금을 부과하는 것은 이중처벌금지의 원칙에 위반되지 않는다.

④ 「부동산 실권리자명의 등기에 관한 법률」상 명의신탁자에 대한 과징금의 부과 여부는 행정청의 재량행위이다.

⑤ 자동차운수사업면허조건 등을 위반한 사업자에 대한 과징금 부과처분이 법이 정한 한도액을 초과하여 위법한 경우 법원은 그 처분 전부를 취소하여야 한다.

09 「행정소송법」상 행정소송의 종류로 옳은 것(○)과 옳지 않은 것(×)의 올바른 조합은? (다툼이 있는 경우 판례에 의함)

> ㉠ 항고소송 – 행정청의 처분 등을 원인으로 하는 법률관계에 관한 소송
> ㉡ 당사자소송 – 행정청의 처분 등이나 부작위에 대하여 제기하는 소송
> ㉢ 민중소송 – 국가 또는 공공단체의 기관이 법률에 위반되는 행위를 한 때에 직접 자기의 법률상 이익과 관계없이 그 시정을 구하기 위하여 제기하는 소송
> ㉣ 기관소송 – 국가 또는 공공단체의 기관상호 간에 있어서의 권한의 존부 또는 그 행사에 관한 다툼이 있을 때에 이에 대하여 제기하는 소송

	㉠	㉡	㉢	㉣
①	○	○	○	○
②	×	○	○	○
③	×	×	○	○
④	×	×	×	○
⑤	×	×	×	×

10 행정벌에 관한 다음 설명 중 틀린 것은? (다툼이 있는 경우 판례에 의함)

① 현행법상 행정형벌을 부과하기 위해서는 고의·과실을 요하나 질서벌인 과태료를 부과하기 위해서는 위반자의 고의·과실을 요하지 않는다.

② 행정질서벌로 과태료는 「질서위반행위규제법」에 따라 부과하거나 재판한다.

③ 판례는 행정형벌의 특별절차인 통고처분에 대한 불복에 대하여는 행정쟁송으로 다툴 수 없다고 판시하고 있다.

④ 법원이 하는 과태료재판에는 원칙적으로 행정소송에서와 같은 신뢰보호의 원칙이 적용되지 않는다.

⑤ 지방자치단체가 국가의 기관위임사무를 처리하는 경우에 「자동차관리법」 제83조의 양벌규정에 의한 처벌대상이 되지 않는다.

11 〈보기〉에서 공법상 당사자소송에 해당하는 것은 모두 몇 개인가? (다툼이 있는 경우 판례에 의함)

> ㉠ 부가가치세 환급청구소송
> ㉡ 지방자치단체가 보조금 지급결정을 하면서 일정기한 내에 보조금을 반환하도록 하는 교부조건을 부가한 경우 보조금을 교부받은 사업자에 대한 지방자치단체의 보조금반환청구소송
> ㉢ 「민주화운동 관련자 명예회복 및 보상 등에 관한 법률」에 따른 보상심의위원회의 보상금 등 지급기각 결정을 다투는 소송
> ㉣ 공무원연금법령 개정으로 퇴직연금 중 일부금액의 지급이 정지되어 미지급된 퇴직연금의 지급을 구하는 소송

① 없음 ② 1개
③ 2개 ④ 3개
⑤ 4개

12 다른 법률행위를 보충하여 그 법적 효력을 완성시키는 행위에 해당하지 않는 것만을 모두 고르면? (다툼이 있는 경우 판례에 의함)

> ㉠ 재단법인의 정관변경에 대한 행정청의 허가
> ㉡ 「도시 및 주거환경정비법」상 조합을 설립하지 않은 토지 등 소유자들이 직접 시행하는 도시환경정비사업시행인가
> ㉢ 사설법인묘지의 설치에 대한 행정청의 허가
> ㉣ 재건축조합이 수립하는 관리처분계획에 대한 행정청의 인가

① ㉠ ② ㉠, ㉣
③ ㉡, ㉢ ④ ㉠, ㉡, ㉢
⑤ ㉡, ㉣

13 권한의 위임에 관한 다음 설명 중 옳지 않은 것은?

① 권한의 위임은 위임의 해제, 종기의 도래 및 근거법령의 소멸 등에 의해 종료된다.
② 수임청은 그 권한을 위임청의 이름으로 행사하며 그에 관한 소송의 피고는 위임청이 된다.
③ 권한의 위임은 위임청의 권한의 일부에 한해서만 가능하다.
④ 법령의 근거가 없는 권한의 위임은 무효이다.
⑤ 수임청은 위임받은 권한의 일부를 하급행정청에 재위임할 수 있다.

14 **행정행위의 특질에 대한 설명으로 옳은 것은? (다툼이 있는 경우 판례에 의함)**

① 행정행위는 공정력에 의하여 행정행위가 취소되지 않은 경우 상대방이나 이해관계인은 그 행정행위의 위법을 주장할 수 없다.

② 판례는 손해배상청구소송에서 선결문제로서 행정행위의 위법성 판단은 행정처분의 취소판결이 있어야만 가능하다는 입장이다.

③ 불가쟁력이 발생한 행정행위에 대해서는 국가배상요건을 갖춘 경우 국가배상청구가 허용되지 않는다.

④ 불가쟁력이 발생한 행정행위라도 행정청의 직권취소나 변경이 가능하다.

⑤ 영업허가취소처분이 나중에 행정쟁송절차에 의하여 취소되었더라도, 그 영업허가취소처분 이후의 영업행위는 무허가 영업이다.

15 **다음 사례를 읽고 잘못된 지문을 고르시오. (다툼이 있는 경우 판례에 의함)**

> 「공유수면매립법」에 의하면 매립지의 소유권은 매립면허를 받은 자가 취득하도록 규정하고 있다. 그런데 행정청은 공유수면매립준공인가 중 토지일부를 국가 또는 지방자치단체의 소유로 귀속하는 처분을 하였다. 이에 대해 원고가 매립지의 국가 또는 지방자치단체의 소유로 귀속하는 처분에 대해서만 독립하여 취소소송을 제기하였다.

① 「공유수면매립법」상의 소유권취득을 일부 제한한 행정청의 국가 또는 지방자치단체의 소유로의 귀속처분은 행정행위의 부관으로 볼 수 있다.

② 행정행위의 부관에 하자가 있는 경우 그 부관이 행정행위의 본질적 요소인 경우에는 부관만이 아닌 부관부 행정행위 전체가 위법하게 된다.

③ 원고는 매립지의 국가 또는 지방자치단체의 소유로 귀속하는 처분에 대해서만 독립하여 취소소송을 제기할 수 있다.

④ 법률에 규정된 효과의 일부를 배제하는 행정행위의 부관은 별도의 법적 근거가 있어야 허용된다.

⑤ 판례에 의하면 사례의 경우 원고의 취소소송의 제기는 각하될 것이다.

16 **행정대집행에 대한 설명으로 옳지 않은 것은? (다툼이 있는 경우 판례에 의함)**

① 행정청의 위임을 받아 대집행을 실행하는 제3자는 대집행의 주체가 아니다.
② 행정대집행의 대상이 되는 대체적 작위의무는 공법상의 의무이고 사법상의 의무에 대해서는 원칙적 대집행의 대상이 되지 않는다.
③ 하천유수인용허가신청이 불허되었음을 이유로 하천유수인용행위를 중단을 명하였으나 이를 이행하지 않고 계속 행위를 하는 경우 행정대집행의 대상이 된다.
④ 위법한 대집행이 완료되면 그 처분의 취소 판결이 있어야만 대집행의 위법임을 이유로 손해배상청구를 할 수 있는 것은 아니다.
⑤ 대집행에 요한 비용의 징수에 있어서는 실제에 요한 비용액과 그 납기일을 정하여 의무자에게 문서로써 그 납부를 명하여야 한다.

17 **지방자치단체의 행정조직에 대한 설명으로 옳지 않은 것은?**

① 제주특별자치도의 제주시와 서귀포시는 기초지방자치단체이다.
② 경기도 성남시 분당구는 지방자치단체가 아니다.
③ 면장은 지방자치단체의 하급행정기관이다.
④ 제주특별자치도에는 자치경찰단을 두되 그 장은 도지사가 임명한다.
⑤ 정무직 또는 일반직 공무원으로 보하는 부시장·부지사는 시·도지사의 제청으로 행정안전부장관을 거쳐 대통령이 임명한다.

18 **현행 「행정조사기본법」에 대한 내용으로 틀린 것은?**

① 행정조사는 정기적으로 실시함을 원칙으로 한다.
② 법령 등의 위반에 대하여 혐의가 있다고 하여 수시조사를 할 수 있는 것은 아니다.
③ 현장조사를 하고자 하는 경우 행정기관의 장은 현장출입조사서를 조사개시 7일 전까지 조사대상자에게 서면으로 통지하여야 한다.
④ 행정조사가 위법하다고 하여 이를 기초로 이루어진 행정행위가 곧바로 위법이라고 단정할 수 없다.
⑤ 자발적 협조에 의한 행정조사에 대하여 조사대상자가 조사에 응할 것인지에 대한 응답을 하지 아니하는 경우에는 법령 등에 특별한 규정이 없는 한 그 조사를 거부한 것으로 본다.

19 **「공익사업을 위한 토지 등의 취득 및 보상에 관한 법률」상의 손실보상의 원칙으로 틀린 것은?**

① 사업시행자보상의 원칙
② 사후보상의 원칙
③ 금전보상의 원칙
④ 일괄보상의 원칙
⑤ 개인별 보상의 원칙

20 **행정청의 거부에 대한 설명으로 옳지 않은 것은? (다툼이 있는 경우 판례에 의함)**

① 외국인에게는 원칙적으로 사증발급 거부처분의 취소를 구할 법률상 이익이 인정되지 않는다.

② 신청에 대하여 일단 거부처분이 행해진 후 그 거부처분이 적법한 절차에 의하여 취소되지 않는 한, 사유를 추가하여 거부처분을 반복하는 것은 당연무효이다.

③ 행정청의 거부행위가 항고소송의 대상이 되는 행정처분에 해당하려면, 행정청의 행위를 요구할 법규상 또는 조리상의 신청권이 그 국민에게 있어야 한다.

④ 거부처분의 성립요건으로서 신청권의 존부는 신청인이 그 신청에 따른 단순한 응답을 받을 권리를 넘어서 신청의 인용이라는 만족적 결과를 얻을 권리를 의미하는 것이다.

⑤ 외국인의 사증발급 신청에 대한 거부처분은 「행정절차법」에서 정한 '처분의 사전통지'와 '의견제출 기회 부여'의 대상은 아니다.

21 **「국가공무원법」상 징계에 대한 설명으로 옳지 않은 것은?**

① 공무원이 명백하게 직무상 의무를 위반하거나 직무를 태만히 한 때에는 징계권자는 징계위원회에 징계 의결을 요구할 수 있고, 그 징계 의결의 결과에 따라 징계처분을 하여야 한다.

② 소청심사위원회가 징계처분을 받은 자의 청구에 따라 소청을 심사할 경우에는 원징계처분보다 무거운 징계 결정을 하지 못한다.

③ 소청심사위원회의 취소명령 또는 변경명령 결정은 그에 따른 징계나 그 밖의 처분이 있을 때까지는 종전에 행한 징계처분에 영향을 미치지 아니한다.

④ 징계처분 또는 그 밖에 본인의 의사에 반한 불리한 처분이나 부작위에 관한 행정소송은 소청심사위원회의 심사·결정을 거치지 아니하면 제기할 수 없다.

⑤ 징계처분권자는 법령의 적용, 증거 및 사실조사에 명백한 흠이 있음을 이유로 소청심사위원회 또는 법원에서 징계처분의 무효 또는 취소의 결정이나 판결을 받은 경우에는 다시 징계의결을 요구하여야 한다.

22 행정법상 일반원칙에 관한 설명으로 옳은 것은? (다툼이 있는 경우 판례에 의함)

① 재량준칙이 행정의 자기구속을 통해 법규성을 인정받는 것은 비례원칙에서 파생된 것이다.

② 신뢰보호원칙은 아직 명문상 원칙으로 나타나지는 않지만 판례를 통해 법원성을 인정받고 있다.

③ 신뢰보호원칙의 요건으로서 공적 견해 표명의 유무의 판단기준은 형식적인 권한분장에 구애될 것은 아니고 담당자의 조직상 지위와 임무, 구체적 언동의 경위들을 고려해 판단하여야 한다.

④ 「행정절차법」은 개인의 신뢰보호를 위하여 행정행위가 취소 또는 철회되지 못함을 명문으로 규정하고 있다.

⑤ 공무원 임용신청 당시 잘못 기재된 호적상 출생연월일을 생년월일로 기재하고, 임용 후 36년 동안 이의를 제기하지 않다가, 정년을 1년 3개월 앞두고 정정된 출생연월일을 기준으로 정년연장을 요구하는 것은 신의성실의 원칙에 반한다.

23 경찰권 발동에 대한 설명으로 옳지 않은 것은? (다툼이 있는 경우 판례에 의함)

① 「경찰관 직무집행법」상의 불심검문에 있어서, 불심검문의 대상자에게 「형사소송법」상 체포나 구속에 이를 정도의 혐의가 있을 것을 요하지는 않는다.

② 경찰권은 원칙적으로 경찰상 위험의 발생 또는 위험의 제거에 책임이 있는 자에게 발동되어야 하고, 그 자의 고의 또는 과실은 문제되지 아니한다.

③ 경찰권의 발동이 객관적 정당성을 상실하여 현저하게 불합리하다고 인정되지 않더라도 그와 다른 조치를 취하지 아니한 부작위가 있다면, 그러한 부작위는 국가배상책임의 요건인 법령 위반에 해당한다.

④ 「경찰관 직무집행법」상 '술에 취하여 자신 또는 다른 사람의 생명 · 신체 · 재산에 위해를 끼칠 우려가 있는 사람'에 대한 보호조치는, 가족 등에게 그 사람을 인계할 수 있다면 특별한 사정이 없는 한 허용될 수 없다.

⑤ 경찰공무원이 운전자의 음주 여부나 주취 정도를 측정함에 있어서 그 측정방법이나 측정횟수는 합리적인 필요한 한도에 그쳐야 하겠지만 그 한도 내에서는 어느 정도의 재량이 있다.

24 사인의 공법행위에 대한 설명으로 옳지 않은 것은? (다툼이 있는 경우 판례에 의함)

① 「수산업법」상 신고어업을 하려면 법령이 정한 바에 따라 관할 행정청에 신고하여야 하고, 행정청의 수리가 있을 때에 비로소 법적 효과가 발생하게 된다.

② 「민법」상 비진의 의사표시의 무효에 관한 규정은 그 성질상 공무원이 한 사직의 의사표시에 적용되지 않는다.

③ 행정청은 사인의 신청에 구비서류의 미비와 같은 흠이 있는 경우 신청인에게 보완을 요구하여야 하는바, 이때 보완의 대상이 되는 흠은 원칙상 형식적·절차적 요건뿐만 아니라 실체적 발급요건상의 흠을 포함한다.

④ 인허가 의제 효과를 수반하는 건축신고는 일반적인 건축신고와는 달리, 특별한 사정이 없는 한 행정청이 그 실체적 요건에 관한 심사를 한 후 수리를 하여야 한다.

⑤ 사인의 신청에 대한 수정인가는 허용되지 않음이 원칙이다.

25 공물에 관한 설명으로 옳지 않은 것은? (다툼이 있으면 판례에 의함)

① 「국유재산법」은 국유재산을 그 용도에 따라 행정재산과 일반재산으로 구분한다.

② 국유 하천부지는 자연상태 그대로 공공용에 제공될 수 있는 실체를 갖추고 있는 이른바 자연공물로서 별도의 공용개시행위가 없더라도 행정재산이 되고, 그 후 본래의 용도에 공여되지 않는 상태에 놓이게 되면 국유재산법령에 의한 용도폐지를 하지 않더라도 당연히 일반재산으로 된다.

③ 공공용재산이란 국가가 직접 공공용으로 사용하거나 대통령령으로 정하는 기한까지 사용하기로 결정한 재산을 말한다.

④ 보존용재산이란 법령이나 그 밖의 필요에 따라 국가가 보존하는 재산을 말한다.

⑤ 공용재산이란 국가가 직접 사무용·사업용 또는 공무원의 주거용으로 사용하거나 대통령령으로 정하는 기한까지 사용하기로 결정한 재산을 말한다.

정답 및 해설

제2회 전범위 모의고사

Answer

• 본문 p.351

01. ①	02. ②	03. ③	04. ⑤	05. ④	06. ⑤	07. ②	08. ④	09. ③	10. ①
11. ④	12. ③	13. ②	14. ④	15. ③	16. ③	17. ①	18. ②	19. ②	20. ④
21. ①	22. ③	23. ③	24. ③	25. ②					

01

정답 ①

① [○]「개인정보 보호법」 제51조

② [×] 단체소송을 허가하거나 불허가하는 결정에 대하여는 즉시항고할 수 있다(「개인정보 보호법」 제55조 제2항).

③ [×] 단체소송에 관하여 이 법에 특별한 규정이 없는 경우에는 「민사소송법」을 적용한다(「개인정보 보호법」 제57조 제1항).

④ [×] 단체의 정회원수가 1천 명 이상이어야 한다(「개인정보 보호법」 제51조 제1호 나목).

⑤ [×] 국가 · 지방자치단체 또는 국가 · 지방자치단체가 설립한 기관에 의하여 새로운 증거가 나타난 경우에 다시 단체소송을 제기할 수 있다(「개인정보 보호법」 제56조 제1호).

02

정답 ②

공법관계는 ㉠, ㉡이다.

㉠ [공법관계] 중학교 의무교육의 위탁관계는 「초 · 중등교육법」 제12조 제3항, 제4항 등 관련 법령에 의하여 정해지는 공법적 관계로서, 대등한 당사자 사이의 자유로운 의사를 전제로 사익 상호 간의 조정을 목적으로 하는 「민법」 제688조의 수임인의 비용상환청구권에 관한 규정이 그대로 준용된다고 보기도 어렵다(대판 2015. 1. 29. 2012두7387).

㉡ [공법관계] 국가연구개발사업규정에 근거하여 국가 산하 중앙행정기관의 장과 참여기업인 갑 회사가 체결한 위 협약의 법률관계는 공법관계에 해당하므로 이에 관한 분쟁은 행정소송으로 제기하여야 한다(대판 2017. 11. 9. 2015다215526).

㉢ [사법관계] 「예산회계법」 또는 「지방재정법」에 따라 지방자치단체가 당사자가 되어 체결하는 계약은 사법상의 계약일 뿐, 공권력을 행사하는 것이거나 공권력 작용과 일체성을 가진 것은 아니라고 할 것이므로 이에 관한 분쟁은 행정소송의 대상이 될 수 없다(대판 1996. 12. 20. 96누14708).

㉣ [사법관계] 국가를 당사자로 하는 계약이나 공공기관의 운영에 관한 법률의 적용 대상인 공기업이 일방 당사자가 되는 계약(이하 편의상 '공공계약'이라 한다)은 국가 또는 공기업(이하 '국가 등'이라 한다)이 사경제의 주체로서 상대방과 대등한 지위에서 체결하는 사법(사법)상의 계약으로서 본질적인 내용은 사인 간의 계약과 다를 바가 없다(대판 2017. 12. 21. 2012다74076).

03 정답 ③

㉠ [○]「행정기본법」 제30조 제1항

㉡ [×]「행정기본법」상 즉시강제는 행정청이 미리 행정상 의무 이행을 명할 시간적 여유가 없는 경우와 그 성질상 행정상 의무의 이행을 명하는 것만으로는 행정목적 달성이 곤란한 경우에 행할 수 있다(「행정기본법」 제30조 제1항 제5호).

㉢ [×] 행정상 강제 조치에 관하여 이 법에서 정한 사항 외에 필요한 사항은 따로 법률로 정한다(「행정기본법」 제30조 제2항).

㉣ [○]「행정기본법」 제32조 제1항

04 정답 ⑤

⑤ [×] 환경영향평가를 거쳐야 할 대상사업에 대하여 환경영향평가를 거치지 아니하였음에도 불구하고 승인 등 처분이 이루어진다면, 이러한 행정처분의 하자는 법규의 중요한 부분을 위반한 중대한 것이고 객관적으로도 명백한 것이라고 하지 않을 수 없어, 이와 같은 행정처분은 당연무효이다(대판 2006. 6. 30. 2005두14363).

① [○] 기업자의 과실로 인하여 토지소유자나 관계인을 알지 못하여 그들로 하여금 참가케 하지 아니하고 수용재결을 하여 그 절차가 위법이라 하여도 그것이 그 사유만 가지고는 당연무효라고 할 수 없다(대판 1971. 5. 24. 70다1459).

② [○] 입지선정위원회에 전문가 4인, 특히 주민대표가 추천한 전문가 2인의 참여는 필요불가결한 요소라고 할 것이므로, 이 사건에서 적용법령을 그르쳐 폐촉법 시행령에 의한 구성방법에 따라 입지선정위원회를 구성하지 않은 채 임의의 입지선정위원회를 구성하면서 군수와 주민대표가 선정, 추천한 각 2인의 전문가를 포함시키지 않은 하자는 중대한 것이고 객관적으로도 명백하다고 보아야 한다(대판 2007. 4. 12. 2006두20150).

③ [○] 적법한 권한 위임 없이 세관출장소장에 의하여 행하여진 관세부과처분은 그 하자가 명백하다고 할 수 없다라는 것이 판례이다.

④ [○] 도지사의 인사교류안 작성과 그에 따른 인사교류의 권고가 전혀 이루어지지 않은 상태에서 행하여진 관할구역 내 시장의 인사교류에 관한 처분은「지방공무원법」 제30조의2 제2항의 입법취지에 비추어 그 하자가 중대하고 객관적으로 명백하여 당연무효이다(대판 2005. 6. 24. 2004두10968).

05 정답 ④

「행정심판법」 제5조(행정심판의 종류) 행정심판의 종류는 다음 각 호와 같다.

1. 취소심판: 행정청의 위법 또는 부당한 처분을 취소하거나 변경하는 행정심판
2. 무효등확인심판: 행정청의 처분의 효력 유무 또는 존재 여부를 확인하는 행정심판
3. 의무이행심판: 당사자의 신청에 대한 행정청의 위법 또는 부당한 거부처분이나 부작위에 대하여 일정한 처분을 하도록 하는 행정심판

06 정답 ⑤

⑤ [×] 행정심판의 재결에는 확정판결에 관한 기판력이 인정되지 않으므로 그 처분의 기초가 된 사실관계나 법률적 판단이 확정되므로 이후 당사자 및 법원은 이에 모순되는 주장이나 판단을 할 수 없는 것이 아니다.

① [○] 행정심판 재결의 내용이 처분청에게 처분의 취소를 명하는 것이 아니라 재결청이 스스로 처분을 취소하는 것일 때에는 그 재결의 형성력에 의하여 당해 처분은 별도의 행정처분을 기다릴 것 없이 당연히 취소되어 소멸되는 것이다(대판 1998. 4. 24. 97누17131).
⇨ 주의) 현행 「행정심판법」상 처분의 취소를 명하는 재결은 인정되지 않는다.

② [○] 취소재결의 형성력은 제3자에게도 미치며 이를 '대세적 효력'이라고 한다.

③ [○] 당초 처분과 동일한 사정 아래에서 동일한 내용의 처분을 반복하는 것이 아닌 이상, 그 재결에 적시된 위법사유를 시정・보완하여 정당한 부담금을 산출한 다음 새로이 부담금을 부과할 수 있는 것이고, 이러한 새로운 부과처분은 재결의 기속력에 저촉되지 아니한다(대판 1997. 2. 25. 96누14784・14791).

④ [○] 위원회는 피청구인이 제49조 제3항(이행명령재결)에도 불구하고 처분을 하지 아니하는 경우에는 당사자가 신청하면 기간을 정하여 서면으로 시정을 명하고 그 기간에 이행하지 아니하면 직접 처분을 할 수 있다(「행정심판법」 제50조 제1항).

07 정답 ②

② [○] 치과의사 국가시험에서 채택하고 있는 문제은행 출제방식이 출제의 시간・비용을 줄이면서도 양질의 문항을 확보할 수 있는 등 많은 장점을 가지고 있는 점, 그 시험문제를 공개할 경우 발생하게 될 결과와 시험업무에 초래될 부작용 등을 감안하면, 위 시험의 문제지와 그 정답지를 공개하는 것은 시험업무의 공정한 수행이나 연구・개발에 현저한 지장을 초래한다고 인정할 만한 상당한 이유가 있는 경우에 해당하므로, 「공공기관의 정보공개에 관한 법률」 제9조 제1항 제5호에 따라 이를 공개하지 않을 수 있다(대판 2007. 6. 15. 2006두15936).

① [×] 국민의 정보공개청구권은 법률상 보호되는 구체적인 권리이므로, 공공기관에 대하여 정보공개를 청구하였다가 공개거부처분을 받은 청구인은 행정소송을 통해 공개거부처분의 취소를 구할 법률상 이익이 인정되고, 그 밖에 추가로 어떤 이익이 있어야 하는 것은 아니다(대판 2022. 5. 26. 2022두33439).

③ [×] 공개청구의 대상이 되는 정보가 이미 다른 사람에게 공개되어 널리 알려져 있다거나 인터넷 등을 통하여 공개되어 인터넷검색 등을 통하여 쉽게 알 수 있다는 사정만으로는 소의 이익이 없다거나 비공개결정이 정당화될 수 없다(대판 2010. 12. 23. 2008두13101).

④ [×] 다른 법률 또는 위임명령에 의한 비공개대상 정보라는 것이 판례이다(대판 2010. 12. 23. 2010두14800).

⑤ [×] 「정보공개법」의 목적, 규정 내용 및 취지 등에 비추어 보면, 정보공개청구의 목적에 특별한 제한이 있다고 할 수 없으므로, 피고의 주장과 같이 원고가 이 사건 정보공개를 청구한 목적이 이 사건 손해배상소송에 제출할 증거자료를 획득하기 위한 것이었고 위 소송이 이미 종결되었다고 하더라도, 원고가 오로지 피고를 괴롭힐 목적으로 정보공개를 구하고 있다는 등의 특별한 사정이 없는 한, 위와 같은 사정만으로는 원고가 이 사건 소송을 계속하고 있는 것이 권리남용에 해당한다고 볼 수 없다(대판 2004. 9. 23. 2003두1370).

08 정답 ④

④ [×] 「부동산 실권리자명의 등기에 관한 법률」 제3조 제1항, 제5조 제1항, 같은 법 시행령 제3조 제1항의 규정을 종합하면, 명의신탁자에 대하여 과징금을 부과할 것인지 여부는 기속행위에 해당하므로, 명의신탁이 조세를 포탈하거나 법령에 의한 제한을 회피할 목적이 아닌 경우에 한하여 그 과징금을 일정한 범위 내에서 감경할 수 있을 뿐이지 그에 대하여 과징금 부과처분을 하지 않거나 과징금을 전액 감면할 수 있는 것은 아니다(대판 2007. 7. 12. 2005두17287).

① [○] 과징금 부과처분은 제재적 성격도 가지고 있으므로 법이 규정한 범위 내에서 그 부과처분 당시까지 부과관청이 확인한 사실을 기초로 일의적으로 확정되어야 한다.

② [○] 영업정지에 갈음하여 부과되는 이른바 변형된 과징금의 부과 여부는 법률의 특별한 규정이 없는 한 통상 행정청의 재량행위이다.

③ [○] 동일한 사안에 대해 과징금을 부과하고 형벌을 부과한다고 하더라도 이중처벌금지에 해당하지 않는다.

⑤ [○] 과징금 부과가 재량행위인 경우 과징금 부과처분이 법이 정한 한도액을 초과하여 위법한 경우 법원은 그 처분 전부를 취소하여야 한다.

09 정답 ③

「행정소송법」 제3조(행정소송의 종류) 행정소송은 다음의 네 가지로 구분한다.

1. 항고소송: 행정청의 처분 등이나 부작위에 대하여 제기하는 소송
2. 당사자소송: 행정청의 처분 등을 원인으로 하는 법률관계에 관한 소송 그 밖에 공법상의 법률관계에 관한 소송으로서 그 법률관계의 한쪽 당사자를 피고로 하는 소송
3. 민중소송: 국가 또는 공공단체의 기관이 법률에 위반되는 행위를 한 때에 직접 자기의 법률상 이익과 관계없이 그 시정을 구하기 위하여 제기하는 소송
4. 기관소송: 국가 또는 공공단체의 기관상호 간에 있어서의 권한의 존부 또는 그 행사에 관한 다툼이 있을 때에 이에 대하여 제기하는 소송. 다만, 「헌법재판소법」 제2조의 규정에 의하여 헌법재판소의 관장사항으로 되는 소송은 제외한다.

10 정답 ①

① [×] 현행 「질서위반행위규제법」상 위반자에게 고의나 과실이 없는 경우 과태료를 부과할 수 없다.

② [○] 행정질서벌로서 과태료는 「질서위반행위규제법」이 적용된다.

③ [○] 통고처분은 이에 응할 것인가가 상대방의 임의적 사유이고 별도의 불복절차가 있으므로 「행정심판법」 또는 「행정소송법」상 처분에 해당하지 않는다.

④ [○] 법원이 하는 과태료재판은 당사자의 신청을 전제로 하지 않고 법원의 직권에 의해 개시되므로 원칙적으로 행정소송에서와 같은 신뢰보호의 원칙이 적용되지 않는다.

⑤ [○] 지방자치단체가 국가의 기관위임사무를 처리하는 경우에는 국가기관으로서 사무를 처리하는 지위이므로 양벌규정이 적용되지 않는다.

11 정답 ④

㉠, ㉡, ㉣이 당사자소송에 해당한다.

㉠ 부가가치세 환급청구소송은 「부가가치세법」에 의해 직접 인정되는 국가의 환급의무에 대응하여 환급청구를 하는 것으로 당사자소송이라는 것이 판례이다.

㉡ 보조사업자의 지방자치단체에 대한 보조금 반환의무는 행정처분인 위 보조금 지급결정에 부가된 부관상 의무이고, 이러한 부관상 의무는 보조사업자가 지방자치단체에 부담하는 공법상 의무이므로, 보조사업자에 대한 지방자치단체의 보조금반환청구는 공법상 권리관계의 일방 당사자를 상대로 하여 공법상 의무이행을 구하는 청구로서 당사자소송에 해당한다(대판 2011. 6. 9. 2011다2951).

㉣ 공무원연금관리공단의 인정에 의하여 퇴직연금을 지급받아 오던 중 공무원연금법령의 개정 등으로 퇴직연금 중 일부 금액의 지급이 정지된 경우에는 당연히 개정된 법령에 따라 퇴직연금이 확정되는 것이지 구 「공무원연금법」 제26조 제1항에 정해진 공무원연금관리공단의 퇴직연금 결정과 통지에 의하여 비로소 그 금액이 확정되는 것이 아니므로, 공무원연금관리공단이 퇴직연금 중 일부 금액에 대하여 지급거부의 의사표시를 하였다고 하더라도 이를 행정처분이라고 볼 수는 없고, 그리고 이러한 미지급 퇴직연금에 대한 지급청구권은 공법상 권리로서 그 지급을 구하는 소송은 공법상의 법률관계에 관한 소송인 공법상 당사자소송에 해당한다(대판 2004. 12. 24. 2003두15195).

㉢ 「민주화운동관련자 명예회복 및 보상 등에 관한 법률」 제17조는 보상금 등의 지급에 관한 소송의 형태를 규정하고 있지 않지만, 위 규정 전단에서 말하는 보상금 등의 지급에 관한 소송은 '민주화운동관련자 명예회복 및 보상 심의위원회'의 보상금 등의 지급신청에 관하여 전부 또는 일부를 기각하는 결정에 대한 불복을 구하는 소송이므로 취소소송을 의미한다고 보아야 한다(대판 2008. 4. 17. 2005두16185).

12 정답 ③

강학상 인가에 해당하지 않는 것을 찾는 문제이다.

㉡ 「도시 및 주거환경정비법」상 조합을 설립하지 않은 토지 등 소유자들이 직접 시행하는 도시환경정비사업시행인가 ⇨ 강학상 특허

㉢ 사설법인묘지의 설치에 대한 행정청의 허가 ⇨ 강학상 허가

㉠ 재단법인의 정관변경에 대한 행정청의 허가 ⇨ 강학상 인가

㉣ 재건축조합이 수립하는 관리처분계획에 대한 행정청의 인가 ⇨ 강학상 인가

13 정답 ②

② [×] 수임청은 그 권한을 수임청의 이름으로 행사하며 그에 관한 소송의 피고도 수임청이 된다. "항고소송은 원칙적으로 소송의 대상인 행정처분 등을 외부적으로 그의 명의로 행한 행정청을 피고로 하여야 하는 것으로서, 그 행정처분을 하게 된 연유가 상급행정청이나 타 행정청의 지시나 통보에 의한 것이라 하여 다르지 않고, 권한의 위임이나 위탁을 받아 수임행정청이 정당한 권한에 기하여 수임행정청 명의로 한 처분에 대하여도 마찬가지이다(대판 2018. 9. 13, 2014두5576).

① [○] 권한의 위임은 위임의 해제·철회, 종기의 도래, 근거법령의 소멸 등에 의해 종료된다.

③ [○] 권한의 위임은 위임청의 권한의 일부에 한하여 인정되며 권한의 전부 또는 위임청의 존립 근거를 위태롭게 하는 주요 부분의 위임은 인정되시 않는다.
④ [○] 권한의 위임은 권한의 이전이 있게 되므로 법령의 근거가 있어야 하고 법령의 근거가 없는 권한의 위임은 무효이다.
⑤ [○] 「정부조직법」 제6조 제1항

14

정답 ④

④ [○] 불가쟁력이 발생한 행정행위는 상대방이 쟁송상 다툴 수 없겠지만 행정청의 직권취소나 변경이 가능하다.
① [×] 공정력은 절차상 취소되기 전에는 잠정적으로 행정행위가 유효하게 통용되는 잠정적 효력일 뿐이다. 상대방이나 이해관계인은 스스로 행정행위의 효력을 부정할 수 없지만 위법을 주장하여 항고소송이나 국가배상청구가 가능하다.
② [×] 판례는 손해배상청구소송에서 선결문제로서 행정행위의 위법성 판단은 행정행위의 취소를 전제로 하는 것이 아니므로 행정처분의 취소판결이 없더라도 위법성의 판단은 가능하다는 입장이다.
③ [×] 불가쟁력이 발생한 행정행위는 행정행위의 상대방이 이를 취소소송으로 다툴 수 없다는 것이므로 국가배상요건의 요건을 갖춘 경우 국가배상청구가 허용된다.
⑤ [×] 영업허가취소처분이 나중에 행정쟁송절차에 의하여 취소된 경우 영업허가의 효력이 처음부터 원상으로 회복되어 유지되므로, 그 영업허가취소처분 이후의 영업행위는 무허가 영업에 해당하지 않는다.

15

정답 ③

「공유수면매립법」에서 정한 사업자의 매립지 소유권 취득을 행정청이 공유수면매립준공인가하면서 토지 일부를 국가 또는 지방자치단체의 소유로 귀속하는 처분을 한 경우 판례는 부관 중 법률효과 일부배제로 보고 있다. 부담 이외의 부관에 대해서는 독립쟁송을 허용하지 않는 판례는 국가 또는 지방자치단체 소유로의 귀속처분에 대해서 독립하여 취소소송을 제기할 수 없고 각하하는 것은 정당하다고 본다.

16

정답 ③

③ [×] 하천유수인용허가신청이 불허되었음을 이유로 하천유수인용행위를 중단을 명하였으나 이를 이행하지 않고 계속 행위를 하는 경우 행정청이 대신할 수 없는 부작위의무를 불이행한 것이므로 행정대집행의 대상이 되지 않는다.
① [○] 대집행의 주체는 의무를 부과한 행정청이 되는 것이고 행정청의 위임을 받아 대집행을 실행하는 제3자는 대집행의 주체가 아니다.
② [○] 행정대집행의 대상이 되는 대체적 작위의무는 공법상의 의무이고 사법상의 의무에 대해서는 대집행의 대상이 되지 않는다.
④ [○] 위법한 대집행이 완료된 경우 그 처분의 취소판결이 없더라도 대집행이 위법한 경우 손해배상을 청구할 수 있다.
⑤ [○] 「행정대집행법」 제5조

17 정답 ①

① [X] 제주시와 서귀포시는 행정구역으로서 행정시에 해당하고 기초지방자치단체에 해당하지 않는다.

② [O] 지방자치단체인 구(이하 '자치구'라 한다)는 특별시와 광역시의 관할 구역 안의 구만을 말한다(「지방자치법」 제2조 제2항). 따라서 특별시, 광역시가 아닌 시에 있는 구는 지방자치단체인 자치구가 아니라 행정구역으로서의 구이다. 경기도 성남시 분당구는 자치구가 아닌 행정구역에 불과하다.

③ [O] 자치구가 아닌 구에 구청장, 읍에 읍장, 면에 면장, 동에 동장을 둔다(「지방자치법」 제131조).

④ [O] 「제주특별자치도 설치 및 국제자유도시 조성을 위한 특별법」 제88조 제1항, 제89조 제1항

⑤ [O] 「지방자치법」 제123조 제3항

18 정답 ②

② [X], ① [O] 행정조사는 정기적으로 실시함을 원칙으로 하지만 법령 등의 위반에 대하여 혐의를 조사하는 경우 수시조사를 할 수 있다(「행정조사기본법」 제7조).

③ [O] 「행정조사기본법」 제17조

④ [O] 원칙적으로 행정조사가 위법하다고 하여 이를 기초로 이루어진 행정행위가 곧바로 위법이라고 단정할 수 없다. 다만 위법한 행정조사로 인해 위법하게 취득한 자료나 정보에 근거한 행정행위는 위법하다고 본다.

⑤ [O] 「행정조사기본법」 제20조 제2항

19 정답 ②

② 「공익사업을 위한 토지 등의 취득 및 보상에 관한 법률」상 보상의 원칙은 사업시행자는 당해 공익사업을 위한 공사에 착수하기 이전에 토지소유자 및 관계인에 대해서 보상액의 전액을 지급하여야 한다고 하여 사전보상의 원칙을 규정하고 있다. 다만 천재·지변 시의 토지의 사용과 시급을 요하는 토지의 사용 또는 토지소유자 및 관계인의 승낙이 있는 때에는 예외가 인정된다.

20 정답 ④

④ [X], ③ [O] 거부처분의 처분성을 인정하기 위한 전제요건이 되는 신청권의 존부는 구체적 사건에서 신청인이 누구인가를 고려하지 않고 관계 법규의 해석에 의하여 일반 국민에게 그러한 신청권을 인정하고 있는가를 살펴 추상적으로 결정되는 것이고, 신청인이 그 신청에 따른 단순한 응답을 받을 권리를 넘어서 신청의 인용이라는 만족적 결과를 얻을 권리를 의미하는 것은 아니다(대판 1996. 6. 11. 95누12460).

① [O] 사증발급의 법적 성질, 「출입국관리법」의 입법 목적, 사증발급 신청인의 대한민국과의 실질적 관련성, 상호주의원칙 등을 고려하면, 우리 「출입국관리법」의 해석상 외국인에게는 사증발급 거부처분의 취소를 구할 법률상 이익이 인정되지 않는다(대판 2018. 5. 15. 2014두42506).

② [O] 신청에 대하여 일단 거부처분이 행해진 후 그 거부처분이 적법한 절차에 의하여 취소되지 않는 한, 사유를 추가하여 거부처분을 반복하는 것은 존재하지 않는 신청에 대한 거부로서 당연무효이다.

⑤ [○] 외국인의 사증발급 신청에 대한 거부처분은 그 자체가 권익을 제한하거나 의무를 부과하는 불이익 처분이 아니므로 「행정절차법」에서 정한 '처분의 사전통지'와 '의견제출 기회 부여'의 대상은 아니다.

21

정답 ①

① [×] 징계권자는 징계 의결을 요구하여야 하고 그 징계 의결의 결과에 따라 징계처분을 하여야 한다(「국가공무원법」 제78조 제1항).

② [○] 「국가공무원법」 제14조 제8항

③ [○] 「국가공무원법」 제14조 제7항

④ [○] 「국가공무원법」 제16조 제1항

⑤ [○] 「국가공무원법」 제78조의3 제1항

22

정답 ③

③ [○] 신뢰보호원칙의 요건으로서 공적 견해 표명의 유무의 판단기준은 형식적인 권한분장에 구애될 것은 아니고 담당자의 조직상 지위와 임무, 구체적 언동의 경위들을 고려해 판단하여야 한다.

① [×] 재량준칙이 행정의 자기구속을 통해 법규성을 인정받는 것은 평등원칙과 신뢰보호원칙을 근거로 인정하는 것이 판례이다.

② [×] 신뢰보호원칙은 「행정기본법」에 명문화 되어 있다.

④ [×] 「행정기본법」에 규정되어 있다.

⑤ [×] 대판 2009. 3. 26. 2008두21300

23

정답 ③

③ [×] 경찰관이 직무를 수행한 경우 객관적 정당성을 상실하여 현저하게 불합리하다고 인정되지 않는다면 그와 다른 조치를 취하지 아니한 부작위를 내세워 국가배상책임의 요건인 법령 위반에 해당한다고 할 수 없다(대판 2008. 4. 24. 2006다32132).

① [○] 경찰관이 불심검문 대상자인지를 객관적·합리적인 기준에 따라 판단하여야 하나, 반드시 불심검문 대상자에게 「형사소송법」상 체포나 구속에 이를 정도의 혐의가 있을 것을 요한다고 할 수는 없다(대판 2014. 2. 27. 2011도13999).

② [○] 공공의 안녕과 질서에 대한 위험을 제거하기 위한 것이지 위법행위에 대한 처벌이 아니므로 행위책임이건 상태책임이건 불문하고 당사자(책임자)의 고의·과실을 요건으로 하지 않는다.

④ [○] 피구호자의 가족 등에게 피구호자를 인계할 수 있다면 특별한 사정이 없는 한 경찰관서에서 피구호자를 보호하는 것은 허용되지 않는다(대판 2012. 12. 13. 2012도11162).

⑤ [○] 「도로교통법」 제44조 제2항에 의하여 경찰공무원이 운전자에 대하여 음주 여부나 주취정도를 측정함에 있어서는 그 측정방법이나 측정회수에 있어서 합리적인 필요한 한도에 그쳐야 하겠지만 그 한도 내에서는 어느 정도의 재량이 있다고 하여야 할 것이다(대판 1992. 4. 28. 92도220).

24 정답 ③

③ [×] 보완의 대상이 되는 흠은 원칙상 형식적·절차적 요건이 대상이 되고 실체적 발급요건상의 흠은 포함되지 않는다.

① [○] 「수산업법」상 어업신고는 수리를 요하는 신고라는 것이 판례이다.

② [○] 「민법」상 비진의 의사표시의 무효에 관한 규정은 사인의 공법행위에 적용되지 않는다는 것이 판례이다.

④ [○] 인허가 의제 효과를 수반하는 건축신고는 특별한 사정이 없는 한 행정청이 그 실체적 요건에 관한 심사를 한 후 수리를 하여야 한다.

⑤ [○] 사인의 신청에 대한 수정인가는 인가의 법적 성질상 허용되지 않는다.

25 정답 ②

② 국유 하천부지는 자연의 상태 그대로 공공용에 제공될 수 있는 실체를 갖추고 있는 이른바 자연공물로서 별도의 공용개 시행위가 없더라도 행정재산이 되고, 그 후 본래의 용도에 공여되지 않는 상태에 놓여 있더라도 국유재산법령에 의한 용도폐지를 하지 않은 이상 당연히 일반재산으로 된다고는 할 수 없다(대판 2007. 6. 1. 2005도7523).

①·③·④·⑤

「국유재산법」 제6조(국유재산의 구분과 종류) ① 국유재산은 그 용도에 따라 행정재산과 일반재산으로 구분한다.

② 행정재산의 종류는 다음 각 호와 같다.

1. 공용재산: 국가가 직접 사무용·사업용 또는 공무원의 주거용(직무 수행을 위하여 필요한 경우로서 대통령령으로 정하는 경우로 한정한다)으로 사용하거나 대통령령으로 정하는 기한까지 사용하기로 결정한 재산
2. 공공용재산: 국가가 직접 공공용으로 사용하거나 대통령령으로 정하는 기한까지 사용하기로 결정한 재산
3. 기업용재산: 정부기업이 직접 사무용·사업용 또는 그 기업에 종사하는 직원의 주거용(직무 수행을 위하여 필요한 경우로서 대통령령으로 정하는 경우로 한정한다)으로 사용하거나 대통령령으로 정하는 기한까지 사용하기로 결정한 재산
4. 보존용재산: 법령이나 그 밖의 필요에 따라 국가가 보존하는 재산

③ "일반재산"이란 행정재산 외의 모든 국유재산을 말한다.

부록 제3회 전범위 모의고사

• 정답 및 해설 p.381

01 「질서위반행위규제법」상 과태료 재판과 집행에 대한 설명으로 틀린 것은?

① 과태료 부과에 대해 이의제기를 받은 행정청은 이의제기를 받은 날부터 14일 이내에 이에 대한 의견 및 증빙서류를 첨부하여 관할 법원에 통보하여야 한다.

② 법원은 원칙적으로 심문기일을 열어 당사자의 진술을 들어야 한다.

③ 과태료 재판은 법원의 명령으로써 집행한다.

④ 과태료 재판은 결정으로써 하며 이에 대한 즉시항고는 집행정지의 효력이 있다.

⑤ 법원의 약식재판에 대해 당사자와 검사가 이의신청을 한 경우 법원이 이의신청이 적법하다고 인정하는 때에는 약식재판은 그 효력을 잃고 법원은 심문을 거쳐 다시 재판하여야 한다.

02 처분청의 처분에 대한 취소소송의 피고적격으로 올바르게 연결되지 않은 것은?

① 처분청이 대통령인 공무원에 대한 처분 – 소속장관이 피고

② 처분청이 대법원장 – 법원행정처장이 피고

③ 처분청이 중앙노동위원회 – 중앙노동위원회위원회가 피고

④ 지방의회의원에 대한 징계의결 – 지방의회

⑤ 권한의 내부위임이 있은 경우 – 위임청

03 다음 중 일반처분에 해당하지 않는 것은?

① 모일 · 모장소에서의 집회금지

② 통행금지

③ 도로점용허가

④ 주차금지구역의 지정

⑤ 입산금지해제

04 「행정절차법」에 관한 내용으로 옳지 않은 것은?

① 「행정절차법」상 문서열람청구권은 공청회에서도 인정된다.

② 다수의 당사자 등이 공동으로 행정절차에 관한 행위를 하는 때에는 대표자를 선정할 수 있다.

③ 행정청에 대하여 처분을 구하는 신청은 문서로 하여야 한다.

④ 행정청은 입법예고를 하는 경우에는 대통령령을 국회 소관 상임위원회에 제출하여야 한다.

⑤ 행정청은 신청에 구비서류의 미비 등 흠이 있는 경우에는 보완에 필요한 상당한 기간을 정하여 지체 없이 신청인에게 보완을 요구하여야 한다.

05 행정법의 효력에 관한 설명 중 옳지 않은 것은? (다툼이 있는 경우 판례에 의함)

① 판례는 신법의 부진정소급적용은 원칙적으로 가능하다고 보며, 국민의 신뢰이익이 공익보다 큰 경우에는 소급적용이 제한될 수 있다고 본다.

② 헌법재판소는 공익적 필요는 심히 중대하고 개인의 신뢰보호필요성은 상대적으로 적은 경우 진정소급입법이 허용된다고 본다.

③ 판례는 영주권이 있는 재일동포에게도 우리나라 행정법의 효력이 미친다고 본다.

④ 해외에 있는 우리 국적의 국민이 해외에서 질서위반행위를 한 경우 「질서위반행위규제법」이 적용되지 않는다.

⑤ 법령 · 조례 · 규칙은 그 시행일에 관해 특별한 규정이 없으면 공포일로부터 20일이 경과함으로써 효력을 발생한다.

06 다음은 「국유재산법」에 대한 판례의 내용이다. ㉠ ~ ㉣에 들어갈 용어가 바르게 짝지어진 것은?

> 국유 하천부지는 자연의 상태 그대로 공공용에 제공될 수 있는 실체를 갖추고 있는 이른바 (㉠)로서 별도의 공용개시행위가 없더라도 (㉡)이 되고 그 후 본래의 용도에 공여되지 않는 상태에 놓여 있더라도 국유재산법령에 의한 (㉢)(을)를 하지 않은 이상 당연히 (㉣)으로 된다고는 할 수 없으며, 농로나 구거와 같은 이른바 인공적 공공용재산은 법령에 의하여 지정되거나 행정처분으로 공공용으로 사용하기로 결정한 경우, 또는 (㉡)으로 실제 사용하는 경우의 어느 하나에 해당하면 (㉡)이 된다.

	㉠	㉡	㉢	㉣
①	자연공물	행정재산	용도폐지	일반재산
②	자연공물	행정재산	전환결정	일반재산
③	인공공물	일반재산	용도폐지	행정재산
④	인공공물	일반재산	전환결정	행정재산
⑤	자연공물	행정재산	전환결정	행정재산

07 A시 지방경찰청장으로부터 운전면허정지처분을 받은 甲은 운전면허정지처분에 불복하고자 한다. 이에 대한 다음 설명 중 적절하지 않은 것은?

① 甲은 면허정지처분에 대하여 「행정심판법」상 행정심판을 청구할 수 있다.
② 甲이 운전면허정지처분의 취소를 구하는 행정심판을 제기하면 운전면허정지처분의 효력은 정지된다.
③ 甲에 대한 운전면허정지처분에 대한 취소소송에서 인용판결이 확정되면 곧 운전면허정지처분의 효력은 소멸된다.
④ 甲에 대한 운전면허정지처분에 대한 취소소송에서 기각판결이 확정되었다 하더라도 서울특별시 지방경찰청장은 A에 대한 운전면허정지처분을 직권으로 취소할 수 있다.
⑤ 甲에 대한 운전면허정지처분에 대한 취소소송에서 청구의 이유가 있는 경우 인용판결을 해야지 공공복리를 이유로 사정판결을 할 수는 없다.

08 다음은 행정지도에 관한 설명으로 옳지 않은 것은?

① 행정청은 행정지도를 따르지 아니할 때 최소한의 필요한 범위 내에서 불이익조치를 할 수 있다.
② 행정지도도 「국가배상법」상 공무원의 직무범위에는 포함된다.
③ 사인의 행위가 위법한 행정지도에 따른 경우 판례는 위법성이 조각되지 않는다고 본다.
④ 행정지도가 구술로 이루어지는 경우에 상대방이 서면의 교부를 요구하는 때에는 당해 행정지도를 행하는 자는 직무수행에 특별한 지장이 없는 한 이를 교부하여야 한다.
⑤ 다수인을 대상으로 행정지도를 하고자 할 때에는 공통적인 사항을 공표하여야 한다.

09 다음은 실효성확보수단에 관한 설명이다. 틀린 내용은?

① 행정강제로서 이행강제금은 원칙적으로 과거의무위반에 대한 제재가 아닌 장래 의무이행확보수단에 해당한다.
② 병무청장이 「병역법」에 따라 병역의무 기피자의 인적사항을 인터넷 홈페이지에 공개하는 결정은 항고소송의 대상이 되는 행정처분에 해당한다.
③ 과태료는 지방자치단체의 조례에 의해서도 부과될 수 있다.
④ 판례는 구 성업공사의 공매결정 · 공매공고는 취소소송의 대상이 된다고 본다.
⑤ 현행 「건축법」상 이행강제금 부과처분은 항고소송의 대상이 되는 처분이다.

10 **비례원칙에 대한 설명이다. 아래 ㉠부터 ㉣까지의 설명 중 옳고 그름의 표시(○, ×)가 바르게 된 것은?**

> ㉠ 양도인이 등유가 섞인 유사휘발유를 판매한 사실을 모르고 이를 양수한 석유판매업자에게 전운영자의 위법사유를 들어 사업정지기간 중 최장기간인 6월의 사업정지에 처한 것은 비례원칙에 반한다.
> ㉡ 청소년유해매체물로 결정·고시된 만화인 줄 모르고 8일간 청소년에게 대여한 도서대여업자에게 금 700만 원의 과징금을 부과한 것은 비례의 원칙에 반하지 않는다.
> ㉢ 다른 차들의 통행을 원활히 하기 위하여 주차목적으로 음주운전한 경우 면허정지처분을 받은 전례가 있고 만취상태에서 운전한 자에 대한 운전면허 취소처분은 비례원칙에 반하지 않는다.
> ㉣ 주택임대사업계획승인 신청을 국토 및 자연의 유지와 환경의 보존 등 중대한 공익상의 필요를 이유로 거부한 경우 비례원칙에 반한다.

	㉠	㉡	㉢	㉣
①	×	○	○	○
②	○	×	○	×
③	×	○	×	○
④	○	○	×	×
⑤	×	○	×	×

11 **판례에서 행정소송상 원고적격이 인정되는 "법률상 이익"으로 본 사례는?**

① 정보공개거부처분을 받은 청구인이 그 거부처분의 취소를 구할 이익
② 기본행위의 불성립 또는 무효를 내세워 그에 대한 감독청의 인가처분의 취소 또는 무효확인을 구할 이익
③ 신규 양곡가공업허가처분으로 받은 기존업자의 불이익
④ 문화재지정처분으로 인하여 받은 개인의 불이익
⑤ 상수원에서 급수를 받고 있는 지역주민들의 이익

12 **보조금에 대한 설명으로 옳지 않은 것은? (다툼이 있는 경우 판례에 의함)**

① 「보조금 관리에 관한 법률」의 적용을 받는 보조금은 국가가 교부하는 보조금에 한정되고, 지방자치단체가 교부하는 보조금에 관하여는 「지방재정법」, 「지방재정법 시행령」 및 당해 지방자치단체의 보조금 관리 조례가 적용된다.

② 「보조금 관리에 관한 법률」에 따라 반환되어야 할 보조금에 대한 중앙관서의 장이 가지는 징수권은 사법상 채권이므로, 민사소송의 방법으로 반환청구할 수 있다.

③ 사립학교법인의 국가 및 지방자치단체에 대한 보조금 교부채권은 성질상 양도나 강제집행의 대상이 될 수 없다.

④ 보조사업자가 허위서류 등을 제출하여 보조금을 지급받은 후에 적발된 경우, 중앙관서의 장이 그 보조금 교부 결정의 전부 또는 일부를 취소하는 것은 강학상 행정행위의 직권취소에 해당한다.

⑤ 불법증차를 실행한 운송사업자로부터 운송사업을 양수하고 이를 신고하여 운송사업자의 지위를 승계한 경우에는 관할 행정청은 양수인의 선의·악의를 불문하고 양수인에 대하여 불법증차 차량에 관하여 지급된 유가보조금의 반환을 명할 수 있다.

13 **사인의 공법행위로서 자체완성적 공법행위에 해당되는 것은?**

① 건축주명의변경신고

② 허가의 신청

③ 토지수용에 있어서의 협의

④ 이의신청, 행정심판의 제기

⑤ 투표행위

14 **행정행위의 효력에 관한 설명으로 옳은 것은?**

① 행정행위의 공정력은 중대·명백한 법규위반이 있는 행정행위뿐만 아니라 단순한 하자 있는 행정행위에 대하여도 인정된다.

② 행정상 손해배상소송의 수소법원인 민사법원은 배상책임의 요건인 행정행위의 위법여부를 스스로 심리할 수 없다.

③ 행정행위에 인정되는 자력집행력은 행정행위와는 다른 별도의 법률의 근거가 있어야 한다고 본다.

④ 쟁송절차의 제소기간이 경과한 때에는 불가변력이 발생한다.

⑤ 대법원은 독촉절차 없이 행한 압류처분의 효력은 당연무효라고 본다.

15 다음 행정행위의 부관에 관한 설명 중 옳지 않은 것은? (다툼이 있는 경우 판례에 의함)

① 부관이 위법한 경우 판례는 부관이 주된 행정행위의 본질적 요소인 경우에 한하여 주된 행정행위까지 위법하게 되고 그렇지 않은 경우에는 주된 행정행위에 영향을 미치지 않는다고 본다.

② 행정행위의 부관은 탄력성 있는 행정을 가능하게 하지만, 동시에 과도한 규제와 간섭의 위험을 내포하고 있다.

③ 판례는 법정부관에 대해서도 행정행위에 부관을 붙일 수 있는 한계에 관한 일반적인 원칙이 적용된다고 본다.

④ 부담인지 조건인지 불분명할 때는 부담으로 보는 것이 일반적 견해이다.

⑤ 부담의 불이행은 주된 행정행위와 독립해서 강제집행의 대상이 되지만 조건은 조건만 강제집행의 대상이 될 수 없다.

16 강학상의 허가에 관한 설명으로 틀린 것은?

① 허가의 효력은 허가관청의 관할구역 외에도 미치는 경우가 있다.

② 허가를 위반한 행위의 사법상 효력은 원칙적으로 유효하다.

③ 허가는 예방적 금지를 해제하여 주는 행위이므로, 억제적 금지를 해제하여 주는 행위인 예외적 승인과 구별된다.

④ 법이 정한 허가의 요건을 모두 갖추었더라도 허가관청은 법령의 규정에 없는 주민의 동의가 없음을 이유로 주유소설치허가를 거부할 수 있다.

⑤ 허가신청이 경합되는 경우 먼저 신청한 것부터 허가하여야 하는 선원주의가 적용된다.

17 형성적 행정행위에 대한 다음 설명 중 가장 옳지 않은 것은? (다툼이 있는 경우 판례에 의함)

① 특허는 출원을 필수적 요건으로 하며 출원이 없거나 그 취지에 반하는 특허는 완전한 효력을 발생할 수 없게 된다.

② 인가는 타인의 법률행위를 승인하여 그 행위의 효력을 보충함으로써 법률상의 효력을 완성시키는 행위를 말한다.

③ 인가는 법률적 행위의 효력을 발생시키기 위한 요건이므로 인가를 요하는 행위를 인가 없이 행한 경우에는 그 행위는 취소사유가 된다.

④ 기본적 법률행위가 무효인 경우에는 인가가 있다 하더라도 기본적 법률행위가 유효로 되는 것은 아니다.

⑤ 법규에 의한 허가는 인정되지 않으나 법규에 의한 특허는 인정될 수 있다고 본다.

18 **행정행위의 취소와 철회에 대한 설명으로 옳지 않은 것은? (다툼이 있는 경우 판례에 의함)**

① 행정행위에 하자가 있는 경우 행정청은 별도의 법적 근거가 없는 경우 스스로 이를 취소할 수 없다.

② 행정청의 직권취소를 할 수 있는 경우 이해관계인에게 처분청에 대하여 그 취소를 요구할 신청권이 인정될 수 있다.

③ 변상금부과처분에 대한 취소소송이 진행중이라도 그 부과권자는 위법한 처분을 스스로 취소하고 그 하자를 보완하여 다시 적법한 부과처분을 할 수 있다.

④ 명문의 규정이 있는 경우라도 감독청은 처분청의 권한인 처분을 후발적 사유를 이유로 철회할 수 있다.

⑤ 당사자에게 수익적인 처분을 취소하려는 경우 당사자가 처분의 위법성을 알고 있었거나 중대한 과실로 알지 못한 경우에는 취소로 인하여 당사자가 입게 될 불이익을 취소로 달성되는 공익과 비교·형량하여야 하는 것은 아니다.

19 **「사회보장기본법」상 사회보장제도에 대한 설명으로 옳지 않은 것은?**

① 국가와 지방자치단체는 국가 발전수준에 부응하고 사회환경의 변화에 선제적으로 대응하며 지속가능한 사회보장제도를 확립하고 매년 이에 필요한 재원을 조달하여야 한다.

② '사회보장'이란 출산, 양육, 실업, 노령, 장애, 질병, 빈곤 및 사망 등의 사회적 위험으로부터 모든 국민을 보호하고 국민 삶의 질을 향상시키는 데 필요한 소득·서비스를 보장하는 사회보험, 공공부조, 사회서비스를 말한다.

③ '사회보험'이란 국민에게 발생하는 사회적 위험을 보험의 방식으로 대처함으로써 국민의 건강과 소득을 보장하는 제도를 말한다.

④ '공공부조'(公共扶助)란 국가와 지방자치단체의 책임하에 생활 유지 능력이 없거나 생활이 어려운 국민의 최저생활을 보장하고 자립을 지원하는 제도를 말한다.

⑤ '사회서비스'란 생애주기에 걸쳐 보편적으로 충족되어야 하는 기본욕구와 특정한 사회위험에 의하여 발생하는 특수욕구를 동시에 고려하여 소득·서비스를 보장하는 맞춤형 사회보장제도를 말한다.

20 **다음 중 대집행에 관한 설명 중 틀린 것은? (다툼이 있는 경우 판례에 의함)**

① 대법원은 대집행할 행위의 내용 및 범위가 반드시 대집행 계고서에 의하여서만 특정되어야 한다.

② 1장의 계고서에 철거명령과 이를 불이행한 경우 대집행할 뜻을 계고하였다고 하여 위법이라 할 수 없다.

③ 계고는 준법률행위적 행정행위로서 대집행 영장교부의 기초가 되는 법적 행위인 점에서 독자적 의미가 있으므로 항고소송의 대상이 될 수 있다.

④ 대집행의 대상으로 사법상 의무의 불이행은 포함하지 않는다.

⑤ 의무를 명하는 행위가 위법한 경우 그 하자는 후행행위인 계고에 승계되지 않는다.

21 **법률의 집행 후 근거법률이 위헌결정된 경우와 관련한 판례의 태도로 옳지 않은 것은?**

① 대법원은 처분이 있은 후에 근거법률이 위헌으로 결정된 경우, 그 처분은 특별한 사정이 없는 한 원칙적으로 취소할 수 있는 행위에 그친다고 보았다.

② 대법원은 처분이 있은 후에 근거법률이 위헌으로 결정된 경우, 그 처분의 집행이나 집행력을 유지하기 위한 행위는 위헌결정의 기속력에 위반되어 허용되지 않는다고 보았다.

③ 대법원은 처분이 있은 후에 근거법률이 위헌으로 결정된 경우, 그 처분은 법률의 근거가 없이 행하여진 것과 마찬가지의 하자가 인정되므로 불가쟁력이 발생하였다 하더라도 위헌결정의 소급효가 미친다고 보았다.

④ 헌법재판소는 처분이 있은 후에 근거법률이 위헌으로 결정된 경우, 그 법률을 적용한 공무원에게 고의 또는 과실이 있었다고 단정할 수 없다고 보았다.

⑤ 이미 위헌결정이 내려진 법률을 집행한 행정행위는 무효라는 것이 대법원과 헌법재판소의 입장이다.

22 행정심판에 관한 다음 설명 중 틀린 것은?

① 대통령의 처분과 부작위는 다른 법률에 특별규정이 있는 경우를 제외하고는 행정심판대상이 되지 아니한다.

② 대통령직속기관의 장에 대한 처분은 해당 행정청 소속의 행정심판위원회에서 심리·재결한다.

③ 서울특별시장의 처분에 대해서는 중앙행정심판위원회에서 이를 심리·재결한다.

④ 제주특별자치도지사 소속의 각급 국가기관의 처분에 대해서는 제주특별자치도지사 소속의 행정심판위원회에서 심리·재결한다.

⑤ 제3자가 행정심판을 청구한 경우에는 행정청이나 직근상급행정청은 이를 처분의 상대방에게 통지하여야 한다.

23 행정소송에 대한 행정심판전치절차에 대한 설명으로 틀린 것은?

① 행정심판을 거치지 않고 행정소송을 제기할 수 있으나 개별법상 반드시 행정심판을 거치도록 하는 경우 이를 거쳐야 한다.

② 국세에 대해서는 심사청구 또는 심판청구 중 하나를 반드시 거치고 행정소송을 제기하여야 한다.

③ 행정심판청구가 있은 날로부터 60일이 지나도 재결이 없는 때에는 재결을 거치지 않고 행정심판을 청구할 수 있다.

④ 처분을 행한 행정청이 행정심판을 거칠 필요가 없다고 잘못 알렸다 하여도 개별법에 규정이 있는 경우에는 행정심판을 거친 후 행정소송을 제기하여야 한다.

⑤ 동종사건에 관하여 이미 행정심판의 기각재결이 있는 때에는 행정심판을 거치지 아니하고 행정소송을 제기할 수 있다.

24 **주민소송에 대한 설명으로 틀린 것은?**

① 주민소송이 계속 중인 때에는 다른 주민은 동일한 사항에 대하여 별도의 소송을 제기할 수 없다.

② 주민소송은 「지방자치법」에 규정된 것을 제외하고는 「민사소송법」에 의한다.

③ 주민감사청구를 한 주민이 주무부장관 또는 시·도지사의 감사결과에 불복하는 경우 주민소송을 제기할 수 있다.

④ 당해 지방자치단체장에게 부당이득반환청구를 할 것을 요구하는 것도 주민소송으로 제기할 수 있다.

⑤ 감사결과 또는 조치요구내용에 대한 통지를 받은 날 또는 감사청구의 수리 후 60일이 끝나는 날, 조치요구 시 그 처리기간이 끝난 날부터 90일 이내에 제기하여야 한다.

25 **다음 중 국가와 사인 간의 관계에 대한 공법적 규율과 사법적 규율에 대한 판례의 설명으로 옳지 않은 것은?**

① 국유재산의 관리청이 하는 행정재산의 사용·수익에 대한 허가는 강학상 특허에 해당한다.

② 국유재산의 관리청이 행정재산의 사용·수익을 허가한 다음 그 사용·수익하는 자에 대하여 하는 사용료 부과는 사경제 주체로서 행하는 사법상의 이행청구이다.

③ 국립의료원 부설주차장에 관한 위탁관리용역운영계약은 공법관계로서 이와 관련한 가산금지급채무부존재에 대한 소송을 행정소송에 의해야 한다.

④ 「국유재산법」의 규정에 의하여 총괄청 또는 그 권한을 위임받은 기관이 국유재산을 매각하는 행위는 사경제주체로서 행하는 사법상의 법률행위에 지나지 아니한다.

⑤ 개발부담금 부과처분이 취소된 경우, 그 과오납금에 대한 부당이득반환청구의 법률관계는 사법관계이다.

정답 및 해설

제3회 전범위 모의고사

Answer

• 본문 p.371

01. ③	02. ③	03. ③	04. ①	05. ④	06. ①	07. ②	08. ①	09. ④	10. ②
11. ①	12. ②	13. ⑤	14. ③	15. ③	16. ④	17. ③	18. ①	19. ⑤	20. ①
21. ③	22. ⑤	23. ④	24. ②	25. ②					

01 정답 ③

③ [×] 과태료 재판은 검사의 명령으로써 집행한다(「질서위반행위규제법」 제42조 제1항).

① [○] 「질서위반행위규제법」 제21조 제1항

② [○] 「질서위반행위규제법」 제31조 제1항

④ [○] 「질서위반행위규제법」 제38조 제1항

⑤ [○] 「질서위반행위규제법」 제50조 제1항 · 제2항

02 정답 ③

③ [×] 처분청이 중앙노동위원회 – 중앙노동위원회위원회위원회위원장이 피고이다.

03 정답 ③

일반처분이란 불특정 다수인에 대한 특정사안에 대한 규율로서 일반적 · 구체적 규율을 말하는데, ③번 지문은 특정인에 대한 특정사안으로서 개별적 · 구체적 규율사안이다.

04 정답 ①

① [×] 문서열람복사청구권은 의견제출과 청문 중에 인정된다(「행정절차법」 제37조 제1항).

② [○] 「행정절차법」 제11조 제1항

③ [○] 「행정절차법」 제17조 제1항

④ [○] 「행정절차법」 제42조 제2항

⑤ [○] 「행정절차법」 제17조 제5항

05 정답 ④

④ [×] 질서위반행위규제법은 대한민국 영역 밖에서 질서위반행위를 한 대한민국의 국민에게 적용한다(「질서위반행위규제법」 제4조 제2항).

① [○] 부진정소급효는 원칙적으로 인정되나, 국민의 신뢰가 공익보다 큰 경우에는 소급적용되지 않는다는 것이 판례이다.

③ [○] 영주권이 있는 재일동포는 대한민국 국적을 가지고 있으므로 우리나라 행정법의 효력이 미친다.

⑤ [○] 「법령 등 공포에 관한 법률」 제13조

06

정답 ①

국유 하천부지는 자연의 상태 그대로 공공용에 제공될 수 있는 실체를 갖추고 있는 이른바 자연공물로서 별도의 공용개시행위가 없더라도 행정재산이 되고 그 후 본래의 용도에 공여되지 않는 상태에 놓여 있더라도 국유재산법령에 의한 용도폐지를 하지 않은 이상 당연히 잡종재산(일반재산)으로 된다고는 할 수 없으며, 농로나 구거(도랑)와 같은 이른바 인공적 공공용재산은 법령에 의하여 지정되거나 행정처분으로 공공용으로 사용하기로 결정한 경우, 또는 행정재산으로 실제 사용하는 경우의 어느 하나에 해당하면 행정재산이 된다(대판 2007. 6. 1. 2005도7523).

07

정답 ②

② [×] 심판청구는 처분의 효력이나 그 집행 또는 절차의 속행(續行)에 영향을 주지 아니한다. 행정심판을 청구한 것으로 원칙적 운전면허정지처분의 효력이 정지되지 않는다.

① [○] 「도로교통법」 제142조에 의하여 행정심판의 재결을 거치지 아니하고는 행정소송을 제기할 수 없다(필수적 심판전치).

③ [○] 판결의 형성력에 의해 행정청의 별도의 처분이 없어도 면허정지처분의 효력이 소멸한다.

④ [○] 기각판결에 대해서는 기속력이 발생하지 않으므로 지방경찰청장은 직권으로 면허정지처분을 직권으로 취소할 수 있다.

⑤ [○] 사정판결은 처분을 취소하는 것이 현저히 공공복리에 적합하지 아니하다고 인정하는 경우에 가능하다. 甲에 대한 운전면허정지처분을 취소하는 것은 사정판결 사유에 해당하지 않는다.

08

정답 ①

① [×] 행정기관은 행정지도의 상대방이 행정지도에 따르지 아니하였다는 것을 이유로 불이익한 조치를 하여서는 아니 된다(「행정절차법」 제48조 제2항).

② [○] 「국가배상법」상 공무원의 직무는 사경제작용을 제외한 모든 국가작용이 포함되므로 행정지도도 공무원의 직무범위에는 포함된다고 본다.

③ [○] 사인의 행위가 위법한 행정지도에 따른 경우 이는 임의적이므로 위법성이 조각되지 않는다는 것이 판례이다.

④ [○] 「행정절차법」 제49조 제2항

⑤ [○] 「행정절차법」 제51조

09

정답 ④

④ [×] 구 성업공사가 공매하기로 한 결정과 이에 대한 공매통지는 취소소송이 되는 처분에 해당하지 않는다.

① [○] 이행강제금은 장래 의무이행확보수단에 해당한다.

② [○] 병무청장이 하는 병역의무 기피자의 인적사항 등 공개는, 특정인을 병역의무 기피자로 판단하여 그 사실을 일반 대중에게 공표함으로써 그의 명예를 훼손하고 그에게 수치심을 느끼게 하여 병역의무 이행을 간접적으로 강제하려는 조치로서 「병역법」에 근거하여 이루어지는 공권력의 행사에 해당한다.

③ [○] 지방자치단체는 조례를 위반한 행위에 대하여 조례로써 1천만 원 이하의 과태료를 정할 수 있다(「지방자치법」 제34조 제1항).

⑤ [○] 현행 「건축법」상 이행강제금 부과처분은 별도의 불복절차가 규정되어 있지 않으므로 항고소송의 대상이 되는 처분에 해당한다.

10 정답 ②

㉠ [○] 양도인의 위반행위를 모르고 이를 양수한 양수인에게 사업정지기간 중 최장기간인 6월의 사업정지에 처한 것은 비례의 원칙에 반한다.

㉡ [×] 과징금의 취지와 관련해서 8일간의 위반행위에 대해 700만 원의 과징금을 부과한 것은 비례원칙에 반한다.

㉢ [○] 음주운전으로 인한 교통사고를 방지할 공익이 이로 인해 면허를 취소 받는 자의 불이익보다 중요하므로 비례원칙에 반하지 않는다.

㉣ [×] 주택사업계획승인을 거부당한 자의 불이익보다 환경보호의 공익상 이익이 더 중요하므로 비례원칙에 반하지 않는다.

11 정답 ①

① [○] 정보공개청구권은 법률상 보호되는 구체적인 권리이므로 청구인이 공공기관에 대하여 정보공개를 청구하였다가 거부처분을 받은 것 자체가 법률상 이익의 침해에 해당한다고 할 것이고, 거부처분을 받은 것 이외에 추가로 어떤 법률상의 이익을 가질 것을 요구하는 것은 아니다(대판 2004. 9. 23. 2003두1370;대판 2003. 12. 12. 2003두8050).

② [×] 기본행위의 무효를 내세워 바로 그에 대한 행정청의 인가처분의 취소 또는 무효확인을 소구할 법률상의 이익이 없다(대판 1996. 5. 16. 95누4810).

③ [×] 반사적 이익이다.

④ [×] 문화재지정처분으로 인하여 어느 개인이나 그 선조의 명예 내지 명예감정이 손상되었다고 하더라도, 그러한 명예 내지 명예감정은 위 지정처분의 근거 법규에 의하여 직접적·구체적으로 보호되는 이익이라고 할 수 없으므로 그 처분의 취소를 구할 법률상의 이익에 해당하지 아니한다(대판 2001. 9. 28. 99두8565).

⑤ [×] 상수원보호구역설정의 근거가 되는 「수도법」 제5조 제1항 및 동시행령 제7조 제1항이 보호하고자 하는 것은 상수원의 확보와 수질보전(공익)일 뿐이고, 그 상수원에서 급수를 받고 있는 지역주민들이 받을 이익은 직접적이고 구체적으로 보호하고 있지 않음이 명백하여, 위 지역주민들이 가지는 이익은 상수원의 확보와 수질보호라는 공공의 이익이 달성됨에 따라 반사적으로 얻게 되는 이익에 불과하므로, 지역주민들에 불과한 원고들에게는 위 상수원보호구역변경처분의 취소를 구할 법률상의 이익이 없다(대판 1995. 9. 26. 94누14544).

12 정답 ②

② [X] 「보조금 관리에 관한 법률」은 제33조 제1항에서 위와 같이 반환하여야 할 보조금에 대하여는 국세징수의 예에 따라 징수할 수 있도록 규정하고 있으므로, 중앙관서의 장으로서는 반환하여야 할 보조금을 국세체납처분의 예에 의하여 강제징수할 수 있고, 위와 같은 중앙관서의 장이 가지는 반환하여야 할 보조금에 대한 징수권은 공법상 권리로서 사법상 채권과는 성질을 달리하므로, 중앙관서의 장으로서는 보조금을 반환하여야 할 자에 대하여 민사소송의 방법으로는 반환청구를 할 수 없다고 보아야 한다(대판 2012. 3. 15. 2011다17328).

① [O] 「보조금의 관리에 관한 법률」 제2조 제1호는 "보조금이란 국가 외의 자가 수행하는 사무 또는 사업에 대하여 국가가 이를 조성하거나 재정상의 원조를 하기 위하여 교부하는 보조금(지방자치단체에 교부하는 것과 그 밖에 법인·단체 또는 개인의 시설자금이나 운영자금으로 교부하는 것만 해당한다), 부담금 그 밖에 상당한 반대급부를 받지 아니하고 교부하는 급부금으로서 대통령령으로 정하는 것을 말한다."라고 규정하고 있으므로, 위 법의 적용을 받는 보조금은 국가가 교부하는 보조금에 한정된다. 따라서 지방자치단체가 교부하는 보조금에 관하여는 위 법의 적용이 없고, 「지방재정법」 및 「지방재정법 시행령」 그리고 당해 지방자치단체의 '보조금 관리 조례'가 적용될 뿐이다(대판 2011. 6. 9. 2011다2951).

③ [O] 금원의 목적 내지 성질상 국가나 지방자치단체와 특정인 사이에서만 수수, 결제되어야 하는 보조금 교부채권은 성질상 양도가 금지된 것으로 보아야 하므로 강제집행의 대상이 될 수 없다(대판 2013. 3. 28. 2012다203461).

④ [O] 거짓 신청이나 그 밖의 부정한 방법으로 보조금을 교부받은 경우에는 보조금 교부 결정의 전부 또는 일부를 취소하는 것은 처분 당시의 하자를 이유로 이를 취소하는 것으로 행정청의 직권취소에 해당한다.

⑤ [O] 불법증차를 실행한 운송사업자로부터 운송사업을 양수하고 「화물자동차법」 제16조 제1항에 따른 신고를 하여 구 「화물자동차법」 제16조 제4항에 따라 운송사업자의 지위를 승계한 경우에는 설령 양수인이 영업양도·양수 대상에 불법증차 차량이 포함되어 있는지를 구체적으로 알지 못하였다 할지라도, 양수인은 불법증차 차량이라는 물적 자산과 그에 대한 운송사업자로서의 책임까지 포괄적으로 승계한다. 따라서 관할 행정청은 양수인의 선의·악의를 불문하고 양수인에 대하여 불법증차 차량에 관하여 지급된 유가보조금의 반환을 명할 수 있다. 다만 그에 따른 양수인의 책임범위는 지위승계 후 발생한 유가보조금 부정수급액에 한정된다(대판 2022. 12. 1. 2019두49939).

13 정답 ⑤

⑤ 자체완성적 사인의 공법행위는 사인의 공법행위가 있는 경우 행정청의 별도의 행위를 기다릴 필요없이 그 행위자체로서 법적 효과가 완성되는 경우를 뜻한다. 출생신고, 사망신고, 투효행위 등을 들 수 있다.

①·②·③·④ 행정요건적 사인의 공법행위는 사인의 공법행위 그 자체로는 법적 효과가 완성되지 않고 행정청의 별도의 행위를 기다려서 그 효과가 완성되는 경우이다. 각종 신청, 동의 등을 들 수 있다. 건축주명의변경신고는 행정청의 수리를 별도로 요한다는 것이 판례이므로 행정요건적 사인의 공법행위에 해당하지 않는다.

14 정답 ③

③ [○] 「행정기본법」 제30조
① [×] 공정력은 중대명백한 하자로 무효인 행정행위에는 인정되지 않는다.
② [×] 공정력의 적용을 받는 다른 국가기관(민사법원)은 효력 판단은 할 수 없으나 위법성 판단은 할 수 있으므로 손해배상소송은 스스로 심리할 수 있다.
④ [×] 제소기간이 경과한 경우 불가쟁력이 발생한다.
⑤ [×] 독촉절차 없는 압류처분에 대해 판례는 취소사유로 본다.

15 정답 ③

③ [×] 행정행위의 부관은 행정청의 의사에 의해 부가되는 것이므로 법령에 의하여 직접 부가되는 법정부관과 구별된다. 법정부관에는 행정행위에 부관을 붙일 수 있는 한계에 관한 일반적인 원칙이 적용되지 않는다.
① [○] 위법한 부관은 주된 행정행위의 본질적 요소(중요한 요소)인 경우 주된 행정행위도 위법하게 되지만 그 외의 경우에는 주된 행정행위에 영향을 미치지 않는다는 것이 판례이다.
② [○] 행정행위의 부관은 탄력성 있는 행정을 가능하게 한다는 장점이 있지만, 과도한 규제와 간섭의 문제가 발생한다는 단점이 있다.
④ [○] 부담인지 조건인지 불분명할 때는 부담으로 보는 것이 일반적 견해이다.
⑤ [○] 부담의 불이행은 주된 행정행위와 독립해서 강제집행의 대상이 되지만 조건은 조건만 강제집행의 대상이 될 수 없다.

16 정답 ④

④ [×] 강학상 허가는 성질상 기속행위이므로 원칙적으로 법이 정한 사유 이외의 사유를 들어 이를 거부할 수 없다. 주민의 동의는 중대한 공익상의 사유가 될 수 없으므로 거부할 수 없다.
① [○] 허가의 효력은 허가관청의 관할구역 내에 효력이 미치지만 운전면허와 같이 관할구역 외에도 효력이 미치는 경우가 있다.
② [○] 허가를 위반한 행위는 위법하지만 그 사법상 효력은 원칙적 무효로 보지 않고 유효하게 된다.
③ [○] 허가는 예방적 금지를 해제, 예외적 승인은 억제적 금지의 해제라는 점에서 구별된다.
④ [○] 법이 정한 허가의 요건을 모두 갖추었더라도 허가관청은 법령의 규정에 없는 주민의 동의가 없음을 이유로 주유소설치허가를 거부할 수 있다.
⑤ [○] 허가신청이 경합되는 경우 선원주의가 적용된다.

17 정답 ③

③ [×] 인가는 기본행위의 효력요건이므로 인가가 없는 기본행위의 효력은 무효가 된다.
① [○] 신청 없는 특허나 신청에 대한 수정특허는 인정되지 않는다.
② [○] 인가는 기본행위의 효력을 보충적으로 완성시키는 행정청의 처분이다.
③ [○] 인가는 법률적 행위의 효력을 발생시키기 위한 요건이므로 인가를 요하는 행위를 인가 없이 행한 경우에는 그 행위는 취소사유가 된다.
④ [○] 기본행위가 무효인 경우에는 인가가 있다 하더라도 기본행위가 유효로 되지 않는다.
⑤ [○] 법규허가는 인정되지 않으나 법규특허는 인정될 수 있다.

18 정답 ①

① [X] 행정행위를 한 처분청은 그 행위에 하자가 있는 경우에는 별도의 법적 근거가 없더라도 스스로 이를 취소할 수 있다(대판 2006. 5. 25 2003두4669).

② [O] 일반적으로 직권취소를 요구할 신청권이 인정되지 않지만, 법규상・조리상 신청권이 인정되는 경우가 있다.

③ [O] 변상금부과처분에 대한 취소소송이 진행 중이라도 그 부과권자로서는 위법한 처분을 스스로 취소하고 그 하자를 보완하여 다시 적법한 부과처분을 할 수도 있다(대판 2006. 2. 10. 2003두5686).

④ [O] 감독청은 원칙적으로 철회권이 없지만 명문의 규정이 있는 경우 예외가 인정된다.

⑤ [O] 「행정기본법」 제18조 제2항

19 정답 ⑤

「사회보장기본법」 제3조(정의)

사회보장	출산, 양육, 실업, 노령, 장애, 질병, 빈곤 및 사망 등의 사회적 위험으로부터 모든 국민을 보호하고 국민 삶의 질을 향상시키는 데 필요한 소득・서비스를 보장하는 사회보험, 공공부조, 사회서비스
사회보험	국민에게 발생하는 사회적 위험을 보험의 방식으로 대처함으로써 국민의 건강과 소득을 보장하는 제도
공공부조	국가와 지방자치단체의 책임하에 생활 유지 능력이 없거나 생활이 어려운 국민의 최저생활을 보장하고 자립을 지원하는 제도
사회서비스	국가・지방자치단체 및 민간부문의 도움이 필요한 모든 국민에게 복지, 보건의료, 교육, 고용, 주거, 문화, 환경 등의 분야에서 인간다운 생활을 보장하고 상담, 재활, 돌봄, 정보의 제공, 관련 시설의 이용, 역량 개발, 사회참여 지원 등을 통하여 국민의 삶의 질이 향상되도록 지원하는 제도
평생사회 안전망	생애주기에 걸쳐 보편적으로 충족되어야 하는 기본욕구와 특정한 사회위험에 의하여 발생하는 특수욕구를 동시에 고려하여 소득・서비스를 보장하는 맞춤형 사회보장제도
사회보장 행정데이터	국가, 지방자치단체, 공공기관 및 법인이 법령에 따라 생성 또는 취득하여 관리하고 있는 자료 또는 정보로서 사회보장 정책 수행에 필요한 자료 또는 정보

20 정답 ①

① [X] 대집행할 행위의 내용 및 범위가 구체적으로 특정되어야 하지만, 그 행위의 내용 및 범위는 반드시 대집행 계고서에 의하여서만 특정되어야 하는 것이 아니고 계고처분 전후에 송달된 문서나 기타 사정을 종합하여 행위의 내용이 특정되면 족하다(대판 1997. 2. 14. 96누15428).

② [O] 1장의 계고서에 철거명령과 이를 불이행한 경우 대집행할 뜻을 계고하였다고 하더라도 대집행의 요건은 충족된 것으로 보는 것이 판례이다.

③ [O] 계고는 그 자체로 항고소송의 대상되는 처분으로 보는 것이 판례이다.

④ [○] 대집행은 공법상 의무의 불이행을 대상으로 한다. 사법상 의무의 불이행은 민사집행의 대상이 되고 대집행의 대상이 되지 않는다.

⑤ [○] 의무를 명하는 처분과 대집행 계고는 서로 별개 목적의 처분으로 하자가 승계되지 않는다.

21 정답 ③

③ [×] 위헌결정의 효력은 그 결정 이후에 해당 법률이 재판의 전제가 되었음을 이유로 법원에 제소된 일반사건에도 미치지만 이미 취소소송의 제기기간이 경과하여 확정력이 발생한 행정처분의 경우에는 위헌결정의 소급효가 미치지 않는다는 것이 판례이다.

①·④ [○] 처분 당시에는 처분의 근거법령이 위헌이 될 것인가가 명백하지 않으므로 이를 근거로 한 처분은 취소사유가 되고 위헌법률을 집행한 공무원의 행위가 고의 또는 과실이 있는 행위라고 단정할 수 없다는 것이 판례이다.

②·⑤ [○] 헌법재판소의 위헌결정은 모든 국가기관을 기속하므로 근거법률이 위헌으로 결정된 이후 그 처분의 집행이나 집행력을 유지하기 위한 행위는 허용되지 않는다.

22 정답 ⑤

⑤ [×] 제3자가 심판청구를 한 때에는 피청구인은 처분의 상대방에게 이를 통지하여야 한다(「행정심판법」 제24조 제4항).

① [○] 「행정심판법」 제3조 제2항

② [○] 「행정심판법」 제6조 제1항 제1호

③ [○] 「행정심판법」 제6조 제2항 제1호

④ [○] 「행정심판법」 제6조 제3항

23 정답 ④

④ [×] 필수적 행정심판전치절차의 사안이라 하더라도 처분을 행한 행정청이 행정심판을 거칠 필요가 없다고 잘못 알린 때에는 행정심판 자체를 거칠 필요 없이 행정소송을 제기할 수 있다(「행정소송법」 제18조 제3항).

① [○] 행정심판을 거치는 것은 임의적이나 개별법상 반드시 행정심판을 거치도록 하는 경우 이를 거쳐야 한다.

② [○] 「국세기본법」 제56조는 국세에 대한 처분에 대해 심사청구 또는 심판청구 중 하나를 반드시 거치고 행정소송을 제기하도록 하고 있다.

③ [○] 「행정소송법」 제18조 제2항

⑤ [○] 「행정소송법」 제18조 제3항

24 정답 ②

② [×] 주민소송은 「지방자치법」에 규정된 것을 제외하고는 「행정소송법」에 의한다(「지방자치법」 제22조 제18항).

① [○] 「지방자치법」 제22조 제5항

③ [○] 「지방자치법」 제22조 제1항
④ [○] 「지방자치법」 제22조 제2항 제4호
⑤ [○] 「지방자치법」 제22조 제4항

25 정답 ②

② [×] 이는 관리청이 공권력을 가진 우월적 지위에서 행한 것으로서 항고소송의 대상이 되는 행정처분이라 할 것이다(대판 1996. 2. 13. 95누11023).

① [○] 국유재산 등의 관리청이 하는 행정재산의 사용·수익에 대한 허가는 순전히 사경제 주체로서 행하는 사법상의 행위가 아니라 관리청이 공권력을 가진 우월적 지위에서 행하는 행정처분으로서 특정인에게 행정재산을 사용할 수 있는 권리를 설정하여 주는 강학상 특허에 해당한다(대판 2006. 3. 9. 2004다31074).

③ [○] 국립의료원 부설주차장에 관한 위탁관리용역운영계약의 실질은 행정재산인 위 부설주차장에 대한 「국유재산법」 제24조 제1항에 의한 사용·수익허가로서 이루어진 것임을 알 수 있으므로, 이는 위 국립의료원이 원고의 신청에 의하여 공권력을 가진 우월적 지위에서 행한 행정처분으로서 특정인에게 행정재산을 사용할 수 있는 권리를 설정하여 주는 강학상 특허에 해당한다 할 것이고 순전히 사경제 주체로서 원고와 대등한 위치에서 행한 사법상의 계약으로 보기 어렵다고 할 것이다. 따라서 위 계약에 따른 가산금지급채무의 부존재를 주장하여 구제를 받으려면, 적절한 행정쟁송절차를 통하여 권리관계를 다투어야 할 것이지 민사소송으로 위 지급의무의 부존재확인을 구할 수는 없는 것이다(대판 2006. 3. 9. 2004다31074).

④ [○] 「국유재산법」의 규정에 의하여 총괄청 또는 그 권한을 위임받은 기관이 국유재산을 매각하는 행위는 사경제 주체로서 행하는 사법상의 법률행위에 지나지 아니하며 행정청이 공권력의 주체라는 지위에서 행하는 공법상의 행정처분은 아니라 할 것이므로 국유재산 매각 신청을 반려한 거부행위도 단순한 사법상의 행위일 뿐 공법상의 행정처분으로 볼 수 없다(대판 1986. 6. 24. 86누171).

⑤ [○] 개발부담금 부과처분이 취소된 이상 그 후의 부당이득으로서의 과오납금 반환에 관한 법률관계는 단순한 민사관계에 불과한 것이고, 행정소송절차에 따라야 하는 관계로 볼 수 없다(대판 1995. 12. 22. 94다51253).

ME
MO

2025 박문각 행정사 1차

임병주 행정법 문제집

초판인쇄 | 2024. 12. 5. **초판발행** | 2024. 12. 10. **편저자** | 임병주
발행인 | 박 용 **발행처** | (주)박문각출판 **등록** | 2015년 4월 29일 제2019-000137호
주소 | 06654 서울시 서초구 효령로 283 서경 B/D 4층 **팩스** | (02)584-2927
전화 | 교재 문의 (02)6466-7202

저자와의
협의하에
인지생략

정가 26,000원

ISBN 979-11-7262-214-5